AF802198

Sammlung

der

für die Königlich Preußische Rhein-Provinz
seit dem Jahre 1813
hinsichtlich der Rechts- und Gerichts-Verfassung
ergangenen

Gesetze, Verordnungen,
Ministerial-Rescripte &c.

Herausgegeben
im
Büreau des Justiz-Ministeriums.

Zwölfter Band,
welcher die Jahre 1858, 1859, 1860, 1861, 1862,
1863 und 1864 enthält.

Berlin,
Druck und Verlag von Georg Reimer.
1865.

XLV.

1858.

Gesetze, Verordnungen, Rescripte.

1.

Allerhöchster Erlaß vom 5. Dezember 1857, — betreffend die Wiedereinziehung oder Belassung von Pensionen der im Civildienst wieder angestellten oder beschäftigten versorgungsberechtigten Offiziere und Militair-Beamten.

Staats-Ministerial-Beschluß vom 27. Dezember 1826 (Jahrbücher Bd. 28. S. 309).

Ich bestimme nach dem Antrage des Staats-Ministerii, daß die von Mir mittelst Order vom 4. Oktober 1826 genehmigten, in dem Staats-Ministerial-Beschlusse vom 27. Dezember 1826 zusammengestellten Grundsätze in Betreff der Wiedereinziehung oder Belassung von Pensionen und Wartegeldern der im Civildienste wieder angestellten oder beschäftigten versorgungsberechtigten Offiziere und Militair-Beamten dahin abgeändert werden:

ad A. 1, daß den im Staats- oder Kommunaldienste wieder angestellten versorgungsberechtigten Offizieren und Militair-Beamten, sofern deren reines Civil-Einkommen den Normalsatz von 250 Thalern jährlich nicht übersteigt, fortan die Militair-Pension unbedingt belassen und nur in demselben Maaße gekürzt werden soll, als das reine Civil-Einkommen über jenen Normalsatz hinausgeht, und

ad A. 2, daß bei vorübergehenden Beschäftigungen solcher Militair-Pensionaire gegen Diäten oder eine anderweite Remuneration denselben für die ersten sechs Monate der Beschäftigung die volle Militair-Pension ohne Weiteres zu belassen, dagegen vom siebenten Monate der Beschäftigung ab ihnen solche nur unter den sub 1 vorgeschriebenen Bedingungen fortzugewähren ist.

Hiernächst bestimme Ich, daß es zur Belassung der Militair-Pension innerhalb der vorangedeuteten Grenzen in der Folge der Einholung Meiner besonderen Genehmigung nicht weiter bedarf, sondern daß der Kriegs-Minister befugt sein soll, auf den Antrag des betheiligten Verwaltungs-Chefs die Belassung der ganzen Pension, resp. die Fortzahlung des entsprechenden Pensionstheils für die im Civildienste angestellten oder beschäftigten Militair-Pensionaire, nach den obigen Grundsätzen zu verfügen. Das Staats-Ministerium hat hiernach das weiter Erforderliche zu veranlassen.

Berlin, den 5. Dezember 1857.

Im Allerhöchsten Auftrage Seiner Majestät des Königs:
Prinz von Preußen.

(gegengez.) v. Manteuffel. v. d. Heydt. Simons. v. Raumer.
v. Westphalen. v. Bodelschwingh. v. Massow.
Graf v. Waldersee. v. Manteuffel II.

An das Staats-Ministerium.

Vorstehender Allerhöchster Erlaß wird den Gerichtsbehörden unter Bezugnahme auf den Beschluß des Königlichen Staats-Ministeriums vom 27. Dezember 1826 hierdurch zur Kenntniß mitgetheilt.

Berlin, den 19. Februar 1858.

Der Justiz-Minister
Simons.

An sämmtliche Gerichtsbehörden.

I. 641. P. 45.

2.

Bescheid an das Königliche Polizei-Präsidium zu N. vom 29. Januar 1858, — betreffend die Behandlung der Rehabilitationsgesuche.

— — Was ferner die Anführung des N. über die Auffassung der Allerhöchsten Ordre vom 30. Dezember 1852 und des Cirkular-Rescripts vom 18. Januar 1853 (Rheinische Sammlung Bd. 10. S. 553) betrifft, so ist es zu Punkt 1 des letzteren allerdings unzweifelhaft, daß, wenn die ebengedachte Allerhöchste Ordre und das angeführte Rescript lebenslänglichen und zeitweisen Verlust der bürgerlichen Ehrenrechte unterscheidet, unter letzterem die zeitige Untersagung der Ausübung der bürgerlichen Ehrenrechte zu verstehen, und daß in allen Fällen, in welchen auf Grund des neuen Strafgesetzbuches auf Verlust der bürgerlichen Ehrenrechte oder auf zeitige Untersagung der Ausübung derselben erkannt worden, jedes Rehabilitationsgesuch als gewöhnliches Gnadengesuch zu betrachten und zunächst in der durch das Cirkular-Rescript näher bezeichneten Weise mit den Gerichtsbehörden zu kommuniziren ist.

Was sodann die Anwendung des Punktes 3 der Allerhöchsten Ordre und des Cirkular-Rescriptes betrifft, so steht außer Zweifel, daß in allen auf Verurtheilungen nach dem alten Strafrechte beruhenden Fällen — mit Ausnahme der unter 2 der Ordre gedachten —, sofern es sich nur um ein Vergehen oder Verbrechen handelt, welches nach dem neuen Strafgesetzbuche mit zeitiger Untersagung der Ausübung der bürgerlichen Ehrenrechte bestraft worden wäre, die betreffenden Rehabilitationsgesuche in die gewöhnlichen Quartal-Listen und zwar dann aufzunehmen sind, wenn der Zeitraum verflossen ist, während dessen nach ungefährer Schätzung nach dem neuen Strafgesetzbuche die Ausübung der bürgerlichen Ehrenrechte untersagt worden sein würde.

Zweifelhaft ist dem N. das Verfahren nur in denjenigen Fällen, in denen unter der Herrschaft des alten Strafrechts auf Verlust der National-Kokarde rc., wegen eines Verbrechens erkannt worden ist, welches nach der neuen Strafgesetzgebung den lebenslänglichen Verlust der bürgerlichen Ehrenrechte zur Folge gehabt haben würde. Das N. entscheidet sich dafür, in solchen Fällen die bezüglichen Rehabilitations-Anträge in die Quartal-Listen nicht mit aufzunehmen, sie vielmehr als Begnadigungs-Gesuche abgesondert und unter Zuziehung der Gerichte zu behandeln. Ich will Nichts dagegen erinnern, daß demgemäß in Fällen, welche das N. dafür geeignet hält, verfahren werde, obwohl eine bestimmte bezügliche Vorschrift in der Allerhöchsten Ordre vom 30. Dezember 1852 nicht enthalten ist. Jedenfalls ist jedoch in solchen Fällen, nach Analogie der zu 1 der Ordre gegebenen Vorschriften ein Zeitraum von 10 Jahren als derjenige zu betrachten, nach dessen Ablauf auch beim Mangel außerordentlicher Begnadigungsgründe, auf die Rehabilitirung immer angetragen werden darf.

Die Konkurrenz des Herrn Justiz-Ministers ist übrigens nach der Allerhöchsten Ordre vom 30. Dezember 1852 für solche Fälle nicht ausdrücklich vorgeschrieben, und wird diesseits in den einzelnen Fällen beurtheilt werden, ob es einer solchen bedarf oder nicht.

Berlin, vom 29. Januar 1858.

Der Minister des Innern.
Im Auftrage:
Sulzer.

I. 1561. N. 4. Vol. 4.

3.

Allgemeine Verfügung vom 2. Februar 1858, — betreffend die Gesuche der die Rechte Studirenden um Dispensation von dem triennium academicum.

Allgemeine Verf. vom 16. November 1844 (Rhein. Samml. Bd. 8. S. 377).
Allgemeine Verfügung vom 1. Juli 1846 (Rhein. Samml. Bd. 9. S. 99).
Allgemeine Verf. vom 28. September 1850 (Rhein. Samml. Bd. 10. S. 247).

Die vielfachen Gesuche der die Rechte Studirenden um Dispensation von dem akademischen Triennium lassen nicht selten eine nähere Begründung der hierauf gerichteten Anträge vermissen. Um bei Prüfung derselben eine gleichförmige und sichere Grundlage zu erlangen, hat sich daher der Justiz-Minister veranlaßt gesehen, im Einverständnisse mit dem Herrn Minister der geistlichen, Unterrichts- und Medizinal-Angelegenheiten folgende Anordnungen zu treffen.

Die bei dem Justiz-Minister eingehenden Gesuche der Art, welchen sämmtliche Testate über die vorschriftsmäßig zu hörenden, in dem beifolgenden Verzeichnisse speziell aufgeführten Vorlesungen, so wie das Sittenzeugniß der Universität, auf welcher der Bittsteller sich befindet, und die Abgangszeugnisse der etwa früher von ihm besuchten Universitäten beizufügen sind, werden fortan dem Herrn Minister der geistlichen &c. Angelegenheiten mitgetheilt werden, um zunächst die gutachtliche Aeußerung derjenigen juristischen Fakultät, bei welcher der betreffende Studirende um die Zeit des Dispensationsgesuchs inskribirt ist, einzuholen.

Ist die Fakultät der Ansicht, daß schon mit Rücksicht auf die Persönlichkeit und das Betragen des Bittstellers das Dispensationsgesuch abzulehnen sei, so wird sie zunächst hierüber berichten.

Liegen dagegen keine Gründe dazu vor, so wird die Fakultät eine Prüfung des Bittstellers durch eine aus ihrem Dekan und zweien ihrer Mitglieder gebildete Kommission veranlassen, und sodann über den Ausfall der Prüfung berichten.

Dispensationsgesuche derjenigen Studirenden, welche das letzte Semester vor dem Gesuche auf einer ausländischen Universität zugebracht haben, werden der juristischen Fakultät einer inländischen Universität zum Zwecke der mit dem Bittsteller anzustellenden Prüfung mitgetheilt werden.

Der Justiz-Minister wird der Regel nach die Entscheidung

über die Zulassung zur Auskultator-Prüfung erst dann treffen, wenn die hiernach erforderliche gutachtliche Aeußerung der Juristen-Fakultät eingegangen ist.

Im Uebrigen erwartet der Justiz-Minister, daß die Studirenden der Rechte Gesuche um Dispensation von dem Triennium soviel als möglich vermeiden und dieselben nur alsdann einreichen werden, wenn dringende Veranlassung dazu vorhanden ist, indem es ebenso sehr das Interesse der Justizverwaltung, als ihr eigenes Interesse erfordert, daß sie nicht blos den formellen Vorschriften über die Zulassung zur ersten juristischen Prüfung nothdürftig genügen, sondern daß sie vielmehr eine möglichst vollständige und gründliche wissenschaftliche Vorbildung zum praktischen Justizdienste sich anzueignen suchen, wozu aber nach den bisherigen Erfahrungen ein dreijähriges fleißiges Studium in der Regel durchaus erforderlich ist.

Den Gerichtsbehörden wird dies hierdurch nachrichtlich mitgetheilt.

Berlin, den 2. Februar 1858.

Der Justiz-Minister
Simons.

An sämmtliche Gerichtsbehörden.

I. 101. U. 11. Vol. 2.

Anlage.

Verzeichniß der akademischen Vorlesungen, welche die Studirenden der Rechte gehört haben müssen, bevor sie zur ersten juristischen Prüfung zugelassen werden können:

1. Logik,
2. Juristische Encyklopädie und Methodologie,
3. Naturrecht (Rechts-Philosophie),
4. Geschichte und Institutionen des Römischen Rechts,
5. Pandekten,
6. Deutsche Rechtsgeschichte,
7. Deutsches Privatrecht,
8. Kirchenrecht,
9. Lehnrecht,
10. Europäisches Völkerrecht,
11. Deutsches Staatsrecht,
12. Kriminalrecht,
13. Gerichtliche Medizin,
14. Preußisches Privatrecht,
15. Gemeiner Civil-Prozeß,
16. Gemeiner Kriminal-Prozeß,
17. ein allgemeines staatswissenschaftliches Kollegium.

Diejenigen, welche die erste juristische Prüfung bei einem Landgericht in der Rheinprovinz ablegen wollen, müssen außerdem noch Vorlesungen über Rheinisches Civilrecht und Rheinisches Civil- und Straf-Prozeßverfahren gehört haben.

4.

Verordnung vom 1. März 1858, — zur Ausführung des Art. 23. des Gesetzes über die Gemeinde-Verfassung in der Rheinprovinz vom 15. Mai 1856.

Wir Friedrich Wilhelm, von Gottes Gnaden, König von Preußen rc. rc.

verordnen, zur Ausführung des Artikels 23. des Gesetzes vom 15. Mai 1856. (Rhein. Samml. Bd. 11. S. 228), betreffend die Gemeinde-Verfassung in der Rheinprovinz, was folgt:

§. 1.

Die Kultur eines Gemeindegrundstücks nach Artikel 23. des Gesetzes vom 15. Mai 1856., betreffend die Gemeinde-Verfassung der Rheinprovinz, kann von jedem einzelnen Gemeindemitgliede, sowie von der Gemeindebehörde — sei es auf deren eigenen Antrieb oder nach Anweisung der vorgesetzten Aufsichtsbehörde — beantragt werden.

§. 2.

Erfolgt Widerspruch, so entscheidet die Regierung über die Zulässigkeit und die Ausführung der Kultur.

§. 3.

Der Beschluß der Regierung ist zu stützen auf:

a) den von einem Sachverständigen zu liefernden Nachweis der Rentabilität und den von eben solchem aufzustellenden Plan und Kostenanschlag,

b) den vom Bürgermeister aufzustellenden Plan zur Aufbringung der Kosten,

c) den Nachweis, daß diese Dokumente (a. b.) in der Gemeinde während eines Zeitraums von vierzehn Tagen offen gelegen haben und daß die Gemeindemitglieder davon auf ortsübliche Weise und mit dem Eröffnen in Kenntniß gesetzt worden sind, wie es ihnen während jener Frist freistehe, die Dokumente einzusehen und ihre Einwendungen gegen deren Inhalt beim Bürgermeister schriftlich oder mündlich zum Protokoll anzubringen,

d) das Gutachten des Gemeinderathes über die Kultur, wie über die etwa erhobenen Einwendungen,

e) den Haushaltsetat der Gemeinde und die abgeschlossene Rechnung des verflossenen Jahres,

f) das auf Vorlegung der Dokumente sub a—e. von den Kreisständen abgegebene Gutachten.

§. 4.

Gegen den Beschluß der Regierung findet der Recurs an die Ministerien des Innern und für die landwirthschaftlichen Angelegenheiten statt.

Für die Frist und den Weg, in welchen derselbe einzulegen ist, gilt der §. 117. der Gemeinde-Ordnung vom 23. Juli 1845 (Gesetz-Samml. S. 553).

§. 5.

Der §. 32. der für die Gemeinde- und Instituts-Waldungen der Regierungsbezirke Coblenz und Trier geltenden Verwaltungs-Instruktion vom 31. August 1839 (Amtsblatt der Regierung zu Coblenz Beilage zu Nr. 62) bleibt durch gegenwärtige Verordnung unberührt.

Urkundlich unter Unserer Höchsteigenhändigen Unterschrift und beigedrucktem Königlichen Insiegel.

Gegeben Berlin, den 1. März 1858.

Im Allerhöchsten Auftrage Sr. Majestät des Königs:
(L. S.) Prinz von Preußen.
v. Westphalen. v. Manteuffel II.

I. 1423. Rhein. Gener. 145. Vol. 3.

5.

Allgemeine Verfügung vom 2. März 1858, — betreffend die technische Revision der in Königlichen Dienstwohnungen auszuführenden baulichen Einrichtungen und Reparaturen.

Allgemeine Verfügung vom 9. März 1843 (Rhein. Samml. Bd. 8. S. 150).

a. Verfügung des Herrn Ministers für Handel, Gewerbe und öffentliche Arbeiten.

Der Königlichen Regierung eröffne ich, daß die Cirkular-Verfügung vom 6. Juni v. J., nach welcher bei baulichen Einrichtungen und Reparaturen an Königlichen Dienstwohnungen im Ressort des Ministeriums für Handel, Gewerbe und öffentliche Arbeiten und des Finanz-Ministeriums, deren Kosten unter 20 Thaler betragen, die Revision durch die Kreis-Baubeamten nur dann erforderlich ist: „wenn wesentliche Veränderungen an dem bestehenden Bauwerke oder solche Vorkehrungen bezweckt werden, welche eine besondere, nur Bauverständigen beiwohnende Sachkenntniß erfordern", nach Zustimmung der betreffenden

Herren Minister fortan auch auf die Königlichen Dienstwohnungen im Ressort der übrigen Ministerien Anwendung findet, mit Ausnahme der zum Ressort des Ministeriums für die landwirthschaftlichen Angelegenheiten gehörigen höheren landwirthschaftlichen Lehranstalten, für welche besondere Bautechniker angestellt sind, sowie der Dienstwohnungen im Ressort der Militair-Verwaltung, für welche die mittelst Allerhöchster Kabinets-Order vom 25. März 1839 bestätigte Geschäftsordnung für das Garnison-Bauwesen Gültigkeit behält.

Berlin, den 21. Februar 1858.

Der Minister für Handel, Gewerbe und öffentliche Arbeiten.
von der Heydt.

An
sämmtliche Königliche Regierungen
und
an die Königliche Ministerial-Baukommission hier.

b. Verfügung des Justiz-Ministers.

Vorstehende Verfügung wird den Gerichtsbehörden zur Kenntnißnahme und Beachtung mitgetheilt.

Berlin, den 2. März 1858.

Der Justiz-Minister.
Simons.

An sämmtliche Gerichtsbehörden.

I. 796. Justizfonds 17. Vol. 8.

6.

Verfügung vom 11. März 1858, — betreffend die Vollstreckung geringer Gefängnißstrafen gegen Zöglinge der Erziehungs- und Besserungs-Anstalt zu St. Martin bei Boppard und im Landarmenhause zu Trier.

Allerhöchster Erlaß vom 19. September 1857 (Rh. Samml. Bd. 11. S. 380).

Verfügung vom 10. November 1857 (Rh. Samml. Bd. 11. S. 389).

Behufs der Mittheilung an die Ober-Prokuratoren werden Sie davon in Kenntniß gesetzt, daß

die Erziehungs- und Besserungs-Anstalt zu St. Martin bei Boppard und das Landarmenhaus zu Trier

ferner als solche Detentions-Anstalten bezeichnet worden sind, für welche die Ihnen abschriftlich mitgetheilte Allerhöchste Ordre vom 19. September 1857 zur Anwendung kommen kann.

Berlin, den 11. März 1858.

Der Justiz-Minister.
Simons.

An
den Königl. Herrn General-Prokurator zu Cöln.

I. 795. Crimin. 90. Vol. 3.

7.

Verfügung vom 25. März 1858, — betreffend die Nothwendigkeit einer Vorlegung der Prozeßakten von Seiten der Regierung bei Erhebung eines Competenzkonfliktes vor Erlaß des Sistirungsbeschlusses.

Die in Ihrem Berichte vom 5. März d. J., betreffend die Weigerung der dortigen Regierung zur Mittheilung der Akten bei Erhebung eines Competenzkonflikts ausgesprochene Ansicht, daß vor Erlaß des Sistirungsbeschlusses dem Gerichte nothwendig die Akten des Prozesses vorgelegt werden müßten, kann als richtig nicht anerkannt werden. Die den Conflikt erhebende Behörde ist nicht die Partei, also nicht nothwendig im Besitz der Akten; der Conflikt kann selbst wider den Willen beider Parteien erhoben werden. Auch hat es keine Bedenken, auf Grund des Beschlusses über die Erhebung des Conflikts das Sistirungs-Urtheil zu erlassen, obgleich ein anderweitiger Nachweis über die Anhängigkeit der Sache nicht vorliegt, indem dadurch eventuell nur etwas Ueberflüssiges geschähe.

Hiernach bedurften Sie der betreffenden Akten zu dem Antrage auf Einstellung des Verfahrens in dem vorliegenden Falle nicht; dagegen ist zum Zweck des zu erstattenden Berichtes deren Mittheilung erboten. Sollte bei besonderer Lage des Falles, oder zum Zwecke des Berichtes die Mittheilung der Akten verweigert werden, so bleibt Ihnen überlassen alsdann darüber näher zu berichten.

Berlin, den 25. März 1858.

Der Justiz-Minister.
Simons.

An
den Königl. Herrn Ober-Prokurator zu N.

I. 1030. Rhein. Gener. 132. Vol. 2.

8.

Verfügung vom 25. März 1858, — die in der administrativen Voruntersuchung wegen Postkontravention veranlaßten Kosten fallen dem im gerichtlichen Verfahren demnächst Verurtheilten zur Last und sind gegen ihn exekutorisch zu erklären.

Gesetz v. 5. Juni 1852. §. 43 (Rh. Samml. Bd. 10. S. 445).

Sie erhalten hierbei Abschrift eines Schreibens des Herrn Handels-Ministers vom 11. d. Mts.

betreffend die Ertheilung eines Exekutorii gegen den wegen Postkontravention gerichtlich verurtheilten N. N. über die in der administrativen Voruntersuchung veranlaßten Kosten

mit dem Eröffnen, daß sich der Justiz-Minister nur damit einverstanden erklären kann, daß das verlangte Exekutorium im Allgemeinen nicht zu verweigern sei. Das Gesetz vom 18. Germinal VII. spricht den Grundsatz aus, daß der Verurtheilte alle Kosten ersetzen muß, zu denen die Verfolgung und Bestrafung des Vergehens Veranlassung gegeben hat, und es kann sich nur fragen, ob die Kosten in einem durch die Prozedurgesetze vorgeschriebenen strafrechtlichen Verfahren überhaupt veranlaßt sind. Für Post- und Porto-Uebertretungssachen schreibt aber der §. 43. des Gesetzes vom 5. Juni 1852 (Rh. Samml. Bd. 10. S. 445), unter Verweisung auf das bei Zuwiderhandlungen gegen die Vorschriften über die Erhebung der Zölle vorgeschriebene Verfahren ausdrücklich vor, daß der gerichtlichen Untersuchung ein administratives Verfahren vorhergehen müsse. Das letztere bildet daher einen nothwendigen Theil der gerichtlichen Untersuchung. Die Vorschrift, daß beim Antrage auf gerichtliches Gehör der administrative Strafbescheid als nicht ergangen angesehen werden soll, trifft nicht das dem letzteren zu Grunde liegende Verfahren.

Diesem allgemeinen Gesichtspunkte entsprechend schrieb schon die Verordnung vom 26. Dezember 1808 wegen Errichtung der Provinzial-Polizei- und Finanz-Behörden (Gesetz-Samml. von 1806—1810. S. 476) im §. 45 ausdrücklich vor, daß die in dem administrativen Vorverfahren veranlaßten Kosten von dem im gerichtlichen Verfahren demnächst Verurtheilten getragen werden müßten und die auch im dortigen Bezirke geltende Steuerordnung vom 8. Februar 1819 verweist im §. 93 (Gesetz-Samml. S. 116) hinsichtlich des fraglichen Verfahrens bei der Untersuchung und Bestrafung der Steuervergehen auf jenen §. 45 der Verordnung vom 26. Dezember 1808. Wenn diese Vorschrift in dem Zollstrafgesetz vom 23. Januar 1838 (Gesetz-Samml. S. 78) nicht ausdrücklich wiederholt ist, so kann daraus nicht deren Aufhebung sondern nur gefolgert werden, daß sie sich nach allgemeinen Grundsätzen von selbst verstehe. Das Gesetz vom 3. Mai 1852 enthält im Art. 136 (Gesetz-Samml. S. 241) dieselbe Vorschrift, ohne daß die Materialien für deren Aufnahme besondere Motive ergäben, so daß für diejenigen Landestheile, in welchen die Verordnung vom 3. Januar 1849 (Gesetz-Samml. S. 14) gilt, die Erstattung der fraglichen Kosten von dem gerichtlich verurtheilten Kontravenienten keinem Zweifel unterliegt und nicht anzunehmen ist, daß im Bezirk des Appellationsgerichtshofes zu Cöln bei einem im übrigen gleichmäßigen Verfahren nur bei Steuerkontraventionen, nicht aber bei Zoll- und Postkontraventionen derselbe Grundsatz gelten sollte.

Das in Ihrem Schreiben an die dortige Oberpost-Direktion vom 14. November v. J. bezogene Urtheil des Ober-Tribunals vom 26. Juni 1856 wider Klotz und Cons. (Goltdammer Archiv Bd. 4. S. 681) hat einen wesentlich verschiedenen Fall vor Augen. Es handelte sich dabei von Kosten, die gar nicht durch das Strafverfahren oder jedenfalls nicht vorschriftsmäßig veranlaßt waren und der allgemeine Satz, daß nur diejenigen Kosten dem Verurtheilten zur Last gelegt werden könnten, welche durch das in der Kriminal-Prozeßordnung vorgesehene gerichtliche Verfahren veranlaßt worden, ist nothwendig nur von denjenigen Fällen zu verstehen, in welchen die gerichtliche Untersuchung lediglich nach den Vorschriften der Kriminal-Prozeß-Ordnung geführt werden kann und nicht etwa auf Grund späterer Gesetze ihr ein besonders regulirtes Vorverfahren vorhergehen muß.

Berlin, den 25. März 1858. Der Justiz-Minister.
Simons.

An
den Königl. Herrn General-
Prokurator zu Cöln.

I. 1047. Rhein. Gener. 10. Vol. 3.

9.

Verfügung vom 2. April 1858, — betreffend die Dispensation der französischen Unterthanen von der Beibringung des Attestes ihrer Heimathsbehörde behufs ihrer Verehelichung in Preußen.

Ges. v. 13. März 1854 §. 2 (Rh. Samml. Bd. 11. S. 13).
Verfügung v. 31. Aug. 1856 (Rh. Samml. Bd. 11. S. 279).

Nachdem bei Gelegenheit eines Spezialfalles festgestellt worden, daß französische Unterthanen nach den dortigen Landesgesetzen zur Eingehung einer Ehe einer besonderen Zustimmung der betreffenden Verwaltungsbehörde nicht bedürfen, daß ferner die Beibringung des im §. 1 des Gesetzes vom 13. März 1854 für Ausländer vor Eingehung einer Ehe in den Königlichen Staaten vorgeschriebenen Attestes nach dortiger Landesverfassung in der Regel nicht möglich ist, und daß endlich Ausländerinnen durch Verheirathung mit einem Franzosen in das staatsbürgerliche Verhältniß des Ehemannes treten und jedes in einer solchen Ehe, gleichviel ob im In- oder Auslande, geborene Kind die Unterthans-Eigenschaft des Vaters erwirbt: haben wir auf Grund des §. 2 des Gesetzes vom 13. März 1854 beschlossen,

den französischen Unterthanen, welche in Preußen eine Ehe einzugehen beabsichtigen, die Beibringung des Attestes, daß sie hierzu nach den Gesetzen ihrer Heimath, unbeschadet ihrer Staatsangehörigkeit, befugt seien, hiermit allgemein zu erlassen.

Indem wir die Königliche Regierung zur Beachtung hiervon in Kenntniß setzen, bemerken wir, daß die Legitimation eines französischen Unterthans in seiner Eigenschaft als solcher durch den Paß einer französischen Behörde nur dann als geführt angesehen werden kann, wenn dem Inhaber in diesem Passe seine Eigenschaft als Franzose ausdrücklich bezeugt ist.

Ueber obwaltende Zweifel, ob der Beweis der Nationalität als geführt zu erachten sei, hat die betreffende Königliche Regierung zu entscheiden.

Berlin, den 2. April 1858.

Der Justiz-Minister.	Der Minister der geistlichen, Unterrichts- und Medizinal-Angelegenheiten.	Der Minister des Innern.
(gez.) Simons.	v. Raumer.	v. Westphalen.

Cirkulare an sämmtliche Königliche Regierungen*).

I. 851. E. 32. Vol. 2.

---

*) Der General-Prokurator zu Cöln ist durch Reskript vom 21. April 1858 angewiesen worden, die Verfügungen vom 31. August 1856 (Rhein. Samml. Bd. 11. S. 279) und die obige Verfügung vom 2. April 1858 zur Belehrung der Civilstandsbeamten den Ober-Prokuratoren mitzutheilen.

10.

Verfügung vom 26. April 1858, — betreffend die Unzulässigkeit polizeilicher Taxen für die Vertreter der Parteien bei den Friedensgerichten.

Gewerbe-Ordnung vom 17. Januar 1845 §§. 88 ff. (Gesetz-Samml. S. 57).

Sie werden davon in Kenntniß gesetzt, daß hinsichtlich der in Ihrem Jahresberichte vom 15. März v. J. behandelten Frage über die Zulässigkeit polizeilicher Taxen für die Vertreter der Parteien bei den Friedensgerichten, wie solche der Landrath zu N. erlassen hat, der Herr Minister für Handel, Gewerbe und öffentliche Arbeiten in einem Schreiben vom 16. d. Mts. sich damit einverstanden erklärt hat, daß die Aufstellung solcher Taxen weder mit der Vorschrift der §§. 88 ff. der Allgemeinen Gewerbeordnung (Ges.-Samml. von 1845 S. 57) vereinbar, noch nach gegenwärtiger Lage der Verhältnisse in praktischer Hinsicht für empfehlenswerth zu erachten sei. Die Regierungen der Rheinprovinz sollen hiernach beschieden werden. Dem Treiben der Winkelkonsulenten bei den Gerichten ist übrigens von Ihrer Seite fortwährend besondere Aufmerksamkeit zu widmen.

Berlin, den 26. April 1858.

Der Justiz-Minister.
Simons.

An
den Königl. Herrn General-Prokurator zu Cöln.

I. 1528. Rhein. Gener. 80. Vol. 2.

11.

Gesetz vom 3. Mai 1858, — betreffend die Gebühren und Kosten des Verfahrens bei Theilungen und bei gerichtlichen Verkäufen von Immobilien im Bezirk des Appellationsgerichtshofes zu Cöln.

Wir Friedrich Wilhelm, von Gottes Gnaden, König von Preußen ꝛc. ꝛc.

verordnen unter Aufhebung der Verordnung vom 27. Juli 1855 (Rhein. Samml. Bd. 11. S. 129) hinsichtlich der Gebühren und Kosten, welche das Verfahren bei Theilungen und bei gerichtlichen Verkäufen von Immobilien veranlaßt (Gesetz vom 18. April 1855 Rhein Samml. Bd. 11. S. 78), mit Zustimmung beider Häuser des Landtages Unserer Monarchie für den Bezirk des Appellationsgerichtshofes zu Cöln, was folgt:

§. I. Allgemeine Bestimmungen.

Artikel 1.

Die Ansetzung und Erhebung der Gebühren und Kosten soll nach Maaßgabe der in dem Bezirk des Appellationsgerichtshofes zu Cöln geltenden Bestimmungen und der nachfolgenden Abänderungen und Ergänzungen derselben stattfinden.

§. II. Bestimmungen, betreffend das gerichtliche Theilungsverfahren.

Artikel 2.

Die Anwalte erhalten:

1) für die Bittschrift an den Präsidenten um Ernennung eines Kommissars oder Notars (Art. 1. Absatz 2, Art. 4. des Gesetzes vom 18. April 1855) die Gebühr des Artikels 76. des Tarifs vom 16. Februar 1807;
2) für den Anwaltsakt, durch welchen die Verfügung des Präsidenten zur Ernennung des Kommissars oder Notars zugestellt wird, die Gebühr des Artikels 70. des Tarifs;
3) für den Antrag, betreffend die Bestätigung des Gutachtens der Sachverständigen (Art. 3. des Gesetzes), ingleichen für den die Antwort darauf enthaltenden Akt, die Gebühr des Artikels 71. des Tarifs;
4) für die Anfertigung des Hefts der Verkaufbedingungen (Art. 4. des Gesetzes) die Gebühr des Artikels 72. Nr. 1. des Tarifs;
5) für die Hinterlegung desselben beim Notar eine Vakation nach Artikel 91. des Tarifs;
6) für die Zustellung der Abschrift des Hefts der Verkaufbedingungen an die Anwalte der Mitversteigerer die Gebühr des Artikels 70. des Tarifs;
7) für die Abschrift, welche zugestellt wird, die Gebühr des Artikels 72. Nr. 2. des Tarifs;
8) für den Antrag, betreffend die Streitigkeiten über die Verkaufbedingungen, ingleichen für den Antrag, durch welchen ein verspäteter Einspruch gegen die Verkaufbedingungen wieder aufgenommen wird (Art. 5. des Gesetzes), sowie für die Antwort darauf, die Gebühr des Artikels 71. des Tarifs;
9) für den Antrag auf Ermächtigung zum Verkauf unter dem Schätzungspreise (Art. 6. des Gesetzes), ingleichen für die Antwort darauf, die Gebühr des Artikels 71. des Tarifs;
10) für das Gesuch an den Notar um Bestimmung eines Termins, in welchem die Parteien erscheinen sollen, um zu den Theilungsverrichtungen zu schreiten (Art. 7. des Gesetzes), die Gebühr des Artikels 76. des Tarifs;

11) für den Anwaltsakt, durch welchen die Mitbetheiligten aufgefordert werden, im Termin vor dem Notar zu erscheinen, die Gebühr des Artikels 70. des Tarifs;
12) für den Antrag, um die vor dem Notar erhobenen Streitigkeiten zu erledigen (Art. 8. des Gesetzes), ingleichen für die Antwort darauf, die Gebühr des Artikels 71. des Tarifs;
13) im Falle ohne vorheriges Gutachten von Sachverständigen sowohl der Verkauf verordnet, als auch die Schätzung durch das Gericht selbst bewirkt wird (Art. 2. des Gesetzes), für den vorhergegangenen mündlichen Vortrag das Doppelte der Gebühr des Tarifs;
14) im Falle dem Antrage auf Bestätigung des Gutachtens der Sachverständigen (Art. 3. des Gesetzes) oder auf Verordnung einer neuen Versteigerung (Art. 6. des Gesetzes), oder auf Bestätigung der Theilung (Art. 981. der Civilprozeß-Ordnung) von keiner Partei widersprochen wird, für den mündlichen Vortrag nur die Hälfte der Gebühr des Tarifs;
15) um die Theilungsklage durch den Gerichtsschreiber visiren zu lassen (Art. 967. der Civilprozeß-Ordnung), keine Gebühr.

Artikel 3.

Den Notarien werden die Protokolle und Konferenzen, welche die gerichtliche Theilung zum Gegenstande haben, nebst den zur Vorbereitung derselben erforderlich gewesenen Arbeiten, sowie die Uebermittelung der Urschrift des Protokolls über die Streitigkeiten zum Zweck der Hinterlegung auf dem Sekretariat, nach den darauf verwendeten Arbeitsstunden bezahlt. Für eine jede Stunde werden funfzehn Silbergroschen angesetzt. Die angefangene Stunde wird für voll berechnet. Hierbei können ohne Unterschied, ob das Geschäft am Wohnorte des Notars oder außerhalb desselben stattgefunden hat, die Gebühren nach der ganzen dazu wirklich verwendeten Zeit berechnet werden.

Die allgemeinen Bemerkungen zu der Taxordnung für die Notarien unter Nr. 2. 4. 5. 8. kommen auch hier zur Anwendung.

Die Notarien müssen die verwendeten Stunden, unter Angabe des Anfangs und des Schlusses der Arbeitszeit, sowie ihre Gebühren und Auslagen, bei Strafe von fünf Thalern, unter jedem Protokoll und jeder Ausfertigung gewissenhaft spezifiziren.

Jedes Protokoll muß nach Vorschrift des Artikels 43. der Notariats-Ordnung und bei Vermeidung der dort bestimmten Strafe unter dem Tage seiner Aufnahme ins Repertorium eingetragen werden, auch wenn es nur den Anfang oder die Fortsetzung der Theilungsverhandlungen enthält.

Artikel 4.

Die Notarien sind ferner bei Strafe von fünf Thalern verpflichtet, unter dem schließlichen Theilungsprotokoll und unter der Ausfertigung desselben die sämmtlichen in dem Verfahren für das Theilungsgeschäft (ausschließlich der Verrichtungen in Betreff der Verkäufe) berechneten Arbeitsstunden, unter Angabe der Tage, sowie die sämmtlichen Gebühren und Auslagen speziell aufzustellen; die nicht in dieser Weise verzeichneten Gebühren und Auslagen können nicht erhoben werden.

Artikel 5.

Die von dem Notar für die Theilungsgeschäfte berechneten Gebühren und Auslagen können auf Verlangen jedes Betheiligten oder, wenn Minderjährige oder denselben gleichgestellte Personen oder Vermögensmassen (Art. 29. 31. des Gesetzes vom 18. April 1855) betheiligt sind, auf Antrag der Staatsanwaltschaft durch den Präsidenten des Landgerichts, in dessen Bezirk der Notar angestellt ist, nach mündlicher oder schriftlicher Vernehmung des letzteren, mit Rücksicht auf die Beschaffenheit der Sache und die Mühewaltung des Notars bei derselben, nach billigem Ermessen ermäßigt werden.

Die Verfügung des Präsidenten ist einem Rechtsmittel nicht unterworfen. Durch diese Bestimmung wird das Disziplinarverfahren im geeigneten Falle nicht ausgeschlossen.

Artikel 6.

Den Notarien wird der Akt über die Hinterlegung der Verkaufbedingungen (Art. 4. des Gesetzes vom 18. April 1855) gleich einem Akt über eine einseitige Erklärung nach der Taxordnung vom 25. April 1822 (Rhein. Samml. Bd. 2. S. 256) bezahlt; im Uebrigen kommen in Betreff der Gebühren und Auslagen der Notarien für Verrichtungen, welche den Verkauf von Immobilien zum Gegenstande haben, die Bestimmungen des §. IV. dieses Gesetzes zur Anwendung.

§. III. Bestimmungen, betreffend das außergerichtliche Theilungsverfahren.

Artikel 7.

Für den Akt über die außergerichtliche Theilung (Art. 12., Art. 13. Nr. 1. des Gesetzes vom 18. April 1855) oder über die Vereinbarung zum Verkauf (Art. 22. Nr. 1.), sowie für die zur Herbeiführung derselben erforderlich gewesenen Vorarbeiten, stattgefundenen Verhandlungen und Konferenzen über Aufstellung der Masse, über Feststellung der Ansprüche und Berechnungen und über Auseinandersetzung der Betheiligten, ingleichen für die Protokolle über Loosziehung, über Tausche von Loosen und über Vergleiche bei der Theilung (Art. 15.) erhalten die Notarien Gebühren nach den Arbeitsstunden; für jede Stunde werden funfzehn Silbergroschen angesetzt, die angefangene Stunde wird für voll berechnet.

Die sämmtlichen Bestimmungen des Artikels 3. dieses Gesetzes finden auch hier Anwendung.

Artikel 8.

Was in Artikel 4. dieses Gesetzes wegen Angabe der Arbeitszeit und der Gebühren und Auslagen in Beziehung auf das schließliche Theilungsprotokoll und dessen Ausfertigung bestimmt ist, gilt in gleicher Weise und unter denselben Nachtheilen der Zuwiderhandlung auch in Beziehung auf die Theilungsurkunde bei der außergerichtlichen Theilung und in Beziehung auf die Urkunde der Vereinbarung über den Verkauf, sowie in Beziehung auf die Ausfertigungen derselben.

Die Bestimmungen des Artikels 5. finden gleichfalls hier Anwendung.

Artikel 9.

Die Notarien erhalten:

1) für den Akt über die Hinterlegung der Bestätigung der Theilung oder der Vereinbarung über den Verkauf (Art. 19. 24. des Gesetzes) die Gebühr für eine einseitige Erklärung nach der Taxordnung vom 25. April 1822;

2) für die Bescheinigung darüber, ob und wann die Hinterlegung der Bestätigung der Theilung oder der Vereinbarung über den Verkauf stattgefunden hat, die in der gedachten Taxordnung unter dem Satze: „Notariats-Attest" bestimmte Gebühr.

Artikel 10.

Bei dem Friedensgericht dürfen für Familienrathsbeschlüsse, welche die Genehmigung der außergerichtlichen Theilung oder die Vereinbarung über den Verkauf betreffen, drei Vakationen in Ansatz kommen, wenn die entsprechende Zeit wegen besonderer Schwierigkeiten hat verwendet werden müssen. Ist dies nicht der Fall, so bleibt es bei der Bestimmung, welche die Anmerkung zu Artikel 4. des Tarifs vom 16. Februar 1807 enthält.

Artikel 11.

Die Anwalte erhalten:

1) für die Bittschrift an die Rathskammer um Bestätigung der Theilung oder der Vereinbarung über den Verkauf, oder um Bestätigung des Familienrathsbeschlusses, welcher die Genehmigung enthält (Art. 17., Art. 23. letzter Absatz, Art. 29. des Gesetzes vom 18. April 1855), die Gebühr des Artikels 79. des Tarifs vom 16. Februar 1807.

Wird auf die Bittschrift ein Vorbescheid erlassen, so kann für dieselbe, sowie für jede folgende Bittschrift, nur die Gebühr des Artikels 78. des Tarifs berechnet werden;

2) für die Bittschrift an die Rathskammer um Verordnung einer neuen Versteigerung im Falle des letzten Absatzes des

Artikels 25. des Gesetzes die Gebühr des Artikels 78. des Tarifs;

3) für die Bittschrift an den Landgerichtspräsidenten um Ernennung eines Notars in dem durch Artikel 25. des Gesetzes bezeichneten Falle, oder um Ernennung von Sachverständigen im Falle des Artikels 27. des Gesetzes die Gebühr des Artikels 76. des Tarifs.

§. IV. Bestimmungen, betreffend den gerichtlichen Verkauf von Immobilien.

Artikel 12.

Die Anwalte erhalten:

1) für die Bittschrift an die Rathskammer um Verordnung des Verkaufs oder um Bestätigung des den Verkauf betreffenden Familienrathsbeschlusses (Art. 31. 32. des Gesetzes vom 18. April 1855), ingleichen für die Bittschrift um die Ermächtigung zum Verkauf unter dem Schätzungspreise (Art. 50. des Gesetzes), die Gebühr des Artikels 78. des Tarifs vom 16. Februar 1807.

Wird auf die Bittschrift ein Vorbescheid erlassen, so kann für dieselbe, sowie für jede folgende Bittschrift nur die Gebühr des Artikels 76. des Tarifs berechnet werden;

2) um im Falle des Artikels 70. des Gesetzes auf dem Sekretariat die Aufnahme des Aktes, durch welchen die Bürgschaft übernommen wird, zu bewirken und die Nachweise über die Zahlungsfähigkeit des Bürgen zu hinterlegen, eine Vakation nach Artikel 91. des Tarifs;

3) um auf dem Sekretariat die Nachweise über die Zahlungsfähigkeit des Bürgen einzusehen, eine Vakation nach Artikel 91. des Tarifs;

4) für die Amtsverrichtungen in dem Verfahren, welches gemäß Artikel 64., Artikel 71. und Artikel 84. des Gesetzes vom 18. April 1855 stattfindet, die Gebühren für summarische Sachen nach Artikel 67. des Tarifs vom 16. Februar 1807.

Artikel 13.

Die Notarien liquidiren nach der Taxordnung vom 25. April 1822 unter dem Satze: „Subhastation von Immobilien."

Hierbei treten folgende Bestimmungen ein:

a) Neben der Gebühr für die öffentliche Bekanntmachung können die anzuheftenden Abschriften nach der Position „Abschrift" in der Taxordnung vom 25. April 1822, sowie die Auslagen für die Insertion in die öffentlichen Blätter berechnet werden.

b) Für Anfertigung des Hefts der Verkaufbedingungen erhält der Notar die in der Taxordnung vom 25. April 1822 unter dem Satze „Subhastation von Immobilien litt. b." bestimmte Gebühr, jedoch nur die Hälfte dieser Sätze, wenn derselbe für Entwerfung der Kaufbedingungen schon anderweitig eine Vergütigung erhalten hat (Art. 22. des Gesetzes vom 18. April 1855).

c) Eines Aktes über die Hinterlegung des Hefts der Verkaufbedingungen bedarf es nur bei dem gerichtlichen Theilungsverfahren, aber auch bei diesem nur dann, wenn der mit dem Verkaufe beauftragte Notar das Heft der Verkaufbedingungen nicht selbst angefertigt hat. Für den Akt über die Hinterlegung des letzteren erhalten die Notarien keine besondere Gebühr.

d) Für Offenlegung der Kaufbedingungen oder des Gutachtens der Sachverständigen, für Ertheilung von Auskunft, für die Beifügung von Nachweisen zu dem Heft der Bedingungen und für sonstige, die Versteigerung vorbereitende Verrichtungen wird nichts vergütet, dagegen die auf Anfertigung des Eingangs zum Verkaufsprotokoll vor dem Termin verwendete Zeit bei der für Abhaltung des Verkaufs zu berechnenden Zeit mit in Anschlag gebracht.

e) Für die dem betreibenden Anwalte auf dessen Verlangen zu gebende Abschrift des Hefts der Verkaufbedingungen werden die in der Tax-Ordnung vom 25. April 1822 unter Position „Abschrift" bestimmten Gebühren berechnet.

f) Der Notar kann einen Ausrufer zur Versteigerung der Immobilien zuziehen, wenn er es für erforderlich erachtet. Die Wahl desselben steht dem Notar zu. Als Gebühren für den Ausrufer kommen funfzehn Silbergroschen für die erste Stunde, fünf Silbergroschen für jede folgende Stunde in Rechnung.

g) Der Vorschrift des Artikels 49. Nr. 4. des Gesetzes vom 18. April 1855 wird dadurch genügt, daß im Versteigerungsprotokoll auf das bei den Urschriften des Notars beruhende Heft der Verkaufbedingungen Bezug genommen, sodann letzteres seinem ganzen Inhalte nach bei dem Anfange der Versteigerung vorgelesen und diese Vorlesung im Versteigerungsprotokoll erwähnt wird.

Bei der Ausfertigung des Versteigerungsprotokolls sind alsdann aus dem Heft der Verkaufbedingungen die Erwähnung der betreffenden Eigenthumstitel, sowie die Kaufbedingungen mit auszufertigen, jedoch nicht die Verfügung des Gerichts, durch welche der Verkauf verordnet worden, der bestätigte Familienrathsbeschluß und das Gutachten der

Sachverständigen. Die zum Zwecke des Verfahrens bei dem Notar hinterlegten Ausfertigungen der letztgedachten drei Schriftstücke (Art. 36. des Gesetzes vom 18. April 1855) bleiben bis nach erfolgter Versteigerung im Gewahrsam des Notars. Insofern diese Ausfertigungen nicht in den Verkaufbedingungen dem Verkäufer vorbehalten sind, hat der Notar dieselben dem Ansteigerer mit der exekutorischen Ausfertigung des Versteigerungsprotokolls zu übergeben; wenn die Grundstücke im Einzelnen angesteigert wurden, so erhält die Ausfertigungen der Ansteigerer des Grundstücks, an dessen Erwerb nach Inhalt der Verkaufbedingungen der Anspruch auf die hinterlegten Ausfertigungen geknüpft ist, in Ermangelung einer solchen Bestimmung der Ansteigerer, welcher den höchsten Kaufpreis zu zahlen hat; die übrigen Ansteigerer können bei entstehendem Bedürfniß auf ihre Kosten neue Ausfertigungen bei der Gerichtsschreiberei entnehmen.

Ist bei der Versteigerung der Schätzungspreis nicht geboten worden, so sind die betreffenden Urkunden demjenigen, der sie übergeben hat, auf Verlangen zur weiteren Veranlassung zurückzugeben.

h) Ueber das Aufgeld muß der Notar dem Verkäufer Rechnung legen; was nach Abzug der gesetzlichen Gebühren und Auslagen davon übrig bleibt, tritt dem Kaufpreise hinzu.

Artikel 14.

Die Notarien erhalten für das Protokoll über das Verlangen des Wiederverkaufs, in welchem die Bescheinigung über Nichterfüllung der Bedingungen enthalten ist (Art. 55. des Gesetzes vom 18. April 1855), die in der Tax-Ordnung vom 25. April 1822 unter dem Satze: „einseitige Erklärung" bewilligte Gebühr und die Gebühren für die Zeugen.

Findet ein Verfahren vor dem Präsidenten statt, so wird nach Vakationen gerechnet.

Artikel 15.

Die Gebühren beim Friedensgericht in dem Verfahren der Artikel 69. bis 87. des Gesetzes vom 18. April 1855 werden nach der Gebührentaxe für das Subhastationsverfahren angesetzt.

Für die Aufnahme des Antrages auf Versteigerung (Art. 73. des Gesetzes), für die Abfassung des Versteigerungspatents (Art. 74. daselbst) und für die Abhaltung des Versteigerungstermins und die Abfassung des Protokolls darüber (Art. 76—81. daselbst) sind die Gebühren wie nach a. c. und d. der Gebührentaxe zur Subhastations-Ordnung vom 1. August 1822 (Rhein. Samml. Bd. 2. S. 291) zu beziehen.

§. V. Gemeinsame Bestimmungen, das außergerichtliche Theilungsverfahren und den gerichtlichen Verkauf von Immobilien betreffend.

Artikel 16.

Die Gebühren der Sachverständigen zur Begutachtung der Theilbarkeit, Schätzung oder Loosebildung (Art. 18. 23. 27. 33. des Gesetzes vom 18. April 1855) werden nach Maaßgabe der Artikel 159. bis 163. des Tarifs vom 16. Februar 1807 durch den Richter, vor welchem die Vereidung erfolgt ist, festgesetzt und exekutorisch erklärt.

Artikel 17.

Für die Verrichtungen in Betreff der Ernennung und Vereidung von Sachverständigen liquidiren die Friedensrichter und Gerichtsschreiber ihre Gebühren nach der Order vom 28. April 1832 (Jahrb. Bd. 39. S. 481); für die Hinterlegung des Gutachtens erhalten sie keine Gebühr. Die Bestimmung des Artikels 15. des Tarifs vom 16. Februar 1807 wird hierdurch nicht berührt.

Das Gutachten und die Protokolle über die Vereidung der Sachverständigen und die Hinterlegung des Gutachtens bleiben in Urschrift bei dem Gericht, bei welchem die Vereidung und die Hinterlegung erfolgt ist, und werden von dem Gerichtsschreiber dieses Gerichts ausgefertigt.

Artikel 18.

Ueber die Einreichung der Ausfertigung des bei einem anderen Gericht hinterlegten Gutachtens von Sachverständigen (Art. 18. 23. 27. 34. des Gesetzes vom 18. April 1855), sowie über die Einreichung des Familienraths-Beschlusses zur Bestätigung (Art. 17. 23. 32. 50. des Gesetzes) wird ein Hinterlegungsakt auf dem Sekretariat nicht aufgenommen.

Artikel 19.

In die Ausfertigung des Rathskammer-Beschlusses, welcher die Bestätigung der außergerichtlichen Theilung oder der Vereinbarung über den Verkauf, oder die Bestätigung des die Genehmigung enthaltenden Familienraths-Beschlusses betrifft, ingleichen in die Ausfertigung des Rathskammer-Beschlusses, welcher die Verordnung des gerichtlichen Verkaufs von Immobilien, oder die Bestätigung des desfallsigen Familienraths-Beschlusses betrifft, werden die Bittschrift des Anwalts, die Verfügungen des Präsidenten (Art. 885. der Civilprozeß-Ordnung) und die Anträge der Staatsanwaltschaft nicht aufgenommen.

Die Verfügungen des Präsidenten und die Anträge der Staatsanwaltschaft werden unter die Bittschrift des Anwalts geschrieben, welche bei dem Gerichte zurückbleibt. In dem Rathskammer-Beschluß ist der Beschluß des Familienraths, unter Angabe des Datums, genau zu bezeichnen und zu erwähnen, daß der schriftliche Antrag der Staatsanwaltschaft und der Vortrag eines Berichterstatters vorhergegangen sind.

Der Ausfertigung des Rathskammer-Beschlusses, welcher die Bestätigung ertheilt, wird die von dem Anwalt eingereichte Ausfertigung des Familienraths-Beschlusses vermittelst des Gerichtssiegels beigeheftet.

§. VI. Schlußbestimmung.

Artikel 20.

Die bis dahin geltenden Vorschriften in Betreff des Armenrechts und in Betreff der Kosten in Vormundschaftssachen finden auch in dem durch das Gesetz vom 18. April 1855 geregelten Verfahren Anwendung.

Die baaren Auslagen können überall gefordert und eingezogen werden. Zu denselben sind die Kosten der nothwendigen Kopialien, zu Einem Silbergroschen für die Rolle, zu rechnen.

Wenn die Vormundschaft einstweilen kostenfrei bearbeitet wird, so kann gleichwohl in allen Fällen, in welchen einem Bevormundeten durch die Theilung oder durch den Verkauf ein reines Vermögen im Werthe von fünfhundert Thalern oder mehr überwiesen ist, der auf denselben fallende Antheil der Gebühren und Kosten des Verfahrens sofort von ihm eingezogen werden.

In Betreff der Stempelabgabe zu den Verhandlungen in diesem Verfahren bleibt es bei den darauf bezüglichen gesetzlichen Bestimmungen.

Urkundlich unter Unserer Höchsteigenhändigen Unterschrift und beigedrucktem Königlichen Insiegel.

Gegeben Berlin, den 3. Mai 1858.

Im Allerhöchsten Auftrage Sr. Majestät des Königs:
(L. S.) Prinz von Preußen.
v. Manteuffel. v. d. Heydt. Simons. v. Raumer.
v. Westphalen. v. Bodelschwingh. v. Massow.
Graf v. Waldersee. v. Manteuffel II.

I. 1786. Rheinprov. Offizianten-Sachen 17.

12.

Allerhöchster Erlaß vom 6. Mai 1858, — betreffend die Anrechnung des im Jahre 1849 zur Unterdrückung des Aufstandes im Königreich Sachsen stattgefundenen Kampfes als Kriegsjahr bei Pensionirungen.

Militär-Pensionsreglement vom 13. Juni 1825. §. 8.
Allerhöchster Erlaß vom 6. November 1849 (Rhein. Samml. Bd. 10. S. 71).

Im Verfolg Meiner an das Staats-Ministerium erlassenen Order vom 6. November 1849 will Ich mit Bezug auf den §. 8. des Militär-Pensions-Reglements vom 13. Juni 1825 hierdurch bestimmen, daß auch der im Jahre 1849 zur Unterdrückung des Aufstandes im Königreich Sachsen stattgefundene Kampf den Preußischen Militärpersonen, welche die Gefechte in Dresden mitgemacht haben, bei Berechnung der Dienstzeit als ein Kriegsjahr in Anrechnung gebracht werden soll, insofern sie nicht bereits aus der Theilnahme an den späteren kriegerischen Operationen des Jahres 1849 ein Anrecht auf die Doppelrechnung desselben besitzen.

Berlin, den 6. Mai 1858.

Im Allerhöchsten Auftrage Seiner Majestät des Königs:
Prinz von Preußen.
(gegengez.) Graf v. Waldersee.

An das Staats-Ministerium.

Vorstehender Allerhöchster Erlaß wird sämmtlichen Gerichtsbehörden zur Nachachtung bekannt gemacht.

Berlin, den 26. Juni 1858.

Der Justiz-Minister
Simons.

An
sämmtliche Gerichtsbehörden.

I. 2158. P. 45.

13.

Uebereinkunft unter den Rheinuferstaaten vom 7. Mai 1858, — betreffend den Bau der stehenden Rheinbrücke zu Cöln.

Zwischen den unterzeichneten zu einer außerordentlichen Session der Central-Kommission für die Rheinschiffahrt zusammengetretenen Bevollmächtigten der Rheinuferstaaten ist heute in besonderem Auftrage Ihrer Regierungen folgende Uebereinkunft vereinbart worden:

Artikel I.

Die Schiffe und Flösse, welche die stehende Brücke bei Cöln passiren werden, haben dafür keine Durchlaßgebühr zu entrichten; die Königlich Preußische Regierung verzichtet auf die Erhebung einer solchen Gebühr bei Cöln selbst für den Fall, wenn neben der stehenden Brücke eine Schiffbrücke beibehalten oder wieder aufgerichtet werden sollte.

Artikel II.

Den Eigenthümern derjenigen zur Fahrt auf dem Rhein berechtigten Segel- und Dampfschiffe, welche nicht jetzt schon zum Passiren fester, nach oben geschlossener Brücken eingerichtet sind, und welche bereits bisher, oder doch längstens binnen drei Monaten nach der Hinterlegung der Ratifikations-Urkunden dieser Uebereinkunft, den Strom an Cöln vorüber befahren haben, wird eine Entschädigung für die Vorrichtungen zum Senken und Wiederaufrichten der Maste, beziehungsweise der Kamine, aus der Preußischen Staatskasse gewährt werden. Diese Entschädigung gilt zugleich als Vergütung

für das Stillliegen des Schiffes während der zum Anbringen der Vorrichtungen erforderlichen Zeit,

für die etwaige Erschwerung des Dienstes auf dem Schiffe,

für die eventuelle Beschränkung des nutzbaren Laderaums, endlich

für alle sonstigen Anschaffungen und Aenderungen, welche in Folge jener Vorrichtungen für einzelne Fahrzeuge nothwendig werden können.

Schiffe, welche an sich zur Entschädigung zuzulassen, aber erst nach dem in diesem Artikel bestimmten äußersten Termin an Cöln vorübergefahren sind, desgleichen Schiffe, bei welchen wegen Alters oder Schadhaftigkeit die Vorrichtung zum Senken und Heben nicht mehr ausgeführt werden kann, endlich alle vom Tage der Vollziehung dieses Vertrages ab neu zu bauenden Schiffe haben keinen Anspruch auf Entschädigung.

Artikel III.

Im Einverständnisse sämmtlicher Uferstaaten wird die Entschädigung in Bausch und Bogen auf feste Geldsätze nach Maaßgabe der Ladungsfähigkeit der einzelnen Fahrzeuge festgestellt und ein- für allemal gewährt, wie folgt:

A. Bei Dampfschiffen:

1)	Für Dampfschlepper von mehr als zweihundert Pferdekraft mit	350 Rthlr.
2)	Für kleinere Dampfschlepper und große Personenboote mit	250 „

3) Für kleinere Dampfboote, sofern sie überhaupt einer Vorrichtung zum Senken der Kamine bei ihrer Durchfahrt unter der Brücke bedürfen, mit 100 Rthlr.

B. Bei Segelschiffen.

Für Schiffe

1)	von	10,000 Ztr und mehr			mit 950 Rthlr.		im	Mittel
2)	„	10,000	bis 8000	Ztr.	mit	950—750 Rthlr.	850	Rthlr.
3)	„	8,000	„ 6000	„	„	750—550 „	650	„
4)	„	6,000	„ 4000	„	„	550—350 „	450	„
5)	„	4,000	„ 3000	„	„	350—250 „	300	„
6)	„	3,000	„ 1500	„	„	250—150 „	200	„
7)	„	1,500	„ 800	„	„	150— 30 „	90	„
8)	„	800	„ und weniger Tragfähigkeit 25 Rthlr.					

Für Schiffe, deren Tragfähigkeit zwischen die angegebenen Grenzen hineinfällt, ist nach Maaßgabe dieser Skala die Entschädigung verhältnißmäßig auszumitteln.

Die Feststellung des Entschädigungsbetrages für jedes einzelne Schiff erfolgt durch das Königlich Preußische Eisenbahn-Kommissariat zu Cöln endgültig unter Ausschluß jedes Rekurses.

Artikel IV.

Die Schiffseigenthümer, welchen nach den vorstehenden Bestimmungen ein Entschädigungsanspruch zusteht, haben denselben nach der amtlichen Aufforderung, welche die Regierungen der Uferstaaten in ihren Gebieten erlassen werden, spätestens bis zum 31. Dezember dieses Jahres, bei Verlust ihres Anrechts, bei dem Königlich Preußischen Eisenbahn-Kommissariate zu Cöln anzumelden. Diese Anmeldung muß von der Vorlage des Patents und des Aichscheins begleitet sein. Dieselben haben ferner durch eine Bescheinigung des Hafen-Kommissariats zu Cöln nachzuweisen, daß sie mit dem in dem Patent bezeichneten Schiffe einmal und spätestens binnen drei Monaten nach Hinterlegung der Ratifikations-Urkunden dieser Uebereinkunft auf dem Rhein vor Cöln vorübergefahren sind.

Das Königlich Preußische Eisenbahn-Kommissarjat zu Cöln wird den Schiffseigenthümern über die erfolgte Anmeldung eine Beurkundung mit der Zusage ertheilen, daß, wenn die nachstehend bezeichneten Bedingungen von ihnen erfüllt sein werden, der Schiffseigenthümer auf die der Summe nach genau zu bezeichnende Entschädigung Anspruch habe. Demnächst haben die Schiffseigenthümer die zum Senken und Heben der Maste, beziehungsweise der Kamine, nöthigen Vorrichtungen anfertigen zu lassen und mit den so hergerichteten Schiffen die stehende Brücke bei Cöln spätestens bis zum Schlusse der Schiffahrt des Jahres 1860 zu passiren.

Nach Erfüllung dieser Bedingungen, worüber ein Zeugniß

des Cölner Hafen-Kommissariats beizubringen ist, wird den Schiffseigenthümern der Betrag der Entschädigung auf Anweisung des Königlich Preußischen Eisenbahn-Kommissariats zu Cöln von der dortigen Regierungs-Hauptkasse ausgezahlt werden. Die Zahlung erfolgt an den Schiffseigenthümer, welchen das Patent als solchen ausweist, oder an dessen gehörig beglaubigten und in gleicher Weise legitimirten Bevollmächtigten.

Artikel V.

Die Königlich Preußische Regierung übernimmt es, vom ersten April 1859 bis zum Schlusse des Jahres 1860 neben der stehenden Brücke zu Cöln eine dem Bedürfnisse entsprechende Anzahl von provisorischen Krahnen-Anlagen zum Heben und Senken der Maste aufstellen zu lassen. Eine Gebühr für deren Hülfsleistung wird von den Schiffern nicht erhoben werden.

Artikel VI.

Die Regierungen von Baden, Bayern, Frankreich, Hessen, Nassau und Niederland betrachten die früheren Bedenken gegen die Konstruktion der stehenden Rheinbrücke bei Cöln, namentlich nach deren bereits verfügter Höherlegung auf 53 Fuß Preußisch, für erledigt; sie erkennen an, daß Preußen in Betreff dieser Brücke durch Uebernahme der in diesem Vertrage bezeichneten Leistungen allen denjenigen Interessen und Rechten der freien Schiffahrt auf dem Rhein genügt, welche auf den bezüglichen völkerrechtlichen Vereinbarungen beruhen, oder durch Anwendung des Art. 67. der Rheinschiffahrts-Konvention vom 31. März 1831 auf den Cölner Brückenbau begründet werden können; sie erklären Ihrerseits, bei späteren festen Ueberbrückungen des Rheins auf Ihren Gebieten darüber wachen zu wollen, daß das Interesse der freien Schiffahrt und Flösserei in einer den Verträgen und Bedürfnissen entsprechenden Weise gewahrt werde.

Artikel VII.

Gegenwärtige Uebereinkunft soll nach erfolgter landesherrlicher Genehmigung durch ministerielle Urkunden ratifizirt werden und dadurch die Kraft und Wirkung eines Staatsvertrages erhalten. Die von jedem Uferstaat in einem Exemplar auszufertigenden Ratifikations-Urkunden sollen am 11. Juni dieses Jahres in das Archiv der Centralkommission niedergelegt werden.

Mainz, am 7. Mai 1858.

Für	Baden:	von Uria.
„	Bayern:	von Kleinschrod.
„	Frankreich:	Goepp.
„	Hessen:	Schmitt.
„	Nassau:	von Zwierlein.
„	Niederlande:	Travers.
„	Preußen:	Matzerath.

(L. S.)

Die vorstehende Uebereinkunft ist auf Grund der Allerhöchsten Order vom 3. Juni 1858 ratifizirt, auch von Seiten sämmtlicher übriger Rheinuferstaaten ratifizirt, und es sind die Ratifikations-Urkunden in das Archiv der Rheinschiffahrts-Centralkommission zu Mainz am 11. Juni 1858 niedergelegt worden.

I. 2434. E. 37. Vol. 22.

14.

Allerhöchste Ordre vom 10. Mai 1858 und Verfügung vom 18. Mai 1858, — betreffend das Rangverhältniß der wiedergewählten Mitglieder der Handelsgerichte.

Zur Beseitigung der Zweifel über das Rangverhältniß derjenigen Mitglieder der Handelsgerichte, welche nach Ablauf der Zeit für welche sie gewählt worden, unmittelbar wiedergewählt werden und deren Funktionen danach faktisch keine Unterbrechung erleiden, haben des Königs Majestät auf meinen Antrag durch Allerhöchste Ordre vom 10. d. Mts. zu bestimmen geruht, daß solche Handelsrichter ihren bisherigen Rang im Kollegium beibehalten sollen. Sie erhalten hierbei Abschrift dieser Allerhöchsten Ordre zur Kenntnißnahme und Mittheilung an die Handelsgerichte.

Berlin, den 18. Mai 1858.

Der Justiz-Minister.
Simons.

An
den Königl. Herrn General-Prokurator
zu Cöln.

I. 1876. Rhein. Gener. 52. Vol. 5.

Anlage.

Auf Ihren Bericht vom 6. Mai d. J. will Ich hierdurch bestimmen, daß im Bezirke des Apellationsgerichtshofes zu Cöln, Handelsrichter, deren unmittelbare Wiederwahl von Mir, unter Dispensation von der Vorschrift des Artikel 623. des Handelsgesetzbuches genehmigt worden, unter den Mitgliedern des Handelsgerichts ihren bisherigen Rang beibehalten und jederzeit den neugewählten Mitgliedern vorgehen sollen. Ich überlasse Ihnen, hiernach das Weitere zu verfügen.

Berlin, den 10. Mai 1858.

Im Allerhöchsten Auftrage Seiner Majestät des Königs:
Prinz von Preußen.

An den Justiz-Minister.

15.

Verfügung vom 1. Juni 1858, — betreffend die Stempelpflichtigkeit der Erkenntnisse der Gewerbegerichte über die Klagen auf Ausstellung von Entlassungs-Zeugnissen für Gewerbe-Gehülfen, Gesellen und Lehrlinge.

Gewerbe-Ordnung vom 17. Januar 1845 §§. 142 und 156 (Gesetz-Samml. S. 68 und 70).

Auf Ihren Bericht vom 13. Juni 1857

die Stempelpflichtigkeit der Erkenntnisse der Gewerbegerichte über die Klagen auf Ausstellung von Entlassungszeugnissen für Gewerbe-Gehülfen, Gesellen und Lehrlinge betreffend

wird Ihnen eröffnet, daß der Herr Finanz-Minister sich nunmehr damit einverstanden erklärt hat, daß zu den fraglichen Erkenntnissen kein Werthstempel genommen werde, weil sich annehmen lasse, daß es sich in solchen Prozeßsachen nicht von einem nach Gelde nicht schätzbaren oder von einem Gegenstande von 50 Rthlr. oder mehr handele. Bei dem in der Regel leicht lösbaren Verhältniß zwischen Arbeitgeber und Arbeitsnehmer, zwischen Lehrherrn und Lehrling, komme es nämlich dem Arbeitsnehmer oder Lehrling, wenn er seinen bisherigen Fabrikherrn oder Meister verlasse, und deshalb das in den §§. 142 und 156 der Gewerbe-Ordnung vom 17. Januar 1845 (Gesetz-Samml. S. 68 und 70) vorgeschriebene Entlassungszeugniß begehre, vorzugsweise darauf an, durch letzteres in den Stand gesetzt zu werden, alsbald ein anderweites Unterkommen wieder zu finden. Ganz versagt werden dürfe die Ausstellung eines solchen Zeugnisses nicht; es bestehe daher das Interesse, welches bei Anstellung einer Klage auf dessen Ertheilung vorwalte, wesentlich in dem Geldverluste, welcher dem Gehülfen, Gesellen oder Lehrling aus der Weigerung der sofortigen Ausstellung des Zeugnisses erwachse. Dieser Verlust werde aber einen mäßigen Betrag niemals übersteigen und es lasse sich mit Rücksicht hierauf wohl behaupten, daß das derartige Klageobjekt den Betrag von 50 Rthlr. nicht erreiche.

Der Provinzial-Steuer-Direktor zu Cöln ist demnach von dem Herrn Finanz-Minister angewiesen, von der Forderung des Werthstempels zu den fraglichen Erkenntnissen sowohl für die Vergangenheit als auch für die Zukunft abzustehen.

Sie werden veranlaßt, hiervon die Gewerbegerichte Ihres Bezirks in Kenntniß zu setzen.

Berlin, den 1. Juni 1858.

Der Justiz-Minister.
Simons.

An
den Königl. Herrn General-Prokurator zu Cöln.

I. 1999. Rhein. Gener. 62. Vol. 8.

16.

Allgemeine Verfügung vom 12. Juni 1858, — betreffend die Benachrichtigung der Ober-Postdirektionen von den gerichtlichen Klagen, welche gegen Kassenbeamte der Post wegen Geldforderungen angestellt werden.

Verordn. vom 26. Dezbr. 1808 §. 47 (Ges.-Samml. S. 477). Anhang zur Allgemeinen Gerichtsordnung §. 49 (zu Th. I. Tit. 6 §. 8).

Im §. 49 des Anhangs zur Allgemeinen Gerichts-Ordnung Th. I. Tit. 6. §. 8 ist auf Grund des §. 47 der Verordnung wegen verbesserter Einrichtung der Provinzial-Polizei- und Finanzbehörden vom 26. Dezember 1808 festgesetzt worden:

daß, wenn gegen Kassenbeamte des Regierungs-Ressorts Geldforderungen eingeklagt werden, davon der betreffenden Regierung sofort Nachricht gegeben werden solle.

Das Interesse des Dienstes erfordert es, daß diese Vorschrift auch bei den gegen Kassenbeamte der Post angestellten Klagen wegen Geldforderungen beachtet wird. Die Gerichte werden deshalb angewiesen, von solchen Klagen in vorkommenden Fällen bei Einleitung des Prozesses derjenigen Ober-Postdirektion, welcher der verklagte Beamte unterworfen ist, sofort Nachricht zu geben.

In dem Bezirk des Appellationsgerichtshofes zu Cöln ist diese Benachrichtigung in Gemäßheit des §. 38 des Ressort-Reglements vom 20. Juni 1818 durch die Ober-Prokuratoren zu bewirken, und falls derartige Klagen bei den Friedensgerichten verhandelt werden, nach Vorschrift der Verfügung vom 19. Dezember 1841 (Rhein. Samml. Bd. 7. S. 374) zu verfahren.

Berlin, den 12. Juni 1858.

Der Justiz-Minister.
Simons.

An sämmtliche Gerichtsbehörden.

I. 2024. K. 28.

17.

Allgemeine Verfügung vom 4. September 1858, — betreffend die Benutzung der Preußischen Eisenbahn-Telegraphen.

Reglement vom 10. März 1858 (Staatsanzeiger S. 554).
Allgemeine Verfügung vom 3. Septbr. 1853 (Rhein. Samml. Bd. 10. S. 598).

a.

Nach einer Mittheilung des Herrn Ministers für Handel, Gewerbe und öffentliche Arbeiten ist zur Erhöhung der Nutzbarmachung der elektromagnetischen Telegraphie der Versuch gemacht worden, die Betriebs-Telegraphen der Eisenbahnen zur Depeschen-Beförderung für den allgemeinen Verkehr heranzuziehen.

Damit indessen nicht hierdurch den Eisenbahn-Verwaltungen eine unverhältnißmäßige Belästigung aufgebürdet werde, ist es erforderlich, daß die durch dieselben unentgeltlich zu befördernden Depeschen nicht ohne Noth gehäuft, sondern die Beförderung unter Beachtung der nachstehend abgedruckten §§. 7. 8. und 12 des Reglements vom 10. März d. J. nur in den dringendsten Fällen, namentlich nur dann in Anspruch genommen wird, wenn der Zweck auf schriftlichem Wege nicht zu erreichen ist.

Die Gerichtsbehörden und Beamten der Staatsanwaltschaft werden angewiesen, hiernach zu verfahren, auch in Betreff der Fassung der telegraphischen Depeschen die allgemeine Verfügung vom 3. September 1853 (Rhein. Samml. Bd. 10. S. 598) zu beachten.

Ein Verzeichniß derjenigen Stationen, nach und von welchen Depeschen befördert werden, befindet sich in der amtlichen Ausgabe des Eisenbahn-, Post- und Dampfschiff-Coursbuches.

Berlin, den 4. September 1858.

Der Justiz-Minister.
Simons.

An
sämmtliche Gerichtsbehörden und
Beamte der Staatsanwaltschaft.
I. 3016. T. 20. Vol. 2.

b.

Auszug aus dem Reglement für die Benutzung der Preußischen Eisenbahn-Telegraphen zur Beförderung von solchen Depeschen, welche nicht den Eisenbahndienst betreffen, vom 10. März 1858.

§. 7.

Die Depeschen zerfallen rücksichtlich ihrer Behandlung in folgende Gattungen:

I. Staatsdepeschen, d. h. Depeschen, welche von dem Staats-Oberhaupte oder den Regierungs-Organen des Inlandes ausgehen,
II. Dienstdepeschen,
III. Privatdepeschen.

§. 8.

Die Depeschen müssen in deutscher Sprache abgefaßt sein. Sie müssen als Staatsdepeschen bezeichnet und durch Siegel oder Stempel als solche beglaubigt sein.

§. 12.

Bei Aufgabe der Depeschen sind sämmtliche dafür zu zahlende Gebühren, mit Ausnahme etwaigen — im Falle der Bestellung durch die Post von dem Adressaten zu erhebenden — Brief-Bestellgeldes, im Voraus zu entrichten.

Staatsdepeschen (§. 7) sind jedoch, sofern die Adreßstation nicht außerhalb des Preußischen Staats-Telegraphennetzes liegt, gebührenfrei.

18.

Verfügung vom 8. September 1858, — betreffend die Behandlung von Strafgefangenen, welche während ihrer Strafzeit wegen Verbrechen oder Vergehen von Neuem zur Untersuchung gezogen werden.

Verfügung der Minister des Innern vom 18. Januar 1832 und der Justiz vom 30. dess. Mts. (Rhein. Samml. Bd. 3. S. 428).

In der Anlage erhalten Sie, Herr General-Prokurator, eine an den Justiz-Minister gerichtete Eingabe des dortigen Untersuchungsrichters vom 23. v. Mts., mit dem Auftrage, denselben zu bescheiden, daß der Justiz-Minister der von der Regierung zu Cöln in deren Schreiben vom 28. Dezember 1850 und vom 2. Juli d. J. näher entwickelten, in Ihrer Verfügung vom 2. Januar 1851 gebilligten Ansicht im Allgemeinen beitritt, wonach die bereits zur Strafe Verurtheilten, wenn sie während der Strafzeit wegen neuer Verbrechen oder Vergehen zur Untersuchung gezogen werden, deshalb nicht aufhören, Strafgefangene zu sein, und daher an sich keinen Anspruch auf die Behandlung als Untersuchungsgefangene haben. Selbst ihre Uebersiedelung in das Untersuchungs-Gefängniß erscheint nur in sofern geboten, als das Interesse der Untersuchung solches nothwendig macht, und es unterliegt keinem Bedenken, daß da, wo Straf- und Untersuchungsgefangene in denselben Anstalten aufbewahrt werden, die Behandlung der bereits verurtheilten und in neue Untersuchung verwickelten Strafgefangenen dieselbe bleiben kann. Dadurch wird jedoch nicht ausgeschlossen, daß auch in solchen Fällen der Untersuchungsrichter die Direktion des Arresthauses veranlaßt, die im Interesse der neuen Untersuchung für nothwendig erachteten Anordnungen zu treffen, und es ist keine Veranlassung zu der Annahme vorhanden, daß dem nicht werde entsprochen werden.

Was insbesondere die dem Untersuchungsrichter in den Verfügungen der Minister des Innern vom 18. Januar 1832 und der Justiz vom 30. ejusd. (Rhein. Samml. Bd. 3. S. 428) vorbehaltene Genehmigung zur Fesselung von Untersuchungsgefangenen betrifft, so liegt es in der Natur der Verhältnisse, daß die Arresthausverwaltung vorzugsweise in der Lage ist, die Nothwendigkeit der Fesselung eines Gefangenen als Sicherheitsmaaßregel zu beurtheilen, und es kann nicht gebilligt werden, wenn der Untersuchungsrichter seine Genehmigung ohne alles Interesse für die spezielle Untersuchung aus Gründen verweigert, die seiner Beurtheilung ganz fremd sind. So wurde in dem Falle des N., der bereits zu lebenslänglicher Zwangsarbeit verurtheilt und mehrmals entsprungen war, auch damals sich wieder wegen gewaltsamen Ausbruchs in Untersuchung befand, die Fesselung für unzulässig hauptsächlich aus dem Grunde erklärt, weil nach der Ansicht des Untersuchungsrichters eine bessere Aufsicht für die Sicherheit desselben genüge.

Sollte sich in einzelnen Fällen ergeben, daß das Verfahren der Arresthausverwaltung mit dem Interesse der Untersuchung nicht zu vereinigen ist, so hat der Instruktionsrichter darüber an Sie zu berichten, und wird Ihnen anheimgestellt, über die sich etwa ergebenden Mißstände, welche nicht durch Korrespondenz mit der dortigen Regierung zu beseitigen sind, dem Justiz-Minister nähere Anzeige zu machen.

Berlin, den 8. September 1858.

Der Justiz-Minister.
Simons.

An
den Königl. Herrn General-
Prokurator zu Cöln.

I. 3061. Rhein. Crimin. 5. Vol. 7.

19.

Allgemeine Verfügung vom 11. September 1858, — betreffend das Verfahren bei Einholung der Gutachten der Sachverständigen-Vereine in Untersuchungen wegen Nachdrucks und unbefugter Nachbildung.

Gesetz vom 11. Juni 1837 §§. 17. 31. (Ges.-Samml. S. 165).
Instruktion vom 15. Mai 1838 (Ges.-Samml. S. 277).
Allgemeine Verfügung vom 25. Februar 1842 (Rhein. Samml. Bd. 8. S. 19).

Nach einer Mittheilung des Herrn Ministers der geistlichen, Unterrichts- und Medizinal-Angelegenheiten ist es in neuerer Zeit zum öfteren vorgekommen, daß in Untersuchungen wegen Nachdrucks oder unbefugter Nachbildung von einzelnen Gerichtsbehörden gegen die auf den status causae et controversiae bezüglichen Bestimmungen der Instruktion vom 15. Mai 1838 (Gesetz-Sammlung S. 277) und des Cirkular-Reskripts vom 25. Februar 1842 (Rhein. Samml. Bd. 8. S. 19) gefehlt worden ist. Die Gerichtsbehörden und die Beamten der Staatsanwaltschaft werden deshalb an die genaue Beachtung jener Bestimmungen hiermit erinnert und namentlich darauf hingewiesen:

daß, bevor zur Regulirung des status causae et controversiae geschritten werden kann, sämmtliche Parteien über die Sache selbst vernommen sein müssen;

daß ferner die Regulirung des status causae et controversiae nicht von den Beamten der Staatsanwaltschaft vorgenommen werden kann, vielmehr gerichtlich, und zwar unter Zuziehung der Parteien erfolgen muß,

und daß endlich die Unterzeichnung des regulirten status causae et controversiae als eine wesentliche Förmlichkeit des Verfahrens anzusehen ist.

Berlin, den 11. September 1858.

Der Justiz-Minister.
Simons.

An
sämmtliche Gerichtsbehörden und
Beamte der Staatsanwaltschaft.

I. 3148. N. 3. Vol. 8.

20.

Allerhöchster Erlaß vom 12. September 1858, — betreffend die Errichtung einer Handelskammer für den Kreis Eupen und die Aufhebung der in der Stadt Eupen bestehenden konsultativen Kammer für Manufakturen, Fabriken, Künste und Gewerbe.

Auf Ihren Bericht vom 8. September d. J. genehmige Ich die Errichtung einer Handelskammer für den Kreis Eupen im Regierungsbezirk Aachen. Die Handelskammer nimmt ihren Sitz in der Stadt Eupen. Sie soll aus sieben Mitgliedern bestehen, für welche eben so viele Stellvertreter gewählt werden. Zur Theilnahme an der Wahl der Mitglieder und Stellvertreter sind sämmtliche Gewerbetreibende des Kreises Eupen berechtigt, welche in der Steuerklasse der Kaufleute mit kaufmännischen Rechten Gewerbesteuer entrichten. Zur Gewerbesteuer nicht veranlagte Bergwerksgesellschaften und Hüttengewerkschaften werden hinsichtlich der Wahlfähigkeit und Wahlberechtigung ihrer Mitglieder, sowie bei der nach der Vorschrift des §. 17. der Verordnung vom 11. Februar 1848 (Rhein. Samml. Bd. 9. S. 282) über die Errichtung der Handelskammern vorzunehmenden Veranlagung des etatsmäßigen Kostenaufwandes für die Handelskammer als Handlungsgesellschaften angesehen, welche in der Steuerklasse der Kaufleute mit kaufmännischen Rechten zu einer Gewerbesteuer von zwölf Thalern veranlagt sind. — Im Uebrigen finden die Vorschriften der gedachten Verordnung vom 11. Februar 1848 Anwendung. Die in der Stadt Eupen auf Grund des Dekrets vom 10. Thermidor des Jahres XI. bestehende konsultative Kammer für Manufakturen, Fabriken, Künste und Gewerbe wird hierdurch aufgehoben.

Dieser Erlaß ist durch die Gesetz-Sammlung zur öffentlichen Kenntniß zu bringen.

Domanze, den 12. September 1858.

Im Allerhöchsten Auftrage Sr. Majestät des Königs:
Prinz von Preußen.
v. d. Heydt.

An
den Minister für Handel, Gewerbe
und öffentliche Arbeiten.

I 3611. Rhein. Gener. 52. Vol. 5

21.

Allgemeine Verfügung vom 13. September 1858, — betreffend den unmittelbaren Geschäftsverkehr zwischen den Kaiserlich Oesterreichischen und den Königlich Preußischen Gerichtsbehörden.

Allgemeine Verfügung vom 9. August 1856 (Rhein. Samml. Bd. 11. S. 241).

Nach der allgemeinen Verfügung vom 9. August 1856, betreffend den unmittelbaren Geschäftsverkehr zwischen den Kaiserlich Oesterreichischen und den Königlich Preußischen Gerichtsbehörden, bedarf es zur Vermittelung des Schriftwechsels der diesseitigen Gerichte und Beamten der Staatsanwaltschaft mit den Kaiserlich Oesterreichischen Gerichten nicht ferner einer diplomatischen Intervention.

Da diese Bestimmung neuerlich nicht selten unbeachtet geblieben ist, so findet der Justiz-Minister sich veranlaßt, dieselbe den Gerichtsbehörden und Beamten der Staatsanwaltschaft in Erinnerung zu bringen.

Berlin, den 13. September 1858.

Der Justiz-Minister.
Simons.

An sämmtliche Gerichtsbehörden.

I. 3238. Requisitionen 48. Vol. 3.

22.

Allgemeine Verfügung vom 29. September 1858, — betreffend die Kassirung der Akten bei den Gerichten im Bezirk des Appellationsgerichtshofes zu Cöln.

Ueber die Aufbewahrung und Kassirung der Akten bei den Gerichten im Bezirk des Appellationsgerichtshofes zu Cöln wird hierdurch Nachstehendes angeordnet:

I. Die Akten in Strafsachen sind, wenn rechtskräftig auf Strafe erkannt worden ist, in Kriminalsachen 20 Jahre, in Zuchtpolizeisachen 10 Jahre, und die Erkenntnisse, sowie die Verhandlungen über die Vollstreckung der Strafe 30 Jahre nach vollendeter Strafvollstreckung aufzubewahren. Ist auf Freisprechung erkannt, so kann die Vernichtung nach 10 Jahren, vom Tage der Rechtskraft der Entscheidung, erfolgen. Ist in der Sache nicht definitiv erkannt, oder der Verurtheilte flüchtig, so bleiben die Akten, beziehungsweise das Erkenntniß, so lange aufbewahrt, als noch eine Wiederaufnahme der Untersuchung, beziehungsweise Vollstreckung des Erkenntnisses zulässig und möglich ist.

Die Akten in Polizeisachen sind 2 Jahre, die Erkenntnisse in denselben, sowie bei Holzdiebstahls-, Forst- und ähnlichen Sachen die tabellarischen Frevelverzeichnisse, 5 Jahre nach rechtskräftiger Entscheidung der Sache aufzubewahren.

II. Die Vormundschafts-Akten sind bei gesetzlichen Vormundschaften 10 Jahre, die darin befindlichen Inventarien und Theilungsverhandlungen, sowie die Akten in Dativ-Vormundschaften und die Vormundschaftsregister, 30 Jahre nach Beendigung der Vormundschaft, beziehungsweise aller in den Registern eingetragenen Vormundschaften, aufzubewahren.

III. Die Personal-Akten der Beamten und die Akten über Disziplinar-Untersuchungen gegen dieselben sind 10 Jahre nach ihrem Tode, und falls dieser unbekannt geblieben, 20 Jahre nach ihrem Ausscheiden aus dem Dienste aufzubewahren.

IV. Die Büreaukosten-Rechnungen sind 20 Jahre nach ertheilter Decharge aufzubewahren. Hinsichtlich der Beläge der dechargirten Rechnungen verbleibt es bei den Bestimmungen des durch die allgemeine Verfügung vom 31. Mai 1844 (Justiz-Ministerial-Bl. S. 133) veröffentlichten Reglements des Königlichen Staats-Ministeriums vom 7. desselben Monats.

V. Die bei den Gerichten und in deren Registraturen zur Kontrollirung des Geschäftsganges geführten Listen und Bücher, sowie die von den Friedensgerichten, beziehungsweise den Landgerichten eingesandten Tabellen, aus denen die Resultate den vorgesetzten Behörden mitgetheilt worden sind, sind 5 Jahre aufzubewahren. Jedoch sind die Civil-Repertorien der Friedensgerichte, die Journale und Deliktenregister der Ober-Prokuratoren, die Register der Sekretariate über Strafsachen, 30 Jahre aufzubewahren, und falls sie zu Repertorien über die reponirten oder kassirten Akten dienen, von der Vernichtung ganz auszuschließen.

VI. Die Akten der Staatsanwaltschaft, betreffend Beschwerden, Bittschriften, Requisitionen, requirirte Strafvollstreckungen, Armenrechts-Gesuche, vakante Nachlassenschaften, Interdiktionen, Geisteskranke, Revisionen und Rektifikationen der Civilstandsregister, Abwesenheits-Erklärungen, Eröffnung der Schwurgerichte und Geschworenenlisten, sind 5 Jahre nach deren Erledigung aufzubewahren.

VII. Finden sich in den Akten Urkunden, welche auf das Privat-Interesse der Parteien von Einfluß sind, und deren Rückgabe nicht füglich bewirkt werden kann, so sind dieselben 30 Jahre, von der Zeit der Uebergabe an gerechnet, aufzubewahren.

VIII. Nach Ablauf der vorstehend I.—VII. bestimmten Fristen sind die Akten zu kassiren; jedoch bleibt es dem Ermessen des Ersten Präsidenten des Appellationsgerichtshofes und des

General-Prokurators, beziehungsweise der Landgerichts-Präsidenten und der Ober-Prokuratoren überlassen, aus besonderen Gründen die längere Aufbewahrung der vorerwähnten Akten oder einzelner Stücke derselben anzuordnen, auch hinsichtlich der hier nicht genannten Akten die Kassirung derselben nach Analogie der gegenwärtigen Vorschriften zu veranlassen.

IX. Sollte eine Kassation der Akten in Civilprozeß- und Handelsgerichtssachen, namentlich bei einzelnen Friedensgerichten, angemessen und zulässig erscheinen, so ist darüber in Betreff jedes einzelnen Gerichts an den Justiz-Minister zu berichten.

X. Bei den Landgerichten ist die Aussonderung der zu kassirenden Akten alle 3 Jahre zu bewirken und damit im Laufe dieses Jahres zu beginnen. Das Geschäft ist, unter Oberaufsicht eines Mitgliedes des Gerichts oder eines Staats-Prokurators, einigen Referendarien und dazu geeigneten Auskultatoren zu übertragen, welche die Akten nach den Repertorien durchzusehen und in diesen zu bemerken haben, welche Verhandlungen aufzubewahren sind. Hiernächst sind diese Verhandlungen von dem Sekretariat aus den Akten zu trennen und mit den Repertorien dem mit der Oberaufsicht beauftragten Mitgliede des Gerichts oder Staats-Prokurator vorzulegen, von welchem, falls die vorgeschriebenen Anordnungen beobachtet sind, definitiv die Kassirung der Akten verfügt wird.

Bei den Friedensgerichten geschieht die Aufräumung der Akten durch den Friedensgerichtsschreiber unter spezieller Aufsicht des Friedensrichters. Die Bestimmung angemessener Zeiträume für die Aufräumung der Akten bei den Friedensgerichten bleibt den Ober-Prokuratoren überlassen.

XI. Die zu kassirenden Erkenntnisse, Untersuchungs-Akten, Denunziationen und die Personal-Akten der Beamten dürfen nur zum Einstampfen in den Papiermühlen, oder zu einem sonstigen, sie vernichtenden Gebrauche an zuverlässige Personen verkauft werden. Alle übrigen Akten sind öffentlich an den Meistbietenden zu veräußern. Einer Anfertigung besonderer Verzeichnisse der zum Verkauf bestimmten Akten bedarf es nicht. Vor dem Verkauf sind die Deckel von den Akten abzutrennen, die Rücken loszuschneiden und die einzelnen Hefte, von einander gesondert, in verschiedene Packete zu bringen.

XII. Bei dem Verkauf selbst ist Folgendes zu beobachten:

1) die Lizitationstermine sind in angemessenen Zwischenräumen anzusetzen, wenn bei großen Quantitäten verkaufbarer Akten sonst zu besorgen steht, daß die Gebote zu niedrig ausfallen;
2) der Verkauf kann im Ganzen oder in Partien, namentlich zentnerweise erfolgen;

3) diejenigen Personen, welche Akten kaufen, die eingestampft oder sonst vernichtet werden müssen, haben sich bei der Empfangnahme schriftlich zu verpflichten, daß sie die erstandenen Akten ohne Ausnahme einstampfen oder sonst vernichten lassen, und vorher Niemandem deren Durchsicht gestatten wollen. Für den Kontraventionsfall ist eine Konventionalstrafe bis auf Höhe des doppelten Betrages der für sämmtliche erstandene Akten gezahlten Kaufsummen zu verabreden und festzusetzen;
4) eine Versendung von zu verkaufenden Akten ist nur in solchen Fällen zu veranlassen, wenn vorausgesehen werden kann, daß der durch die Versendung zu erreichende höhere Kaufpreis die Kosten des Transports hinlänglich deckt.

XIII. Von dem Erlöse der verkauften Akten fließen 80 Prozent zur Justiz-Offizianten-Wittwenkasse, die übrigen 20 Prozent bleiben zur Disposition des Ersten Präsidenten und des General-Prokurators, beziehungsweise der Landgerichts-Präsidenten und der Ober-Prokuratoren, welche dieselben, nach Abzug der baaren Auslagen, zu Remunerationen für die mit der Aussonderung der Akten beschäftigten Beamten verwenden können. Die zur Justiz-Offizianten-Wittwenkasse fließenden Beträge sind von dem Friedensrichter an den betreffenden Landgerichts-Präsidenten und Ober-Prokurator einzusenden und von diesen in der gewöhnlichen Weise an die gedachte Kasse zu befördern.

Berlin, den 29. September 1858.

An die Gerichtsbehörden im Bezirk des Appellationsgerichtshofes zu Cöln.

Der Justiz-Minister.
Simons.

I. 3057. Rhein. Gener. 164.

23.

Allgemeine Verfügung vom 13. Oktober 1858, — betreffend die Einholung des Gutachtens der Königlichen General-Münz-Direktion in Untersuchungen wegen Münzverbrechen.

Allg. Verf. vom 2. Jan. 1826 (Rh. Samml. Bd. 3. S. 4).
Allg. Verf. v 22. Septbr. 1855 (Rh. Samml. Bd. 11. S. 147).

Der den Gerichtsbehörden durch die allgemeinen Verfügungen vom 2. Januar 1826 und 22. September 1855 ertheilten Anweisung,

in den Untersuchungen wegen Münzverbrechen das zur Feststellung des Thatbestandes erforderliche Gutachten darüber, ob eine in Beschlag genommene Münze falsch sei, von der Königlichen General-Münz-Direktion einzuholen,

ist nach einer Mittheilung der Königlichen Verwaltung des Staatsschatzes und Münzwesens in neuerer Zeit in mehreren Fällen nicht entsprochen worden.

Die Gerichtsbehörden und die Beamten der Staatsanwaltschaft werden daher aufgefordert, dafür Sorge zu tragen, daß bei Führung der Voruntersuchung in den Untersuchungen wegen Münzverbrechen jene Anweisung nicht unbeachtet bleibe.

Berlin, den 13. Oktober 1858. Der Justiz-Minister.
Simons.

An
sämmtliche Gerichte und Beamte
der Staatsanwaltschaft.

I. 3421. Criminalia 122. Vol. 3.

24.

Verfügung des Justiz-Ministers vom 18. Oktober 1858 für das Gebiet des rheinischen Rechts-Verfahrens, — betreffend die Eingangsformel für die in exekutorischer Form zu ertheilenden Ausfertigungen der Urtheile, der Notariats- und sonstigen dazu geeigneten Urkunden.

Seine Königliche Hoheit der Prinz von Preußen haben bei Uebernahme der Regentschaft anzuordnen geruht, daß Gesetze, Verordnungen und andere in ähnlicher Weise abzufassende Ausfertigungen nachstehenden Eingang erhalten sollen:

Im Namen Seiner Majestät des Königs. Wir Wilhelm, von Gottes Gnaden Prinz von Preußen, Regent, verordnen ꝛc.

Die Gerichte und Notare für das Gebiet des rheinischen Rechtsverfahrens werden hiervon mit der Anweisung in Kenntniß gesetzt, demgemäß bei den in exekutorischer Form zu ertheilenden Ausfertigungen der Urtheile, der Notariats- und der sonstigen dazu geeigneten Urkunden fortan die Eingangsformel:

Im Namen Seiner Majestät des Königs. Wir Wilhelm, von Gottes Gnaden Prinz von Preußen, Regent, thun kund und fügen hiermit zu wissen, daß ꝛc.

anzuwenden.

Berlin, den 18. Oktober 1858. Der Justiz-Minister.
Simons.

An
sämmtliche Gerichte und Notare für das
Gebiet des rheinischen Rechtsverfahrens.

I. 3608. Rhein. Gener. 106.

25.

Allgemeine Verfügung vom 9. November 1858, — betreffend die Ertheilung des Urlaubs an Friedensgerichtsschreiber.

Zur Beseitigung der Zweifel, welche über die Befugniß zur Ertheilung des Urlaubs an die Friedensgerichtsschreiber im Bezirk des Appellationsgerichtshofes zu Cöln entstanden sind, und zur Herstellung eines gleichmäßigen Verfahrens wird hierdurch für den ganzen Bezirk des Appellationsgerichtshofes bestimmt:

daß den Friedensgerichtsschreibern Urlaub bis zu einem Monat von dem Ober-Prokurator des betreffenden Landgerichtsbezirks, und über einen Monat von dem General-Prokurator ertheilt werden kann.

Die Urlaubsgesuche sind in der Regel bei dem betreffenden Friedensrichter einzureichen und von demselben mittelst Berichts an den Ober-Prokurator zu befördern.

Für besonders dringende Fälle wird den Friedensrichtern die Befugniß beigelegt, ihren Gerichtsschreibern Urlaub bis zu acht Tagen zu ertheilen; die Friedensrichter sind jedoch verpflichtet, in solchen Fällen sofort dem Ober-Prokurator Anzeige davon zu machen.

Berlin, den 9. November 1858.

Der Justiz-Minister.
Simons.

An
die Gerichte und Beamten der Staatsanwaltschaft
im Bezirk des Appellationsgerichtshofes zu Cöln.

I. 3650. Rhein. Offizianten-Sachen 37.

26.

Allgemeine Verfügung vom 15. November 1858, — betreffend die Bekanntmachung der Steckbriefe.

Nachdem von Seiten des Herrn Ministers des Innern diejenigen Polizeibehörden, welche das Central-Polizei-Blatt halten, von der Fortführung der bisher von ihnen zu führenden besonderen Steckbrief-Kontrolle entbunden worden sind, werden sämmtliche Gerichte und Beamte der Staatsanwaltschaft angewiesen, die von ihnen erlassenen Steckbriefe in denjenigen Fällen, in welchen eine weitere Verbreitung nach der größeren Wichtigkeit der Sache und der Beschaffenheit der Umstände zweckmäßig und die Beschränkung des Abdrucks auf das amtliche Blatt des zunächst liegenden Bezirks, insbesondere wegen der Wahrscheinlichkeit einer weiteren Entfernung des Verfolgten, ungenügend erscheint, neben der Veröffentlichung durch den Anzeiger des Amtsblattes auch der Redaktion des Preußischen Central-Polizei-Blattes hierselbst zur einmaligen Einrückung, welche kostenfrei erfolgt, mitzutheilen.

Berlin, den 15. November 1858.

Der Justiz-Minister.
Simons.

An
sämmtliche Gerichte und Beamte
der Staatsanwaltschaft.
I. 3792. Criminalia 64. Vol. 2.

27.

Verfügung vom 3. Dezember 1858, — betreffend die Vereidigung der Eisenbahnwärter durch die Friedensrichter.

Art. 154 der Rheinischen Straf-Prozeß-Ordnung.
Gesetz vom 3. November 1838 §. 23 (Ges.-Samml. S. 509).

Auf Ihren Bericht vom 18. September d. J., die Vereidigung der Bahnwärter der Rhein-Mosel-Eisenbahn betreffend, erklärt sich der Justiz-Minister damit einverstanden, daß die Ansicht des Friedensrichters zu N. und des Ober-Prokurators zu N., wonach die Ableistung des allgemeinen Diensteides der mit der Eisenbahn-Polizei beauftragten Bahnwärter um deswillen vor dem Polizeirichter geschehen müsse, weil dadurch die sonst erforderliche Ableistung von Zeugeneiden in jeder einzelnen Sache vermieden werden solle, auf einer unrichtigen Auffassung beruht. Es ist vielmehr unbedenklich, daß jener allgemeine Diensteid vor der dem Beamten vorgesetzten oder vor derjenigen Königl. Behörde abgeleistet werden kann, welche etwa in dem nach §. 23. des Gesetzes vom 3. November 1838 (Ges.-Samml. S. 509) von dem Herrn Handels-Minister zu erlassenden Reglement bestimmt ist und es ist die Beweisfähigkeit der vor solchen Beamten aufgenommenen Protokolle nicht davon abhängig zu machen, ob der Diensteid vor dem Friedensrichter abgeleistet wurde oder nicht. Eine zweimalige Ableistung des Diensteides seitens jener Beamten erscheint aber unstatthaft; die Friedensrichter haben daher diesen Eid nur dann abzunehmen, wenn solches in jenem Reglement vorgeschrieben ist oder etwa von der vorgesetzten Dienstbehörde des Beamten besonders requirirt wird. Von Seiten des Herrn Handels-Ministers wird die Anordnung getroffen werden, daß die Friedensgerichte von der Anstellung und Vereidung jedes Bahn-Polizeibeamten, dessen Anzeigen zu ihrer Cognition kommen sollen, Kenntniß erhalten.

Was endlich die Frage betrifft, ob die fraglichen Bahnwärter zu denjenigen Beamten zu rechnen sind, deren Protokollen nach Artikel 154 der Straf-Prozeß-Ordnung bis zum Beweise des Gegentheils Glauben beizumessen ist, so ist der Justiz-Minister auch in dieser Hinsicht mit der diese Frage bejahenden Ausführung Ihres Berichtes einverstanden. Sollte dies in vorkommenden Fällen prinzipiell nicht anerkannt werden, so ist die Frage durch Einlegung der geeigneten Rechtsmittel zur Entscheidung des höchsten Gerichtshofes zu bringen. Hiernach haben Sie den Ober-Prokurator zu N. und nöthigenfalls auch die übrigen Ober-Prokuratoren mit Anweisung zu versehen.

Berlin, den 3. Dezember 1858. Der Justiz-Minister.
An Simons.
den Königl. Herrn General-
Prokurator zu Cöln.
I. 4093. Rhein. Gener. 131.

28.

Verfügung vom 24. Dezember 1858, — betreffend die Rückgabe polizeilich mit Beschlag belegter Drucksachen nach Aufhebung der Beschlagnahme durch den Staatsanwalt.

Gesetz v. 12. Mai 1851 §. 29 (Rh. Samml. Bd. 10. S. 314).

Wenn die von einer Polizeibehörde verhängte vorläufige Beschlagnahme eines Preßerzeugnisses von dem Beamten der Staatsanwaltschaft, in Gemäßheit des §. 29 des Gesetzes vom 12. Mai 1851 über die Presse, aufgehoben und gegen die gleichförmige Verfügung des Ober-Staatsanwaltes von der Polizeibehörde der weitere Rekurs an den Justiz-Minister ergriffen wird, so wohnt dieser letzteren Rekursbeschwerde keine suspensive Wirkung bei, vielmehr ist nach der von dem Ober-Staatsanwalte getroffenen Entscheidung die verfügte Aufhebung der Beschlagnahme als rechtskräftig feststehend zu erachten, und demgemäß sofort zur Ausführung zu bringen.

Der Herr Minister des Innern hat die Königlichen Regierungen hiernach mit Belehrung und Anweisung versehen, und haben Sie, Herr General-Prokurator, an die Ihnen untergebenen Beamten der Staatsanwaltschaft gleichfalls die erforderliche Weisung zu erlassen.

Berlin, den 24. Dezember 1858. Der Justiz-Minister.
An Simons.
den Königl. Herrn General-
Prokurator zu Cöln.
I. 4383. P. 50. Vol. 5.

XLVI.

1859.

Gesetze, Verordnungen, Rescripte.

29.

Allgemeine Verfügung vom 10. Januar 1859, — betreffend das Verfahren bei den medizinisch-gerichtlichen Untersuchungen menschlicher Leichname.

Allgemeine Verfügung vom 17. März 1845 (Rhein. Samml. Bd. 9. S. 16).

Da das Regulativ für das Verfahren bei den medizinisch-gerichtlichen Untersuchungen menschlicher Leichname vom 21. Oktober 1844 (Rhein. Samml. Bd. 9. S. 16) den Lehren der vorgeschrittenen gerichtlichen Arzneiwissenschaft und der jetzigen Lage der Strafgesetzgebung nicht mehr überall entspricht, so ist dasselbe Seitens der Königlichen wissenschaftlichen Deputation für das Medizinalwesen einer Revision unterzogen, und das hieraus hervorgegangene neue Regulativ von dem Herrn Minister der geistlichen, Unterrichts- und Medizinal-Angelegenheiten genehmigt worden.

Letzteres wird sämmtlichen Gerichten und Beamten der Staatsanwaltschaft nachstehend bekannt gemacht.

Berlin, den 10. Januar 1859.

Der Justiz-Minister.
Simons.

An
sämmtliche Gerichte und Beamte
der Staatsanwaltschaft.
I. 4590. O. 110. Vol. 3.

a.

Regulativ
für das Verfahren der Gerichtsärzte bei den medizinisch-gerichtlichen Untersuchungen menschlicher Leichname.

I. Allgemeine Bestimmungen.

§. 1.

Gerichtsärztliche Besichtigungen und Oeffnungen von menschlichen Leichen dürfen nur auf Requisition der betreffenden richterlichen Behörden und letztere nur im Beisein des vollständig besetzten Kriminalgerichts vorgenommen werden.

§. 2.

Die betreffenden Physiker sind verpflichtet, jede ihnen übertragene legale Besichtigung einer Leiche selbst vorzunehmen, ebenso jede ihnen übertragene Oeffnung einer Leiche in Gemeinschaft mit dem gerichtlichen Wundarzte selbst auszuführen, und dürfen sich nur in den gesetzlichen Behinderungsfällen durch einen anderen Physikus oder Arzt vertreten lassen.

§. 3.

Vor Ablauf von 24 Stunden nach dem Tode, vorausgesetzt, daß die Zeit desselben bekannt war, dürfen gerichtliche Obduktionen in der Regel nicht vorgenommen werden. Die bloße Besichtigung einer Leiche kann jedoch schon früher geschehen.

§. 4.

Wegen vorhandener Fäulniß dürfen Obduktionen in der Regel nicht unterlassen und von den gerichtlichen Aerzten abgelehnt werden. Denn selbst bei einem hohen Grade der Fäulniß können Abnormitäten und Verletzungen der Knochen noch ermittelt, manche die noch zweifelhaft gebliebene Identität der Leiche betreffenden Momente, z. B. Farbe und Beschaffenheit der Haare, Mangel von Gliedmaßen u. s. w. festgestellt, eingedrungene fremde Körper aufgefunden, Schwangerschaften entdeckt und manche Vergiftungen noch nachgewiesen werden. Es haben deshalb auch die requirirten Aerzte, wenn es sich zur Ermittelung derartiger Momente um die Wiederausgrabung einer Leiche handelt, für dieselbe zu stimmen, ohne Rücksicht auf die seit dem Tode verstrichene Zeit.

§. 5.

Die gerichtlichen Aerzte haben dafür zu sorgen, daß bei jeder Obduktion die erforderlichen Instrumente vollständig und in brauchbarem Zustande zur Hand sind. Die gerichtlichen Wundärzte haben überdies noch die Verpflichtung, nach beendigter Obduktion und möglichster Beseitigung der Abgänge die geöffnet gewesenen Körperhöhlen kunstmäßig wieder zu schließen.

§. 6.

Behufs der Obduktion ist für Beschaffung eines hinreichend geräumigen und hellen Lokals, angemessene Lagerung des Leichnams und Entfernung störender Umgebung möglichst zu sorgen. Obduktionen bei künstlichem Licht sind, einzelne, keinen Aufschub gestattende Fälle ausgenommen, unzuläßig. Der Ausnahme ist im Protokoll (§. 19) unter Anführung der Gründe ausdrücklich zu erwähnen.

II. Verfahren bei der Obduktion.

§. 7.

Es kann erforderlich sein, zuvörderst den Ort und die Umgebungen, wo der Leichnam aufgefunden worden ist, auch ärztlicher Seits in Augenschein zu nehmen, die Lage, in der der Leichnam gefunden worden, zu ermitteln und dessen Bekleidungsstücke zu besichtigen. In der Regel werden zwar die Obduzenten eine hierauf bezügliche richterliche Requisition abwarten können; doch kann es unter Umständen auch angemessen sein, daß die Obduzenten bei Zeiten auf die Nothwendigkeit einer solchen Voruntersuchung aufmerksam machen. Dieselben sind auch berechtigt, über andere als die hier bezeichneten Umstände des Todes des Verstorbenen, wenn und soweit dergleichen zur Zeit der Obduktion bereits ermittelt sind, sich Aufschluß von der anwesenden Gerichtsdeputation zu erbitten.

§. 8.

Zeigen sich an dem Leichnam Verletzungen, welche muthmaßlich die Ursache des Todes gewesen, und haben sich Werkzeuge vorgefunden, mit denen diese Verletzungen bewirkt sein konnten, so haben die Obduzenten auf Erfordern des Richters jene mit diesen zu vergleichen und sich darüber zu äußern, ob diese Verletzungen mit diesem Werkzeuge zu bewirken gewesen, und ob aus der Lage und Beschaffenheit der Wunde ein Schluß auf die Art, wie der Thäter wahrscheinlich, und auf die Kraft, mit der er verfahren, gemacht werden könne.

§. 9.

Die Obduktion selbst zerfällt in zwei Haupttheile:

A. äußere Besichtigung (Inspektion),
B. innere Besichtigung (Sektion).

§. 10.

Bei der äußeren Besichtigung ist die äußere Beschaffenheit des Körpers im Allgemeinen und die seiner einzelnen Theile zu untersuchen.

Betreffend den Körper im Allgemeinen, sind zu beachten: Alter, Geschlecht, Größe, Körperbau, allgemeiner Ernährungszustand, besondere Abnormitäten, z. B. Narben, Tätowirungen, Ueberzahl oder Mangel an Gliedmaßen, Krankheitsresiduen, wie Fußgeschwüre und dergleichen, welche sämmtliche Momente, namentlich bei Leichen noch unbekannter Verstorbener zu registriren sind (§. 21). Ferner sind bei allen Leichen ohne Ausnahme die Zeichen des Todes und die der etwa schon eingetretenen Verwesung genau zu prüfen. Zu diesem Behuf müssen, nachdem etwanige Besudelungen der Leiche durch Blut, Koth, Schmutz und dergleichen durch Abwaschen beseitigt worden, geprüft werden: die vorhandene oder nicht vorhandene Leichenstarre, die allgemeine Hautfarbe der Leiche und Art und Grade der etwanigen Verfärbungen einzelner Theile derselben durch die Verwesung, sowie die Art und Beschaffenheit der Todtenflecke, welche durch Einschnitte als solche festzustellen sind, um jede Verwechselung derselben mit Blutunterlaufungen unmöglich zu machen.

Betreffend die Besichtigung der einzelnen Theile ist Folgendes zu beachten: Bei unbekannten Leichen die Farbe der Haare und Augen, deren Schilderung es bei Leichen bekannter Personen in der Regel nicht bedarf; das etwanige Vorhandensein von fremden Gegenständen in den natürlichen Oeffnungen des Körpers, die Zahnreihen und die Beschaffenheit und Lage der Zunge.

Demnächst sind zu untersuchen: der Hals, dann die Brust, der Unterleib, die Rückenfläche, der After, die Genitalien und endlich die Extremitäten. Findet sich an irgend einem Theile eine Verletzung, so ist ihre allgemeine Gestalt, ihre Lage und Richtung mit Beziehung auf feste Punkte des Körpers, ferner ihre Länge und Breite nach Rheinländischen Zollen anzugeben; das Sondiren von Kontinuitätstrennungen bei der äußeren Besichtigung ist in der Regel überflüssig, da sich die Tiefe derselben bei der inneren Besichtigung des Körpers und der verletzten Stellen ergiebt. Halten die Obduzenten die vorsichtige Einführung der Sonde in die Wunde für erforderlich, so haben sie die Gründe für ihr Verfahren im Protokoll (§. 19) anzugeben. Bei vorgefundenen Wunden ist ferner die Beschaffenheit ihrer Ränder und Umgebungen zu berücksichtigen und nach erfolgter Untersuchung und Schilderung der ursprünglichen Wunde dieselbe zu erweitern, um die innere Beschaffenheit ihrer Ränder und des Unterhautzellgewebes zu prüfen.

Bei Verletzungen und Beschädigungen der Leiche, die ganz augenscheinlich einen nicht mit dem Tode im Zusammenhang stehenden Ursprung haben, z. B. bei Merkmalen von Rettungsversuchen, Zernagungen von Thieren und dergleichen, genügt eine summarische Schilderung dieser Befunde. Ebenso ist es gestattet, bei Blutunterlaufungen, abgeschilferten Hautstellen und dergleichen, die gleichfalls augenscheinlich nicht mit dem Tode im Zusammenhang stehen, dieselben ihrer allgemeinen Gestalt nach mit bekannten Körpern zu vergleichen, z. B. einem Geldstück, einer Frucht und dergleichen.

§. 11.

Bei der inneren Besichtigung sind die drei Haupthöhlen des Körpers: Kopf-, Brust- und Bauchhöhle zu eröffnen. In allen Fällen, in welchen von der Eröffnung der Wirbelsäule irgend erhebliche Befunde erwartet werden können, ist dieselbe nicht zu unterlassen. In jeder der genannten Höhlen sind zuerst die Lage der in ihr befindlichen Organe, sodann etwa vorhandene Ergießungen von Flüssigkeiten, deren Menge nach dem Gewicht zu bestimmen, und endlich jedes einzelne Organ äußerlich und innerlich zu betrachten. Läßt sich im Voraus vermuthen, in welcher Höhle sich die Ursache des Todes finden werde, so ist mit dieser Höhle der Anfang zu machen, sonst aber mit dem Kopfe zu beginnen, worauf dann Brust und Unterleib zu eröffnen sind. Wegen der Neugeborenen s. §. 16.

§. 12.

Die Eröffnung der Kopfhöhle geschieht, wenn nicht etwa Verletzungen, die, so viel als möglich, mit dem Messer umgangen werden müssen, ein anderes Verfahren gebieten, am besten mittelst eines, von einem Ohr zum andern mitten über den Scheitel hin geführten Schnittes, worauf sodann die weichen Kopfbedeckungen nach vorn und hinten herabgezogen und untersucht werden. Nachdem alsdann die Oberfläche der knöchernen Schädeldecke geprüft worden, wird letztere durch einen Sägen-Kreisschnitt abgenommen und deren innere Fläche, sowie die Beschaffenheit der Schädelknochen untersucht. Hierauf werden die blutführenden Gehirnhäute und die Spinnwebenhaut untersucht, sodann durch schichtweises Abtragen die Halbkugeln, zur Prüfung der Konsistenz und des Blutreichthums des großen Gehirns, etwaniger Ergüsse, eingedrungener fremder Körper u. s. w., ferner die Beschaffenheit der Ventrikel und resp. Adergeflechte, das Verhalten des Gehirnknotens und des verlängerten Markes, die durch mehrfache Einschnitte zu prüfende Beschaffenheit des kleinen Gehirns, worauf endlich die Untersuchung der Schädelgrundfläche und der Blutleiter folgt.

§. 13.

Zur Eröffnung des Halses, der Brust- und Bauchhöhle genügt in der Regel ein durch die allgemeinen Bedeckungen vom Kinn bis zur Schaambeinfuge an der linken Seite des Nabels fortgeführter Schnitt. Es folgt dann zunächst die Untersuchung des Halses, an welchem namentlich der Kehlkopf nebst Luftröhre, der Schlund und die Speiseröhre, die großen Blutgefäße und Nervenstämme und die Halswirbel zu berücksichtigen sind. Um auch den etwanigen Inhalt der Verzweigungen der Luftröhre zu prüfen, ist nach Eröffnung der letzteren und der Brusthöhle ein vorsichtiger Druck auf die Lungen auszuüben und zu beobachten, ob und welche Flüssigkeiten u. s. w. dabei in die Luftröhre hinaufsteigen. In Fällen, in denen eine genauere Untersuchung des Kehlkopfes erheblich erscheint, ist derselbe herauszunehmen und an seiner hinteren Seite zu eröffnen.

Um die Brusthöhle zu eröffnen, ist es am zweckmäßigsten,

zunächst die Rippenknorpel an ihren Vereinigungsstellen mit den Rippen, mit Vermeidung von Einstichen in die Lungen, zu durchschneiden. Hierauf wird das Zwerchfell von den untersten Rippen und dem schwertförmigen Knorpel getrennt; das Brustbein nach aufwärts geschlagen und dessen Handhabe aus der Verbindung mit den Schlüsselbeinen und den Knorpeln der ersten Rippen — mit sorgfältiger Vermeidung der darunter gelegenen Blutgefäße — getrennt. Es werden nunmehr die etwa noch vorhandene Thymusdrüse, die Lungen, die Bronchien, das Rippenbrustfell, der Herzbeutel und sein Inhalt, das Herz, das so viel als möglich in seiner Lage zu lassen ist, und die großen Blutgefäße untersucht.

§. 14.

Zur Eröffnung der Bauchhöhle wird der bereits gemachte Längenschnitt (§. 13) weiter durch das Bauchfell geführt. Hierauf werden die Bauchdecken nach beiden Seiten so zurückgelegt, daß der glatte Rand der unteren Rippen auf beiden Seiten sich dem Auge darbietet. Nach den allgemeinen, jede Höhle betreffenden Ermittelungen (§. 11) sind in der Bauchhöhle zu untersuchen: Leber, Magen und Darmkanal, Netze und Gekröse, Milz, Nieren und Harnblase, bei weiblichen Leichen die Gebärmutter mit ihren Anhängen, die großen Blutgefäße, und wenn es nach Lage der Sache erforderlich erscheint, das Bauchfell. Zur genaueren Schätzung des Blutgehalts in der unteren Hohlader ist es zweckmäßig, vor der Untersuchung der Bauchhöhle den Oberkörper der Leiche etwas höher zu lagern. Um die Quelle der Blutung aus einem verletzten Gefäße zu ermitteln, kann der Stamm desselben eröffnet und mit einem Tubulus Luft eingeblasen werden.

§. 15.

Bei Verdacht einer Vergiftung müssen um den unteren Theil der Speiseröhre und etwa den mittleren des Dünndarms doppelte Ligaturen gelegt und Speiseröhre und Dünndarm zwischen den Ligaturen durchschnitten werden. Hierauf wird der Magen mit dem oberen Theil des Dünndarms aus der Bauchhöhle herausgenommen, nach vorgängiger anatomischer Untersuchung in ein reines Gefäß von Porzellan oder Glas gethan und den Gerichtspersonen zur weiteren Veranlassung übergeben. In dasselbe Gefäß ist auch die Speiseröhre, nachdem sie nahe am Halse unterbunden und über der Ligatur durchschnitten worden, nach vorgängiger anatomischer Untersuchung zu legen. Endlich sind auch andere Substanzen und Organtheile, wie Blut, Harn, Stücke der Leber, der Milz u. s. w., aus der Leiche zu entnehmen und den Gerichtspersonen in abgesonderten Gefäßen zur weiteren Veranlassung zu übergeben, wenn die Spuren des Gifts in diesen Substanzen erwartet werden können.

§. 16.

Bei den Obduktionen Neugeborener sind noch folgende besondere Punkte zu beachten.

Es müssen erstens die Zeichen der Reife und Lebensfähigkeit ermittelt werden. Dahin gehören: Länge und Gewicht des Kindes, Beschaffenheit der allgemeinen Bedeckungen und der Nabelschnur, Länge und Beschaffenheit der Kopfhaare, Größe der Fontanellen, der Längen-, Quer- und Diagonal-Durchmesser des Kopfes, Beschaffenheit der Augen (Pupillarmembran), der Nasen- und Ohrknorpel, Länge und Beschaffenheit der Nägel, die Querdurchmesser der Schultern und Hüften, bei Knaben die Beschaffenheit des Hodensacks und die Lage der Hoden, und bei Mädchen die Beschaffenheit der äußeren Geschlechtstheile. Endlich ist noch der Knochenkern in der unteren Epiphyse eines Oberschenkels zu ermitteln. Zu diesem Behufe wird die Kopfbedeckung über dem Knorpel durch einen Querschnitt bis auf den Knorpel getrennt, dann die Extremität im Gelenke stark gebogen, die Kniescheibe entfernt und nun dünne Knorpelschichten so lange abgetragen, bis man auf den größten Durchmesser des etwa vorhandenen Knochenkerns gelangt, welcher nach Linien genau zu messen ist.

Ergiebt sich aus der Beschaffenheit der Frucht, daß dieselbe zweifellos eine lebensfähige nicht gewesen, so kann von der Obduktion Abstand genommen werden, wenn dieselbe nicht von den Gerichtspersonen ausdrücklich gefordert wird.

§. 17.

Hat sich ergeben, daß das Kind lebensfähig gewesen, so muß zweitens untersucht werden, ob es nach der Geburt wirklich gelebt, das heißt geathmet hatte. Es ist deshalb die Athemprobe anzustellen, und zu diesem Zweck:

a) schon nach Eröffnung der Bauchhöhle der Stand des Zwerchfells nach der entsprechenden Rippe zu beachten, zu dessen richtiger Ermittelung bei Neugebornen überall die Bauchhöhle zuerst und dann erst die Brust- und Kopfhöhle zu eröffnen sind;

b) die Ausdehnung und die von derselben abhängige Lage der Lungen (letztere namentlich in Beziehung zum Herzbeutel) zu betrachten;

nunmehr

c) Behufs der Herausnahme der Brustorgane aus der Brusthöhle der Herzbeutel zu eröffnen und die Luftröhre einfach zu unterbinden und oberhalb der Ligatur zu durchschneiden;

d) nach Herausnahme der Brustorgane die Luftröhre und ihre Verzweigungen zu eröffnen und zu untersuchen;

sodann

e) die Farbe und die Konsistenz der Lungen zu prüfen;

hierauf

f) nach Beseitigung der Thymusdrüse die Lungen mit dem Herzen in einem geräumigen, mit reinem kalten Wasser gefüllten Gefäß auf ihre Schwimmfähigkeit zu prüfen;

alsdann

g) die Lungen von dem Herzen zu trennen und dieselben abermals auf ihre Schwimmfähigkeit zu prüfen;

ferner

h) in beide Lungen Einschnitte zu machen, und auf etwa wahrzunehmendes knisterndes Geräusch, sowie

i) auf Menge und Beschaffenheit des bei gelindem Druck auf diese Schnittflächen hervorquellenden Blutes zu achten und

k) die Lungen auch unterhalb des Wasserspiegels einzuschneiden, um zu beobachten, ob Luftbläschen aus den Schnittflächen emporsteigen;

endlich

l) beide Lungen zunächst in ihre einzelnen Lappen, diese dann noch in einzelne Stückchen zu zerschneiden und alle insgesammt auf ihre Schwimmfähigkeit zu prüfen.

§. 18.

Im Allgemeinen wird den Obduzenten zur Pflicht gemacht, auch alle in dem Regulativ nicht namentlich aufgeführten Organe, falls sie an denselben Verletzungen oder sonstige Regelwidrigkeiten finden, zu untersuchen und den Befund in das Obduktions-Protokoll aufzunehmen.

III. Abfassung des Obduktions-Protokolls und des Obduktions-Berichts.

§. 19.

Ueber alles die Obduktion Betreffende wird an Ort und Stelle von dem Richter ein Protokoll aufgenommen. (Obduktions-Protokoll §. 168 der Kriminal-Ordnung.)

§. 20.

Beim Erheben der Leichenbefunde müssen die Obduzenten überall den richterlichen Zweck der Leichen-Untersuchung und deren Unterschied von einer pathologisch-anatomischen Sektion im Auge behalten und Alles, was jenem Zwecke dient, mit Genauigkeit und Vollständigkeit untersuchen, dagegen Ausführlichkeit über diese Grenze hinaus vermeiden. Alle erheblichen Befunde müssen, bevor sie in das Protokoll aufgenommen, dem Richter von den Obduzenten vorgezeigt werden.

§. 21.

Der technische Inhalt des Obduktions-Protokolls, welchen der die Obduktion leitende Gerichtsarzt angiebt, muß deutlich, bestimmt und auch dem Nichtarzte möglichst verständlich abgefaßt sein. Zu letzterem Zwecke sind namentlich bei der Bezeichnung der Befunde fremde Kunstausdrücke, so viel es unbeschadet der Deutlichkeit möglich ist, zu vermeiden. In dem technischen Theil des Obduktions-Protokolls sind die beiden Hauptabtheilungen, die äußere und innere Besichtigung, mit großen Buchstaben (A. und B.) und die Eröffnungen der drei Haupthöhlen mit römischen Zahlen (I. II. III.) zu bezeichnen. Außerdem ist die Untersuchung jedes einzelnen Theils unter eine besondere, mit arabischen Zahlen zu bezeichnende Rubrik zu bringen, welche bis zum Schlusse des Protokolls fortlaufen. Mehrere Theile dürfen nicht unter Eine Nummer gebracht, überhaupt nicht kollektiv abgehandelt und kein Theil darf ganz mit Stillschweigen übergangen werden. Die Befunde müssen in thatsächlichen Schilderungen, nicht in der Form von bloßen Urtheilen (z. B. „entzündet,“ „brandig“ und dergleichen) zu Protokoll gegeben werden. Am Schlusse der Obduktion haben die Obduzenten ihr vorläufiges Gutachten über den Fall summarisch und ohne Angabe der Gründe zum Protokoll abzugeben.

§. 22.

Wird von den Obduzenten ein Obduktions-Bericht (motivirtes Gutachten) erfordert, so haben sie, nach einem gewöhnlichen geschäftlichen, kurzen Eingang, mit Beseitigung unnützer Formalien, eine kurze Geschichtserzählung des Falls, wenn und soweit sie durch Kenntnißnahme der bisherigen Verhandlungen dazu im Stande sind, voranzuschicken. Sodann haben sie in diesen Bericht das Obduktions-Protokoll, seinem, für die Beurtheilung der Sache wesentlichen Inhalte nach, wörtlich und mit den Nummern des Protokolls aufzunehmen, auch auf etwaige Abweichungen von demselben ausdrücklich aufmerksam zu machen. Die Fassung des Obduktions-Berichts muß gleichfalls bündig und deutlich sein und die Begründung des Gutachtens so entwickelt werden, daß sie auch für den Nichtarzt überzeugend ist. Wenn den Obduzenten für ihre Begutachtung richterlicherseits bestimmte Fragen vorgelegt worden, so haben sie dieselben vollständig und möglichst wörtlich zu beantworten, oder die Gründe anzuführen, aus welchen dies nicht möglich gewesen. Einer Beantwortung der drei Fragen des §. 169 der Kriminal-Ordnung, resp. der vier Fragen des für die Rhein-Provinzen erlassenen Ministerial-Rescripts vom 15. Mai 1833, betreffend den Tod durch Verletzungen, bedarf es in Folge des §. 185 des Strafgesetzbuchs vom 14. April 1851 nicht mehr, es sei denn, daß eine solche Beantwortung von den Obduzenten ausdrücklich gefordert worden. Da es sich von selbst versteht, daß jeder Obduktions-Bericht gewissenhaft und nach wissenschaftlichen Lehren und Grundsätzen abgefaßt werden muß, so bedarf es einer Versicherung der Obduzenten, daß dies geschehen sei, am Schlusse des Berichts nicht.

Der Obduktions-Bericht muß von den Obduzenten unterschrieben, und wenn ein Physikus die Obduktion mit vorgenommen hat, mit dessen Amtssiegel versehen werden.

Jeder erforderte Obduktions-Bericht muß von den Obduzenten spätestens nach vier Wochen eingereicht werden.

Berlin, den 15. November 1858.

Königliche wissenschaftliche Deputation für das Medizinalwesen.

Das vorstehende Regulativ wird hierdurch, unter Aufhebung des Regulativs vom 21. Oktober 1844, genehmigt und die Beachtung desselben den betreffenden Medizinalpersonen zur Pflicht gemacht.

Berlin, den 1. Dezember 1858.

Der Minister der geistlichen, Unterrichts- und Medizinal-Angelegenheiten.
v. Bethmann-Hollweg.

30.

Verfügung vom 20. Januar 1859, — betreffend die Verminderung der Zeugeneide der Beamten.

Art. 154 und 189 der Rheinischen Strafprozeßordnung.

Es ist neuerdings die Häufigkeit der förmlichen Zeugeneide, welche Beamte nach den Vorschriften des im Bezirk des Appellationsgerichtshofes zu Cöln geltenden Verfahrens in Polizei- und Zuchtpolizeisachen zu leisten haben, zur Sprache gebracht und zugleich eine Verschiedenheit des in dieser Beziehung von den dortigen Gerichten befolgten Verfahrens behauptet worden. Wenn es auch nicht für angemessen erachtet wird, die desfallsigen Vorschriften der Rheinischen Strafprozeßordnung abzuändern und im Wege der Gesetzgebung eine Versicheruug auf den Diensteid der Ableistung des förmlichen Zeugeneides zu substituiren, so ist es doch nothwendig, daß auf eine Verminderung der besonderen Zeugeneide von Beamten, so weit dies die Gesetze gestatten, von den Gerichten möglichst Bedacht genommen werde. Es ist insbesondere auf eine umfassende Anwendung der Art. 154 und 189 der Rheinischen Strafprozeßordnung hinzuwirken. Nach denselben sollen Uebertretungen und Vergehen in der Regel durch

Protokolle und Berichte der zu ihrer Verfolgung und Constatirung berufenen Beamten bewiesen werden. Wo die Protokolle ausreichen, bedarf es der Vernehmung dieser Beamten überhaupt nicht; aber auch dann, wenn dieselben um Weitläuftigkeiten zu vermeiden, zur Sitzung des Strafgerichts vorgeladen sind, wird in vielen Fällen ihre förmliche Vereidung unterbleiben können, wenn es sich lediglich von einer näheren Aufklärung des Inhaltes ihrer Protokolle und nicht etwa von einer förmlichen Widerlegung des zulässigen und versuchten Gegenbeweises handelt, oder das Protokoll an sich zu dem erforderlichen Beweise nicht genügt.

Hiernach haben Sie dahin zu wirken, daß bei den Gerichten und von Seiten der Beamten der Staatsanwaltschaft nach den vorstehend entwickelten Grundsätzen verfahren wird.

Berlin, den 20. Januar 1859.

Der Justiz-Minister.
Simons.

An
den Königl. Herrn Ersten Präsidenten
und den Königl. Herrn General-
Prokurator zu Cöln.

I. 101. Rhein. Crimin. 30.

31.

Verfügung vom 25. Januar 1859, — betreffend die Kosten der Abschriften, welche von der Steuerbehörde bei Stempelrevisionen für nothwendig erachtet werden.

In Folge eines zwischen der Provinzial-Steuer-Direktion zu Cöln und dem Landgerichte zu Coblenz entstandenen Konflikts über die Frage:

> wer die Kosten der Abschriften von Urkunden zu tragen habe, deren Vorlage die genannte Direktion zur Beurtheilung von bestrittenen Stempelrevisions-Erinnerungen für nöthig hält,

hat zwischen dem Herrn Finanz-Minister und dem Justiz-Minister eine Korrespondenz stattgefunden, nach deren Ergebniß die prinzipielle Entscheidung jener Frage um so mehr auf sich beruhen bleiben kann, als es nur darauf ankommt, daß die erforderlichen Abschriften so viel als möglich ohne Kosten beschafft und eventuell die letztern auf die eine oder andere Staatskasse mit den geringsten Schwierigkeiten angewiesen werden. Der Herr Finanz-Minister hat demnach die abschriftlich anliegende

Verfügung vom 13. d. Mts. an den Provinzial-Steuer-Direktor in Cöln erlassen, von deren Inhalt Sie den Landgerichts-Präsidenten und den Ober-Prokurator zu Coblenz in Kenntniß zu setzen und letzteren mit entsprechender Anweisung zu versehen haben.

Berlin, den 25. Januar 1859.

Der Justiz-Minister.
Simons.

An
den Königl. Herrn General-
Prokurator zu Cöln.

I. 231. Rhein. Gener. 62. Vol. 8.

Anlage.

Da es sich nach Ew. Hochwohlgeboren Bericht vom 24. November v. J. von der Stempelrevision bei dem Landgerichte zu Coblenz, mithin von der Revision eines Gerichts am Sitze eines Stempelfiskalats handelt, so wird es keine Schwierigkeit finden, die Abschriften der Dokumente, deren Einsicht zur Entscheidung auf die von der Gerichtsbehörde bestrittenen Revisions-Erinnerungen nöthig erscheint, um das Entstehen von Kosten zu vermeiden, vom Stempel-Fiskalats-Assistenten im Gerichts-Lokal anfertigen zu lassen. Hierdurch wird diese Angelegenheit zur Zeit ihre Erledigung finden.

Berlin, den 13. Januar 1859.

Der Finanz-Minister.
v. Patow.

An
den Königl. Geheimen Ober-Finanzrath
Herrn Dach Hochwohlgeboren zu Cöln.

32.

Verfügung vom 26. Januar 1859, — betreffend die Zuziehung der nicht etatsmäßigen Assessoren zu den Assisen-Sitzungen.

Art. 253 der Rheinischen Strafprozeßordnung.

Auf Ihren Bericht vom 19. d. Mts.
die Zuziehung der nicht etatsmäßigen Assessoren zu den Assisen-Sitzungen betreffend,
werden die Landgerichts-Präsidenten hierdurch ermächtigt, im Falle des Bedürfnisses und unter Berücksichtigung der Vorschriften des Art. 253 der Straf-Prozeß-Ordnung künftig auch nicht etatsmäßige Assessoren als Richter bei den Assisenhöfen

mit der Maßgabe zu bezeichnen, daß in jeder einzelnen Sache in der Regel nur ein solcher Assessor und nur in ganz besonders dringenden Fällen ein zweiter zugezogen werden darf.

Sie haben hiervon die Landgerichts-Präsidenten und Ober-Prokuratoren bei sämmtlichen Landgerichten in Kenntniß zu setzen.

Berlin, den 26. Januar 1859.

Der Justiz-Minister.
Simons.

An
den Königl. Herrn Ersten Präsidenten
und den Königl. Herrn General-
Prokurator zu Cöln.

I. 356. Rhein. Crimin. 21. Vol. 3.

33.

Verfügung vom 7. Februar 1859, — betreffend die bei der Aufnahme in die Allgemeine Wittwenverpflegungsanstalt zu beobachtenden Förmlichkeiten.

Die General-Direktion der Königlichen Allgemeinen Wittwen-Verpflegungsanstalt hat sich veranlaßt gefunden, in einer Bekanntmachung vom 29. Januar d. J. diejenigen Vorschriften zusammenzustellen, welche zur Aufnahme in die gedachte Anstalt von den betheiligten Personen zu berücksichtigen sind. Diese Bekanntmachung wird sämmtlichen Gerichtsbehörden und Justizbeamten nachstehend zur Kenntnißnahme und Beachtung mitgetheilt.

Berlin, den 7. Februar 1859.

Der Justiz-Minister
Simons.

An sämmtliche Gerichtsbehörden
und Justizbeamten.

I. 579. O. 137. Vol. 6.

a.

Bekanntmachung vom 29. Januar 1859.

Die Königlichen Regierungs-Hauptkassen, denen im Interesse der Staatsbeamten und zur Vereinfachung unserer Verwaltung die Vermittelung von Aufnahmen in unsere Anstalt obliegt, werden seit längerer Zeit dadurch, daß die betreffenden Anträge von Behörden und einzelnen Personen in der Regel höchst unvollständig und mit unzulässigen Nebenanträgen bei ihnen eingehen, mit Korrespondenzen zur Beseitigung der vorgefundenen Mängel und Beantwortung unstatthafter Anträge in demselben

Maaße ungebührlich belastet, wie unsere eigene Verwaltung. Wir machen daher in Folgendem alles dasjenige bekannt, was bei der Reception in unsere Anstalt erforderlich ist, und bemerken dabei ausdrücklich, daß Abweichungen von diesen Bestimmungen unter keiner Bedingung gestattet werden können. Sollte also dagegen irgendwie verstoßen oder irgend eine vorgeschriebene Form nicht ganz genau beachtet werden, worüber die mit uns in Verbindung stehenden Königlichen Kassen und unsere Agenten streng zu wachen haben, so müssen die betreffenden Personen erwarten, daß ihre Aufnahmen abgelehnt oder verzögert und ihnen umständliche Korrespondenzen und Portokosten verursacht werden.

I. Es können in die Königlich Preußische Allgemeine Wittwen-Verpflegungsanstalt nach den bestehenden Bestimmungen nur aufgenommen werden (und zwar auch nur unter der Voraussetzung, daß nicht etwa Gesundheits- oder Alters-Verhältnisse obwalten, die nach den §§. 3 und 4 unseres Reglements überhaupt gänzlich von der Reception ausschließen);

a) diejenigen im unmittelbaren Staatsdienste angestellten Civilbeamten, welche nach dem Pensions-Reglement vom 30. April 1825 pensionsberechtigt sind und daher zum Pensionsfond beitragen, jedoch mit der Maaßgabe, daß diejenigen unter ihnen, deren fixirtes Diensteinkommen die Summe von jährlich 250 Thalern nicht übersteigt, höchstens eine Wittwenpension von 50 Thalern versichern dürfen;

b) die Assessoren bei den Regierungen, den Obergerichten und den Rheinischen Landgerichten, auch wenn sie weder Gehalt noch Diäten beziehen, sowie die bei den Auseinandersetzungsbehörden als Spezial-Kommissarien dauernd beschäftigten Oekonomie-Kommissarien, noch ehe sie in den Genuß eines pensionsberechtigten Einkommens treten; jedoch alle diese unter b. angeführten Beamten nur mit der Versicherung einer Wittwenpension von höchstens 100 Thalern, vorbehaltlich einer künftigen Erhöhung derselben für den Fall, daß ihnen später die Pensionsberechtigung beigelegt werden sollte;

c) die im eigentlichen Seelsorgeramte, sowohl unter Königlichen als unter Privat-Patronaten angestellten Geistlichen;

d) die an Gymnasien und diesen gleich zu achtenden Anstalten, an Schullehrer-Seminarien, sowie an höheren und an allgemeinen Stadtschulen angestellten wirklichen Lehrer; nicht aber auch die Hülfslehrer solcher Anstalten und die Lehrer an solchen Klassen derselben, welche als eigentliche Elementarklassen nur die Stelle der mit jenen höheren Unterrichtsanstalten verbundenen Elementarschulen ersetzen;

e) die Professoren bei den Universitäten, wenn sie mit einer fixirten Besoldung angestellt sind;

f) die reitenden Feldjäger.

Außerdem sind zwar noch einige andere Beamtenklassen, als die Hofdiener u. s. w., beitrittsfähig, diese befinden sich jedoch uns gegenüber in einer ganz besonderen Ausnahmestellung und werden niemals von unseren Agenten oder den Königlichen Regierungs-Hauptkassen, sondern zum größten Theil von ihren eigenen, mit unseren Aufnahmebestimmungen vollkommen bekannten Behörden zur Reception bei uns angemeldet. Es bedarf daher hier nicht weiter ihrer Erwähnung.

II. Wer nun hiernach der Königlich Preußischen Allgemeinen Wittwenverpflegungsanstalt beitreten will, hat vorzulegen:

a) ein Attest seiner vorgesetzten Behörde, daß er zu einer der genannten Klassen gehöre, also zu Ia. ausdrücklich darüber, daß er ein pensionsbeitragspflichtiges Gehalt und event. zu welchem jährlichen Betrage beziehe; zu Ib. wegen der Oekonomie-Kommissarien, daß er bei einer Auseinandersetzungsbehörde dauernd beschäftigt sei; zu Id. dagegen darüber, daß er zu den nach der Allerhöchsten Kabinets-Order vom 17. April 1820 receptionsfähigen Lehrern gehöre. Ausgenommen sind hierbei nur die Geistlichen und die bei den Regierungen und Obergerichten oder anderen Landes-Kollegien als wirkliche Räthe angestellten Staatsbeamten, da diese über ihre Stellung keines besonderen Nachweises bedürfen.

Heirathskonsense können nur dann die Stelle solcher Atteste vertreten, wenn in denselben das Verhältniß des Beamten oder Lehrers, welches ihn nach den obigen Bestimmungen zur Aufnahme in unsere Anstalt berechtigt, besonders und bestimmt ausgedrückt, auch event. das pensionsbeitragspflichtige Diensteinkommen des Beamten ad Ia. angegeben ist. Versicherungen, welche die Recipienden selbst über ihre Stellung abgeben oder einfache Bescheinigungen einzelner Behörden: „daß N. N. berechtigt oder verpflichtet sei, der Königlichen Allgemeinen Wittwen-Verpflegungsanstalt beizutreten," können uns niemals genügen, da wir diese Berechtigung oder Verpflichtung auf eigene Verantwortung selbst zu prüfen haben.

b) Förmliche Geburtsatteste beider Gatten und einen Kopulationsschein.

Die in diesen Dokumenten vorkommenden Zahlen müssen mit Buchstaben ausgeschrieben sein, und die Vor- und Zunamen beider Eheleute in den Geburtsscheinen müssen mit den Angaben des Kopulationsscheins so genau übereinstimmen, daß die Identität der Personen durchaus keinem Zweifel unterliegt, der sonst anderweitig auf glaubhafte Weise zu heben sein würde.

Bloße Taufscheine ohne bestimmte Angabe der Geburtszeit sind ungenügend; sind aber solche Angaben im Kopulationsscheine vorhanden, so können sie als Ersatz etwa fehlender besonderer Geburtsatteste nur dann gelten, wenn die Trauung in derselben Kirche erfolgt ist, in welcher die Taufe vollzogen wurde, und wenn die Kopulations- und Geburts-Angaben ausdrücklich auf Grund der Kirchenbücher einer und derselben Kirche gemacht werden. Sollte in besonderen Fällen es nicht möglich sein, einen Geburtsschein zu erhalten, und diese Unmöglichkeit bescheinigt oder wenigstens wahrscheinlich gemacht werden, so muß das Alter durch gültige Atteste seit der Zeit der Konfirmation, durch glaubwürdige Bescheinigung der Eltern oder Taufzeugen, durch gerichtliche Vormundschaftsbestellungen, worin das Alter der aufzunehmenden Eheleute angeführt wird, durch Dokumente, welche geraume Zeit vor beantragter Reception im Druck erschienen sind, oder sonst durch andere, allenfalls durch das suppletorium zu bekräftigende Mittel erweislich gemacht werden.

Einer gerichtlichen Beglaubigung der Kirchenzeugnisse bedarf es nicht mehr, wohl aber muß der Unterschrift des Ausstellers das Kirchensiegel deutlich beigedruckt sein. Auch sind diese Dokumente stempelfrei, den Predigern aber ist es nachgelassen, für Ausfertigung eines jeden solcher Zeugnisse kirchliche Gebühren, jedoch höchstens im Betrage von 7 Sgr. 6 Pf. zu fordern.

Da die Kirchenzeugnisse bis nach Beendigung der Mitgliedschaft bei unseren Akten verbleiben müssen, so ist denjenigen Recipienden, die sie etwa auf Stempelpapier einreichen und also später auch zu anderen Zwecken als zum Einkauf in unsere Anstalt benutzen können, ganz besonders anzurathen, von vorn herein uns zu unseren Akten nicht die

Originalien, sondern stempelfreie beglaubigte Abschriften zugehen zu lassen, jedoch mit dem ausdrücklichen Vermerke des vidimirenden Beamten, daß den Originalien die Kirchensiegel beigedruckt seien. Jedenfalls besitzen wir keine Arbeitskräfte, um später auf Verlangen einzelner Interessenten beglaubigte Abschriften der bei unseren Akten beruhenden Atteste ertheilen zu können.

c) Ein ärztliches, ebenfalls stempelfreies Attest in folgender Fassung:

„Ich (der Arzt) versichere hierdurch auf meine Pflicht und an Eidesstatt, daß nach meiner besten Wissenschaft Herr N. N. weder mit der Schwindsucht, Wassersucht, noch einer anderen chronischen Krankheit, die ein baldiges Absterben befürchten ließe, behaftet, auch überhaupt nicht krank, noch bettlägerig, sondern gesund, nach Verhältniß seines Alters bei Kräften und fähig ist, seine Geschäfte zu verrichten."

Dieses Attest des Arztes muß von vier Mitgliedern unserer Anstalt, oder, wenn solche nicht vorhanden sind, von vier anderen bekannten redlichen Männern dahin bekräftigt werden:

„daß ihnen der Aufzunehmende bekannt sei und sie das Gegentheil von dem, was der Arzt attestirt habe, nicht wissen."

Wohnt der Recipiend außerhalb Berlin, so ist noch außerdem ein Certifikat hinzuzufügen, dahin lautend:

„daß sowohl der Arzt als die vier Zeugen das Attest eigenhändig unterschrieben haben, auch keiner von ihnen ein Vater, Bruder, Sohn, Schwiegersohn oder Schwager des Aufzunehmenden oder der Frau desselben sei."

Dieses Certifikat darf nur von Notar und Zeugen, von einem Gericht oder von der Ortspolizei-Behörde ertheilt werden; bei den Gesundheitsattesten für aufzunehmende Gendarmen sind jedoch ausnahmsweise auch die Certifikate von Gendarmerie-Offizieren zulässig.

Das ärztliche Attest selbst können wir nur von einem approbirten praktischen Arzte oder von einem Kreiswundarzte annehmen. Wundärzte erster Klasse, die nicht im Staatsdienste angestellt sind, dürfen dergleichen Atteste nur dann ausstellen, wenn uns zugleich von der Ortsobrigkeit bescheinigt wird, daß an ihrem Wohnorte zur Zeit ihrer Niederlassung daselbst ein zum Doktor promovirter praktischer Arzt nicht ansässig gewesen.

Das Attest, die Zeugen-Aussagen und das Certifikat dürfen nie vor dem 16. Januar oder 16. Juli datirt sein, je nachdem die Aufnahme zum 1. April oder 1. Oktober erfolgen soll, und die oben vorgeschriebene Form muß in allen Theilen Wort für Wort ganz genau beobachtet werden.

III. Die Aufnahme-Termine sind, wie eben angedeutet, der 1. April und 1. Oktober eines jeden Jahres.

Wer also nach I. zur Reception berechtigt oder verpflichtet ist und diese durch eine Königliche Regierungs-Haupt- oder Institutes-Kasse, oder durch einen unserer Kommissarien bewirken will, hat an dieselben seinen Antrag und die zu II. genannten Dokumente vor dem 1. April oder 1. Oktober so zeitig einzureichen, daß sie spätestens bis zum 15. März oder 15. September von dort aus bei uns eingehen können. Anträge, welche nicht bis zu diesem Zeitpunkte gemacht und bis dahin nicht vollständig belegt worden sind, werden von den Königlichen Kassen und Kommissarien zurückgewiesen und können nur noch spätestens bis zum 1. April oder 1. Oktober in portofreien Briefen unmittelbar an uns selbst eingesandt werden.

In der Zwischenzeit der vorgeschriebenen Termine werden keine Receptions-Anträge angenommen und keine Aufnahmen vollzogen.

IV. Den zu II. genannten Attesten sind womöglich gleich die ersten, praenumerando zu zahlenden halbjährlichen Beiträge beizufügen, die nach dem Tarif zu dem Gesetze vom 17. Mai 1856 (Gesetz-Samml. S. 479) sehr leicht berechnet werden können. Dieser Tarif ist im Verlage der hiesigen Decker'schen Geheimen Ober-Hofbuchdruckerei erschienen und ist also Jedermann zugänglich. Bei Berechnung der Alter ist jedoch der §. 5 unseres Reglements zu beachten, wonach einzelne Monate unter Sechs gar nicht, vollendete Sechs Monate aber und darüber als ein ganzes Jahr gerechnet werden.

Stundungen der ersten Beiträge oder einzelne Theilzahlungen zur Tilgung derselben sind unstatthaft, und vor vollständiger Einsendung der tarifmäßigen Gelder und der vorgeschriebenen Atteste kann unter keinen Umständen eine Reception bewirkt werden.

V. Was die Festsetzung des Betrages der zu versichernden Pension betrifft, so haben hierüber nicht wir, sondern die den Recipienden vorgesetzten Dienstbehörden zu bestimmen. Es kann daher hier nur im Allgemeinen bemerkt werden, daß nach den, höheren Orts erlassenen Verordnungen die Pension mindestens dem fünften Theile des Diensteinkommens gleich sein muß, wobei jedoch zu berücksichtigen ist, daß die Versicherungen nur von 25 Thalern bis 500 Thaler incl., immer mit 25 Thalern steigend stattfinden können.

VI. Bei späteren Pensions-Erhöhungen, die jedoch in Beziehung auf die Beiträge, Probejahre u. s. w. als ganz neue, von den älteren ganz unabhängige Versicherungen und nur insofern mit diesen gemeinschaftlich betrachtet werden, als ihr Gesammtbetrag die Summe von 50 Thalern, resp. 100 Thalern und 500 Thalern nicht übersteigen darf (vergl. Ia. und b.), ist die abermalige Beibringung der Kirchenzeugnisse nicht erforderlich, sondern nur die Anzeige der älteren Receptions-Nummer, ein neues vorschriftsmäßiges Gesundheitsattest und, wenn die zu Ia. und b. bezeichneten Grenzen überschritten werden sollen, ein amtliches Attest über die veränderte Stellung und Besoldung, sowie über die etwa erlangte Pensionsberechtigung. Auch die Beträge der Erhöhungen müssen wie die ersten Versicherungen durch 25 ohne Bruch theilbar sein.

VII. Nach dem Gesetze vom 17. Mai 1856 werden nicht mehr Goldsummen, sondern nur noch Summen in Silbergeld versichert, sowie auch die halbjährlichen Beiträge nur noch in Silbergeld berechnet werden.

VIII. Da wir im Schlußsatze der Receptions-Dokumente stets förmlich und rechtsgültig über die ersten halbjährlichen Beiträge quittiren, so werden besondere Quittungen über dieselben, wie sie sehr häufig von uns verlangt werden, unter keinen Umständen ertheilt.

Berlin, den 29. Januar 1859.

General-Direktion der Königlichen Allgemeinen Wittwen-Verpflegungsanstalt.
Freiherr von Monteton.

34.

Verfügung vom 7. Februar 1859, — betreffend die Annahme und Verrechnung von Abschlagszahlungen auf Geldbußen und Kosten.

Art. 1244. 1253—1256 des Rheinischen Civil-Gesetzbuches.
Gesetz vom 5. September 1807.
Art. XXVII. §. 3 des Einführungsgesetzes zum Strafgesetzbuch (Rhein. Samml. Bd. 10. S. 634).

Mit Bezug auf Ihren Bericht vom 28. Juni v. J.
betreffend die Verrechnung von Abschlagszahlungen auf Geldbußen und Kosten,
wird Ihnen in der Anlage Abschrift der von dem Herrn Finanz-Minister an die Rheinischen Regierungen über diesen Gegenstand erlassenen Verfügung vom 23. v. Mts. zur Kenntnißnahme mitgetheilt.

Berlin, den 7. Februar 1859.

Der Justiz-Minister.
Simons.

An
den Königl. Herrn General-Prokurator
zu Cöln.

I. 447. Rhein. Crimin. 59. Vol. 2.

Anlage.

Die Königliche Regierung hat in dem Bericht vom 9. Januar v. J. die Frage zur Entscheidung gestellt, ob nach dem im Bezirk des Rheinischen Appellationsgerichtshofes geltenden Rechte die fiskalischen Kassenzahlungen, welche auf eine durch strafrichterliches Erkenntniß begründete Forderung an Geldbuße und Gerichtskosten einschließlich der Stempelgebühr in einer, den Gesammtbetrag der diesfälligen Forderung nicht deckenden Summe unter dem Verlangen der Abrechnung auf die Geldstrafe geleistet werden, entgegen diesem Verlangen zu vorzugsweiser Tilgung der Kosten und Stempelgebühr verwendet werden dürfen. Für die Beurtheilung dieser Frage sind, wie ich mit der Königlichen Regierung einverstanden bin, lediglich die von der Anrechnung und resp. von der Verpflichtung zur Annahme von Theilzahlungen handelnden Vorschriften des Rheinischen Civilgesetzbuches maaßgebend. Die diesfälligen aus den Art. 1253—56 und resp. 1244 a. a. O. zu entnehmenden Vorschriften fassen sich in ihrem hier einschlagenden Theil dahin zusammen, daß der Gläubiger die Annahme von Stückzahlungen ablehnen kann, also bei Vorhandensein mehrerer Forderungen an denselben

Schuldner auf keine derselben theilweise Zahlungen anzunehmen verbunden ist, dagegen insoweit, als volle Zahlungen auf die einzelnen Forderungen geleistet werden, dem Zahlenden die Bestimmung derjenigen Schuldposten nicht versagen kann, auf welche angerechnet werden soll, sowie endlich, daß beim Mangel solcher Bestimmung von Seiten des Schuldners die Anrechnung durch Auslieferung und Annahme einer dieselbe speziell bezeichnenden Quittung rechtsverbindlich geregelt wird. Auf die Anwendung dieser Grundsätze ist ohne Einfluß, ob einzelne von den mehreren Forderungen des Gläubigers mit einem gesetzlichen Vorzugsrechte verbunden sind, und ebenso wenig unterscheiden die einschlagenden Vorschriften, ob die mehreren Forderungen aus verschiedenen Titeln, oder ob sie, wie rücksichtlich des in einem Strafurtheil sich gründenden Anspruchs auf Zahlung von Geldbußen und Gerichtskosten, einschließlich Stempelgebühren der Fall ist, aus demselben Titel herrühren. Die einzige gesetzliche Beschränkung aber, welche das Recht des Schuldners auf freie Auswahl der seinerseits abzutragenden Forderungen durch den Art. 1254 für die Fälle der Theilzahlungen auf zinstragende Forderungen erleidet, trifft hier nicht zu.

Demnach und in gleichzeitigem Betracht, daß Geldbuße und Kosten nicht eine einzige unzertrennliche Schuld, sondern zwei besondere, sowohl nach ihrem Verhältniß zu anderen Schulden, als auch nach der Art und Weise ihrer Exigibilität verschiedene Forderungen bilden, ergiebt sich aus den oben zusammengefaßten Rechtssätzen bei Anwendung derselben auf die zur Entscheidung gestellte Frage die Folgerung:

1) daß dem Verurtheilten, welcher einen der genannten Schuldposten (Geldstrafe oder Kosten) in unzertrennlicher Summe zu tilgen beabsichtigt, nicht die Bestimmung darüber verschränkt werden kann, auf welchen derselben die Anrechnung der Zahlung geschehen soll;
2) daß, wenn keine solche Bestimmung getroffen ist, die Zahlung von der Empfangsstelle zunächst auf Kosten unter Ausantwortung einer dem entsprechenden nach Art. 1255 l. c. die Stelle der Uebereinkunft vertretenden Quittung verrechnen darf;
3) daß, wenn der Verurtheilte eine Stückzahlung unter ausdrücklicher Bestimmung der Anrechnung auf die Geldbuße leistet und diese Stückzahlung angenommen wird, eine, von der Bestimmung des Schuldners abweichende Verrechnung nicht einseitig von der Empfangsstelle zu veranlassen, sondern nur vermöge Abkommens mit dem Schuldner zu erzielen ist.

Zu letzterem Zweck würde das Recht des Gläubigers, die Annahme von Theilzahlungen zu versagen, das geeignete Mittel bilden, indem hiernach die Bewilligung stückweiser Abtragung als ein Zugeständniß behandelt und letzteres an Bedingungen, folglich auch an eine vorzugsweise Tilgung der Kosten und Stempelforderung geknüpft werden könnte.

Aus dem Standpunkte des Rechts würden einem derartigen Verfahren nicht eben Bedenken entgegenstehen und es würde in so weit auch keine Veranlassung vorliegen, allgemein von demselben abzusehen.

Wenn jedoch andrerseits nach Maaßgabe der oben unter Nr. 1. angeführten Folgerung sich überhaupt nicht verhindern läßt, daß vor den Kosten und ohne deren gleichzeitige Bezahlung die Strafe zur Abtragung gebracht wird, so kann ich in Betracht dessen mich nicht dafür aussprechen, daß in Ansehung von Stückzahlungen, welche auf die Strafe beabsichtigt werden, ein verschiedenes Verfahren statthabe und die Annahme solcher Zahlungen, bevor nicht die Kostenschuld getilgt ist, gänzlich versagt und resp. an die Bedingung vorgängiger Berichtigung der letzteren geknüpft werde.

Ich finde demnach nichts dagegen zu erinnern, daß es bei dem im Bezirk der dortigen Regierung hinsichtlich der Einziehung gerichtlich erkannter Geldstrafen und der in gerichtlichen Untersuchungen erwachsenen Kosten bisher beobachteten Verfahren, nach welchem die Leistung von Stückzahlungen auf Strafe oder Kosten stets unverschränkt geblieben ist, Abschlagszahlungen aber, welche ohne nähere Seitens des Schuldners erklärte Bezeichnung der damit zu tilgenden Schuldpost erfolgen, allemal zunächst auf die Kosten gebucht werden, auch ferner bewende.

Ob etwa wegen der Form der in den oben unter Nr. 2. vorausgesetzten Fällen anzufertigenden Quittungen den Steuer-Erhebern Ihres Bezirks eine besondere Anweisung zu ertheilen nöthig ist, bleibt dem pflichtmäßigen Ermessen der Königlichen Regierung überlassen.

Was übrigens die Fälle zwangsweiser Beitreibung von Forderungen der fraglichen Art anbelangt, so versteht sich von selbst, daß, wenn es gleichzeitig wegen rückständiger Beträge an Strafe, Kosten und Stempel zur Exekutions-Vollstreckung gelangt, die solchergestalt beigetriebene, zur Deckung sämmtlicher Beträge nicht zureichende Summe nach Berichtigung der Exekutionsgebühren zunächst auf die Kosten und Stempel mit Rücksicht auf die den letzteren Forderungen nach Art. XXVII. §. 3 des Einführungsgesetzes zum Strafgesetzbuch und nach dem Gesetz vom 5. September 1807 bei einer Collocation zuzusprechenden Vorzugsrechte, zu verrechnen sein wird, wohingegen bei einer zwar im Stadium des Exekutions-Verfahrens, aber vor der Exekutions-Vollstreckung freiwillig erfolgenden Theilzahlung wiederum dieselben

Grundsätze werden maaßgebend sein müssen, wie sie für Anrechnung von Zahlungen überhaupt vorgeschrieben sind.

Berlin, den 23. Januar 1859.

An
die Königl. Regierung zu Aachen.

Abschrift vorstehender Verfügung erhält die Königl. Regierung zur Kenntnißnahme.

Berlin, den 23. Januar 1859.

Der Finanz-Minister.
Im Auftrage.
Horn.

An
die Königl. Regierungen zu Cöln, Düsseldorf, Coblenz und Trier.

35.

Allgemeine Verfügung vom 14. Februar 1859, — betreffend die Benachrichtigung der Militair-Intendanturen von der Anstellung versorgungsberechtigter Militair-Anwärter.

Staats-Minist.-Beschluß vom 30. Mai 1844 (Rh. Samml. Bd. 8. S. 327).

Allgemeine Verfügung vom 19. September 1845 (Justiz-Minist.-Bl. S. 186).

Nach einer Mittheilung der Königlichen Ober-Rechnungskammer erscheint es nothwendig, daß von der erfolgten diätarischen Beschäftigung resp. Anstellung der im Subaltern- oder Unter-Beamtendienste fungirenden Militair-Anwärter, auch wenn dieselben nicht zu den Invaliden oder Halbinvaliden zählen, sondern noch dem stehenden Heere angehören, von der betreffenden Civilbehörde der Militair-Intendantur Nachricht gegeben werde.

Diese Benachrichtigung soll den Zweck haben, daß die Intendantur, sobald eine in Reih und Glied stehende Militairperson entweder zur Probedienstleistung bei Civilbehörden Behufs Anstellung in etatsmäßige Stellen abkommandirt oder behufs einstweiliger Beschäftigung im Civildienste beurlaubt ist, hiervon wegen der alsdann nach §§. 119 und 121 des Allerhöchst bestätigten Reglements über die Geldverpflegung der Truppen im Frieden vom 7. April 1853 gebotenen Sistirung der Zahlungen aus Militairfonds Kenntniß erhält, und sie auf diese Weise die ihr obliegende Kontrolle hierüber durch die Festsetzung der Verpflegungsberechnungen des Truppentheils auszuüben im Stande ist.

Die Gerichtsbehörden werden angewiesen, demgemäß in Zukunft zu verfahren.

Berlin, den 14. Februar 1859.

Der Justiz-Minister
Simons.

An sämmtliche Gerichtsbehörden.

I. 559. J. 26. Vol. 3.

36.

Allerhöchster Erlaß vom 14. Februar 1859, — betreffend die Ausdehnung der Stempelfreiheit auf die Tauf-, Trau- und Todtenscheine, welche Eisenbahnbeamte bei den unter der Verwaltung des Staats stehenden Eisenbahnen zur Betheiligung bei den Pensions- und Unterstützungskassen derselben beizubringen haben.

Auf den Bericht vom 8. Februar d. J. will Ich nach Ihrem gemeinschaftlichen Antrage auch den Tauf-, Trau- und Todtenscheinen, deren Beibringung Behufs der Betheiligung bei den Pensions- und Unterstützungs-Kassen der für immer unter der Verwaltung des Staats stehenden Eisenbahnen erforderlich ist, die Stempelfreiheit bewilligen.

Berlin, den 14. Februar 1859.

Im Namen Seiner Majestät des Königs:
Wilhelm, Prinz von Preußen, Regent.
(gegengez.) von der Heydt. von Patow.

An
den Minister für Handel, Gewerbe und öffentliche Arbeiten und den Finanz-Minister.

Vorstehender Allerhöchster Erlaß wird sämmtlichen Gerichtsbehörden und den Civilstands-Beamten im Bezirke des Apellationsgerichtshofes zu Cöln zur Nachachtung bekannt gemacht.

Berlin, den 29. September 1859.

Der Justiz-Minister.
Simons.

An
sämmtliche Gerichtsbehörden.

I. 3589. Steuersachen 6. Vol. V.

37.

Verfügung vom 18. Februar 1859, — betreffend die Beschlagnahme des Vermögens ausgetretener Militairpflichtiger im Bezirk des Appellationsgerichtshofes zu Cöln.

Strafgesetzbuch §. 110.
Gesetz vom 10. März 1856 (Rh. Samml. Bd. 11. S. 166).

Zur Herbeiführung eines gleichmäßigen Verfahrens der Landgerichte im Bezirk des Appellationsgerichtshofes zu Cöln bei Erwirkung der durch §. 110 des Strafgesetzbuchs und das Gesetz vom 10. März 1856 (Rhein. Samml. Bd. 11. S. 166) vorgeschriebenen Beschlagnahme des Vermögens ausgetretener Militairpflichtiger und beurlaubter Landwehrmänner, welche ohne Erlaubniß auswandern, wird auf Ihren Bericht vom 21. Juli v. J. nachstehende Anweisung ertheilt:

1) Die Beschlagnahme ist in allen Fällen von der Staatsanwaltschaft zu beantragen, wenn solche auch nicht ausdrücklich von der Regierung verlangt wird, oder die Beschuldigten ohne Vermögen sind.
2) Die Beschlagnahme ist bei der Straf-Rathskammer zu beantragen und von dieser zu verfügen.
3) Die Beschlagnahme ist in allen Fällen bis zur Höhe von 1000 Thalern und eines muthmaßlichen Kostenbetrages zu beantragen, indem der §. 110 a. a. O. bei der Beschlagnahme dem später erkennenden Richter nicht vorzugreifen gestattet, sondern die Vollziehung der höchsten Strafe, welche möglicherweise erkannt werden kann, sicher gestellt wissen will, und das im §. 110 hervorgehobene Ermessen des Richters sich nur auf die Vermögensstücke bezieht, auf welche die Beschlagnahme unter Umständen beschränkt werden kann.
4) Die Königlichen Regierungen sind von dem Herrn Minister des Innern angewiesen, wenn sie nicht ausnahmsweise eine beschleunigte Verfolgung für nothwendig erachten, nur einmal im Jahre eine Nachweisung der ausgetretenen Militairpflichtigen respektive der ohne Konsens ausgewanderten Landwehrmänner den Ober-Prokuratoren zur Verfolgung mitzutheilen. Von den Landgerichten ist gegen sämmtliche in einer Nachweisung aufgeführte Individuen durch einen einzigen Beschluß die Beschlagnahme zu verfügen.
5) Von den Beschlagnahme-Verfügungen sind der Regierung keine Ausfertigungen, sondern nur Auszüge

zu ertheilen und zwar, nach einem Einverständnisse mit dem Herrn Minister des Innern, nicht in Betreff eines jeden Beschuldigten ein besonderer Auszug, sondern nur so viel verschiedene Auszüge, als die Beschuldigten verschiedenen Kreisen angehören.

Die Auszüge sind nach dem Kriminalkosten-Tarif zu berechnen.

Sie werden angewiesen, auf die Befolgung dieser Verfügung, welche durch das Justiz-Ministerial-Blatt bekannt gemacht werden wird, zu wachen.

Berlin, den 18. Februar 1859.

Der Justiz-Minister.
Simons.

An
den Königl. Herrn General-Prokurator zu Cöln.

Vorstehende Verfügung wird den Gerichten und Beamten der Staatsanwaltschaft im Bezirk des Appellationsgerichtshofes zu Cöln zur Kenntnißnahme und Beachtung mitgetheilt.

Berlin, den 18. Februar 1859.

Der Justiz-Minister.
Simons.

An
sämmtliche Gerichte und Beamte der Staatsanwaltschaft im Bezirk des Appellationsgerichtshofes zu Cöln.

I. 648. Rhein. Crimin. 3. Vol. 3.

38.

Verfügung vom 15. März 1859, — betreffend die Gebühren der Aerzte in Kriminalsachen.

Regulativ vom 10. November 1844 §. 5 (Justiz-Ministerial-Blatt von 1845 S. 148).

Der Königlichen Regierung erwiedern wir auf den Bericht vom 21. Dezember v. J. betreffend die den Aerzten für gerichtlich-medizinische Verrichtungen aus dem Kriminalfonds zu bewilligenden Gebühren, daß von dem allgemein geltenden und in dem Regulativ vom 10. November 1844 §. 5 (Justiz-Minist.-Blatt von 1845 S. 148) für die Gerichtsbehörden der übrigen Provinzen ausgesprochenen Grundsatz, wonach auf den Kriminalkostenfonds immer nur die niedrigsten Sätze der überhaupt zulässigen Auslagen angewiesen werden dürfen, für den Bezirk des Appellationsgerichtshofes zu Cöln keine Ausnahme gemacht werden kann und dazu auch in dem dort geltenden Verfahren keine hinreichende Veranlassung vorliegt.

Berlin, den 15. März 1859.

Der Justiz-Minister. Der Minister der geistlichen rc. Angelegenheiten.

Simons. v. Bethmann-Hollweg.

An
die Königl. Regierung zu Trier.

I. 558. Rhein. Gener. 37. Vol. 3.

39.

Verfügung vom 23. März 1859, — betreffend die Stempelrevision beim Königlichen Landgericht zu Aachen.

In Betreff derjenigen Monita, welche von der Steuerbehörde bei der im Dezember 1856 vorgenommenen Stempelrevision bei dem dortigen Landgericht erhoben, von dem Landgerichte aber nicht als begründet anerkannt sind, wird Ihnen im Einverständnisse mit dem Herrn Finanz-Minister Folgendes eröffnet:

I. Erste Civilkammer.

1. Monitum 93. Der von einer Ehefrau, nachdem die eheliche Gütergemeinschaft für aufgelöst erklärt war, in dem Auseinandersetzungsverfahren aufgestellte und zur gerichtlichen Entscheidung gebrachte Antrag, den Ehemann zu verurtheilen, die klagende Ehefrau von einer mit jenem solidarisch übernommenen Schuld von 5000 Rthlr. zu liberiren, oder, falls dies nicht binnen einer bestimmten Frist geschehe, jene Summe an sie zu zahlen oder sie durch Bürgschaftsstellung sicher zu stellen — betrifft schon um deswillen einen schätzbaren Gegenstand zum vollen Betrage von 5000 Rthlr., weil eine Liberirung von dieser solidarisch schuldigen Summe verlangt worden. Es muß daher der Prozentstempel nach diesem Betrage berechnet und nicht ein Unschätzbarkeits-Stempel verwendet werden. Das Monitum ist hiernach als begründet anzuerkennen.

2. Monitum 99. Bei der auf einen bestrittenen Privat-Kaufakt gegründeten Klage auf Herausgabe eines angeblich gekauften Hauses ist nicht, wie das Landgericht annimmt, ein unschätzbares Interesse der Parteien an dem Bestehen oder Nichtbestehen des Privat-Kaufakts, sondern der Uebergang des Eigenthums an dem Hause der eigentliche Streitgegenstand und nach dem Werthe desselben der Prozentstempel zu berechnen.

3. Monitum 103. Bei der Klage auf Auflösung eines über den Verkauf eines Hauses für 1000 Rthlr. abgeschlossenen Vertrages gilt dasselbe, wie in dem vorigen Falle, und es kann bei der Berechnung des Streitgegenstandes nicht, wie das Landgericht annimmt, in Betracht kommen, daß bei einer Auflösung des Kaufvertrages der Kaufpreis zurückerstattet werden muß.

II. Zweite Civilkammer.

4. Monitum 1. Wenn das Gericht auf eine mehrere Forderungen umfassende Klage hinsichtlich einer Forderung sich inkompetent erklärt und hinsichtlich der übrigen interloquirt, so ist das Erkenntniß in Betreff der ersteren Forderung ein definitives und es muß zu demselben, wenn, wie in dem vorliegenden Falle, der Gegenstand dieser Forderung nicht nach Gelde zu schätzen ist, der Unschätzbarkeitsstempel verwendet werden. Die von dem Landgericht aufgestellte Unterscheidung zwischen dem Falle, in welchem das Gericht die Klage wegen Inkompetenz abweist und demjenigen, in welchem es sich nur inkompetent erklärt, ist ohne alle rechtliche Bedeutung.

5. Monitum 14. Bei einer Opposition wider einen auf Notariatsakt gegründeten Zahlungsbefehl bildet die in dem Zahlungsbefehl geforderte Summe den Streitgegenstand, nach welchem der Stempel zu berechnen ist, ohne daß es darauf ankommt, ob die Schuld selbst, oder nur deren Fälligkeit bestritten wird.

6 und 7. Monitum 18. Die Klage auf Abschluß eines notariellen Aktes, wodurch Verklagter erklären soll, daß Kläger zur Hälfte an einem Kaufe betheiligt sei, mittelst dessen Verklagter ein Gut für 20,600 Gulden gekauft hat, eventuell auf Verurtheilung des Verklagten zum Schadenersatz, hat nicht, wie das Landgericht aufstellt, die Betheiligung des Klägers an dem durch den Gutskauf beabsichtigten unbestimmbaren Gewinn, sondern das Miteigenthum an dem gekauften Gute zum Gegenstande. Die Steuerbehörde verlangt daher mit Recht einen nach der Hälfte des Kaufpreises berechneten Prozentstempel.

8 und 9. Monitum 22. Bei Klagen auf Herausgabe käuflich erworbener Grundstücke ist der Werth dieser Grundstücke als Streitobjekt zu behandeln, wenn auch die Verpflichtung zur Herausgabe nicht bestritten wird. Das Monitum ist daher begründet.

10 und 11. Monitum 34. Bei der Klage des Käufers gegen seinen Verkäufer, daß letzterer verurtheilt werde, den Nachweis der Löschung mehrerer auf den gekauften Immobilien haftenden Hypothekar-Inskriptionen zum Gesammtbetrage von 2225 Rthlr. binnen 24 Stunden zu führen, widrigenfalls Kläger ermächtigt werde, den Verklagten für jenen Betrag in seinem Vermögen zu diskutiren, ist nicht eigentlich jene Summe von 2225 Rthlrn., sondern das nach Gelde nicht zu schätzende Inter-

esse des Käufers an der Befreiung der gekauften Grundstücke von den darauf haftenden Inskriptionen als Gegenstand des Prozesses anzusehen und die eventuelle Ermächtigung zur Beitreibung jener Summen aus dem Vermögen des Verkäufers hat die Natur eines Zwangsmittels zur executio ad faciendum. Das Landgericht hat daher mit Recht nur den Unschätzbarkeitsstempel verwendet.

12. Monitum 35. Das Erkenntniß über die gegen ein Subhastationsverfahren erhobenen Ansprüche Dritter ist nicht als ein Nebenerkenntniß im Subhastationsverfahren zu behandeln, vielmehr zu demselben ein besonderer Werthstempel zu verwenden. In dem vorliegenden Falle widersetzt sich Opponent dem eingeleiteten Subhastationsverfahren aus dem Grunde, weil er zur Hälfte Eigenthümer der in Beschlag genommenen Immobilien sei und deshalb das ungetheilte Eigenthum nicht verkaufen zu lassen brauche. Er beantragte aber nicht die Zuerkennung des Eigenthums an jener Hälfte, sondern nur die Vernichtung der Beschlagnahme. Bei dem so gestellten Antrage ist das Miteigenthum nur Fundament der Klage und die Quote desselben für die Entscheidung unerheblich. Gegenstand des Prozesses ist daher nur die Aufhebung des Subhastationsverfahrens, dessen Interesse nicht nach Gelde zu schätzen ist. Das Landgericht hat daher mit Unrecht nur einen Stempel von 15 Sgr. verwendet, aber auch das Monitum der Steuerbehörde, welches den Stempel nach dem halben Werth der Immobilien berechnen will, geht zu weit. Es ist vielmehr der Unschätzbarkeitsstempel von 5 Rthlr. zu verwenden.

13. Monitum 50. Der Drittopponent gegen ein Subhastationsverfahren beantragt in diesem Falle ausdrücklich, daß er zum Eigenthümer der subhastirten Immobilien erklärt werde. Er vindicirt hier das Eigenthum; es muß daher der Prozentstempel nach dem Werthe des letzteren berechnet werden. Das Monitum ist daher hier begründet.

14. Monitum 42. Bei der Klage auf Zahlung eines bestimmten Kaufpreises kann nicht um deswillen der Unschätzbarkeitsstempel angewendet werden, weil die Zahlung lediglich aus dem Grunde geweigert wird, weil noch Hypothekar-Inskriptionen auf dem Grundstücke haften, da es nicht auf den Grund der Zahlungsweigerung ankommt. Es ist der Prozentstempel zu verwenden und danach das Monitum begründet.

Hiernach sind die erhobenen Monita zu erledigen.

Berlin, den 23. März 1859. Der Justiz-Minister.

An Simons.

den Königl. Herrn Landgerichts-Präsidenten und
den Königl. Herrn Ober-Prokurator zu Aachen.

I. 1127. Rhein. Gener. 62. Vol. 8.

40.

Verfügung vom 5. April 1859, — betreffend die Wahrnehmung der Polizeianwaltschaft in den nach der rheinischen Städteordnung verwalteten Städten.

Art. 144 der Rheinischen Kriminal-Prozeß-Ordnung.
Städteordnung vom 15. Mai 1856 §. 57 Nr. 3 (Rhein. Samml. Bd. 11. S. 212).

Nach Art. 144 der Rheinischen Kriminal-Prozeß-Ordnung sollen die Funktionen eines Polizeianwalts von dem Polizei-Kommissar und eventuell von dem Bürgermeister desjenigen Ortes wahrgenommen werden, an welchem das Polizeigericht seinen Sitz hat, ohne Rücksicht darauf, ob der Bezirk des Gerichts ganz oder theilweise zu dem sonstigen Amtsbezirk des Polizei-Kommissars oder Bürgermeisters gehört. Nach §. 57 Nr. 3 der Städte-Ordnung vom 15. Mai 1856 (Rh. Samml. Bd. 11. S. 212) bedarf es aber für den Bürgermeister derjenigen Orte, an welchen diese Städte-Ordnung gilt, eines besonderen Auftrags zur Vertretung der Polizeianwaltschaft für die nicht zu ihrem Amtsbezirk gehörenden Gemeinden. Da jedoch dessen Ertheilung nicht umgangen werden kann, weil für die letzteren Gemeinden, in denen die Städte-Ordnung nicht eingeführt ist, die Funktionen des Polizeianwalts nur durch den Bürgermeister am Sitze des Gerichts wahrzunehmen sind, so wird hiermit zur Vermeidung unnöthiger Schreiberei allgemein bestimmt, daß die Bürgermeister derjenigen Orte, an welchen das Polizeigericht seinen Sitz hat, und in welchen die Städte-Ordnung vom 15. Mai 1856 eingeführt ist, die Handhabung der Ortspolizei aber nicht Königlichen Behörden übertragen ist, die Funktionen des Polizeianwalts für sämmtliche Gemeinden, die zu dem Bezirk des Polizeigerichts gehören, nach Maaßgabe der Vorschriften des Art. 144 der Rheinischen Kriminal-Prozeß-Ordnung wahrnehmen sollen.

Mit Bezug auf Ihren Bericht vom 13. Juli v. J. veranlassen wir Sie, Herr General-Prokurator, zur Ausführung dieser Bestimmung die weiter erforderlichen Anweisungen zu erlassen, wobei wir bemerken, daß dem Königl. Ober-Präsidenten der Rheinprovinz eine gleichlautende Verfügung zugegangen ist.

Berlin, den 5. April 1859.

Der Minister des Innern. Flottwell. Der Justiz-Minister. Simons.

An
den Königl. Herrn General-Prokurator zu Cöln.

I. 649. Rhein. Offizianten-Sachen 26.

41.

Verfügung vom 29. April 1859, — betreffend die vorläufige Sistirung des Kontumazial-Verfahrens bei Verbrechen.

Verfügung vom 19. Mai 1826 (Rh. Samml. Bd. 3. S. 28).

Die Verfügung vom 19. Mai 1826 (Rhein. Samml. Bd. 3. S. 28) betreffend das Kontumazial-Verfahren bei Verbrechen, hat insofern sich nicht als angemessen ergeben, als nach derselben den Ober-Prokuratoren aufgegeben ist, die Sache erst dann auf sich beruhen zu lassen, nachdem das Anklage-Urtheil ergangen ist. Es wird dadurch nicht nur die später nöthige Fortsetzung der Untersuchung, sondern auch die Entscheidung über Incidentfragen, deren Erledigung durch Richterspruch im Vorverfahren zulässig sein würde, erschwert. Es empfiehlt sich daher, in denjenigen Fällen, in welchen die Beschuldigten flüchtig sind und die Durchführung des Kontumazial-Verfahrens nicht nothwendig oder sonst angemessen erscheint, bei der Rathskammer des Landgerichts die vorläufige Reposition der Akten zu beantragen und sich dadurch die Wiederaufnahme der Sache vorzubehalten.

Sie haben hiernach die Ober-Prokuratoren mit Anweisung zu versehen.

Berlin, den 29. April 1859.

Der Justiz-Minister.
Simons.

An
den Königl. Herrn General-Prokurator zu Cöln.

I. 1926. Rhein. Criminalia 8. Vol. 3.

42.

Gesetz vom 3. Mai 1859, — betreffend die Gewährleistung wegen verborgener Mängel bei dem Verkaufe und Tausche von Hausthieren im Bezirk des Appellationsgerichtshofes zu Cöln.

Im Namen Sr. Majestät des Königs.

Wir Wilhelm, von Gottes Gnaden Prinz von Preußen, Regent,

verordnen nach Anhörung des Provinziallandtages der Rheinprovinz mit Zustimmung beider Häuser des Landtages der Monarchie, für den Bezirk des Appellationsgerichtshofes zu Cöln, was folgt:

§. 1.

Bei dem Verkauf von Hausthieren muß die auf Gewährsmängel gegründete Klage und Einrede bei Verlust derselben binnen einer Frist von zwei und vierzig Tagen nach der Ueberlieferung angestellt, beziehungsweise geltend gemacht werden (Art. 1648 des bürgerlichen Gesetzbuches). Der Tag der Ueberlieferung wird in die Frist nicht eingerechnet.

Sind mehrere Thiere gleicher Art verkauft, und ist bei einem derselben als Gewährsmangel eine ansteckende Krankheit nachgewiesen, so kann der Käufer die Zurücknahme sämmtlicher Thiere fordern, wenn sie bei dem Verkäufer mit einander in Berührung gekommen sind.

§. 2.

Eines vorherigen Sühneversuchs bedarf es bei dieser Klage nicht. Die Sache ist als dringliche und summarische zu behandeln.

§. 3.

Innerhalb der im §. 1 bestimmten Frist und vor Anstellung der Klage kann der Käufer das Vorhandensein von Gewährsmängeln bei den gekauften Hausthieren durch Sachverständige feststellen lassen, die sich zugleich über das wahrscheinliche Alter des vorhandenen Mangels gutachtlich zu äußern haben.

§. 4.

Auf seinen Antrag ernennt und vereidet der Friedensrichter des Ortes, an welchem sich das Thier befindet, je nach den Umständen, einen oder drei Sachverständige.

Bei Departements- und Kreis-Thierärzten genügt die Bestätigung des Gutachtens auf den geleisteten Diensteid.

§. 5.

Der Friedensrichter verordnet gleichzeitig, daß und in welcher Weise der Verkäufer von der vorzunehmenden Untersuchung des Thieres in Kenntniß zu setzen ist. Auf den Antrag des Verkäufers kann die Zuziehung fernerer Sachverständigen angeordnet werden.

§. 6.

Zu den in den beiden vorhergehenden Paragraphen angegebenen Verrichtungen des Friedensrichters ist bei dessen Verhinderung auch der Ergänzungsrichter befugt.

§. 7.

Das schriftlich abzufassende Gutachten der Sachverständigen wird auf der Gerichtsschreiberei des Friedensgerichts, welches die Sachverständigen ernannt hat, hinterlegt.

§. 8.

Der in dem späteren Prozesse erkennende Richter kann das in dem Vorverfahren erstattete Gutachten seiner Entscheidung zum Grunde legen; auch kann aus der Ertheilung des Gutachtens kein Grund hergeleitet werden, die Sachverständigen in dem späteren Prozesse zu verwerfen (Art. 283 der bürgerlichen Prozeß-Ordnung).

§. 9.

Die Kosten dieses Vorverfahrens werden in dem späteren Prozesse den Kosten des letzteren gleichgestellt.

§. 10.

Alle vorstehenden für den Kauf von Hausthieren gegebenen Vorschriften sind auf den Tausch derselben anwendbar.

Urkundlich unter Unserer Höchsteigenhändigen Unterschrift und beigedrucktem Königlichen Insiegel.

Gegeben Berlin, den 3. Mai 1859.

(L. S.) Wilhelm, Prinz von Preußen, Regent.

Fürst zu Hohenzollern-Sigmaringen. Flottwell. v. Auerswald. v. d. Heydt. Simons. v. Schleinitz. v. Bonin. v. Patow. Gr. v. Pückler. v. Bethmann-Hollweg.

I. 2045. Rhein. Gener. 98. Vol. 2.

43.

Gesetz vom 9. Mai 1859, — wegen Abänderung einiger Bestimmungen des Rheinischen Handelsgesetzbuches.

Im Namen Sr. Majestät des Königs.

Wir Wilhelm, von Gottes Gnaden Prinz von Preußen, Regent,

verordnen für den Bezirk des Appellationsgerichtshofes zu Cöln, mit Zustimmung beider Häuser des Landtages der Monarchie, was folgt:

Die Artikel 441. bis 447. 454. 456. 480. 483. bis 485. 497. 498. und 527. des Rheinischen Handelsgesetzbuches werden aufgehoben und durch folgende ersetzt:

Artikel 441.

Das Falliment wird von dem Handelsgerichte, in dessen Bezirk der Fallit seinen Wohnsitz, oder die im Fallimentszustande sich befindende Handelsgesellschaft ihre Hauptniederlassung hat, durch ein Urtheil eröffnet, welches zugleich den Tag des Eintritts der Zahlungseinstellung festsetzt.

Ist diese Festsetzung im Urtheile nicht erfolgt, so wird der Tag der Fallimentseröffnung, oder, wenn der Fallit früher verstorben ist, der Todestag desselben als der Tag der Zahlungseinstellung angenommen.

Das Handelsgericht ist befugt, den Tag der Zahlungseinstellung, so lange dessen Festsetzung von einem Gläubiger oder einem anderen Betheiligten durch ordentliche Rechtsmittel angefochten ist oder angefochten werden kann, auf den Bericht des Fallimentskommissars von Amtswegen anderweit zu bestimmen.

Auf das in diesem Falle zu erlassende neue Urtheil finden die Vorschriften des Artikels 457. dieses Gesetzbuches mit der Maaßgabe ebenfalls Anwendung, daß den Gläubigern und anderen Betheiligten eine Frist von vierzehn Tagen zur Opposition auch gegen das neue Urtheil zusteht, sofern der Artikel 457. nicht schon eine längere Frist bewilligt.

In keinem Falle darf der Tag der Zahlungseinstellung auf einen früheren Zeitpunkt als sechs Monate vor der Fallimentseröffnung festgesetzt oder angenommen werden.

Artikel 442.

Mit dem Tage der Fallimentseröffnung verliert der Fallit von Rechtswegen die Befugniß, sein Vermögen zu verwalten und über dasselbe zu verfügen.

Artikel 443.

Wer jedoch noch am Tage der Fallimentseröffnung oder an einem der beiden nächstfolgenden Tage Zahlungen oder Aushändigungen an den Falliten bewirkt hat, ist dadurch gegen die Fallimentsmasse befreit, wenn ihm nicht nachgewiesen wird, daß ihm damals die Fallimentseröffnung bereits bekannt gewesen ist.

Artikel 444.

Rechtshandlungen, welche seit dem Tage der Zahlungseinstellung oder innerhalb der nächst vorhergegangenen zehn Tage vorgenommen wurden, sind in Beziehung auf die Gläubigerschaft nichtig, wenn sie eines der folgenden Geschäfte darstellen:

1) freigebige Verfügungen des Falliten über Vermögensrechte jeder Art;
2) die Zahlung einer noch nicht fälligen Schuld, es mag die Zahlung baar, durch Hingabe an Zahlungsstatt oder in anderer Weise vom Falliten erfolgt sein;
3) jede durch Vertrag oder Urtheil bewirkte Erwerbung einer Hypothek, eines Faust- oder Nutzungspfandes an Vermögensstücken des Falliten zur Sicherung von Forderungen, welche bereits vor diesen Sicherungsmaaßregeln bestanden.

Artikel 445.

Alle andere Zahlungen und Rechtsgeschäfte des Falliten, welche in die Zeit zwischen der Zahlungseinstellung und der Fallimentseröffnung fallen, können in Beziehung auf die Gläubigerschaft für nichtig erklärt werden, wenn der andere Theil bei dem Empfange der Zahlung oder bei dem Abschlusse des Rechtsgeschäfts von der Zahlungseinstellung des Falliten Kenntniß hatte.

Jedoch findet die Rückforderung der Zahlung eines von dem Falliten ausgestellten indossirten eigenen Wechsels nur gegen den ersten Indossanten, und die Rückforderung der Zahlung eines auf den Falliten gezogenen Wechsels nur gegen denjenigen statt, für dessen Rechnung der Wechsel gezogen wurde, und auch gegen diese nur dann, wenn der Erstere beim Indossiren, der Letztere bei Ausstellung oder Begebung des Wechsels davon Kenntniß besaß, daß bereits der Fallit die Zahlungen eingestellt hatte.

Bei einem trassirt eigenen Wechsel auf eigene Order, welcher von dem ersten Indossatar weiter indossirt ist, findet die Rückforderung der Zahlung nur gegen den ersten Indossatar statt, und auch gegen diesen nur dann, wenn derselbe beim Weiterindossiren von der Zahlungseinstellung des Falliten Kenntniß gehabt hat.

Artikel 446.

Gültig erworbene Privilegien und Hypothekenrechte, welche nicht unabhängig von jeder Eintragung bestehen, sind gegen die Gläubigerschaft nur wirksam, wenn sie bis zur Fallimentseröffnung eingetragen sind.

Auch können diejenigen Eintragungen, welche nach der Zahlungseinstellung oder innerhalb der nächst vorhergegangenen zehn Tage stattgefunden haben, zu Gunsten der Gläubigerschaft für nichtig erklärt werden, wenn zwischen dem Tage der Erwerbung der Privilegien und Hypotheken und demjenigen der Eintragung vierzehn Tage verflossen sind.

Dagegen können diejenigen gültig erworbenen Privilegien, von denen die Artikel 2103. und 2111. des Civilgesetzbuches handeln, sowie die Privilegien des öffentlichen Schatzes, Artikel 2098., innerhalb der zu ihrer Bewahrung gestatteten Fristen auch nach der Fallimentseröffnung wirksam eingetragen werden; jedoch ist die im Artikel 2110. des bürgerlichen Gesetzbuches vorgeschriebene Eintragung des ersten Protokolles gegen die Gläubigerschaft nicht wirksam, wenn sie nicht bis zur Fallimentseröffnung stattgefunden hat.

Artikel 447.

Durch die vorhergehenden Bestimmungen wird die sonstige Befugniß der Gläubiger nicht berührt, die zu irgend einer Zeit in der Absicht, sie zu benachtheiligen, vorgenommenen Geschäfte nach den Bestimmungen des bürgerlichen Gesetzbuches anzufechten.

Artikel 454.

Das Handelsgericht ernennt in demselben Urtheil, durch welches die Fallimentseröffnung und die Anlegung der Siegel verordnet wird, eines seiner Mitglieder zum Fallimentskommissar und, je nach der Wichtigkeit des Fallimentes, einen oder mehrere Agenten, um unter der Aufsicht des Kommissars die ihnen gesetzlich auferlegten Verrichtungen zu erfüllen.

In dem Falle, wo auf den Grund der Notorietät die Siegel von dem Friedensrichter angelegt worden sind, muß das Gericht im Uebrigen die oben gegebenen Vorschriften befolgen, sobald es von dem Falliment Kenntniß erhält.

Artikel 456.

Die Agenten, welche das Gericht ernennt, können aus den muthmaaßlichen Gläubigern oder aus allen anderen Personen gewählt werden, welche für die Treue ihrer Geschäftsführung die meiste Sicherheit darbieten.

Artikel 480.

Der Fallimentskommissar nimmt die Vorschläge der versammelten Gläubiger in Betreff der zu ernennenden provisorischen Syndiken entgegen. Das Handelsgericht ernennt dieselben unter Berücksichtigung der von den Gläubigern gemachten Erklärungen und Vorschläge, ohne jedoch an solche gebunden zu sein.

Auch die bisherigen Agenten können zu provisorischen Syndiken ernannt werden.

Artikel 483.

Die Agenten haben, nachdem sie ihre Rechnung abgelegt, auf eine Entschädigung Anspruch, welche auf den Bericht des Fallimentskommissars von dem Handelsgerichte festgesetzt wird.

Artikel 484.

Bei der Festsetzung der Entschädigung hat das Handelsgericht nach billigem Ermessen zu verfahren und hauptsächlich auf den Betrag der Fallimentsmasse, auf den Umfang der Geschäftsführung, auf die Schwierigkeiten derselben, auf die bewiesene Thätigkeit und Umsicht, sowie auf den Betrag der der Masse verursachten anderweiten Kosten Rücksicht zu nehmen.

Artikel 485.

Baare Auslagen und etwaige Reisekosten, sowie Gebühren, welche der Agent in der Eigenschaft als Advokatanwalt zu liquidiren berechtigt ist, werden aus der Masse besonders vergütet.

Artikel 497.

Die Syndiken sind verpflichtet, wöchentlich dem Fallimentskommissar eine Uebersicht der Einnahmen und Ausgaben vorzulegen, und die Bestände an Geldern, soweit der Kommissar nicht bestimmt hat, daß ein Theil derselben zur Bestreitung der Auslagen und Kosten in ihren Händen verbleiben soll, innerhalb acht Tagen nach dem Empfange der Gelder bei derjenigen öffentlichen Kasse zu hinterlegen, welche zur Empfangnahme von Geldern bestimmt ist, deren Hinterlegung auf Anordnung der Gerichte oder nach gesetzlicher Vorschrift bei einer öffentlichen Kasse geschehen muß.

Im Falle der Unterlassung der Hinterlegung verschulden die Syndiken von Rechtswegen seit dem Tage des Empfanges der Masse sechs Prozent Zinsen, welche das Handelsgericht bis auf zwanzig Prozent erhöhen kann, vorbehaltlich der sonst etwa gegen sie zu ergreifenden Maaßregeln.

Die hinterlegten Gelder sind nur mit Genehmigung des Fallimentskommissars aus der Kasse zurückzuziehen.

Wegen der Entschädigung der provisorischen Syndiken kommen die in den Artikeln 483—485. in Betreff einer Entschädigung der Agenten gegebenen Vorschriften zur Anwendung.

Artikel 498.

Das Handelsgericht kann jederzeit auf den Vortrag des Fallimentskommissars die provisorischen Syndiken entlassen, die abgegangenen ersetzen und ihre Zahl vermehren.

Die Entlassung eines Syndiks kann von dem Fallimentskommissar auf Grund von Beschwerden der Gläubiger und des Falliten, oder von Amtswegen vorgeschlagen werden.

Veranlaßt der Kommissar nicht innerhalb acht Tagen eine Entscheidung des Handelsgerichts über die Anträge der Beschwerdeführer, so können diese sich direkt an das Gericht wenden.

Das Handelsgericht beschließt in der Rathskammer über die Entlassung des Syndiks, nach vorheriger Vernehmung desselben, und über die Ernennung eines anderen. Gegen diesen Beschluß ist kein Rechtsmittel zulässig.

Zu der Ernennung neuer Syndiken bedarf es keiner nochmaligen Vorschläge der versammelten Gläubiger, wenn nicht etwa deren Einholung für angemessen erachtet wird.

Der entlassene Syndik muß, sobald er durch den Fallimentskommissar von seiner Entlassung in Kenntniß gesetzt ist, seine Verrichtungen einstellen, und nach Vorschrift des Artikels 481. dem neuen Syndik Rechnung legen.

Artikel 527.

Kommt kein Konkordat zu Stande, so schließen die von dem Fallimentskommissar zusammenberufenen Gläubiger nach Stimmenmehrheit der anwesenden Personen einen Vertrag über die auszuführende Liquidation der Masse (Vereinigungsvertrag). Sie haben zugleich ihre Vorschläge in Betreff der zu ernennenden definitiven Syndiken zum Protokoll des Kommissars zu machen.

Das Handelsgericht ernennt ohne Verzug, unter Berücksichtigung der von den Gläubigern gemachten Vorschläge, ohne jedoch an dieselben gebunden zu sein, einen oder mehrere definitive Syndiken, denen auch die Funktionen eines Kassirers obliegen, wenn nicht zur Empfangnahme der eingehenden Gelder ein besonderer Syndik oder Kassirer ernannt wird.

Die provisorischen Syndiken können zu definitiven ernannt werden. Geschieht dies nicht, so haben sie den definitiven Syndiken Rechnung zu legen, wie dies im Artikel 481. hinsichtlich der Agenten bestimmt ist.

Die in den Artikeln 497. und 498. in Betreff der provisorischen Syndiken gegebenen Vorschriften finden auch bei den definitiven Syndiken Anwendung.

Urkundlich unter Unserer Höchsteigenhändigen Unterschrift und beigedrucktem Königlichen Insiegel.

Gegeben Berlin, den 9. Mai 1859.

(L. S.) Wilhelm, Prinz von Preußen, Regent.

Fürst zu Hohenzollern-Sigmaringen. Flottwell. v. Auerswald. v. d. Heydt. Simons. v. Schleinitz. v. Bonin. v. Patow. Gr. v. Pückler. v. Bethmann-Hollweg.

I. 2047. Rhein. Gener. 151. Vol. 2.

44.

Allgemeine Verfügung vom 19. Mai 1859, — betreffend die erste juristische Prüfung.

Regulativ v. 10. Dezbr. 1849 (Rh. Samml. Bd. 10. S. 72).

Um Unzuträglichkeiten zu beseitigen, die sich darin gezeigt, daß Rechtskandidaten häufig die Prüfung bei Obergerichten ablegen, in deren Bezirken sie demnächst nicht ihre praktische Ausbildung nachsuchen, bestimme ich hiermit:

> daß die Obergerichte (und ebenso die Rheinischen Landgerichte) fortan nur diejenigen Rechtskandidaten zur ersten Prüfung zuzulassen haben, welche bei ihrer Meldung versichern, in dem betreffenden Bezirk demnächst ihre praktische Ausbildung — bis zur Referendariats-Prüfung — zurücklegen zu wollen.

Berlin, den 19. Mai 1859.

Der Justiz-Minister.
Simons.

An
sämmtliche Obergerichte und an die Rheinischen Landgerichte.

I. 2026. O. 9. Vol. 5.

45.

Gebührentaxe vom 23. Mai 1859, — für die Friedensgerichte im Bezirk des Appellationsgerichtshofes zu Cöln.

Im Namen Sr. Majestät des Königs.

Wir Wilhelm, von Gottes Gnaden Prinz von Preußen, Regent,

verordnen, unter Zustimmung beider Häuser des Landtages der Monarchie, für den Bezirk des Appellationsgerichtshofes zu Cöln, was folgt:

Erster Titel.

Von den Gebühren der Friedensrichter.

Artikel 1.

Der Friedensrichter erhält für jede dreistündige Arbeitszeit (Vakation) an Gebühren 1 Rthlr. 6 Sgr. bei folgenden Dienstverrichtungen:

1) bei Anlegung, Anerkennung und Abnahme der Siegel;
Art. 907. ff., 928. ff. der Civilprozeß-Ordnung.

2) beim Referéverfahren in Ver- und Entsiegelungs-Angelegenheiten;
Art. 921. 922. 935. ibid.

3) bei der Ueberreichung eines aufgefundenen Testaments oder versiegelten Papiers an den Landgerichtspräsidenten;
Art. 916. ibid.

4) bei der Berathung und Beschlußnahme eines Familienraths;
N.B. Für die Abhaltung eines Familienraths sollen nicht mehr als zwei Vakationen berechnet werden; jedoch können für Familienrathsbeschlüsse, welche die Genehmigung einer Theilung oder die Vereinbarung über den Verkauf von Immobilien im außergerichtlichen Theilungsverfahren nach Vorschrift des Gesetzes vom 18. April 1855 zum Gegenstande haben, drei Vakationen in Ansatz kommen. Die berechnete Zeit muß wirklich verwandt sein und dem Geschäfte entsprechen.

5) bei der Revision periodischer Verwaltungsübersichten und Rechnungen der Vormünder;

6) bei der Aufnahme einer Verhandlung
a) über die beiderseitige Einwilligung in eine Adoption;
Art. 353. des bürgerlichen Gesetzbuchs.

b) über die Annahme als Pflegekind;
Art. 363. ibid.
c) über die Ernennung eines Rathgebers für die überlebende Mutter;
Art. 392. ibid.
d) über die Ernennung eines Vormundes durch den Vater oder die Mutter;
Art. 398. ibid.
e) über die Emanzipation eines Kindes durch den Vater oder die Mutter;
Art. 477. ibid.

Wenn der Familienrath Behufs Ernennung des Kurators sofort zur Stelle gebracht werden kann, darf nicht für jeden Akt besonders gerechnet werden.

7) bei der Aufnahme einer Notorietäts-Urkunde;
8) bei der Aufnahme eines Testaments an Orten, mit welchen der Verkehr wegen ansteckender Krankheiten unterbrochen ist;
Art. 985. ibid.
9) für die Gegenwart bei Eröffnung von Thüren im Falle der Mobiliarpfändung;
Art. 587. der Civilprozeßordnung.
10) bei Aufnahme der Erklärung und Affirmation eines Dritt-Arrestaten in Sachen, die nicht zur Kompetenz des Friedensrichters gehören;
Art. 571—573. ibid.
11) bei einer Ortsbesichtigung und bei der Vernehmung von Zeugen oder Sachverständigen an Ort und Stelle;
12) bei der Abnahme von Entscheidungseiden außerhalb des Gerichtslokals, wenn die Partei im Gerichtslokal nicht erscheinen oder der Eid daselbst nicht abgenommen werden kann.

N.B. In den Fällen von Nr. 11. und 12. muß das Protokoll ausdrücklich erwähnen, ob von Amtswegen oder auf den vom Richter für begründet erachteten Antrag der Parteien die Verhandlung an Ort und Stelle, oder außerhalb des Gerichtslokals stattfinde.

Artikel 2.

Der Friedensrichter erhält für die Gegenwart bei Verhaftung eines Schuldners im Falle des Artikels 781. Nr. 5. der Civilprozeß-Ordnung eine feste Gebühr von 2 Rthlrn. 12 Sgr., und in folgenden Fällen eine feste Gebühr von 15 Sgr.:

1) für Aufnahme der Verhandlung über die Annahme-Erklärung des bei der Wahl nicht zugegen gewesenen Haupt- oder Neben-Vormundes;

2) für die Prüfung und etwaige eidliche Bekräftigung eines Vermögens-Verzeichnisses;
3) für die Vereidung eines besonderen Abschätzers in Vormundschafts- und Erbschaftssachen, wenn solche auf Antrag einer Partei geschieht, ungeachtet ständige und ein- für allemal vereidete Abschätzer vorhanden sind;
4) für die Aufnahme eidlicher oder eidesstattlicher Bekräftigungen, wo solche zur Geltendmachung von Rechten außerhalb des Bezirks des Appellationsgerichtshofes zu Cöln erforderlich sind;
5) für die Ordonnanz, durch welche im Falle des Artikels 909. Nr. 2. der Civilprozeß-Ordnung die Erlaubniß ertheilt wird, die Anlegung der Siegel nachzusuchen;
6) für die Ordonnanz, durch welche Termin zur Abnahme der Siegel anberaumt wird;

   Art. 931. Nr. 2. der Civilprozeß-Ordnung.

7) für die Ordonnanz, durch welche die in den Artikeln 558. 819. 822. 826. der Civilprozeß-Ordnung vorgesehenen Beschlagnahmen gestattet werden, sofern die Sache nicht zur Kompetenz des Friedensrichters gehört (Gesetz vom 11. Mai 1843 Art. 7.);
8) für die Ordonnanz, durch welche im Falle des Art. 106. des Handelsgesetzbuchs Sachverständige ernannt werden.

Artikel 3.

Der Friedensrichter erhält im Falle der Subhastation oder Resubhastation oder des Wiederverkaufs in Folge eines Uebergebots, je nachdem die Grundsteuer der zu versteigernden Grundstücke bis zu vier Thalern oder über vier bis zwanzig Thaler oder über zwanzig Thaler beträgt:

1) für die Aufnahme des Antrags auf Beschlagnahme oder auf Wiederverkauf 20 Sgr., beziehungsweise 1 Rthlr. 10 Sgr. und 2 Rthlr.;
2) für die Verfügung einer Beschlagnahme 15 Sgr., beziehungsweise 1 Rthlr. und 1 Rthlr. 15 Sgr.;
3) für die Abfassung des Patents 1 Rthlr., beziehungsweise 2 Rthlr. und 3 Rthlr.;
4) für die Abhaltung des Versteigerungstermins und die Abfassung des Protokolls darüber 3 Rthlr., beziehungsweise 4 Rthlr. 15 Sgr. und 6 Rthlr.;

   Subhastations-Ordnung vom 1. August 1822, Gesetz vom 18. April 1855 Art. 73.

Artikel 4.

Für die im Theilungsverfahren erforderlichen Familienrathsbeschlüsse liquidirt der Friedensrichter seine Gebühren nach Artikel 1. dieses Gesetzes.

Derselbe erhält außerdem:

1) für die Ordonnanz, durch welche Termin zur Beeidung von Sachverständigen im außergerichtlichen Theilungsverfahren anberaumt wird, 15 Sgr.;

   N.B. Für die Ernennung des Sachverständigen wird keine besondere Gebühr bewilligt.

2) für die Beeidung von Sachverständigen 15 Sgr.

Artikel 5.

Der Friedensrichter erhält bei den ihm durch §. 4. des Gesetzes vom 25. Mai 1857 im Expropriationsverfahren übertragenen Verrichtungen:

1) für die Ordonnanz, durch welche der Tag zur Ortsbesichtigung und Beeidung der Sachverständigen bestimmt wird, 15 Sgr.;
2) für die Beeidung der Sachverständigen, falls sie nicht im Ortsbesichtigungstermine stattfindet, 15 Sgr.;
3) für die Aufnahme der Verhandlung über die Ortsbesichtigung und Vernehmung der Sachverständigen wird nach Vakationen gerechnet (Art. 1. dieses Gesetzes).

Artikel 6.

Der Friedensrichter erhält bei der Erledigung von Aufträgen der oberen Gerichte oder der Requisition von Gerichten außerhalb des Bezirks des Appellationsgerichtshofes zu Cöln in nicht gebührenfrei zu behandelnden Civilsachen:

1) für die Ordonnanz, welche den Tag zu einer Verhandlung festsetzt, 15 Sgr.;
2) für die Beeidung von Sachverständigen 15 Sgr.;
3) für die Aufnahme von Verhandlungen über Ortsbesichtigungen, Vernehmungen von Zeugen, Sachverständigen und Parteien, sowie über die Abnahme eines Entscheidungseides, wird nach Vakationen gerechnet (Art. 1. dieses Gesetzes).

Artikel 7.

Der Friedensrichter erhält für die Beeidung von Beamten oder von Personen, die mit öffentlichen Funktionen betraut werden, als Forst- und Feldhüter, Nachtwächter, Frucht- und Feldmesser, Personen, die von den Bergwerksbesitzern mit dem Vermessen, Verwiegen, oder Abzählen der Produkte und Führung der Bücher beauftragt werden, und anderen, wenn in zulässigen Fällen eine solche Beeidung beantragt wird, und die Kosten nicht der Staatskasse zur Last fallen würden, 15 Sgr.

Werden mehrere Personen in demselben Termine zu denselben öffentlichen Funktionen vereidet, so wird die Gebühr nur einmal berechnet.

Artikel 8.

Der Friedensrichter erhält:

1) für das Wiederinkourssetzen der unter öffentlicher Autorität auf jeden Inhaber lautenden Papiere (§. 3. des Gesetzes vom 4. Mai 1843) 1/6 Prozent des Nominalwerthes oder des eingezahlten Betrages, wenn die Einzahlung nicht voll geschehen ist;

   Die Gebühr darf in keinem Falle, auch wenn mehrere solche Papiere gleichzeitig für dieselbe Person wieder in Kours gesetzt werden, den Betrag von 2 Rthlrn. übersteigen.

2) für die Einregistrirung von Urkunden unter Privatunterschrift einschließlich der Bescheinigung eines jeden Zusatzes:
   a) wenn der Gegenstand der Urkunde weniger als 1000 Rthlr. beträgt, 5 Sgr.;
   b) wenn der Gegenstand von höherem Werth ist, 10 Sgr.

Zweiter Titel.

Von den Gebühren der Friedensgerichtsschreiber.

Artikel 9.

Der Friedensgerichtsschreiber erhält für seine Theilnahme an den im Artikel 1. unter Nr. 1. 2. 4. 6. 7. 10. 11. 12., im Artikel 2. unter Nr. 1. 3. 4., in den Artikeln 4. 5. 6. 7. bezeichneten Geschäften zwei Drittheile, bei den im Artikel 3. unter Nr. 1. und 4. bezeichneten Geschäften die Hälfte, und bei dem im Artikel 8. Nr. 2. bezeichneten Geschäfte den gleichen Betrag der dem Friedensrichter bewilligten Gebühren.

Artikel 10.

Der Friedensgerichtsschreiber erhält:

1) für jedes Blatt der von ihm ertheilten Ausfertigung, welches 20 Zeilen auf der Seite und 10 Silben in der Zeile enthalten muß, einschließlich der Entschädigung für Papier, 4 Sgr.;

2) für die Ausfertigung des Protokolls, welches feststellt, daß die Parteien sich nicht vereinigt haben, und welches nur die summarische Erwähnung enthalten darf, daß die Parteien sich nicht haben vereinigen können, 8 Sgr.;

   Artikel 54. der Civilprozeß-Ordnung.

3) für die Uebersendung der Rekusation und der Antwort des Richters an den Oberprokurator, mit Einschluß des Porto, 1 Rthlr. 10 Sgr.;

4) für die Redaktion des Gutachtens der Sachverständigen und seine Gegenwart bei deren Verrichtungen, falls sie

alle oder einer von ihnen nicht zu schreiben verstehen, für jede Vakation 24 Sgr.;

Artikel 317. der Civilprozeß-Ordnung.

5) für die in den Städten, wo sie vorgeschrieben ist, auf dem Sekretariate des Landgerichts abzugebende Erklärung über die Anlegung der Siegel 24 Sgr.;

Artikel 925. der Civilprozeß-Ordnung.

6) für jede Opposition bei Versiegelungen durch Erklärung zum Siegelungs-Protokoll, sowie für jeden Auszug aus den Oppositionen bei Versiegelungen, und zwar für jede Opposition 4 Sgr.;

Artikel 926. der Civilprozeß-Ordnung.

7) für die Bescheinigung, ob in den vorhandenen Vormundschaftsregistern Jemand als Vormund eingetragen sei, 10 Sgr.;

8) für Aufnahme des Protokolls über das im Artikel 1. Nr. 5. bezeichnete Geschäft, falls die Zuziehung stattgefunden hat, 15 Sgr.

Artikel 11.

Der Friedensgerichtsschreiber darf vollständige Ausfertigungen der Verhandlungen über die Anlegung, Anerkennung und Abnahme der Siegel nur ertheilen, wenn er schriftlich darum ersucht wird. Er ist verpflichtet, auf Verlangen Auszüge aus diesen Verhandlungen zu ertheilen, wenn auch deren vollständige Ausfertigung weder verlangt noch ertheilt ist.

Dritter Titel.

Gemeinsame Bestimmungen.

Artikel 12.

Bei Dienstreisen, wenn die Entfernung mehr als eine Viertelmeile vom Sitze des Gerichts beträgt, erhalten der Friedensrichter und der Gerichtsschreiber für die Meile auf der Hinreise und auf der Rückreise jeder 15 Sgr.

Es kann eine volle Meile für die Hinreise und ebenso für die Rückreise berechnet werden, wenn die Entfernung über eine Viertel-, aber keine ganze Meile beträgt. Bei Entfernungen über eine Meile wird nach Viertelmeilen, und dabei die angefangene Viertelmeile für eine volle Viertelmeile gerechnet.

Werden auf derselben Reise mehrere Geschäfte für verschiedene Parteien ausgeführt, so werden die Reisegebühren nur einmal berechnet und auf die verschiedenen Geschäfte mit der Maaßgabe gleichmäßig vertheilt, daß dadurch die Kosten für das einzelne Geschäft nicht mehr betragen dürfen, als wenn es allein vorgenommen wäre.

Artikel 13.

1) Bei Dienstgeschäften, die außerhalb des Amtsbezirks vorgenommen werden, erhält der Friedensrichter neben den Reisekosten und Termins-Gebühren an Diäten täglich 2 Rthlr., der Friedensgerichtsschreiber 1 Rthlr. 10 Sgr.
2) Bei Dienstgeschäften innerhalb des Amtsbezirks wird die auf die Reise verwendete Zeit nach dem Maaßstabe, daß für jede Meile 1½ Stunde anzunehmen ist, der auf das Geschäft selbst verwendeten Zeit hinzugerechnet, und für die Nacht vom Friedensrichter 1 Rthlr. 15 Sgr., vom Friedensgerichtsschreiber 1 Rthlr. berechnet, wenn die genannten Beamten zur Fortsetzung des Geschäfts am folgenden Tage über Nacht bleiben.

Wegen der Vertheilung der nach diesem Artikel zu berechnenden Gebühren auf mehrere Geschäfte sind die Bestimmungen des vorigen Artikels ebenfalls maaßgebend.

Artikel 14.

Wenn die Gebühren nach Vakationen berechnet werden, muß die Zeit des Anfangs jeder Verhandlung im Eingange derselben und die Zeit der Beendigung am Schlusse angegeben werden.

Die erste Vakation wird für eine volle gerechnet, wenn sie auch nicht drei Stunden gedauert hat. Die ferner verwendete Zeit wird nach Drittheilen einer Vakation und dabei die begonnene Stunde für eine volle gerechnet.

Artikel 15.

Auch für begonnene und nicht zu Stande gekommene Verhandlungen können die Gebühren berechnet werden. Wenn jedoch eine an ordentlicher Gerichtsstelle vorzunehmende Verhandlung wegen Nichterscheinens der Parteien nicht stattfinden kann, so darf für das vergebliche Warten nur die halbe Gebühr und, wenn das Geschäft nach Vakationen bezahlt wird, nur eine halbe Vakation berechnet werden.

Die Bestimmungen dieses Artikels finden bei vormundschaftlichen Verhandlungen keine Anwendung.

Artikel 16.

Für Geschäfte, für welche nicht eine Gebühr ausdrücklich bewilligt ist, darf nichts gefordert und nichts angenommen werden; insbesondere ist für Papier zu Urschriften und Ausfertigungen, sowie für die zur Ausführung des Geschäftes erforderlichen Utensilien, z. B. Siegellack, nichts zu berechnen.

Artikel 17.

Hinsichtlich der Gebühren und Reisekosten in Strafsachen und der Gebühren für Mobiliarversteigerungen verbleibt es bei den bestehenden Verordnungen.

Die bis dahin geltenden Vorschriften in Betreff des Armenrechts, namentlich auch in Vormundschaftssachen, kommen ferner in Anwendung.

Artikel 18.

Die Friedensgerichtsschreiber müssen bei Strafe von 1 bis 5 Rthlrn. für jede Unterlassung unter allen Urschriften und Ausfertigungen die Gebühren und Reisekosten mit Angabe des Artikels der Taxordnung vollständig verzeichnen und deren erfolgte Zahlung auf den Ausfertigungen bescheinigen.

Artikel 19.

Der Landgerichtspräsident kann die berechneten Gebühren, wenn sie übermäßig erscheinen, auf Antrag der Betheiligten, oder des Oberprokurators und selbst von Amtswegen, nach mündlicher oder schriftlicher Vernehmung der Liquidanten ermäßigen.

Die Verfügung des Präsidenten ist einem Rechtsmittel nicht unterworfen. Das Disziplinarverfahren in geeignetem Falle wird hierdurch nicht ausgeschlossen.

Artikel 20.

Die Liquidation der Gebühren kann auf den Antrag der Berechtigten von dem Landgerichtspräsidenten exekutorisch erklärt werden. Das Exekutorium ist in Urschrift vollstreckbar.

Artikel 21.

Alle diesem Gesetze entgegenstehenden Gesetze und Verordnungen, insbesondere die Artikel 1. bis 20. und Artikel 151. Nr. 5. des Civil-Kostentarifs vom 16. Februar 1807, die Gebührentaxe zur Subhastationsordnung vom 1. August 1822, der §. 10. des Gesetzes vom 23. April 1824 über die Einregistrirung, die Kabinetsorder vom 28. April 1832, betreffend die Gebühren für kommissarische Aufträge der Friedensgerichte, sind aufgehoben, soweit sie die Gebühren der Friedensrichter und Friedensgerichtsschreiber betreffen. Wo in einzelnen Gesetzen auf die aufgehobenen Vorschriften verwiesen ist, treten die Bestimmungen des gegenwärtigen Gesetzes an deren Stelle.

Urkundlich unter Unserer Höchsteigenhändigen Unterschrift und beigedrucktem Königlichen Insiegel.

Gegeben Berlin, den 23. Mai 1859.

(L. S.) Wilhelm, Prinz von Preußen, Regent.

Fürst zu Hohenzollern-Sigmaringen. Flottwell. v. Auerswald. v. d. Heydt. Simons. v. Schleinitz. v. Bonin. v. Patow. Gr. v. Pückler. v. Bethmann-Hollweg.

I. 2268. Rhein. Offizianten-Sachen 43.

46.

Gesetz vom 30. Mai 1859, — betreffend die Abänderung einiger Bestimmungen des Strafgesetzbuches.

Im Namen Sr. Majestät des Königs.

Wir Wilhelm, von Gottes Gnaden Prinz von Preußen, Regent,

verordnen, mit Zustimmung beider Häuser des Landtages der Monarchie, was folgt:

Artikel I.

In dem Strafgesetzbuche für die Preußischen Staaten werden die §§. 35. 243. 316. und 349., und zwar ein jeder einzelner in der Art abgeändert, wie derselbe nachstehend unter seiner bisherigen Nummer umgestaltet ist.

§. 35.

Auf den Theilnehmer an einem Verbrechen oder Vergehen, oder an einem strafbaren Versuche eines Verbrechens oder Vergehens ist dasselbe Strafgesetz anzuwenden, welches auf den Thäter Anwendung findet.

Wird festgestellt, daß im Falle des §. 34. Nr. 2. die Theilnahme eine nicht wesentliche war, so sind nachstehende Bestimmungen maaßgebend:

1) Statt der Todesstrafe oder ausschließlich lebenslänglichen Zuchthausstrafe tritt zeitige Zuchthausstrafe von mindestens sechs Jahren und Stellung unter Polizeiaufsicht ein.
2) In allen übrigen Fällen kann die Strafe bis auf die Hälfte des niedrigsten Maaßes der auf das Verbrechen oder Vergehen angedrohten Freiheitsstrafe und Geldbuße ermäßigt werden.

Findet bei einem mit Zuchthausstrafe bedrohten Verbrechen der Richter bei dieser Ermäßigung eine kürzere als zweijährige Freiheitsstrafe angemessen, so ist nicht auf Zuchthausstrafe, sondern auf Gefängnißstrafe und auf zeitige Untersagung der Ausübung der bürgerlichen Ehrenrechte zu erkennen.

Im Uebrigen bleiben die in den §§. 10. 15. 17. enthaltenen Vorschriften über das geringste Maaß der Zuchthausstrafe, der übrigen Freiheitsstrafen und der Geldbuße anwendbar.

§. 243.

Mit Gefängniß nicht unter drei Monaten und zugleich mit Geldbuße von funfzig bis zu Eintausend Thalern, sowie mit zeitiger Untersagung der Ausübung der bürgerlichen Ehrenrechte wird bestraft:

1) wer sich wissentlich unrichtiger zum Messen oder Wiegen bestimmter Werkzeuge zum Nachtheile eines Anderen bedient;
2) wer einen Ankäufer von Gold oder Silber über die Eigenschaften dieser Waare hintergeht, indem er ihm geringhaltigeres Gold oder Silber für vollhaltigeres verkauft;
3) wer echte, zum Umlauf bestimmte Metallgeldstücke durch Beschneiden, Abfeilen oder auf andere Art verringert und als vollgültig ausgiebt oder auszugeben versucht;
4) wer solche verringerte Münzen gewohnheitsmäßig oder im Einverständnisse mit dem, welcher sie verringert hat, als vollgültig ausgiebt oder auszugeben versucht;
5) wer Geldpackete, die mit einem öffentlichen Siegel verschlossen und mit Angabe des Inhalts versehen sind, zu ihrem vollen Inhalte ausgiebt oder auszugeben versucht, obgleich er weiß, daß sie eröffnet und ihr Inhalt verringert worden;
6) wer in der Absicht, eine verhängte Exekution abzuwenden oder hinauszuschieben, von einem Postscheine über eine Versendung von Geld oder anderen Werthgegenständen Gebrauch macht, obgleich er weiß, daß der versendete Brief oder das versendete Packet dasjenige nicht enthält, was durch den Postschein als abgesendet nachgewiesen werden soll;
7) wer Grenzsteine oder andere zur Bezeichnung einer Grenze oder des Wasserstandes bestimmte Merkmale zum Nachtheile eines Anderen wegnimmt, vernichtet, unkenntlich macht, verrückt oder fälschlich setzt;
8) wer Urkunden, welche ihm entweder gar nicht oder nicht ausschließlich gehören, zum Nachtheile eines Anderen vernichtet, beschädigt oder unterdrückt.

Wird in dem Falle Nr. 6. festgestellt, daß mildernde Umstände vorhanden sind, so kann die Strafe bis auf Eine Woche Gefängniß oder auch auf bloße Geldbuße von mindestens fünf Thalern ermäßigt werden.

§. 316.

Ein Beamter, welcher in Ausübung oder in Veranlassung der Ausübung seines Amtes vorsätzlich Mißhandlungen oder Körperverletzungen verübt oder verüben läßt, wird mit Gefängniß nicht unter drei Monaten bestraft, auch kann gegen denselben auf zeitige Unfähigkeit zu öffentlichen Aemtern erkannt werden.

Wird festgestellt, daß mildernde Umstände vorhanden sind, so kann auf Gefängniß auch unter drei Monaten oder auf Geldbuße bis zu dreihundert Thalern erkannt werden.

Ist die Mißhandlung oder Körperverletzung eine schwere (§. 193.) und findet keiner der im §. 196. vorgesehenen Milderungsgründe statt, so tritt Zuchthaus nicht unter drei Jahren ein.

§. 349.

Mit Geldbuße bis zu funfzig Thalern oder Gefängniß bis zu sechs Wochen wird bestraft:

1) wer unbefugt ein fremdes Grundstück oder einen öffentlichen oder Privatweg oder Grenzraine durch Abgraben oder Abpflügen verringert;
2) wer unbefugt von öffentlichen oder Privatwegen Erde, Steine oder Rasen, oder aus Grundstücken, welche einem Anderen zugehören, Erde, Lehm, Sand, Grand oder Mergel gräbt, Plaggen oder Bülten haut, Rasen, Steine, Mineralien, zu deren Gewinnung es einer Verleihung, einer Konzession oder einer Erlaubniß der Behörde nicht bedarf, oder ähnliche Materialien wegnimmt;
3) wer Früchte, Eßwaaren oder Getränke von unbedeutendem Werthe oder in geringer Quantität entwendet, selbst wenn die Entwendung vermittelst Einbruches oder Einsteigens in ein unbewohntes Gebäude oder in einen demselben gleichstehenden umschlossenen Raum erfolgt.

   Geschieht die Entwendung unter einem anderen der im §. 218. bezeichneten erschwerenden Umstände oder in gewinnsüchtiger Absicht, so kommen die Strafen des Diebstahls zur Anwendung;
4) wer von einem zum Dienststande gehörenden Unteroffizier oder Gemeinen, ohne die schriftliche Erlaubniß des vorgesetzten Kommandeurs, Montirungs- oder Armaturstücke kauft oder zum Pfande nimmt;
5) wer bei den Uebungen der Artillerie verschossene Eisenmunition, oder wer Bleikugeln aus den Kugelfängen der Schießstände der Truppen widerrechtlich sich zueignet;
6) ein Pfandleiher, welcher bei Ausübung seines Gewerbes den darüber gesetzlich erlassenen Anordnungen entgegen handelt;
7) wer Getraide oder andere zur Fütterung des Viehes bestimmte oder geeignete Gegenstände zum Zwecke der Verfütterung an das Vieh des Eigenthümers wider dessen Willen wegnimmt.

   Geschieht die Wegnahme in gewinnsüchtiger Absicht, so kommen die Strafen des Diebstahls zur Anwendung.

Artikel II.

Wo in den Gesetzen und insbesondere in dem Strafgesetzbuche selbst bisher auf einen der im Eingange des Artikels I.

bezeichneten Paragraphen hingewiesen ist, bezieht diese Hinweisung sich fortan auf den Paragraphen in seiner vorstehend abgeänderten Gestalt.

Urkundlich unter Unserer Höchsteigenhändigen Unterschrift und beigedrucktem Königlichen Insiegel.

Gegeben Cöslin, den 30. Mai 1859.

(L. S.) Wilhelm, Prinz von Preußen, Regent.
Fürst zu Hohenzollern-Sigmaringen. Flottwell. v. Auerswald. v. d. Heydt. Simons. v. Schleinitz. v. Bonin. v. Patow. Gr. v. Pückler. v. Bethmann-Hollweg.

I. 2390. Landrecht 38. Vol. 12.

47.

Verfügung vom 7. Juni 1859, — betreffend die Verweisung der Notarien auf früher geleistete Diensteide und die Berichterstattung über die Beschäftigung der Notariatskandidaten.

Hinsichtlich der von dem Ober-Prokurator zu N. zur Sprache gebrachten Vereidigung der Notare hat es kein Bedenken, daß die Verweisung des in einen anderen Landgerichtsbezirk versetzten Notars und des zum Notar ernannten Referendars auf den früher geleisteten Diensteid für nothwendig, aber auch für genügend zu erachten ist, daß es aber dieser neuen Verpflichtung bei der Versetzung eines Notars innerhalb des Landgerichtsbezirks nicht bedarf.

Der Justiz-Minister ist damit einverstanden, daß Referendarien, welche sich dem Notariate widmen wollen eben so, wie die übrigen, auf den früher geleisteten Diensteid zu verweisen sind, und daß die Berichte über ihre Beschäftigung während der Notariatsstagen an den Landgerichts-Präsidenten und den Ober-Prokurator zugleich gerichtet werden.

Berlin, den 7. Juni 1859.

Der Justiz-Minister.
Simons.

An
den Königl. Herrn General-Prokurator zu Cöln.

I. 2837. Rhein. Offizianten-Sachen 38.

48.

Verfügung vom 7. Juni 1859, — betreffend die Requisitionen altländischer Gerichte um Abnahme von Manifestations-Eiden.

Die Schwierigkeiten, welche nach dem Berichte des Ober-Prokurators zu N. durch Requisitionen altländischer Gerichte um Abnahme von Manifestations-Eiden entstehen sollen, erledigen sich, wie Sie mit Recht annehmen, dadurch von selbst, daß für die Bewohner des dortigen Bezirks eine gesetzliche Verpflichtung zur Ableistung des Manifestationseides überhaupt nicht vorhanden ist.

Berlin, den 7. Juni 1859.

Der Justiz-Minister.
Simons.

An
den Königl. Herrn General-
Prokurator zu Cöln.

I. 2839. Rhein. Gener. 131.

49.

Gesetz vom 14. Juni 1859, — wegen Verschaffung der Vorfluth in den Bezirken des Appellationsgerichtshofes zu Cöln und des Justizsenates zu Ehrenbreitstein, sowie in den Hohenzollernschen Landen.

Im Namen Sr. Majestät des Königs.

Wir Wilhelm, von Gottes Gnaden Prinz von Preußen, Regent,

verordnen, nach Anhörung des Provinziallandtages der Rheinprovinz, mit Zustimmung beider Häuser des Landtages der Monarchie, was folgt:

Erster Abschnitt.

Gemeinsame Bestimmungen.

§. 1.

In den Bezirken des Appellationsgerichtshofes zu Cöln und des Justizsenates zu Ehrenbreitstein, sowie in den Hohenzollernschen Landen, kann jeder Eigenthümer, welcher sein Grundstück entwässern, oder Teiche und Seen ablassen will, in Fällen des überwiegenden Landeskultur-Interesses verlangen, daß ihm gegen vollständige Entschädigung das Servitutsrecht eingeräumt wird, das Wasser von seinem Boden in offenen Gräben oder bedeckten Kanälen (Röhren) durch fremde Grundstücke, welche sein Grundeigenthum von einem Wasserlaufe oder einem anderen Abflußwege trennen, auf seine Kosten abzuleiten oder zu diesem Ende vorhandene Gräben und Fließe zu erweitern und zu vertiefen.

§. 2.

Die Entwässerungsanlage darf nur an der Stelle des belasteten Grundstücks ausgeführt werden, wo sie dem Eigenthümer desselben, unbeschadet ihres Zweckes, am wenigsten lästig ist. Durch Gebäude, nebst den damit in Verbindung stehenden Hofräumen kann das Recht (§. 1.) gar nicht, durch Gärten und eingeschlossene Parkanlagen nur mittelst bedeckter Kanäle oder Röhren ausgeübt werden, insoweit es sich nicht blos um Erweiterung und Vertiefung vorhandener offener Gräben und Fließe handelt.

Einer vorhandenen gewerblichen Anlage darf durch die Entwässerungs-Anlage das zum Betriebe des Werkes in dem bisherigen Umfange nothwendige Wasser nicht entzogen werden.

Eine Abänderung gewerblicher Anlagen, wodurch ihr Betrieb in dem bisherigen Umfange in anderer Weise möglich gemacht wird, muß sich der Besitzer gefallen lassen.

§. 3.

Der Eigenthümer des von der Entwässerungsanlage durchschnittenen Grundstücks kann deren Mitbenutzung in Anspruch nehmen. Dasselbe Recht steht unter den Bedingungen des §. 1. auch den Eigenthümern benachbarter Grundstücke zu.

Wer die Mitbenutzung in Anspruch nimmt, muß einen verhältnißmäßigen Beitrag zu den Kosten der Anlage und Unterhaltung, insoweit er Nutzen davon zieht, leisten, und die Kosten der in seinem Interesse etwa erforderlichen Abänderung der Anlage allein tragen.

Wenn die Servitut später den Eigenthümer des belasteten Grundstücks an nützlichen Verbesserungen hindert, oder ihn sonst mehr als Anfangs belästigt, so kann derselbe eine Verlegung der Anlage an eine andere Stelle auf seine Kosten vornehmen, falls dadurch die Ausübung der Servitut nicht wesentlich erschwert wird.

§. 4.

In Ermangelung gütlicher Einigung entscheidet die Bezirksregierung — nach Anhörung der Betheiligten und nach vorheriger Lokaluntersuchung durch sachkundige Kommissarien — mit Ausschluß des Rechtsweges durch einen mit Gründen versehenen Beschluß:

1) über das Vorhandensein der Bedingungen, unter welchen die in §§. 1—3. erwähnten Rechte in Anspruch genommen werden können, über den Entwässerungsplan, sowie über die Art und Weise der Ausführung und späteren Abänderung der Anlagen;
2) wenn mehrere Theilnehmer vorhanden sind (§. 3.), über den Beitrag eines Jeden zu den Kosten der Anlage und deren Unterhaltung nach Verhältniß des Vortheils;
3) desgleichen über die künftige Unterhaltung alter Wasserläufe, welche nur erweitert oder vertieft sind. Wenn dabei die Unterhaltung demjenigen verbleibt, welcher den alten Wasserlauf bisher zu unterhalten hatte, so muß bei Bestimmung der ihm zu leistenden Entschädigung auch auf die mehreren ihm in der Folge zur Last fallenden Unterhaltungskosten billige Rücksicht genommen werden.

Gegen die Entscheidung der Regierung ist binnen sechs Wochen nach deren Zustellung an die Betheiligten Rekurs an das Ministerium für die landwirthschaftlichen Angelegenheiten zulässig.

§. 5.

Mit Vorbehalt der Berufung auf den Rechtsweg wird von der Bezirks-Regierung die zu gewährende Entschädigung festgestellt, auf Grund einer Schätzung durch Sachverständige, welche die Regierung ernennt, wenn sich die Betheiligten über deren Person nicht geeinigt haben. Insofern die Betheiligten sich nicht einigen, können die sachkundigen Kommissarien, welche die Untersuchung des Entwässerungsplanes bewirken, zugleich mit der Abschätzung der Entschädigungen beauftragt werden, wenn die Regierung das für angemessen erachtet.

Die Regierung kann die Festsetzung der Entschädigung ausdrücklich für eine vorläufige erklären und eine nähere Feststellung bis nach Beendigung der Anlage vorbehalten. Die nähere Feststellung muß aber jedenfalls binnen Jahresfrist nach Beginn der Arbeiten auf dem belasteten Grundstück erfolgen.

Sie kann die Ausführung der Anlage, der Berufung auf den Rechtsweg ungeachtet, gegen Zahlung oder Deposition der vorläufig festgestellten Entschädigung gestatten.

Entsteht über die Existenz oder den Umfang eines Rechtes, auf welches ein Widerspruch oder ein Entschädigungsanspruch gegründet wird, Streit, so ist bei Feststellung der Entschädigung der bisherige Besitzstand oder auch das Maaß der Berechtigung, soweit solche nach dem Ermessen der Regierung nachgewiesen ist, vorbehaltlich des Rechtsweges, zum Grunde zu legen.

Die Regierung kann aber auch in solchem Falle das weitere Verfahren so lange aussetzen, bis darüber von den Gerichten rechtskräftig entschieden ist.

§. 6.

Gegen das Resolut der Regierung, welches die Entschädigung feststellt, ist binnen sechs Wochen nach der Zustellung an die Betheiligten die Betretung des Rechtsweges bei dem ordentlichen Gericht der belegenen Sache zulässig. Wird innerhalb dieser Frist die Klage von der einen Partei beim Gericht angestellt, so kann die Gegenpartei im Wege der Widerklage die Abänderung der Entscheidung der Regierung auch ihrerseits noch nach Ablauf von sechs Wochen geltend machen.

§. 7.

Wenn durch eine Entwässerungsanlage Grundstücke in den Bezirken mehrerer Regierungen betroffen werden, so bestimmt das Ministerium für die landwirthschaftlichen Angelegenheiten, welche Regierung das Verfahren zu leiten und die Entscheidungen abzufassen hat.

§. 8.

Die Kosten des Verfahrens der Verwaltungsbehörde werden ebenso aufgebracht, wie die Kosten der Anlage. Die Kosten der Rekurs-Instanz, sowie des gerichtlichen Verfahrens, treffen den unterliegenden Theil nach Verhältniß der Sukkumbenz.

§. 9.

Das Gesetz, betreffend das für Entwässerungsanlagen einzuführende Aufgebots- und Präklusions-Verfahren vom 23. Januar 1846 (Gesetz-Samml. S. 26) wird in den Bezirken des Appellationsgerichtshofes zu Cöln und des Justizsenates zu Ehrenbreitstein, sowie in den Hohenzollernschen Landen für anwendbar erklärt.

Zweiter Abschnitt.

Besondere Bestimmungen für die Hohenzollernschen Lande.

§. 10.

Rücksichtlich der Hohenzollernschen Lande sollen die in den Abschnitten X. (§§. 23—27. einschließlich), XI. (§. 28.) und die in den daselbst unter Nr. 6. bezogenen Abschnitten II. (§§. 5 bis 7. einschließlich), III. (§. 8.) und IV. (§. 9.) enthaltenen Vorschriften der Mühlen-Ordnung für das Fürstenthum Hohenzollern-Sigmaringen vom 8. November 1845 (Gesetz-Sammlung für dasselbe Bd. VII. S. 157. ff.), soweit sie dort noch Gültigkeit haben und mit dem gegenwärtigen Gesetze nicht im Widerspruch stehen, fortan auch in dem Gebiete des Fürstenthums Hohenzollern-Hechingen Anwendung finden.

Ein Abdruck dieser Vorschriften ist dem gegenwärtigen Gesetze beigefügt.

§. 11.

In Ansehung der Räumung der Gräben und anderer Wasserabzüge werden die Bestimmungen der Mühlen-Ordnung vom 8. November 1845 dahin erweitert, daß überhaupt Jeder, welchem die Unterhaltung eines Grabens oder Wasserabzugs obliegt, zu dessen Auskrautung oder Räumung polizeilich angehalten werden kann, sobald aus der Vernachlässigung derselben, oder aus Mangel an der erforderlichen Tiefe, Nachtheil für die Besitzer anderer Grundstücke oder nutzbarer Anlagen, oder auch für die Gesundheit der Anwohner entsteht.

Die Bestimmung, wann und wie die Auskrautung oder Räumung bewirkt werden soll, gehört dabei lediglich zur Kognition der Polizeibehörden, und jeder Unterhaltungspflichtige muß sich derselben unbedingt unterwerfen.

Urkundlich unter Unserer Höchsteigenhändigen Unterschrift und beigedrucktem Königlichen Insiegel.

Gegeben Berlin, den 14. Juni 1859.

(L. S.) Wilhelm, Prinz von Preußen, Regent.

Fürst zu Hohenzollern-Sigmaringen. Flottwell. v. Auerswald. v. d. Heydt. Simons. v. Schleinitz. v. Bonin. v. Patow. Gr. v. Pückler. v. Bethmann-Hollweg.

I. 2688. Rhein. Gener. 88.

50.

Verordnung vom 14. Juni 1859, — über die Einrichtung und Verwaltung des Landarmenwesens in der Rheinprovinz.

Im Namen Sr. Majestät des Königs.

Wir Wilhelm, von Gottes Gnaden Prinz von Preußen, Regent,

verordnen über die Einrichtung und Verwaltung des Landarmenwesens in der Rheinprovinz, nach Anhörung des Provinziallandtages derselben, auf Grund des §. 11. des Gesetzes über die Verpflichtung zur Armenpflege vom 31. Dezember 1842, was folgt:

§. 1.

Jeder der fünf Regierungsbezirke bildet für sich einen besonderen Landarmenverband.

§. 2.

Die Verwaltung des Landarmenwesens liegt den Regierungen ob, welche mit der Ausführung ihrer Anordnungen, insoweit es erforderlich, die ihnen untergeordneten Behörden zu beauftragen haben.

Insbesondere bleibt der Festsetzung der Regierung vorbehalten:

1) ob die Fürsorge für einen Verarmten von dem Landarmenverbande ihres Bezirks zu übernehmen sei;
2) in welcher Art diese Fürsorge zu bewirken sei, ob auf dem im §. 15. des Gesetzes vom 31. Dezember 1842 (Gesetz-Samml. von 1843 S. 10) bezeichneten Wege oder durch Schließung eines besonderen Abkommens mit einem Privaten, einer Anstalt rc., oder durch Bewilligung einer Geldunterstützung oder durch Aufnahme in die Landarmenanstalt.

§. 3.

In der für die Landarmenverbände der Regierungsbezirke Coblenz, Aachen, Cöln und Düsseldorf errichteten Landarmenanstalt zu Brauweiler, deren Räume von den für die dortigen Detinirten bestimmten Lokalen stets gänzlich getrennt zu halten sind, steht jedem der vier genannten Landarmenverbände die beliebige Benutzung einer nach der Kopfzahl seiner Bevölkerung bestimmten Anzahl von Stellen zu.

§. 4.

Für die wirklich benutzten Stellen hat jeder Landarmenverband am Schlusse des Jahres der Anstalt zu Brauweiler denjenigen Verpflegungssatz zu zahlen, welcher sich bei einer Vergleichung der Gesammtkosten dieser Anstalt mit der Summe der stattgefundenen Verpflegungstage ergeben wird.

§. 5.

Wenn der Raum in den Landarmenanstalten zu Brauweiler und Trier es gestattet, können in denselben gegen vollständige Erstattung der Kosten auch solche Arme untergebracht werden, deren Unterstützung den Ortsarmen-Verbänden obliegt.

§. 6.

Die Kosten des Landarmenwesens eines jeden Regierungsbezirks werden in der Art aufgebracht, daß der am Jahresschlusse sich ergebende Gesammtbetrag der Ausgabe jedes Landarmenverbandes nach dem Maaßstabe der direkten Staatssteuern, und zwar der Grund-, Klassen-, klassifizirten Einkommen- und Gewerbe-Steuer auf die einzelnen Gemeinden vertheilt und den letzteren die Art und Weise der Aufbringung durch Aufnahme in den Gemeindehaushalts-Etat überlassen wird.

Unter der Gewerbesteuer ist die in Gemäßheit des Gesetzes vom 18. November 1857 (Gesetz-Sammlung S. 849) eingeführte Gewerbesteuer der Aktiengesellschaften mitbegriffen, wogegen die Hausirgewerbesteuer ausgeschlossen bleibt. Bei den mahl- und schlachtsteuerpflichtigen Städten wird an Stelle der Klassensteuer die Mahl- und Schlachtsteuer nach Abzug des für die Gemeinden erhobenen Steuerdrittels der Repartitionsberechnung zu Grunde gelegt.

§. 7.

Die Verrechnung der für das Landarmenwesen bestimmten Fonds erfolgt bei den Regierungs-Hauptkassen, welche darüber jährlich Rechnung zu legen haben.

§. 8.

Die Kontrolle der Verwaltung und insbesondere die Prüfung und Abnahme der darüber geführten Rechnungen liegt einer für jeden Landarmenverband zu bildenden ständischen Kommission ob, welche

1) aus dem Regierungspräsidenten oder einem Stellvertreter desselben als Vorsitzenden,
2) aus einem von der Regierung aus ihrer Mitte zu bestellenden Kommissarius, und
3) aus Deputirten der Kreisstände, von denen jede Kreisversammlung einen nebst je einem Stellvertreter aus ihrer Mitte zu wählen hat,

zusammengesetzt wird.

§. 9.

Die Kommission wählt aus ihrer Mitte und den Stellvertretern einen aus drei Mitgliedern bestehenden Ausschuß, sowie zwei Stellvertreter, welchem

a) die Vorrevision der Rechnungen (vorbehaltlich der vom Plenum der Kommission zu ertheilenden Decharge),
b) die Begutachtung der von Ortsarmenverbänden wegen Unvermögens auf Grund des §. 14. des Gesetzes vom 31. Dezember 1842 (2318.) (Gesetz-Samml. von 1843 S. 10) an den Landarmenverband gerichteten Unterstützungsanträge (cfr. §. 10. des Regulativs),
c) die Beschlußnahme über Anstellung von Prozessen im Namen des Landarmenverbandes

obliegt.

§. 10.

Der Ausschuß (§. 9.) versammelt sich unter dem Vorsitze des Regierungspräsidenten oder des von diesem statt seiner zu delegirenden Regierungs-Mitgliedes nach Maaßgabe des obwaltenden Bedürfnisses, mindestens aber jährlich einmal.

Inzwischen vorkommende Geschäfte können auf Veranlassung des Vorsitzenden durch schriftliches Votiren erledigt werden.

Die Kommission (§. 8.) versammelt sich der Regel nach alle drei Jahre einmal; doch erfolgt ihre Zusammenberufung auch vor Ablauf des dreijährigen Zeitraums, wenn die Regierung solches für nöthig hält oder der Ausschuß es beantragt.

§. 11.

Für das Verfahren der Kommission und des Ausschusses sind die Beschlüsse des Provinziallandtages maaßgebend. Die ständischen Mitglieder erhalten für ihre durch die Theilnahme an den Sitzungen bedingten Reisen nach den Grundsätzen der Verordnung vom 28. Juni 1825 (Gesetz-Samml. S. 163) und der Allerhöchsten Order vom 10. Juni 1848 (Gesetz-Samml. S. 151) an Diäten zwei und einen halben Thaler und an Reisekosten Einen Thaler, resp. bei Benutzung von Dampfschiffen oder Eisenbahnen zehn Silbergroschen für die Meile.

§. 12.

Wenn im Falle eines wirklichen Unvermögens einer Gemeinde zur Verpflegung ihrer Armen die Beihülfe des Landarmenverbandes in Gemäßheit des §. 14. a. a. O. in Anspruch genommen wird, so hat die Regierung zuvor darüber den ständischen Ausschuß mit seinem Gutachten zu hören.

§. 13.

Wenn zwischen verschiedenen Landarmenverbänden oder zwischen einem Landarmenverbande und einem Ortsarmenverbande über die Verpflichtung zur Armenpflege Streit entsteht, so ist hierüber von derjenigen Regierung, deren Land- oder Ortsarmenverband in Anspruch genommen wird, mittelst Resoluts zu entscheiden und gegen dieses Resolut, insoweit dasselbe die Frage betrifft, wem die Verpflichtung zur Fürsorge obliege, nur der Rechtsweg zulässig.

Ueber sonstige Streitigkeiten und Beschwerden zwischen verschiedenen Landarmenverbänden der Provinz, zwischen den Regierungen und den ständischen Kommissionen und deren Ausschüssen, sowie zwischen Ortsarmenverbänden und den Regierungen als Vertreterinnen der Landarmenverbände entscheidet der Oberpräsident.

§. 14.

Das unter dem 31. Januar 1845 (Amtsblatt der Regierung zu Cöln von 1845 S. 113) genehmigte Regulativ über die interimistische Behandlung des Landarmenwesens der Rheinprovinz tritt außer Kraft.

Gegeben Berlin, den 14. Juni 1859.

(L. S.) Wilhelm, Prinz von Preußen, Regent.

Flottwell. von Patow.

I. 2748. Rhein. Gener. 141.

51.

Allgemeine Verfügung vom 18. Juni 1859, — betreffend die Mittheilung der Untersuchungsakten über Münzverbrechen und Münzvergehen an den Herrn Finanz=Minister.

Allgem. Verfüg. v. 29. Juni 1851 (Just.=Minist.=Bl. S. 232).

Mit Bezug auf die in der allgemeinen Verfügung vom 29. Juni 1851 unter Nr. 12. enthaltene Bestimmung werden die Beamten der Staatsanwaltschaft hierdurch angewiesen, in den Untersuchungen wegen Münzverbrechen und Münzvergehen, sobald rechtskräftig erkannt und die Strafvollstreckung verfügt ist, die gerichtlichen Akten von jetzt ab nicht mehr dem Ministerium des Innern, sondern dem Herrn Finanz=Minister einzusenden.

Berlin, den 18. Juni 1859.

Der Justiz=Minister.
Simons.

An
sämmtliche Gerichte und Beamte
der Staatsanwaltschaft.

I. 2284. Criminalia 122. Vol. 3.

52.

Beschluß des Königlichen Staats=Ministeriums vom 18. Juni 1859, — betreffend die Behandlung der militairpflichtigen Civilbeamten im Fall ihrer Einberufung zu den Fahnen bei der im April 1859 angeordneten Kriegsbereitschaft der Armee.

Staats=Ministerial=Beschluß vom 19. Juli 1850 (Rhein. Samml. Bd. 10. S. 228).

Auf den Antrag des Kriegs=Ministers vom 4. Mai d. J. beschließt das Staats=Ministerium,

daß die in der Anlage des Staats=Ministerial=Beschlusses vom 19. Juli 1850 zusammengestellten Bestimmungen über die Behandlung der Civilbeamten, welche in dem Falle einer Mobilmachung in die Armee eintreten, auch auf diejenigen Civilbeamten anzuwenden sind, welche in Folge der mittelst Allerhöchster Kabinets=Order vom 20. und 29. April d. J. angeordneten Kriegsbereitschaft der Armee aus dem Reserve= oder Landwehr=Verhältnisse zu den Fahnen bereits einberufen sind oder noch einberufen werden.

Von diesem Beschlusse erhält jeder Minister eine beglaubigte Abschrift, um danach für sein Ressort das Erforderliche zu veranlassen.

Berlin, den 18. Juni 1859.

Das Staats-Ministerium.

Fürst zu Hohenzollern-Sigmaringen. Flottwell. von Auerswald. von der Heydt. Simons. Frhr. von Schleinitz. von Bonin. Frhr. von Patow. Gr. von Pückler. von Bethmann-Hollweg.

Vorstehender Beschluß des Königlichen Staats-Ministeriums wird sämmtlichen Gerichtsbehörden, sowie den Beamten der Staatsanwaltschaft, zur Kenntnißnahme und Beachtung mitgetheilt.

Berlin, den 5. Juli 1859.

Der Justiz-Minister.
Simons.

An
sämmtliche Gerichtsbehörden und an die Beamten der Staatsanwaltschaft.

I. 2442. O. 136. Vol. 3.

53.

Allgemeine Verfügung vom 23. Juni 1859, — betreffend das Verfahren der Gerichte bei Auszahlung von Depositalgeldern, wenn die Interessenten im Bezirk des Appellationsgerichtshofes zu Cöln sich befinden.

Nach Mittheilungen, welche dem Justiz-Minister zugegangen sind, ist es in neuerer Zeit zum öfteren vorgekommen, daß den Gerichten, sowie den Ober-Prokuratoren im Bezirk des Appellationsgerichtshofes zu Cöln, Gelder zur Auszahlung an Personen, welche sich in dem dortigen Bezirk befinden, von den Gerichten der übrigen Landestheile übersandt worden sind.

Da bei den Rheinischen Gerichten keine Deposital-Einrichtungen bestehen, so bleibt in solchen Fällen den dortigen Beamten nichts anderes übrig, als für die einstweilige Aufbewahrung der Gelder bis zu deren Auszahlung auf irgend eine Weise selbst zu sorgen, was indeß den Interessenten nicht die durch die Gesetze erforderte Sicherheit gewährt.

Der Justiz-Minister findet sich deshalb veranlaßt, die Gerichtsbehörden in denjenigen Landestheilen der Monarchie, in denen die Deposital-Ordnung von 1783 Geltung hat, darauf aufmerksam zu machen, daß das erwähnte Verfahren den Vorschriften der §§. 181 ff. Tit. II. der Deposital-Ordnung nicht entspricht und daher in Zukunft zu unterlassen ist.

Bei Beträgen von 10 Thalern oder weniger genügt der Postschein, nach §. 16 der Verordnung vom 18. Juli 1849 (Gesetz-Samml. S. 299) als Rechnungsbelag, und kann daher in solchen Fällen der Betrag unmittelbar durch die Post versandt werden. In den übrigen Fällen sind die im Bezirk des Appellationsgerichtshofes zu Cöln wohnenden Interessenten zu veranlassen, Zahlungen, welche sie aus gerichtlichen Depositorien in den übrigen Landestheilen zu erheben haben, entweder persönlich in Empfang zu nehmen, oder durch gehörig legitimirte Bevollmächtigte erheben zu lassen.

Berlin, den 23. Juni 1859.

Der Justiz-Minister.
Simons.

An sämmtliche Gerichtsbehörden.

I. 2470. D. 15. Vol. 10.

54.

Verfügung vom 8. Juli 1859, — betreffend die Vollstreckung gerichtlich erkannter Gefängnißstrafen an den Häuslingen der Arbeitsanstalt zu Brauweiler und ähnlichen Detentionsanstalten.

Allerhöchste Ordre v. 19. September 1857 (Rhein. Samml. Bd. 11. S. 380).

In der Anlage erhalten Sie, Herr General-Prokurator, Abschrift einer Allerhöchsten Ordre vom 14. Juni d. J.

betreffend die Anwendung der Allerhöchsten Ordre vom 19. September 1857 auf alle Detinirte der Provinzial-Arbeitsanstalt zu Brauweiler,

um danach die Ober-Prokuratoren in Betreff der Vollstreckung von Strafen in der gedachten Arbeitsanstalt mit Anweisung zu versehen.

Hinsichtlich der übrigen Detentionsanstalten bleibt die nähere Anweisung noch vorbehalten.

Berlin, den 8. Juli 1859.

Der Justiz-Minister.
Simons.

An
den Königl. Herrn General-Prokurator zu Cöln.

I. 2582. Criminalia 90. Vol. 4.

Anlage.

Auf Ihren Bericht vom 25. Mai d. J. genehmige Ich hierdurch nach dem Antrage in der zurückerfolgenden Petition der Provinzial-Stände der Rheinprovinz vom 23. Dezember pr., daß die Bestimmung in der Ordre vom 19. September 1857, wonach die gegen Zöglinge der Detentions-Anstalten gerichtlich erkannten Gefängnißstrafen von der Dauer bis zu einer Woche, anstatt in einem gerichtlichen Gefängnisse, in der betreffenden Anstalt selbst vollstreckt werden dürfen, auch auf jugendliche Verbrecher, welche als zurechnungsfähig nach §. 43. des Strafgesetzbuchs zu einer Gefängnißstrafe verurtheilt und demnächst in die Arbeits-Anstalt zu Brauweiler aufgenommen sind, sowie überhaupt auf alle Häuslinge der Anstalt ausgedehnt werde. Zugleich ermächtige Ich Sie, diese Bestimmungen rücksichtlich aller derjenigen Detentionsanstalten zur Ausführung zu bringen, rücksichtlich welcher die Anwendbarkeit der Ordre vom 19. September 1857 bereits ausgesprochen worden ist, oder von Ihnen noch ausgesprochen werden wird; auch sehe Ich zu seiner Zeit von Ihnen, dem Minister des Innern, einem entsprechenden Bescheide für die rheinischen Provinzial-Stände zu Meiner Vollziehung durch den Landtags-Abschied entgegen.

Berlin, den 14. Juni 1859.

Im Namen Sr. Majestät des Königs:
Wilhelm, Prinz von Preußen.
Flottwell. Simons.

An
die Minister des Innern
und der Justiz.

55.

Bekanntmachung der Ministerial-Erklärung vom 7. Juli 1859, — betreffend die Uebereinkunft zwischen Preußen und Bayern zur gegenseitigen Verhütung und Bestrafung der Forst-, Jagd-, Feld- und Fischereifrevel in den Grenzgebieten. Vom 13. Juli 1859.

Nachdem die Königlich Preußische und die Königlich Bayerische Regierung übereingekommen sind, wirksamere Maaßregeln zur Verhütung und Bestrafung der Forst-, Jagd-, Feld- und Fischerei-Frevel in den Grenzgebieten gegenseitig zu treffen, sind zwischen beiden Regierungen, unter gleichzeitiger Aufhebung der Uebereinkunft vom $\frac{4. \text{ Mai}}{6. \text{ April}}$ 1822 (Gesetz-Samml. S. 144.), die nachstehenden Bestimmungen verabredet worden:

Artikel I.

Es verpflichten sich beide kontrahirenden Regierungen, die Forst-, Jagd-, Feld- und Fischerei-Frevel, welche ihre Unterthanen in dem Gebiete der anderen Regierung verüben sollten, sobald sie davon Kenntniß erhalten, nach denselben Gesetzen zu untersuchen und zu bestrafen, nach welchen sie untersucht und bestraft werden würden, wenn sie im Inlande begangen worden wären.

Artikel II.

Die betreffenden Forst- und Polizei-Beamten sollen befugt sein, zum Zwecke der Ermittelung oder Ueberführung des Thäters, sowie zur Ermittelung der entwendeten Gegenstände Haussuchungen auch im Gebiete des anderen Staates zu veranlassen. Dieselben haben sich zu diesem Behufe an den Ortsvorstand der betreffenden ausländischen Gemeinde zu wenden, welcher in ihrer Gegenwart zur Vornahme der Haussuchung zu schreiten hat.

Artikel III.

Ueber die vorgenommene Haussuchung und deren Ergebniß ist von dem Ortsvorstande ein Protokoll in zwei gleichlautenden Exemplaren aufzunehmen und eines davon dem requirirenden Beamten auszuhändigen, das andere aber unverzüglich der vorgesetzten Behörde einzureichen.

Artikel IV.

Die Forst- und Polizei-Beamten bleiben befugt, den auf dem Gebiete ihres Staates betroffenen Frevler zu verhaften und zur Feststellung seiner Person an die nächstbelegene Ortsbehörde abzuliefern.

Dieselben sind aber auch berechtigt, die Spur der Frevler in das Gebiet des anderen Staates zu verfolgen und letztere auf dem fremden Gebiete zu verhaften, mit der Verbindlichkeit jedoch, die Verhafteten unverzüglich der nächsten Polizei- oder Justiz-Behörde desselben Gebietes zuzuführen, damit von dieser der Name und Wohnort der Verhafteten ausgemittelt werden kann.

Artikel V.

Für die Konstatirung eines der im Artikel I. bezeichneten Frevel, welcher von einem Angehörigen des einen Staates in dem Gebiete des anderen Staates begangen worden, soll den Protokollen und Abschätzungen, welche von den kompetenten Forst-, Polizei- und sonstigen zuständigen Beamten des Ortes des begangenen Frevels aufgenommen sind, derselbe Glaube von der zur Aburtheilung zuständigen Behörde beigemessen werden, welchen die Gesetze den Protokollen und Abschätzungen der inländischen Beamten beilegen.

Artikel VI.

Den untersuchenden und bestrafenden Behörden beider Staaten wird zur Pflicht gemacht, die Untersuchung und Bestrafung der zu ihrer Kenntniß gebrachten Frevel so schleunig vorzunehmen, als es nach den Gesetzen des betreffenden Staates nur immer möglich ist. Der requirirenden Behörde soll das Ergebniß der Untersuchung mitgetheilt und von der Vollstreckung der erkannten Strafe Kenntniß gegeben werden.

Artikel VII.

Die Vollziehung der Straferkenntnisse, sowie die Beitreibung der den Wald-, Jagd-, Flur- und Fischerei-Eigenthümern zuerkannten Entschädigungsgelder geschieht nach den Gesetzen des Landes, in welchem das Erkenntniß gefällt worden ist.

Der Betrag der Strafe, sowie der Gerichtskosten verbleibt demjenigen Staate, dessen Behörde die Strafe erkannt hat. Dagegen wird der Betrag des Schadensersatzes und der Pfandgebühren an die betreffende Kasse desjenigen Staates abgeführt, in welchem der Frevel verübt worden ist.

Artikel VIII.

Gegenwärtige Ministerial-Erklärung soll, nachdem sie gegen eine übereinstimmende Erklärung des Königlich Bayerischen Ministeriums ausgewechselt worden, öffentlich bekannt gemacht werden.

Berlin, den 7. Juli 1859.

Der Königlich Preußische Minister der auswärtigen Angelegenheiten.

(L. S.) v. Schleinitz.

Vorstehende Ministerial-Erklärung wird, nachdem sie gegen eine übereinstimmende Erklärung des Königlich Bayerischen Ministeriums der auswärtigen Angelegenheiten vom 1. d. M. ausgewechselt worden, hierdurch zur öffentlichen Kenntniß gebracht.

Berlin, den 13. Juli 1859.

Der Minister der auswärtigen Angelegenheiten.

v. Schleinitz.

I. 2877. F. 48. Vol. 7.

56.

Verfügung vom 19. Juli 1859, — betreffend die Stempel-Revision bei dem Königlichen Landgericht zu Cöln.

In Betreff der Monita 3 und 10 der Defekten-Tabelle vom 4./17. Dezember 1857 über die Stempel-Revision bei dem dortigen Landgericht wird Ihnen im Einverständnisse mit dem Herrn Finanz-Minister Folgendes eröffnet.

1. Monitum 3. In der Prozeßsache des N. wider N. verlangte Kläger, welcher eine ihm gegen einen Dritten zustehende Forderung von 5000 Rthlr. dem Verklagten cedirt hatte, daß ihm jene Forderung gegen Ersatz der Cessions-Kosten zurückcedirt, oder aber, falls Verklagter dies innerhalb bestimmter Frist zu thun unterlassen sollte, derselbe zur Zahlung einer Summe von 532 Rthlr. verurtheilt werde. Es wurde hiernach nicht die Zahlung der Schuld eingeklagt (der eigentliche Schuldner war gar nicht im Prozeß), sondern nur die Cession der Schuldtitel. Gegenstand des Prozesses war also der Werth dieser Schuldtitel, d. h. nicht der sogenannte Nominalwerth, sondern der wirkliche Werth, und es ist nicht anzunehmen, daß dieser höher gewesen als 532 Rthlr., gegen welche Summe Kläger den Verklagten von der principaliter eingeklagten Verbindlichkeit befreien will. Der Werthstempel ist deshalb mit Recht nach diesem Betrage, und nicht nach dem Nominalwerth des Schuldtitels berechnet.

2. Monitum 10. In Sachen N. wider N. wurde auf Grund des Art. 1167 des Civilgesetzbuchs auf Auflösung eines Vertrages, durch den der Schuldner des Klägers dem Verklagten Immobilien übertragen hatte, und demzufolge auf Herausgabe der Immobilien an den vakanten Nachlaß des erwähnten Schuldners geklagt. Gerade der Umstand, daß der Nachlaß des Schuldners für vakant erklärt war, veranlaßte den Kläger, nicht bloß auf Herausgabe der Immobilien oder deren Werthes, so weit solches zur Deckung seiner Forderung hinreichend, sondern auf Einwerfung der ganzen Immobilien in die Nachlaßmasse zu klagen, und den Kurator dieser Masse mit in den Prozeß zu setzen. Hiernach bildet die Herausgabe der Immobilien den Gegenstand des Prozesses, nach deren Werth der Stempel zu berechnen ist. Das Landgericht hat zwar angenommen, daß für den klagenden Gläubiger und selbst für die Nachlaßmasse die Herausgabe nur insofern ein Interesse habe, als der Werth der Immobilien nach Abzug der Hypothekenschulden noch einen Ueberschuß gewährt; das Interesse der Parteien bei der Auflösung

solcher Verträge ist aber nicht maaßgebend, sondern der bestrittene Eigenthums-Uebergang an den übertragenen Gegenständen, folglich der Werth dieser Gegenstände selbst. In dem vorliegenden Falle ist hiernach der Werthstempel von dem Betrage von 17,462 Rthlr. zu berechnen.

Sie haben hiernach das Erforderliche zur Erledigung des Monitums 10 zu veranlassen.

Berlin, den 19. Juli 1859.

Der Justiz-Minister.
Simons.

An
den Königl. Herrn Landgerichts-Präsidenten
und den Königl. Herrn Ober-Prokurator
zu Cöln.

I. 2742. Rhein. Gener. 62. Vol. 8.

57.

Verfügung vom 8. August 1859, — betreffend den Erlaß von Polizei-Verordnungen und die Kontrolle der polizeilichen Verfolgungen in der Rheinprovinz.

Mit Bezugnahme auf Ihren Bericht vom 28. November 1857, die Zunahme der polizeilichen Urtheile in der Rheinprovinz betreffend, erhalten Sie, Herr General-Prokurator, hierbei Abschrift der dieserhalb von dem Herrn Minister des Innern an den Königl. Ober-Präsidenten der Rheinprovinz erlassenen Verfügung vom 28. v. Mts. zur Kenntnißnahme.

Sie haben die Ober-Prokuratoren nunmehr anzuweisen, darauf zu wachen, daß auch von Seiten der Beamten der gerichtlichen Polizei, namentlich der Polizeianwalte eine unnöthige Häufung polizeigerichtlicher Verfolgungen möglichst vermieden werde, insbesondere ist nur ein Protokoll aufzunehmen, oder doch nur eine gemeinschaftliche Procedur einzuleiten, wenn mehrere Personen gleichzeitig sich derselben Uebertretung schuldig gemacht haben; eben so ist vor Erwirkung einer Vorladung zu prüfen, ob durch die eingereichten Protokolle faktisch oder rechtlich eine Uebertretung begründet und ob eventuell eine nähere Information oder eine selbstständige Reposition der Anzeige angemessen erscheint.

Berlin, den 8. August 1859.

Der Justiz-Minister.
Simons.

An
den Königl. Herrn General-
Prokurator zu Cöln.

I. 3003. Rhein. Crimin. 10. Vol. 3.

Anlage.

Unter Remission der Anlagen des gefälligen Berichts vom 27. April d. J. ersuche ich Ew. Hochwohlgeboren hierdurch ergebenst, nach den von Ihnen gemachten eventuellen, auf Verhütung einer Wiederkehr der im Jahre 1855/56 hervorgetretenen Vermehrung der Polizei-Contraventionsfälle in der Rheinprovinz abzielenden Vorschlägen, denen ich im Einverständniß mit dem Herrn Justiz-Minister zustimme, nunmehr

1) anzuordnen, daß die Bürgermeister — mit Ausnahme besonders dringender Fälle einerseits, und der Bürgermeister in Städten über 10,000 Einwohner andererseits — verpflichtet werden, die von ihnen beabsichtigten Polizei-Verordnungen vor ihrer Veröffentlichung dem Landrathe einzureichen und nicht eher zu publiziren, als bis seitdem acht Tage ohne Einlegung eines Widerspruchs von Seiten des Landraths verflossen sind;

2) den Regierungen die Vornahme einer Revision der in ihren resp. Bezirken vorhandenen Polizei-Verordnungen nach ihrem pflichtmäßigen Ermessen anheimzugeben, und

3) die Regierung zu einer Aufforderung an die Polizei-Dirigenten dahin zu veranlassen, daß sie den von ihren Untergebenen durch zu häufige Denunciationen etwa bewiesenen übertriebenen Diensteifer, wo solcher sich zeigen sollte, durch geeignete Einwirkung unter Hinweisung auf die zu scharf von ihnen behandelten Spezialfälle angemessen regeln und ihnen, wo es die Umstände gestatten, zuvörderst das Einschreiten im Wege der Verwarnung empfehlen.

Außerdem empfehle ich Ihrer Erwägung, ob nicht, wie der Herr Justiz-Minister dies vorgeschlagen, die Regierungen anzuweisen sein möchten, dahin Vorkehrungen zu treffen, daß

4) die betreffenden Polizeibeamten resp. Gendarmen in den nach Nr. 3 vorkommenden Fällen die von ihnen etwa vorgenommenen Verwarnungen in dem Protokoll oder in ihrem Dienstjournal vermerken und dadurch nachweislich machen, und daß endlich

5) die Veröffentlichung der Polizei-Verordnungen der beregten Art, Behufs ihrer möglichsten Verbreitung durch die Kreisblätter überall da, wo solche bestehen, zu erfolgen hat.

Sollten gegen die Durchführbarkeit der letzterwähnten beiden Vorschläge etwa noch Bedenken geltend zu machen sein, so will ich event. Ihrem anderweiten gefälligen Berichte darüber entgegen sehen.

Berlin, den 28. Juli 1859.

An den Königl. Herrn Ober-Präsidenten der Rheinprovinz zu Coblenz.

Der Minister des Innern.
Graf v. Schwerin.

58.

Verfügung vom 25. August 1859, — betreffend die Vereinbarungen mit den die Rheinprovinz begrenzenden Staaten wegen gegenseitiger Bestrafung gewisser Arten von Vergehen und Uebertretungen.

Vertrag vom $\frac{\text{24. Mai}}{\text{11. März}}$ 1822 (Ges.-Samml. S. 151).
Vertrag vom 26./13. Mai 1838 (Ges.-Samml. S. 349).
Vertrag vom 9. Februar 1849 (Ges.-Samml. S. 131).
Vertrag vom 20./27. Febr. 1856 (Ges.-Samml. S. 130).
Vertrag vom 7./13. Juli 1859 (Ges.-Samml. S. 362).

Auf den Bericht vom 23. Mai d. J., betreffend die im Auslande begangenen Uebertretungen, wird Ihnen, Herr General-Prokurator, unter Rücksendung der Original-Anlagen, eröffnet, daß nach einer Mittheilung des Herrn Ministers der auswärtigen Angelegenheiten zwar im Jahre 1821 diesseits auch mit den Regierungen von Bayern, Oldenburg wegen Birkenfeld, und vom Großherzogthum Hessen gleiche Verhandlungen wie mit Hessen-Homburg wegen gegenseitiger Verfolgung von Verbrechen stattgefunden haben, daß dieselben aber, wie die jetzt vollständiger mitgetheilten Korrespondenzen ergeben, nicht als Uebereinkommen im Sinne des §. 4. des Strafgesetzbuchs aufgefaßt werden können.

Besondere Verträge, welche die gegenseitige Bestrafung gewisser Arten von Vergehen sichern, bestehen mit Bayern vom 7./13. Juli d. J. (Ges.-Samml. S. 362), mit Luxemburg vom 9. Februar 1849 (Ges.-Samml. S. 131), mit Oldenburg vom 26./13. Mai 1838 (Ges.-Samml. S. 349), mit Nassau vom 20./27. Februar 1856 (Ges.-Samml. S. 130) und mit dem Großherzogthum Hessen vom $\frac{\text{24. Mai}}{\text{11. März}}$ 1822 (Ges.-Samml. S. 151).

Berlin, den 25. August 1859.

Der Justiz-Minister.
Simons.

An
den Königl. Herrn General-Prokurator zu Cöln.

I. 3219. Auslieferungen 21.

59.

Verfügung vom 8. September 1859, — betreffend die Befugniß der aus ihrem Dienstverhältniß entlassenen Civilbeamten zur Tragung der Uniform.

Auf Ihre Eingabe vom 30. v. Mts. wird Ihnen hierdurch eröffnet, daß nach einer Allerhöchsten Bestimmung vom Jahre 1846 den ehrenvoll aus ihrem Dienstverhältniß entlassenen Civilbeamten nur dann die Befugniß, von ihrer Uniform ohne Weiteres ferner Gebrauch zu machen, beigelegt ist, wenn sie zu den höheren Civilbeamten von den Räthen Erster Klasse aufwärts gehört haben. Den übrigen Civilbeamten muß dies durch spezielle Allerhöchste Erlaubniß bewilligt sein.

Berlin, den 8. September 1859.

Der Justiz-Minister.
Simons.

An
den Königl. Ober-Prokurator a. D.
Herrn N. zu N.

I. 3330. Rhein. Offizianten-Sachen 50.

60.

Allgemeine Verfügung vom 22. September 1859, — betreffend die Mittheilung der Untersuchungsakten über Münzverbrechen und Münzvergehen an den Herrn Finanz-Minister.

Allg. Verf. v. 29. Juni 1851 (Justiz-Minist.-Bl. S. 230).
Allg. Verf. v. 18. Juni 1859 (Rh. Samml. Bd. 12. S. 105).

Nach einer Mittheilung des Herrn Finanz-Ministers ist die durch die allgemeinen Verfügungen vom 29. Juni 1851 Nr. 12 und vom 18. Juni 1859 angeordnete Einsendung der gerichtlichen Akten in allen Untersuchungen wegen Münzverbrechen und Münzvergehen nicht ferner erforderlich.

Die den Beamten der Staatsanwaltschaft auferlegte Verpflichtung zur Einsendung jener Akten von Amtswegen, wird daher hierdurch aufgehoben.

Berlin, den 22. September 1859.

Der Justiz-Minister.
Simons.

An
sämmtliche Gerichte und Beamte
der Staatsanwaltschaft.

I. 3488. Crimin. 122. Vol. 3.

61.

Verfügung vom 27. September 1859, — betreffend die Verhütung von Stempeldefekten.

Instruktion vom 17. Januar 1840 (Rhein. Samml. Bd. 7. S. 133).

Es sind in den letzten Jahren bei den rheinischen Landgerichts-Sekretariaten mehrfache, nicht unerhebliche Defekte zu Tage gekommen, welche sammt dem für die Staatskasse entstandenen Verluste wahrscheinlich vermieden worden wären, wenn die Bestimmungen der Instruktion vom 17. Januar 1840, betreffend die den rheinischen Sekretarien bewilligte Stempeltantieme (Rh. Samml. Bd. 7 S. 133) überall Beachtung gefunden hätten.

Der Justiz-Minister nimmt hieraus Veranlassung, die genaueste und sorgfältigste Beachtung der Instruktion in Erinnerung zu bringen und den Gerichtsvorständen um so mehr zur Pflicht zu machen, so weit es sie betrifft, die geeignete Ueberwachung und Kontrolle mit besonderer Umsicht eintreten zu lassen, als Vernachlässigungen oder Säumnisse in den ihnen durch die Instruktion vom 17. Januar 1840 gemachten oder aus der Natur der Aufsicht sich ergebenden Obliegenheiten geeigneten Falles den betreffenden Beamten mit der Gefahr des Regresses bedrohen.

Insbesondere ist darauf zu sehen, daß die Bestimmung der Nr. 4. — wonach ein Sekretair, der nicht der Ober-Sekretair sein soll, mit der Bearbeitung des Stempelwesens beauftragt werde, nicht blos durch eine Designation eines solchen Sekretairs ihre Erledigung finde, sondern auch die dauernde Beachtung dieser Bestimmung von den Gerichtsvorständen überwacht werde.

Berlin, den 27. September 1859.

Der Justiz-Minister.
Simons.

An
sämmtliche Königl. Herren Landgerichts-Präsidenten, sämmtliche Königl. Herren Ober-Prokuratoren und sämmtliche Königl. Herren Handelsgerichts-Präsidenten.

Sie erhalten Abschrift einer am heutigen Tage an sämmtliche Landgerichts-Präsidenten und Ober-Prokuratoren, sowie an die Handelsgerichts-Präsidenten erlassene, die genaue Befolgung der Instruktion vom 17. Januar 1840 betreffende Verfügung zur Kenntnißnahme und eigenen Nachachtung.

Berlin, den 27. September 1859.

Der Justiz-Minister.
Simons.

An
den Königl. Herrn Ersten Präsidenten
und den Königl. Herrn General-
Prokurator zu Cöln.

I. 3487. Rhein. Gener. 62. Vol. 9.

62.

Verfügung vom 30. September 1859, — betreffend eine Stempelrevision beim Königlichen Landgericht zu Düsseldorf.

Verfügung vom 6. August 1842 Nr. VII. der Anlage (Rh. Samml. Bd. 8. S. 94).
Verfügung vom 26. Juli 1850 (Rhein. Samml. Bd. 10. S. 233).

Indem Ihnen Abschrift des Berichtes zugefertigt wird, welchen der Provinzial-Steuer-Direktor zu Cöln unter dem 29. Juli d. J. über die zwischen ihm und dem Königlichen Landgerichte streitig gebliebenen Monita der Defektentabelle vom 31. Dezember v. J. erstattet hat, wird Ihnen im Einverständnisse mit dem Herrn Finanz-Minister Folgendes eröffnet:

ad mon. 15. 32. 43. Diese Erinnerungen betreffen die Frage, ob zu Urtheilen, welche die Auflösung von Verträgen aussprechen, der Unschätzbarkeitsstempel von 5 bis 20 Rthlr. oder der nach dem Werthe des in Folge der Vertragsauflösung an den Kläger zurückfallenden Eigenthums oder Rechtes zu ermittelnde Prozentstempel, falls dieser mehr betragen würde, zu verwenden sei. Die Steuerverwaltung behauptet mit Recht das letztere.

Die nämlichen Gründe, welche zur Entscheidung in der Verfügung vom 26. Juli 1850 (Rhein. Samml. Bd. 10. S. 233) geführt haben, sind auch in den vorliegenden Fällen maaßgebend und lassen den Ansatz des Stempels für unschätzbare Objekte nicht gerechtfertigt erscheinen.

ad mon. 21. H. hat bei dem Friedensgerichte die Beschlagnahme eines Hauses wegen einer ihm gegen B. zustehenden Forderung erwirkt. Die K. legt Einspruch ein, weil ihr das Haus von B. für 1000 Rthlr. verkauft sei. Das Landgericht giebt dem Einspruche statt und erklärt, dem H. gegenüber, die K. für die Eigenthümerin des Hauses.

Das Landgericht erachtet nur die Verwendung eines Stempels von 5 Rthlr. erforderlich, weil der Streitgegenstand unschätzbar sei, da H. nicht für sich das Eigenthum des Hauses in Anspruch nehme, vielmehr nur aus dem Erlöse des Hauses seine Befriedigung suchen wolle. So richtig nun auch diese Anführung thatsächlich ist, so folgt doch daraus nur, daß H. von der Verfolgung seines hypothekarischen Rechtes Abstand hätte nehmen müssen, wenn er anderweitig für seine Forderung Befriedigung erhalten hätte. Wäre diese Forderung geringer gewesen, als der auf 1000 Rthlr. geschätzte Werth des Hauses, so würde sich allerdings sagen lassen, daß das Interesse, welches H. am Prozesse hatte, nicht höher sein konnte, als seine Forderung an B., und daß, in dieser Voraussetzung, der Werth des Hauses nicht unbedingt maaßgebend für den Stempelansatz gewesen wäre. Da jedoch die Forderung, für welche die Beschlagnahme erfolgt war, mehr als 3600 Rthlr. betrug, so stand für H. ebenso wie für die K. der volle Werth des Hauses, d. h. der Betrag von 1000 Rthlr. in Frage. Es muß demnach der Prozentstempel nach letzterer Summe berechnet werden.

ad mon. 42. Zu dem Urtheile, welches den Vertrag über den Kauf zweier Pferde auflöst und den Verklagten zum Schadensersatze verurtheilt, ist der Unschätzbarkeitsstempel von 5 Rthlr. richtig verwendet. Es fragt sich, welcher Stempel zu dem ferneren Urtheile, durch welches der Schadensersatz auf 922 Rthlr. 10 Sgr. festgestellt wird, zu verwenden sei. Das Landgericht erachtet einen Stempel von 15 Sgr. nach der Tarifposition: „Erkenntnisse A^c" für genügend, der Stempelfiskal verlangt den Procentstempel, will jedoch den Stempel zum ersten Erkenntnisse in Anrechnung bringen, der Provinzial-Steuer-Direktor ist gegen diese Anrechnung, tritt im Uebrigen aber dem Stempelfiskal bei. Die Ansicht des Provinzial-Steuer-Direktors erscheint begründet. Der in Rede stehende, in zwei Stadien zerfallende Schadensliquidations-Prozeß liegt in steuerlicher Beziehung ebenso wie ein Rechnungslegungsprozeß, in welchem durch erstes Erkenntniß die Pflicht zur Rechnungslegung, — wie hier die Pflicht zum Schadensersatze, — sodann durch zweites Urtheil ein Rechnungs-Liquidum, — wie hier ein Schadensliquidum — festgestellt wird. Daß in Rechnungsprozessen dieser Art zu dem ersten Erkenntnisse — (mit Vorbehalt des in dem Schreiben vom 11. April 1841 Nr. VII. — Rhein. Samml. Bd. 8. S. 94 — erwähnten Falles) — der Unschätzbarkeitsstempel, zum zweiten aber selbstständig der Procentstempel zu verwenden sei, ist mehrfach entschieden, z. B. in der Verfügung an das Landgericht zu Elberfeld vom 26. April 1853. Es liegt kein Grund vor, in den gleichgearteten Schadensprozessen anders zu verfahren, insbesondere kann ein Motiv zu einer Verschiedenheit in der steuerlichen Behandlung daraus nicht entnommen werden, daß für die Einführung des Prozesses in das Stadium der Liquidirung durch die Civilprozeßordnung verschiedene Formen, für die Rechnungslegung nach Art. 534., für die Schadensliquidation nach Art. 523. der Bürgerlichen Prozeßordnung, vorgeschrieben sind. Das Monitum ist hiernach zu erledigen.

Berlin, den 30. September 1859.

Der Justiz-Minister.
Simons.

An
den Königl. Herrn Landgerichts-Präsidenten
und den Königl. Herrn Ober-Prokurator
zu Düsseldorf.

I. 3549. Rhein. Gener. 62. Vol. 9.

63.

Allgemeine Verfügung vom 14. November 1859, — betreffend die Angabe der den Rückfall betreffenden Thatsachen in den Anklagen und die Feststellung dieser Thatsachen in den strafgerichtlichen Erkenntnissen.

Strafgesetzbuch §§. 58—60.
Einführungsgesetz vom 14. April 1851 Artikel VI. und XXVI.

In den Fällen, wo der Anklage zufolge der Angeklagte ein Verbrechen oder Vergehen im Rückfalle begangen haben soll, wird es von Seiten der Staatsanwaltschaft nicht selten unterlassen, die Thatsachen besonders hervorzuheben, durch deren Vorhandensein der Rückfall bedingt wird. Ebenso findet sich häufig in den Erkenntnissen eine Feststellung der thatsächlichen Voraussetzungen des Rückfalles nicht, indem manche Gerichte davon auszugehen scheinen, es sei die Erklärung hinreichend, daß der Angeklagte bereits ein oder mehrere Male wegen desselben Verbrechens oder Vergehens rechtskräftig verurtheilt worden, und es genüge für die Prüfung des etwa angerufenen höheren Richters die Beifügung der Vorakten.

Das Königliche Ober-Tribunal hat jedoch durch ein von den vereinigten Abtheilungen des Senats für Strafsachen erlassenes Urtheil*) entschieden, daß die Feststellung der Instanzrichter hinsichtlich der thatsächlichen Voraussetzungen des Rückfalles mittelst der Nichtigkeitsbeschwerde nicht angreifbar sei.

---

*) Vgl. Erkenntniß v. 10. Oktbr. 1859 (Just.-Min.-Bl. S. 379).

Es wird daher jetzt um so mehr auf eine sorgfältige Abfassung der Anklagen und der Erkenntnisse in dieser Beziehung ankommen.

Im Allgemeinen wird es genügen, wenn aus der Anklage resp. aus dem Urtheil sich klar ergiebt, daß, wann, von welchem Gericht und wegen welcher strafbaren Handlung das frühere Urtheil gegen denselben Angeklagten ergangen sei; daß dasselbe bereits rechtskräftig gewesen sei, als die neue That verübt wurde; und daß seit der Abbüßung der Freiheitsstrafe oder Zahlung der Geldbuße oder seit dem Erlasse dieser Strafen bis zu der neuen That nicht zehn Jahre verflossen seien.

Das Vorhandensein der nämlichen Voraussetzungen muß in Beziehung auf die fernere Verurtheilung und auf die derselben gefolgte fernere That erhellen, wenn wiederholter Rückfall angenommen wird.

Falls sich auf Anregung der Staatsanwaltschaft, des Angeklagten oder von Amtswegen über das Vorhandensein des ersten oder des wiederholten Rückfalles rechtliche Zweifel erheben, z. B. darüber, ob das frühere Urtheil bereits rechtskräftig gewesen sei, als die neue That begangen wurde und dergleichen, so müssen die Thatsachen, welche der rechtlichen Beurtheilung, ob ein Rückfall im gesetzlichen Sinne anzunehmen sei, zur Grundlage dienen, angegeben und von den Gerichten selbstständig, nicht durch Bezugnahme auf die Vorakten, festgestellt werden.

Die Gerichte und die Beamten der Staatsanwaltschaft werden auf diese Gesichtspunkte aufmerksam gemacht.

Berlin, den 14. November 1859.

Der Justiz-Minister.
Simons.

An
sämmtliche Gerichte und Beamte
der Staatsanwaltschaft.
I. 4059. Crimin. 40.

64.

Allgemeine Verfügung vom 20. Dezember 1859, — betreffend die Unzulässigkeit eines Denunciantenantheils der Gendarmen bei Gewerbepolizei-Uebertretungen.

Allgemeine Gewerbe-Ordnung vom 17. Januar 1845 §. 177 (Gesetz-Samml. S. 75).

Im Einverständnisse mit den Herren Ministern für Handel, Gewerbe und öffentliche Arbeiten und des Innern ist bereits früher festgestellt worden, daß in allen Untersuchungen wegen Gewerbepolizei-Uebertretungen den Gendarmen ein Anspruch auf Bewilligung eines Denuncianten-Antheils nicht zusteht.

Den Gerichtsbehörden wird dies zur Nachachtung mit dem Eröffnen mitgetheilt; daß danach auch in den Fällen ein Denuncianten-Antheil nicht gewährt werden kann, in welchen mit der gedachten Uebertretung eine Gewerbesteuer-Kontravention verbunden, und deshalb gemäß §. 177 der Allgemeinen Gewerbe-Ordnung vom 17. Januar 1845 die durch die Gewerbepolizei-Kontravention verwirkte Strafe zu verschärfen ist.

Berlin, den 20. Dezember 1859.

Der Justiz-Minister.
Simons.

An sämmtliche Gerichtsbehörden.

I. 4620. F. 12. Vol. 5.

65.

Allgemeine Verfügung vom 24. Dezember 1859, — betreffend die Instruktion für die Erhebung der Gerichtsschreibereigebühren in dem Bezirk des Appellationsgerichtshofes zu Cöln vom 22. August 1859.

Die nachstehend abgedruckte Instruktion für die Erhebung der Gerichtsschreiberei-Gebühren in dem Bezirk des Appellationsgerichtshofes zu Cöln wird den dortigen Gerichtsbehörden mit der Anweisung bekannt gemacht, dieselbe auf alle vom 1. April 1860 ab zum Ansatze kommenden Gebühren, auch wenn der betreffende Akt schon vor diesem Zeitpunkt vorgenommen sein sollte, zur Anwendung zu bringen.

Berlin, den 24. Dezember 1859.

Der Justiz-Minister.
Simons.

An
die Gerichtsbehörden im Bezirk des Appellationsgerichtshofes zu Cöln.

I. 4578. Rhein. Offizianten-Sachen 72. Vol. 3.

a.

Instruktion

für die Erhebung der Gerichtsschreiberei-Gebühren im Bezirk des Appellationsgerichtshofes zu Cöln.

I. Theil.

Ueber die Gerichtsschreiberei-Gebühren im Allgemeinen.

§. 1.

Die Gerichtsschreiberei-Gebühren sind öffentliche Abgaben, welche im Bezirk des Appellationsgerichtshofes zu Cöln für gewisse Amtshandlungen der Gerichtsschreiber beim Appellationsgerichtshofe, bei den Landgerichten und bei den Handelsgerichten, in Gemäßheit der Gesetze vom 21. Ventôse und 22. Prairial VII., sowie des Kaiserlichen Dekrets vom 12. Juli 1808 auf der linken, und des Bergischen Dekrets vom 17. Dezember 1811 auf der rechten Rheinseite erhoben werden.

§. 2.

Amtshandlungen der Gerichtsschreiber, welche im Straf- und Disziplinar-Verfahren bei den im §. 1 genannten Gerichten vorkommen, oder welche kraft deren Delegation von anderen, als jenen Gerichtsbehörden vorgenommen werden, unterliegen diesen Gebühren nicht. Eben so wenig sind dieselben für Akte der Gerichtsschreiberei zu erheben, welche die Staatsanwaltschaft auf Grund desfallsiger Gesetze bei den Civilgerichten von Amtswegen erwirkt. Diejenigen Amtshandlungen der Gerichtsschreiber bei den genannten Gerichten, welche in Folge von Requisitionen anderer Gerichte vorgenommen werden, sind diesen Gebühren jedoch unterworfen.

§. 3.

Das Verfahren, welches in Gemäßheit des Gesetzes vom 2. August 1828 (Rhein. Samml. Bd. 3. S. 243) bei Todeserklärungen von Personen zu beobachten ist, welche an den Kriegen von 1806 bis 1815 Theil genommen haben und nicht zurückgekehrt sind, unterliegt nach §. 5. dieses Gesetzes den Gerichtsschreiberei-Gebühren nicht.

§. 4.

Den im aktiven Militairdienste stehenden Militairpersonen, vom Feldwebel und Wachtmeister abwärts, sie mögen bei der Linie oder bei der Landwehr stehen, imgleichen den bei den Garnison- und Invaliden-Kompagnieen stehenden Militairpersonen gleichen Ranges, und den bei dem Kriegswesen verpflichteten und im Dienste stehenden niederen Beamten, Feldpost-Bedienten und Trainsoldaten; ferner den im Dienste befindlichen Gendarmen und reitenden Feldjägern gleichen Ranges ist für ihre Person, ihre Ehefrauen und für die in der Garnison bei dem Vater lebenden, noch unter väterlicher Gewalt stehenden Kinder Befreiung von den Gerichtsschreiberei-Gebühren bewilligt, insoweit dieselben bei ihrer Erhebung der Staatskasse verbleiben würden. vergl. §. 54.

Diese Befreiung fällt jedoch weg bei allen Prozessen, in welchen die genannten Militairpersonen in der Eigenschaft als Besitzer von liegenden Gründen oder Gerechtigkeiten, oder aus dem Betriebe eines bürgerlichen Gewerbes klagen oder verklagt werden.

Verordnung v. 17. Febr. 1838 (Rh. Samml. Bd. 6. S. 419).

§. 5.

Amtshandlungen der Gerichtsschreiberei beim Appellationsgerichtshofe, welche durch die Berufung von Erkenntnissen der Rheinzoll-Gerichte veranlaßt werden, sind gebührenfrei; §§. 49, 53 und 56 der Verordnung vom 30. Juni 1834 (Rh. Samml. Bd. 4. S. 96).

§. 6.

Das Verfahren auf zwangsweise Abtretung von Grundeigenthum des öffentlichen Nutzens wegen unterliegt den Gerichtsschreiberei-Gebühren in soweit nicht, als dieselben bei ihrer Erhebung der Staatskasse verbleiben würden. vergl. §. 54; Allerhöchste Kabinets-Order vom 4. Mai 1838 und §. 15 des Gesetzes vom 3. November 1838 (Ges.-Samml. S. 508).

Diese Gebührenfreiheit bezieht sich jedoch nicht auf Prozesse über die Höhe der zu gewährenden Grundentschädigung.

§. 7.

Den Gerichtsschreibern ist es bei der im Gesetze bestimmten Strafe untersagt, Ausfertigungen oder Abschriften von Urschriften, welche sie in Verwahrung haben, auszuhändigen, bevor die Gebühren für die Ausfertigung und die Urschrift — insofern auch diese gebührenpflichtig war, — eingezahlt sind.

Art. 11. des Gesetzes vom 21. Ventôse VII. und Art. 148 des Dekrets vom 17. Dezember 1811.

§. 8.

Die Gerichtsschreiberei-Gebühren bestehen:

a) in der Gebühr für das Auftragen auf die Audienz-Rolle des Gerichts,
b) in der Abfassungs- (Redaktions-) Gebühr,
c) in der Ausfertigungs- (Expeditions-) Gebühr.

Art. 2. des Gesetzes vom 21. Ventôse VII. und Art. 137. des Dekrets vom 17. Dezember 1811.

II. Theil.

Ueber die Gerichtsschreiberei-Gebühren im Besonderen.

1. Abschnitt.

Gebühren für das Auftragen auf die Rolle.

§. 9.

Unter Rolle ist das Register oder Verzeichniß zu verstehen, welches bei den Civil- und Handels-Gerichten geführt wird und hauptsächlich den Zweck hat, die Reihenfolge festzustellen, in welcher die einzelnen Prozeßsachen zur Verhandlung kommen sollen.

§. 10.

Die Gebühr für das Auftragen auf die General-Rolle wird nur einmal erhoben. Ist daher eine Prozeßsache von der Rolle gestrichen worden und soll der Prozeß fortgesetzt werden, so bleibt die abermalige Auftragung von der Gebühr befreit.

Dasselbe gilt von Einsprüchen, welche wider Kontumazial-Urtheile erhoben werden, sowie von Reassumtions- und Peremtions-Klagen. Art. 149 ff., 342 ff., 397 ff. der Bürgerlichen Prozeß-Ordnung. Auch geben Incidentpunkte, Interventionen und Adcitationen zur Erhebung der Rollengebühr ebensowenig Anlaß, als ein Reféré-Verfahren, oder durch bloße Gesuche gestellte Anträge, bei welchen die Vorladung einer Gegenpartei nicht erfolgt.

Art. 3. des Gesetzes vom 21. Ventôse VII., Art. 5. des Dekrets vom 12. Juli 1808 und Art. 138. des Dekrets vom 17. Dezember 1811.

§. 11.

Die Gebühr für das Auftragen auf die General-Rolle beträgt:

1) 5 Francs (1 Thaler 10 Sgr.)

bei dem Appellationsgerichtshofe zu Cöln;

2) 3 Francs (24 Sgr.)

bei den Landgerichten:

a) wenn sie in zweiter Instanz über Berufungen von Urtheilen der Friedensgerichte zu erkennen haben,
b) wenn es sich von Sachen handelt, über welche im ordinairen Prozeßverfahren zu verhandeln ist.

3) 1 Franc 50 Cent. (12 Sgr.)

a) bei den Landgerichten für die im summarischen Verfahren zu verhandelnden Sachen, mit Ausnahme der Appellationen von friedensrichterlichen Urtheilen,
b) bei den Handelsgerichten, und zwar auch dann, wenn sie auf die Berufung von Urtheilen der Gewerbegerichte zu entscheiden haben.

Art. 3. des Gesetzes vom 21. Ventôse VII. und Art. 138. des Dekrets vom 17. Dezember 1811.

§ 12.

Von den Sachen, welche bei den Landgerichten zur Rolle gelangen und über welche summarisch zu verhandeln ist, sind die nachbenannten hervorzuheben:

1) rein persönliche und auf einem unangefochtenen Titel beruhende Klagen, wie hoch sich auch ihr Betrag belaufen mag;
2) Klagen, welche auf einem Titel nicht beruhen, insofern der Werth des Klagegegenstandes 1000 Francs (266 Thaler 20 Sgr.) nicht übersteigt;
3) Klagen, welche auf Erlaß einer provisorischen Entscheidung gerichtet sind;
4) Klagen auf Zahlung von Pacht-, Mieth- oder Rent-Gefällen;

5) Erbtheilungs-Klagen, sowie Klagen auf Aufhebung von Gemeinschaften, welche nicht durch Erbgang entstanden sind;
6) Klagen auf Einreichung von Experten-Gutachten, welche wider säumige Sachverständige erhoben werden;
7) auf gepfändete Mobilien gerichtete Revindikations-Klagen;
8) Einsprüche wider das Subhastations-Verfahren;
9) Klagen auf Nichtigerklärung des beim Personalarreste beobachteten Verfahrens, oder auf Entlassung aus dem Personalarreste;
10) Klagen auf Gültigerklärung einer Mobiliar-Beschlagnahme, welche zur Deckung rückständiger Pacht oder Miethe stattgefunden hat;
11) Klagen gegen Notare und Gerichtsschreiber, welche sich weigern, Ausfertigungen und Abschriften von Urkunden zu ertheilen, die sich in ihrem Gewahrsam befinden;
12) Einsprüche gegen Familienraths-Beschlüsse;
13) Anträge auf Expropriation des öffentlichen Nutzens halber, Einsprüche wider die Expropriation und Streitigkeiten über die Höhe der zu bewilligenden Grundentschädigung, sowie Klagen auf Zahlung der Entschädigungssumme;
14) Klagen auf Theilung oder Ablösung in Gemäßheit des für die Landestheile des linken Rheinufers erlassenen Gesetzes vom 19. Mai 1851 (Rhein. Samml. Bd. 10. S. 332);
15) Antrag der Erben und Wittwen, sowie der geschiedenen, oder blos in Ansehung des Vermögens getrennten Ehefrauen, auf Verlängerung der gesetzlichen Inventarisations- und Deliberationsfrist.

Ferner gehören wegen Dringlichkeit zu den summarischen Sachen:

16) Klagen auf Beseitigung des Einspruchs, welcher gegen die Abschließung einer Ehe angemeldet worden ist;
17) Klagen auf Entsetzung von Vormündern und Kuratoren;
18) Klagen auf Auflösung von Pacht- und Miethverträgen, wenn es sich darum handelt, einen Pächter oder Miether auszuweisen, weil er das gepachtete oder gemiethete Grundstück verdirbt oder einer Miethsaufkündigung nicht Folge giebt, welche ihm vom Verpächter oder Vermiether insinuirt worden ist;
19) Klagen, bei welchen auf eine kürzere, als die gewöhnliche Erscheinungsfrist vorgeladen ist;
20) Klagen auf Anerkennung von Schriftstücken, oder deren Prüfung mittelst des Schriftvergleichungs-Verfahrens;
21) Klagen auf Bestimmung des zuständigen Richters, wenn eine und dieselbe Sache bei verschiedenen Friedensgerichten anhängig gemacht worden ist;

22) Einsprüche des Schuldners gegen Möbel- und Früchte-Pfändung;
23) Klagen auf Gültigerklärung von Mobiliar-Beschlagnahmen wider auswärtige Schuldner;
24) Klagen, welche die Hypothekengläubiger erheben, um auf ein Uebergebot nach freiwilliger Veräußerung die angebotene Bürgschaft für genügend erklären und die Versteigerung verordnen zu lassen (Art. 70 und 71 des Gesetzes vom 18. April 1855 Rhein. Samml. Bd. 11. S. 98);
25) Klagen, wodurch auf Gültigerklärung einer Mobiliar-Beschlagnahme angetragen wird, welche der Verkäufer wegen des rückständigen Kaufpreises an dem Kaufobjekte oder der Eigenthümer an einer gestohlenen oder verloren gegangenen Sache erwirkt hat; imgleichen die Klage des Eigenthümers auf Gültigerklärung der Beschlagnahme von beweglichen Sachen des Pächters oder Miethers, welche dieser von dem gepachteten oder gemietheten Grundstücke entfernt hat;
26) Einsprüche gegen richterliche Ordonnanzen, wodurch schiedsrichterliche Urtheile für vollziehbar erklärt worden sind;
27) Klagen der Gerichtsvollzieher und Anwalte wegen Gebühren und Auslagen.

Das vorstehende Verzeichniß ist jedoch, unbeschadet der anderweiten Qualifikation, welche das Gericht der Sache geben sollte, nur für die Erhebung der Gebühr maaßgebend.

2. Abschnitt.

Abfassungs- (Redaktions-) Gebühren.

§. 13.

Als Regel gilt, daß nur solche Akte in der Urschrift oder Minute einer Abfassungsgebühr unterliegen, welche der Gerichtsschreiber, den gesetzlichen Bestimmungen gemäß, selbstständig aufzunehmen hat, also nicht diejenigen, bei denen die Aufnahme unter der Mitwirkung und Mitvollziehung des Richters erfolgt. Ausnahmen von dieser Regel bilden:

a) die Zeugenvernehmungs-Protokolle,
b) die Protokolle über die Vernehmung einer Partei auf Fragestücke (Interrogatoire sur faits et articles) Art. 324 ff. der Bürg. Proz.-Ordnung,
c) Adjudikations-Protokolle in Subhastationssachen, wenn die Subhastation bei einem Landgericht betrieben wird (§§. 1 und 40 der Subhastations-Ordnung vom 1. Aug. 1822 (Rhein. Samml. Bd. 2. S. 280),
d) Verhandlungen über die Produktion der Titel Seitens der Gläubiger im Distributions- oder Kollokations-Verfahren (Art. 660 und 754 der Bürg. Proz.-Ordnung),

e) Erklärungen der Anwalte über Einsprüche gegen Kontumazial-Urtheile und über Einlegung der Berufung, indem die Anwalte diese Erklärungen selbst einzutragen haben (Art. 163 und 549 der Bürg. Proz.-Ordnung).

§. 14.

Die Abfassungs-Gebühr, welche für einen Akt nie weniger als 1 Franc 25 Cent. (10 Sgr.) beträgt (Art. 3 des Dekrets vom 12. Juli 1808, Art. 142 des Dekrets vom 17. Dezember 1811), ist entweder eine fixe oder eine proportionelle. Die fixe Gebühr beträgt nach der Verschiedenheit der Akte, welche ihr unterliegen,

3 Francs (24 Sgr.),
1 Franc 50 Cent. (12 Sgr.), oder
1 Franc 25 Cent. (10 Sgr.).

§. 15.

Eine Abfassungs-Gebühr von 3 Francs (24 Sgr.) wird entrichtet von dem Akte über die im Art. 752 der Bürg. Prozeß-Ordnung vorgeschriebene Hinterlegung des Hypotheken-Auszugs zur Einleitung des Kollokations-Verfahrens. Die Erhebung hat Statt auf die Ordonnanz des Richter-Kommissars, wodurch das Verfahren eröffnet wird und die inskribirten Gläubiger aufgefordert werden, ihre Titel vorzulegen.

§. 16.

Einer Abfassungs-Gebühr von 1 Franc 50 Cent. (12 Sgr.) unterliegen:

die Protokolle über die Produktion der Titel Seitens der Gläubiger im Distributions- und Kollokations-Verfahren (Art. 660 und 754 der Bürg. Prozeß-Ordnung), und zwar ist für jeden Produktions-Akt eine Gebühr von 12 Sgr. zu erheben. Werden für einen Gläubiger mittelst eines und desselben Gesuchs mehrere Titel über getrennte Forderungen eingereicht, so berechtigt dieses nicht, nach deren Anzahl die Gebühr mehrfach zu erheben. Auch unterliegen Ergänzungen schon gemachter Produktionen zur ferneren Justifizirung der bereits angemeldeten Forderungen, gegebene Aufklärungen, Erklärungen, wodurch das Gesuch eines Gläubigers modifizirt oder zurückgezogen wird, sowie auf den Vertheilungsplan überhaupt bezügliche Erklärungen der Abfassungs-Gebühr selbst dann nicht, wenn der Gerichtsschreiber diese Produktionen resp. Erklärungen ohne Zuziehung des Richters beurkundet hätte.

Ferner sind Einsprüche, welche im Distributions- oder Kollokations-Verfahren wider den Vertheilungsplan angemeldet werden, der Gebühr nicht unterworfen. Art. 1 Nr. 2 des Dekrets vom 12. Juli 1808 und Art. 140 des Dekrets vom 17. Dezember 1811.

§. 17.

Einer Abfassungs-Gebühr von 1 Franc 25 Cent. (10 Sgr.) unterliegen, mit Ausnahme der Atteste der Gerichtsschreiber bei den Handelsgerichten, für welche lediglich der zu Nr. 15 I. der Tax-Ordnung vom 17. November 1826 (Rh. Samml. Bd. 3. S. 75) bestimmte Gebührensatz von 8 Sgr. entrichtet wird, alle in den §§. 15 und 16 nicht aufgeführte Verhandlungen und Akte, welche der Gerichtsschreiber selbstständig aufzunehmen, sowie die Atteste — Certifikate — welche er zu ertheilen gesetzlich befugt ist, ingleichen die Zeugenvernehmungs-Protokolle und die Protokolle über die Vernehmung einer Partei auf Fragestücke. (§. 11 Litt. b.)

Bei Zeugenvernehmungs-Protokollen kommen, außer der Gebühr von 10 Sgr. für die Verhandlung, 50 Cent. oder 4 Sgr., so viel mal zur Erhebung, als Zeugen vernommen worden sind.

Die Gebühr von 10 Sgr. darf nicht mehrfach erhoben werden, wenn das Zeugenverhör auf Grund eines und desselben Urtheils in mehreren Sitzungen abgehalten worden ist; es sind vielmehr die Protokolle der einzelnen Sitzungen als ein Ganzes aufzufassen.

Insbesondere unterliegen der Abfassungsgebühr von 10 Sgr.:

1) die Verhandlung, wodurch der Verzicht auf eine Erbschaft oder eheliche Gütergemeinschaft konstatirt wird (Art. 784 und 1457 des Bürg. Gesetz-Buchs; Art. 997 der Bürg. Prozeß-Ordnung),
2) die Erklärung über die Annahme einer Erbschaft unter der Rechtswohlthat des Inventariums (Art. 793 des Bürg. Gesetz-Buchs),
3) die Erklärung des Drittbesitzers von verhypothecirten Immobilien, daß er dieselben aufgeben wolle (Art. 2174 des B. G.-B.),
4) Fallimentss-Erklärungen (Art. 440 des Handels-Gesetzbuchs),
5) die Verhandlungen, welche der Gerichtsschreiber in Gemäßheit des Art. 854 der B. P.-O. bei Ertheilung einer zweiten Ausfertigung aufzunehmen hat,
6) die Erklärung desjenigen, bei welchem Gelder, oder sonstige bewegliche Sachen, insbesondere Renten des Schuldners, mit Arrest belegt worden sind (Art. 571 und 638 der B. P.-O.). Ist bei mehreren Personen wider einen Schuldner Arrest angelegt und wird über deren Erklärungen Eine Verhandlung aufgenommen, so darf die Gebühr auch nur Einmal zur Erhebung kommen;
7) Erklärungen über die Submission des Bürgen (Art. 519 der B. P.-O.),
8) Erklärungen über die Mißbilligung von Anerbietungen oder Zugeständnissen, in Gemäßheit des Art. 353 der B. P.-O.,

9) Anträge auf Verweisung einer Sache an ein anderes Gericht wegen Verwandtschaft, oder Schwägerschaft, sowie Rekusationen eines Richters oder eines Beamten des öffentlichen Ministeriums (Art. 370 und 384 der B. P.=O.),

10) Erklärungen über die Einlegung der Berufung von einem Urtheile, welches auf den Antrag, eine Sache, wegen Verwandt= oder Schwägerschaft, an ein anderes Gericht zu verweisen, oder auf eine Rekusation ergangen ist (Art. 377 und 392 der B. P.=O.),

11) die Erklärung, daß eine Urkunde, welche im Laufe eines Rechtsstreites produzirt worden ist, als falsch angegriffen werde (Art. 218 der B. P.=O.),

12) die Verhandlung über den Zustand einer nicht anerkannten Privaturkunde, welche im Schrift=Vergleichungs=Verfahren auf der Gerichtsschreiberei hinterlegt ist (Art. 196 der B. P.=O.),

13) die Verhandlung über die Einsicht, welche der Verklagte im Schriftvergleichungs=Verfahren von der nicht anerkannten, auf der Gerichtsschreiberei hinterlegten Privaturkunde nehmen kann (Art. 198 der B. P.=O.),

14) die Verhandlung über die Wahl von Sachverständigen, in Gemäßheit des Art. 306 der B. P.=O.),

15) Reise=Akte, d. h. Erklärungen, welche nicht am Gerichtssitze wohnende Parteien im Prozeß=Verfahren darüber abgeben, daß sie zu ihren Anwalten gereist seien, um sich mit ihnen über den Rechtsstreit zu besprechen.

Erscheinen gleichzeitig mehrere Parteien, die in demselben Prozesse befangen sind, um solche Erklärungen auf der Gerichtsschreiberei abzugeben, so ist nur Ein Reise=Akt aufzunehmen und dafür die Gebühr mit 10 Sgr. nur Einmal zu erheben;

16) die Verhandlung über die Hinterlegung der Kosten, mit welchen eine Ortsbesichtigung, ein Zeugenverhör und dergleichen in Rücksicht auf den Transport des Gerichtspersonals verbunden ist (Art. 301 der B. P.=O.),

17) die Verhandlung über die Hinterlegung der Kaution für Prozeßkosten, im Falle ein Ausländer als Kläger auftritt und die Hinterlegung auf der Gerichtsschreiberei erfolgt (Art. 167 der B. P.=O),

18) die Erklärungen, welche Anwalte, in Gemäßheit der Art. 163 und 549 der B. P.=O., über Einsprüche gegen Kontumazial=Urtheile und über Einlegung der Berufung in ein besonderes Register der Gerichtsschreibereien eingetragen haben,

19) die Transskription der Auszüge aus Verträgen über die Begründung, Aenderung oder Auflösung von Gesellschaften und die Beurkundung ihrer Veröffentlichung, in Gemäßheit des Art. 42 des Handels=Ges.=Buchs.

In diesem, sowie in dem zu Nr. 18 erwähnten Falle ist die Abfassungs-Gebühr jedoch erst dann zu erheben, wenn eine Ausfertigung von jenen Erklärungen oder vom transskribirten Gesellschaftsvertrage ertheilt wird, für welche dann außerdem die Expeditions-Gebühr (§. 24) zu entrichten ist;

20) die Eintragung von Siegel-Anlagen in das Register, welches im Art. 925 der B. P.-O. vorgeschrieben ist,

21) die Verhandlung über Einsprüche, welche in Gemäßheit des Art. 608 des H.-G.-B., wider die Rehabilitirung des in Fallitzustand gerathenen Schuldners erhoben werden.

Ferner unterliegen die nachbenannten Hinterlegungsakte einer Abfassungs-Gebühr von 10 Sgr.:

22) der Akt über die Hinterlegung von Beweisstücken zur Justifizirung von Forderungen, welche im Fallimentsverfahren angemeldet werden (Art. 508 des H.-G.-B.),

23) der Akt über die Hinterlegung von schiedsrichterlichen Urtheilen (Art. 1020 der B. P.-O. und 61 des H.-G.-B.),

24) der Akt über den Eingang und die Hinterlegung von Experten-Gutachten,

25) der Akt über die Hinterlegung von Kontestations-Verhandlungen, welche Notare in Theilungssachen auf Grund des Art. 977 der B. P.-O. aufzunehmen haben,

26) der Akt über die Hinterlegung der Bilanz ꝛc., welche beim Güterabtretungs-Verfahren, in Gemäßheit des Art. 898 der B. P.-O. stattfindet,

27) der Akt über die Hinterlegung eines mit der Incident-Fälschungsklage angegriffenen Schriftstücks (Art. 219, 221 und 225 der B. P.-O.).

Beim Schrift-Verifikations-Verfahren ist für die Hinterlegung der nicht anerkannten Privaturkunden eine besondere Gebühr außer derjenigen, welcher die Verhandlung über den Zustand der Urkunde unterliegt (oben Nr. 12), nicht zu erheben;

28) der Akt über die Hinterlegung von Vergleichungsstücken im Schrift-Verifikations- und Incident-Fälschungs-Verfahren (Art. 202, 208 und 236 der B. P.-O.),

29) der Akt über die Hinterlegung der Titel, wodurch die Solvenz eines Bürgen dargethan werden soll (Art. 440 und 518 der B. P.-O.),

30) der Akt über die Hinterlegung von Schriftstücken, von denen die Parteien zur Begründung ihrer Anträge Gebrauch machen (Art. 96, 97, 101, 102, 108, 189, 518 und 523 der B. P.-O.),

31) der Akt über die Hinterlegung der Namensunterschrift von neu ernannten Notarien, in Gemäßheit des §. 12 der Notariats-Ordnung vom 25. April 1822.

Werden jedoch die für die verschiedenen Landgerichte bestimmten Unterschriften sämmtlich beim Sekretariate desjenigen Landgerichts eingereicht, in dessen Bezirk der Notar angestellt ist, so berechtigt der Eingang der einzelnen Unterschrifts-Exemplare bei den übrigen Sekretariaten nicht zur Gebührenerhebung;

32) der Akt über die Veröffentlichung des Erwerbstitels, in Gemäßheit des Art. 2194 des B. G.-B., um ein erworbenes Grundstück von den darauf lastenden gesetzlichen Hypotheken zu befreien,

33) der Akt über die Veröffentlichung des Auszugs aus einem Ehevertrage, in Gemäßheit der Art. 67 bis 69 des H.-G.-B.,

34) der Akt über die Veröffentlichung des Auszugs aus einer Gütertrennungsklage und des Auszugs aus einem Erkenntnisse, welches die Gütertrennung zwischen Eheleuten ausgesprochen hat (Art. 866, 867 und 872 der B. P.-O.),

35) der Akt über die Veröffentlichung des Auszugs aus Erkenntnissen, wodurch zwischen Eheleuten die Trennung von Tisch und Bett ausgesprochen wird (Art. 880 der B. P.-O.),

36) die Akte über die Veröffentlichung von Interdiktions-Urtheilen oder von Urtheilen, wodurch einem Schwachsinnigen ein Beistand angeordnet wird (Art. 501 des B. G.-B. und 897 der B. P.-O.),

37) der Akt über die Veröffentlichung des Antrags eines Schuldners auf Zulassung zur Güter-Abtretung an seine Gläubiger (Art. 903 der B. P.-O.).

In den zu 32 bis 37 aufgeführten Fällen ist für die Hinterlegung der betreffenden Urkunden eine Gebühr nicht zu erheben. Atteste, welche den Extrahenten über diese Veröffentlichungen ausgehändigt werden, berechtigen nicht zur Gebühr. (Art. 1 und 2 des Dekrets vom 12. Juli 1808 und Art. 140 und 141 des Dekrets vom 17. Dezember 1811.)

§. 18.

Der Gerichtsschreiber hat die Hinterlegungs-Akte in ein besonderes, vom Präsidenten des Gerichts zu foliirendes und zu paraphirendes Register (Depot-Register) einzutragen. Die Bescheinigung über den Rückempfang der hinterlegten Stücke, insofern darüber eine Verhandlung aufgenommen wird, unterliegt einer Gebühr von 10 Sgr. Art. 2 des Dekrets vom 12. Juli 1808 und Art. 141 des Dekrets vom 17. Dezember 1811.

Alle Hinterlegungen im Theilungs- und Ablösungs-Verfahren, welches durch das Gesetz vom 19. Mai 1851 (Rhein. Samml. Bd. 10. S. 332) vorgeschrieben ist, geschehen jedoch in Gemäßheit des §. 63 dieses Gesetzes kostenfrei. Auch sind die Akte, welche der Gerichtsschreiber über die Hinterlegung von

Civilstands-Registern im Archiv des Landgerichts aufnimmt, der Gebühr ebensowenig unterworfen, als die Randvermerke, welche er in diese Register einzutragen hat. (Art. 43, 49 und 101 des B. G.-B.)

§. 19.

Eine proportionelle Gebühr ist zu erheben:

1) von jeder Anweisung, welche der Gerichtsschreiber im Distributions- oder Kollokations-Verfahren, in Gemäßheit der Art. 665, 671, 759 und 771 der B. P.-O. ertheilt.

Die Gebühr beträgt ¼ Prozent von dem angewiesenen Betrage und nie weniger als 10 Sgr.

Lautet die Anweisung auf mehrere Gläubiger mit getrennten Forderungen, so ist die Gebühr nach der Gesammtsumme der Forderungen zu erheben.

Die Gebühr von ¼ Prozent ist auch dann zu erheben, wenn der Käufer des Grundstücks, dessen Erlös zu vertheilen ist, als Gläubiger des Verkäufers auf sich selbst angewiesen wird;

2) von den Immobilar-Versteigerungs-Protokollen, welche in Subhastationssachen von einem Mitgliede des Landgerichts aufgenommen werden.

Die Gebühr in diesem Falle beträgt ½ Prozent von den ersten 5000 Frcs. (1333 Thaler 10 Sgr.) und ¼ Prozent von dem Theile des Kaufpreises, welcher 1333 Thaler 10 Sgr. übersteigt; sie kann aber nie weniger als 10 Sgr. betragen.

Findet jedoch in Gemäßheit der §§. 36 ff. der Subhastations-Ordnung vom 1. August 1822 (Rh. Samml. Bd. 2. S. 289) ein Wiederverkauf subhastirter Immobilien statt (Resubhastation), so unterliegt das fernere Licitations-Protokoll nur für den Betrag der proportionellen Gebühr, um welchen der zweite Zuschlagspreis den ersten übersteigt. Jedenfalls ist von dem zweiten Licitations-Protokolle eine Gebühr von 10 Sgr. zu erheben. Erhält ein Miteigenthümer den Zuschlag, so ist die Gebühr nur nach den Antheilen der übrigen Miteigenthümer an dem Verkaufsgegenstande zu berechnen. (Art. 1 Nr. 2 und Art. 3 des Dekrets vom 11. Juli 1808 und Art. 140 und 142 des Dekrets vom 17. Dezember 1811.)

Wird wider das Subhastations-Verfahren Einspruch erhoben, und die Licitation vernichtet, so kann die proportionelle Gebühr bis auf den Betrag von 10 Sgr., unter Beobachtung der für die Restitution eingezahlter Steuern gegebenen Vorschriften zurückgefordert werden. (Art. 4 des Dekrets vom 11. Juli 1808 und Art. 142 des Dekrets vom 17. Dezember 1811.)

3. Abschnitt.

Ausfertigungs- (Expeditions-) Gebühr.

§. 20.

Die Ausfertigungs-Gebühr wird von den Ausfertigungen oder Abschriften entrichtet, welche der Gerichtsschreiber von Urtheilen oder anderen richterlichen Bescheiden oder überhaupt von Urschriften ertheilt, die er in seinem Gewahrsam hat. Sie wird nach der Anzahl der Blätter (Rollen) erhoben, aus denen die Ausfertigung besteht. (Art. 2 Nr. 3 und Art. 7, 8 und 9 des Gesetzes vom 21. Ventôse VII.; Art. 137 und 144 ff. des Dekrets vom 17. Dezember 1811.) Der Ausfertigungs-Gebühr; welche in diesen Gesetzen angeordnet ist, unterliegen jedoch Auszüge aus den Civilstands-Registern, die bei den Landgerichten hinterlegt sind, nicht.

Ausfertigungen von Rathskammer-Beschlüssen über Armenrechts-Gesuche (Verordn. vom 16. Februar 1823, Rh. Samml. Bd. 2. S. 347 und Allerh. Kab.-Order vom 25. Mai 1831, Rhein. Samml. Bd. 3 S. 374) sind gebührenfrei zu ertheilen.

Von Ausfertigungen, welche in Vormundschafts- und Kuratelsachen ertheilt werden, die nach dem Gesetze vom 23. Dezember 1846, (Rh. Samml. Bd 9. S. 135), in gewissen Fällen gerichtskostenfrei zu bearbeiten sind, wird in diesen Fällen zum Vortheile der Staatskasse eine Gebühr nicht erhoben; die Gerichtsschreiber sind jedoch befugt, sich für solche Ausfertigungen von den Extrahenten die Emolumente zahlen zu lassen, welche ihnen von den Ausfertigungs-Gebühren überhaupt, nach Maaßgabe desjenigen, was im §. 54 verfügt ist, zustehen. (§. 4 des Gesetzes vom 23. Dezember 1846.)

§. 21.

Jede Ausfertigung oder Abschrift muß im Durchschnitte 20 Zeilen auf der Blattseite und die Zeile 8 bis 10 Silben enthalten. Zahlen, welche die Urschrift enthält, sind daher mit Buchstaben in die Ausfertigungen aufzunehmen. Würden letztere jedoch hierdurch an Uebersichtlichkeit verlieren, wie z. B. bei Rechnungen, so kann die Urschrift auch, was die Form anbelangt, für die Ausfertigung maaßgebend bleiben. Es ist aber in solchen Fällen die Anzahl der Rollen nach billigem Ermessen vom Gerichtsschreiber zu berechnen und am Ende der Ausfertigung zu vermerken.

Dasselbe gilt in den Fällen, wo Handzeichnungen und dergleichen in die Ausfertigung aufzunehmen sind.

Eine angefangene Rolle unterliegt derselben Gebühr, wie eine vollendete.

Die Ausfertigungs-Gebühr beträgt entweder
2 Frcs. (16 Sgr.),
oder 1 Frc. 25 Cent. (10 Sgr.),
oder 1 Frc. (8 Sgr.)
von der Rolle.

§. 22.

Einer Gebühr von 16 Sgr. unterliegen die Ausfertigungen von Definitiv-Erkenntnissen, welche der Appellationsgerichtshof auf die Berufung von Urtheilen der Land- und Handelsgerichte, von schiedsrichterlichen oder im Reféré-Verfahren ergangenen Entscheidungen kontradiktorisch oder in contumaciam erläßt.

Dieselbe Gebühr ist von Ausfertigungen schiedsrichterlicher Entscheidungen zu entrichten, welche auf die Berufung von Erkenntnissen der Land- und Handelsgerichte ergangen und im Sekretariate des Appellationsgerichtshofes hinterlegt sind.

Ausfertigungen von Kostenexekutorien, welche in Folge von Erkenntnissen des Appellationsgerichtshofes extrahirt werden, unterliegen jedoch nur einer Rollen-Gebühr von 8 Sgr.

§. 23.

Die Gebühr beträgt 10 Sgr. von der Rolle:

1) für Ausfertigungen von Definitiv-Urtheilen der Landgerichte, vorausgesetzt, daß sie nicht als Handelsgerichte erkannt haben, sei es, daß dieselben kontradiktorisch oder in contumaciam, in erster oder letzter Instanz erlassen sind, imgleichen für Ausfertigungen von Erkenntnissen, welche Landgerichte auf die Berufung von Urtheilen der Friedensgerichte erkassen haben;
2) für Ausfertigungen von schiedsrichterlichen Definitiv-Urtheilen, welche bei den Landgerichten hinterlegt sind;
3) für Ausfertigungen von Adjudikations-Protokollen in Subhastationssachen, wenn die Subhastation vor einem Mitgliede der Landgerichte betrieben worden ist.

§. 24.

Einer Rollen-Gebühr von 8 Sgr. unterliegen:

1) Ausfertigungen von Urtheilen der Handelsgerichte und der Landgerichte, wenn sie als Handelsgerichte erkannt haben. Desgleichen Ausfertigungen von schiedsrichterlichen Entscheidungen in Handelssachen, welche bei diesen Gerichten hinterlegt sind, und Kosten-Exekutorien;
2) Ausfertigungen von interlokutorischen oder präparatorischen Urtheilen und überhaupt von allen in den §§. 22 und 23 nicht genannten Verhandlungen und Akten, welche auf der Gerichtsschreiberei errichtet oder hinterlegt sind. (Art. 7, 8 und 9 des Gesetzes vom 21. Ventôse VII., Art. 144, 145 und 146 des Dekrets vom 17. Dezember 1811.)

§. 25.

Urtheile, durch welche die Instanz beendigt wird, sind als Definitiv-Urtheile anzusehen; Urtheile dagegen, welche einen Beweis aufgeben, oder eine Verfügung treffen, durch welche die Entscheidung der Sache erst vorbereitet werden soll, gehören zu den interlokutorischen oder präparatorischen Erkenntnissen.

§. 26.

Wird über einen Theil des Klagegegenstandes definitiv erkannt und über einen anderen Theil die Entscheidung vorbehalten, so ist die Gebühr für Ausfertigungen von Definitiv-Erkenntnissen zu erheben.

Urtheile dagegen, welche über bloße Einreden entscheiden und die Entscheidung in der Sache selbst vorbehalten, oder durch welche im Laufe des Prozesses eine provisorische Maaßregel getroffen wird, sind der Gebühr für Ausfertigung von Definitiv-Urtheilen nicht unterworfen.

§. 27.

Wenn in Folge einer Fälschungsklage (Art. 214 ff. der B. P.-O.) außer der als falsch angegriffenen Urkunde, Urschriften auf der Gerichtsschreiberei hinterlegt sind, welche sich in Verwahrung eines öffentlichen Beamten, z. B. eines Notars, befanden, so unterliegen die Ausfertigungen, welche der Gerichtsschreiber von solchen Urschriften ertheilt, dem Gebührensatze, welcher zur Anwendung kommen würde, wenn der Beamte, welcher die Urkunde bisher aufzubewahren hatte, dieselbe ertheilt hätte; vorausgesetzt jedoch, daß dieser Gebührensatz geringer ist als derjenige, welchen das Gesetz vom 21. Ventôse VII. und das Dekret vom 17. Dezember 1811 angeordnet haben.

Art. 245 der Bürgerlichen Prozeß-Ordnung.

§. 28.

Ausfertigungen der Ordonnanzen des Richter-Kommissars im Kollokations-Verfahren, wodurch dem Hypotheken-Bewahrer aufgegeben wird, die Inskriptionen der Gläubiger zu löschen, welche nicht nützlich locirt sind — Art. 774 B. P.-O. — unterliegen einer Rollen-Gebühr von 8 Sgr.

Die Anweisungen (bordereaux), welche den nützlich locirten Hypothekargläubigern und den Chirographargläubigern im Distributions-Verfahren ertheilt werden (Art. 665, 671, 759 und 771 der B. P.-O.) sind nicht allein der Ausfertigungs-Gebühr unterworfen, sondern unterliegen auch der Redaktions-Gebühr, von welcher im §. 19 die Rede ist.

§. 29.

Die Gerichtsschreiber sind verpflichtet, die auf der Gerichtsschreiberei beruhenden Urschriften aufzubewahren, und es ist ihnen untersagt, dieselben, wenn sie nicht blos vorübergehend hinterlegt sein sollten, den Anwalten oder den Parteien auszuhändigen.

Es muß daher jeder, welcher von solchen Schriftstücken der Gerichts-Registraturen zur Verfolgung oder zum Schutze seiner Rechte Gebrauch machen will, selbst in dem Falle Ausfertigungen entnehmen, wenn in einer Prozeßsache von einem Urtheile Gebrauch gemacht werden soll, welches das Gericht erlassen hat, bei dem die Sache anhängig ist, und in dessen Registratur sich die Urschrift des Urtheils befindet.

Urtheile und Ordonnanzen, welche im Reféré-Verfahren ergehen, und auf die Urschrift vollziehbar erklärt sind; ferner die auf Bittschriften, an deren Fuß, erlassenen einfachen Ordonnanzen, welche en brevet auszuliefern sind (Reskr. vom 4. Oktober 1841, Rhein. Samml. Bd. 7. S. 348), machen hiervon eine Ausnahme. (Art. 811 der B. P.-O.)

Ferner tritt eine Ausnahme ein, wenn das Gericht die Vorlage der Urschrift verordnet hat. Auch ist es bei Einsprüchen wider den Vertheilungsplan im Distributions- und Kollokations-Verfahren nicht nöthig, dem Gericht, welches darüber erkennen soll, eine Ausfertigung vom Plane vorzulegen. (Art. 666, 758 der B. P.-O. und Anmerkung zum Art. 137 des Civil-Prozeßkosten-Dekrets vom 16. Februar 1807.)

Wenn zur Erledigung eines Rechtsmittels die Einsicht von Zeichnungen, Karten oder Darstellungen, welche einem Gutachten von Sachverständigen, einem Ortsbesichtigungs- oder Zeugenvernehmungs-Protokolle beigefügt sind, oder die Einsicht von gerichtlichen Verhandlungen, Protokollen oder Vertheilungsplänen, welche in einem Subhastations-, Kollokations- oder Distributions-Verfahren gefertigt sind, erforderlich erscheint, so kann der Vorsitzende der mit der Sache befaßten Abtheilung des höheren Gerichts auf desfallsiges Ersuchen verordnen, daß jene Schriftstücke in Urschrift von der Gerichtsschreiberei des Gerichts, bei welchem dieselben beruhen, an die Gerichtsschreiberei des befaßten Gerichts eingesendet werden. (Art. 7 des Gesetzes vom 11. Mai 1855, Rhein. Samml. Bd. 11. S. 113.)

III. Theil.

Verwaltung der Gerichtsschreiberei-Gebühren.

1. Erhebung der Gebühren.

§. 30.

Die Gebühren für das Auftragen auf die Rolle (§§. 9 bis 12) werden von der Gerichtsschreiberei erhoben, und am Schlusse eines jeden Monats, unter Vorlegung der Rolle, an die Steuer-Hebestelle abgeliefert. Letztere hat demnächst zu prüfen, ob die Gebühr richtig erhoben ist, auf der Rolle selbst über den eingezahlten Betrag zu quittiren, die Gebühren in das Register einzutragen, welches nach dem beiligenden Formular A. zu führen ist, und nach erfolgter Buchung die Rolle zurückzugeben.

§. 31.

Die Gerichtsschreiberei hat ein Register zu führen, in welches täglich, unter fortlaufenden Nummern, die gebührenpflichtigen Verhandlungen und Ausfertigungen, mit Ausschluß derjenigen, welche von im Armenrechte prozedirenden Parteien extrahirt werden, einzutragen sind.

In diesem Register sind Spalten anzulegen für die Namen der Parteien und für die Bezeichnung desjenigen, der den gebührenpflichtigen Akt erwirkt; ferner für den Betrag der Gebühren, und zwar für die Abfassungs- und die Ausfertigungs-Gebühren besondere Spalten; für das Datum der Einzahlung der Gebühr an die Steuer-Hebestelle und für die Nummer des Hebe-Registers, unter welcher der gebührenpflichtige Akt bei der Steuerstelle eingetragen ist. (§. 32.) Auch hat die Gerichtsschreiberei in der Spalte für die Ausfertigungs-Gebühren die Anzahl der Rollen — nach den verschiedenen Gebührensätzen getrennt — in besonderen Kolonnen vorzutragen.

Dieses Register, welches vom Gerichts-Präsidenten foliirt und paraphirt werden muß (Art. 13 des Gesetzes vom 21. Ventôse VII. und Art. 150 des Dekrets vom 17. Dezember 1811) ist auf Erfordern der Steuerbehörde zur Einsicht mitzutheilen.

§. 32.

Die Abfassungs- und Ausfertigungs-Gebühren werden gleichfalls von der Gerichtsschreiberei eingefordert und erhoben; sie sind jedoch — unbeschadet der Bestimmung zu §. 17 Nr. 19 — binnen 10 Tagen nach Aufnahme der gebührenpflichtigen Verhandlung, beziehungsweise nach Vollendung der Ausfertigungen, unter Vorlegung der Akte, auf welchen die betreffende Nummer des Gebühren-Registers (§. 31) zu vermerken und die Gebühr zu taxiren ist, an die Steuer-Hebestelle abzuliefern. Letztere prüft die Richtigkeit der Gebühren-Beträge und stellt sie im Hebe-Register, welches nach dem beiliegenden Formular B. jahrgangsweise mit fortlaufenden Nummern zu führen ist, in Einnahme. Demnächst ertheilt sie auf den einzelnen Urkunden, unter Angabe der Register-Nummer, bei welcher die Gebühr gebucht ist, Quittung, und giebt die Urkunde zurück.

§. 33.

Ist die Einzahlung binnen der zehntägigen Frist bei der Gerichtsschreiberei nicht erfolgt, so hat sie die Gebühren der Steuer-Hebestelle zur Beitreibung im Exekutionswege zu überweisen und ihr gleichzeitig die Ausfertigungen und Verhandlungen zu übersenden, von denen die Gebühr erhoben werden soll.

Nach Einzahlung der Ausfertigungs-Gebühr kann die Steuer-

Hebestelle die mit Quittung versehene Ausfertigung (§. 31) dem Einzahler gleich einhändigen, sie hat jedoch der Gerichtsschreiberei, unter Angabe der betreffenden Nummer des Hebe-Registers, über die Einzahlung Mittheilung zu machen.

Handelt es sich von rückständiger Abfassungs-Gebühr, so hat die Steuer-Hebestelle, nachdem sie sich von der Richtigkeit des angesetzten Gebührenbetrags überzeugt hat, die Verhandlung der Gerichtsschreiberei wieder zurückzugeben. Die Steuer-Hebestelle hat jedoch, nach erfolgter Einzahlung, die betreffende Verhandlung wieder einzufordern, damit auf ihr der Empfang der Gebühr bescheinigt werden kann.

§. 34.

Findet die Hebestelle, daß auf einem ihr vorgelegten Akte von der Gerichtsschreiberei die Gebühr zu gering notirt ist, so unterbleibt die Quittung; der für den betreffenden Akt bestimmte Gebührenbetrag ist aber ad depositum zu nehmen und die Gerichtsschreiberei, unter Bezeichnung des Aktes, um Einzahlung des Fehlenden zu ersuchen. Erfolgt die Einzahlung, so ist der ergänzte Restbetrag nebst den betreffenden Akten unter der laufenden Registernummer einzutragen und das Depositum im Depositenregister zu löschen. Behauptet dagegen die Gerichtsschreiberei, daß sie die Gebühr richtig erhoben habe, so ist behufs Erledigung der Differenz zunächst von dem betreffenden Hauptamte an den Provinzial-Steuer-Direktor Bericht zu erstatten.

§. 35.

In Spalte 3 des Hebe-Registers (§. 32) ist hinsichtlich der Zeugenvernehmungs-Protokolle die Anzahl der vernommenen Zeugen zu bemerken. Auf jeder Registerseite sind die für Zahlenangaben bestimmten Spalten zu summiren und die ermittelten Summen auf der nächstfolgenden Seite vorzutragen. Das Hebe-Register, welches jahrgangsweise zu führen, ist monatlich abzuschließen. Am Ende eines jeden Vierteljahrs sind die Einnahme-Ergebnisse der 3 Monate und am Jahresschlusse die Einnahmebeträge der vier Quartale zusammenzustellen.

§. 36.

Die Gerichtsschreiberei hat jede Gebühren-Ablieferung an die Hebestelle, also auch die der Rolle-Gebühr, in ein Verzeichniß oder Quittungsbuch einzutragen und dasselbe bei den einzelnen Ablieferungen der Hebestelle vorzulegen. Der Hebe-Beamte quittirt durch bloße Namensunterschrift in der letzten Spalte des Verzeichnisses und giebt dasselbe zurück.

Dem Verzeichnisse sind folgende Spalten zu geben:

1) Zeit der Ablieferung,
2) Gesammtbetrag der Abfassungs- und Ausfertigungs-Gebühren,

3) Gesammtbetrag der Rolle-Gebühr,
4) Unterschrift des Hebe-Beamten statt Quittung.

Dasselbe ist auf Ersuchen, insbesondere zum Zwecke der Kassenrevisionen, welchen die Hebestelle unterliegt, der Steuerbehörde zur Einsicht mitzutheilen.

2. Behandlung der gestundeten Gebühren.

§. 37.

Stundung der Gerichtsschreiberei-Gebühr kann eintreten, wenn die gebührenpflichtigen Akte:

1) von einer zum Armenrechte zugelassenen Partei,
2) Namens und im Interesse des Staats,
3) im Fallimentsverfahren, vorausgesetzt, daß dasselbe von Amtswegen oder auf den Antrag des Falliten eingeleitet worden ist,

erwirkt werden.

Allh. Kab.-Order vom 16. Februar 1823 (Rhein. Samml. Bd. 2. S. 347), Art. 20 des Gesetzes vom 21. Ventôse VII. und Art. 154 des Dekrets vom 17. Dezember 1811.

a. Gebührenstundung in Armensachen.

§. 38.

Die Gerichtsschreiberei hat für die Prozesse, in welchen eine zum Armenrechte zugelassene Partei der betreibende Theil ist, ein besonderes, vom Präsidenten des Gerichts zu foliirendes und zu paraphirendes Register zu führen, dessen Spalten, wie folgt, zu überschreiben sind:

1) fortlaufende Nummer,
2) Namen, Stand und Wohnort der Parteien,
3) Bezeichnung der Akte, von welchen die Gebühr zu stunden ist,
4) Datum der Aufnahme dieser Akte,
5) Rollenzahl,
6) Betrag der gestundeten Gebühren,
   a) für das Auftragen auf die Rolle,
   b) Ausfertigungs-Gebühren,
   c) Abfassungs-Gebühren,
7) Stempel zu den Ausfertigungen,
8) Entschädigung für Papier,
9) Totalbetrag,
10) Nummer des Debet-Manuals der Hebestelle (§. 39),
11) Namen der Partei, welcher die Kosten zur Last gelegt sind, sowie sonstige Bemerkungen.

Jeder Armensache ist in diesem Register eine besondere Abtheilung (Konto) zu geben, in welche, der Zeitfolge nach, die einzelnen gebührenpflichtigen Akte einzutragen sind. Ist der Prozeß bei dem Gericht, wo er schwebte, zu Ende, so ist das Konto abzuschließen und der Hebestelle binnen 8 Tagen eine beglaubigte Abschrift desselben zu übersenden.

Außerdem ist die Gerichtsschreiberei gehalten, dieses Register auf Erfordern der Steuerbehörde mitzutheilen.

§. 39.

Auch die Hebestelle hat, nach dem beiliegenden Formular C., ein Stundungs-Manual zu führen, in welchem für jede Armensache, unter fortlaufenden Nummern, eine Abtheilung (Konto) zu eröffnen ist.

Die einzelnen Akte, von welchen die Gebühren gestundet werden, hat die Gerichtsschreiberei gleich denjenigen, bei welchen sofortige Zahlung erfolgt, unter Angabe der Nummer des Stundungsregisters (§. 38) der Hebestelle einzureichen. Dieselbe trägt die Akte in die betreffende Abtheilung des Stundungs-Manuals ein; sie bescheinigt unter Angabe des gestundeten Betrags und der Nummer des Manuals auf dem Akte selbst, daß die Gebühr in debet notirt sei, und läßt den Akt an die Gerichtsschreiberei zurückgelangen.

Da in der Regel die Gebühr für das Auftragen auf die Rolle die erste ist, welche gestundet wird, so hat die Hebestelle im Stundungs-Manual ein Konto zu eröffnen, sobald sie bei Vorlage der Rolle (§. 30) von der Sache Kenntniß erlangt.

§. 40.

Ergeht in der Sache ein Endurtheil, welches über den Kostenpunkt entscheidet, so hat die Hebestelle die ihr zugehende Abschrift des betreffenden Konto's der Gerichtsschreiberei (§. 38) mit dem Konto des Stundungs-Manuals hinsichtlich der Uebereinstimmung zu vergleichen, das etwa Uebersehene nachzutragen, das Konto abzuschließen und die ihr zugegangene Abschrift beim Debet-Manual aufzubewahren.

§. 41.

Sind die Prozeßkosten dem Gegner der Armenpartei ganz zur Last gelegt, so hat die Hebestelle die gestundeten Gebühren auf Grund der Entscheidung sofort von dem verurtheilten Theile, unter Androhung des Zwangsverfahrens, zunächst jedoch kostenfrei, einzufordern. Weist dieser nach, daß er wider das Erkenntniß ein Rechtsmittel eingelegt hat, so ist die Beitreibung der Gebühren bis dahin zu beanstanden, daß über das Rechtsmittel rechtskräftig entschieden sein wird.

Unterläßt der Aufgeforderte die Zahlung, und weist er auch nicht nach, daß er wider das verurtheilende Erkenntniß ein Rechtsmittel erhoben, so hat sich die Hebestelle zunächst über seine Vermögens-Verhältnisse zu erkundigen und im Falle von einer zwangsweisen Vollstreckung Erfolg zu erwarten ist, bei der Gerichtsschreiberei die Ausfertigung eines Kosten-Exekutoriums, oder des Erkenntnisses, worin die Kosten mit Einschluß der Gerichtsschreiberei-Gebühren festgesetzt sind, zu erwirken. Auf den Ausfertigungen sind die Gebühren für ihre Ertheilung anzusetzen und als Nachtrag bei dem betreffenden Konto des Stundungs-Manuals einzutragen. Demnächst ist die Ausfertigung einem Gerichtsvollzieher zu übergeben, damit er die gestundeten Gebühren mit Einschluß der Gebühr für die Ausfertigung beitreibe.

§. 42.

Die Armenpartei, welcher die Gebühren gestundet worden sind, bleibt stets für deren Zahlung verhaftet. Sollte daher die Exekution wider den Gegner erfolglos bleiben, sie selbst zu sämmtlichen, oder nur zu einem Theile der Kosten verurtheilt, oder zwischen den streitenden Theilen die Kompensation der Kosten ausgesprochen sein, so kann sie wegen der Gebühren, zu denen aber die Kosten von Exekutorien, welche wider ihren Gegner ertheilt sind (§. 41), nicht gehören, zwar in Anspruch genommen werden, jedoch erst dann, wenn sich ihre Vermögensverhältnisse seit Erlangung des Armenrechts, sei es durch den Ausgang des Prozesses, oder durch andere Veranlassung gebessert haben. Die Hebestelle hat hierüber Erkundigungen einzuziehen, insbesondere nachzusehen, ob der Armenpartei durch das Erkenntniß Vermögensvortheile zugesprochen sind, und, im Falle diese Ermittelungen günstig ausfallen, die Gebühren vorerst kostenfrei einzufordern, dabei jedoch eine Androhung der Exekution für den Nichtzahlungsfall noch zu unterlassen.

Ueberhaupt ist festzuhalten, daß der Besitz von pfändbaren Gegenständen, welche zur Deckung der Gebühren hinreichen, für sich allein ein Vorgehen wider die Armenpartei noch nicht rechtfertigen kann.

Meldet sich der Angemahnte nicht, oder wendet er ein, daß sich seine Vermögensverhältnisse nicht gebessert hätten, während die Steuerbehörde bei der entgegengesetzten Meinung beharren zu können glaubt, so ist der betreffende Vertreter der Staatsanwaltschaft, unter Mittheilung der nöthigen Data, zu ersuchen, beim Gericht den Antrag zu stellen, daß über die Einforderbarkeit der Gebühren Beschluß gefaßt werde. Erklärt das Gericht die Gebühren für einforderbar, so wird der Vertreter der Staatsanwaltschaft der Hebestelle (dem Hauptamte) eine kostenfrei zu ertheilende Ausfertigung des desfallsigen Rathskammer-Beschlusses zugehen lassen. Die Hebestelle hat dann dem Gebührenschuldner diesen Beschluß mittheilen und ihn, unter Androhung der Exekution, nochmals zur Zahlung auffordern zu lassen.

Mit der Vollstreckung, welche nach Maaßgabe der Steuer-Exekutions-Ordnung zu bewirken ist, muß jedoch eingehalten werden, wenn der Schuldner wider den Beschluß des Gerichts Rekurs angemeldet hätte und sich darüber auswiese.

§. 43.

Wurden in erster Instanz der Armenpartei sämmtliche Kosten, oder ein bestimmter Theil derselben zur Last gelegt, oder wurde die Kompensation der Kosten ausgesprochen, und hat sie wider das betreffende Erkenntniß mit Erfolg Berufung erhoben, so daß in zweiter Instanz der Gegner zu den Kosten verurtheilt und hinsichtlich der Gebühren die Distraktion zum Vortheil des Fiskus ausgesprochen wäre, so hat die Steuerstelle, bei welcher das Erkenntniß zweiter Instanz zur Vorlage gelangt, der Steuerstelle bei dem Gericht erster Instanz unter Uebersendung des Kosten-Exekutoriums, beziehungsweise einer Urtheils-Ausfertigung, Mittheilung zu machen, damit die in beiden Instanzen gestundeten Gerichtschreiberei-Gebühren von dem Gegner der Armenpartei, nach Maaßgabe der Bestimmung im §. 41, eingefordert werden. Hat die Armenpartei wider ein Erkenntniß, welches zu ihrem Nachtheile ausgefallen, den Kassations-Rekurs eingelegt, und ist Kassation, unter gleichzeitiger Entscheidung in der Sache selbst, zu Gunsten der Armenpartei erfolgt, deren Gegner in die Prozeßkosten verurtheilt und auch in Ansehung der Gebühren die Distraktion zum Vortheile des Staats ausgesprochen, so hat die betreffende Gerichtsschreiberei, sobald ihr das Erkenntniß des Ober-Tribunals zugeht, um dasselbe am Rande des kassirten Urtheils einzutragen, der Hebestelle die erforderliche Mittheilung zu machen, damit die gestundeten Gebühren von der unterlegenen Partei eingefordert werden.

§. 44.

Insofern in Theilungsprozessen, welche von einer zum Armenrechte zugelassenen Partei betrieben worden, der Masse die Kosten zur Last gelegt sind, hat sich die Hebestelle an den vom Gericht mit den Theilungs-Operationen beauftragten Notar zu wenden, indem schon wegen der amtlichen Stellung der Notarien anzunehmen ist, daß sie sich die Berichtigung der Gebühren angelegen sein lassen werden.

Sollte die Masse bereits ausgeschüttet sein, oder der Notar erklären, daß er außer Stande sei, die Gebühren zu entrichten, und auch sonstige Schritte bei einem Inhaber der Masse erfolglos bleiben, so sind dieselben von der Armenpartei unter den im §. 42 erwähnten Voraussetzungen und unter Beobachtung des dort vorgeschriebenen Verfahrens einzufordern.

Die Hebestelle hat hierbei in Betracht zu ziehen, daß gewöhnlich in Folge von Theilungen die Vermögensverhältnisse der Interessenten eine Verbesserung erfahren. Ueber den Betrag des Vermögens, welches der Armenpartei zugetheilt wird, sind in der Regel die Notarien im Stande, Aufschluß zu geben.

§. 45.

Sind seit dem letzten gebührenpflichtigen Akte zwei Jahre verflossen, ohne daß der Prozeß fortgesetzt worden und eine Entscheidung über den Kostenpunkt erfolgt ist, so können die Gebühren von der Armenpartei eingefordert werden, vorausgesetzt jedoch, daß die Bedingungen der Einforderbarkeit zutreffen, deren im §. 42 gedacht ist. Die Gerichtsschreiberei hat daher in solchen Fällen der Hebestelle einen Auszug aus dem Stundungsregister zu übersenden.

§. 46.

Die Akte, von welchen die Gebühren in Fallitsachen gestundet werden (§. 37), sind gleichfalls in das Stundungs-Manual und zwar unter einer besonderen Abtheilung einzutragen, woselbst für jede Sache ein Konto anzulegen ist.

In den Spalten 3 und 4 des Manuals sind, außer den Namen und dem Wohnorte des Falliten, auch die Namen und der Wohnort der Agenten und Syndiken anzugeben, an welche sich die Hebestelle wegen Einzahlung der Gebühren aus den Fonds der Fallitmasse zu wenden hat.

Im Uebrigen sind auch für Fallitsachen die im §. 39 gegebenen Vorschriften maaßgebend. Da, wo, wie in größeren Städten, Fallimente häufig vorkommen, kann für dieselben, nach dem Ermessen der Steuerstelle, ein besonderes Verzeichniß geführt, und die Eintragung im Stundungsmanual für Armensachen unterbleiben.

§. 47.

Werden die gestundeten Gebühren, der Ausfertigungsstempel und die Papiergelder, welche der Gerichtsschreiberei in Gemäßheit der Allerh. Kab.-Order vom 24. Februar 1839 (Rh. Samml. Bd. 7. S. 23) zustehen, eingezahlt, so hat die Hebestelle die ersteren im Heberegister resp. im Register für die Rolle-Gebühr unter der laufenden Nummer zu buchen, in der letzten Spalte dieses, so wie des Rollegebühren-Registers die betreffende Nummer des Stundungs-Manuals zu vermerken und in dem letzteren die Spalten 12 und 13 dem Vordrucke gemäß auszufüllen.

Die erhobenen Papiergelder werden dem Gerichtsschreiber, welcher in der betreffenden Spalte des Stundungs-Manuals durch bloße Verzeichnung seines Namens zu quittiren hat, monatlich ausgezahlt. (§. 55.)

Der eingegangene Stempelbetrag wird in der für die Stempel-Einnahme ohne Material-Ausgabe bestimmten Spalte des Stempelgeld-Einnahme-Journals gebucht und die betreffende Nummer dieses Journals in die Spalte 14 des Stundungs-Manuals eingetragen.

§. 48.

Genügt der eingezahlte Betrag nicht, um die Gebühren,

den Ausfertigungsstempel und das Papiergeld für die Gerichtsschreiberei vollends zu decken, so ist derselbe zunächst auf das Papiergeld, sodann verhältnißmäßig auf die Gebühren und den Stempel zu verrechnen.

§. 49.

Sind seit Beendigung des Prozesses, beziehungsweise seit der im §. 45 vorgeschriebenen Aufforderung, drei Jahre verflossen, ohne daß sich die Vermögensverhältnisse der Armenpartei so gestaltet haben, daß sie zur Zahlung der Gebühren angehalten werden könnte, so ist durch das betreffende Hauptamt vierteljährlich beim Provinzial-Steuer-Direktor die Niederschlagung zu beantragen.

Zu diesem Zwecke sind die Niederschlagungs-Anträge in einer Uebersicht nach dem beiliegenden Muster Lit. D. tabellarisch zusammenzustellen und die Beläge, aus welchen die Uneinziehbarkeit hervorgehen soll, gehörig geheftet und nach den einzelnen Positionen der Nachweise geordnet, beizufügen.

Nach Eingang des Niederschlagungs-Dekrets sind die beiden letzten Spalten des Stundungs-Manuals, der Ueberschrift gemäß, auszufüllen.

b. Gebühren-Stundung in Fiskalsachen.

§. 50.

Die in Fiskalsachen gestundeten Gebühren sind gleichfalls in das Stundungs-Manual einzutragen, und zwar in eine besondere Abtheilung desselben. Im Uebrigen gilt auch für diese Sachen die im §. 39 ertheilte Vorschrift. Ergeht im Prozesse ein Endurtheil, so ist das Konto im Manual abzuschließen, sobald das Erkenntniß zur Eintragung gelangt.

§. 51.

Die Gebühren bleiben bis zum Ausgange der Sache, sei es, daß derselbe durch Erkenntniß oder durch Vergleich erfolgt, oder daß der Prozeß blos nicht fortgesetzt wird, gestundet. Die Hebestelle hat daher, sobald sie aus dem Endurtheile die Beendigung des Prozesses ersieht, die betreffende Verwaltungsbehörde unter Mittheilung des Gebührenbetrags um Einzahlung zu ersuchen. Ist seit dem letzten zur Eintragung gelangten gebührenpflichtigen Akte ein Jahr verstrichen, ohne daß ein Enderkenntniß zur Vorlage gekommen wäre, so hat die Steuerstelle bei der betreffenden Behörde über die Lage des Prozesses anzufragen und die gestundeten Gebühren einzufordern, wenn der Bescheid erfolgt, daß vom Prozesse Abstand genommen, oder daß er verglichen sei.

Ist zwar ein Endurtheil ergangen, dagegen jedoch ein Rechtsmittel eingelegt, — worüber die Behörde Mittheilung machen wird — so kann bis zum Ausgange der Sache mit der Gebühren-Einziehung gewartet werden. Ueberhaupt hat die Steuerstelle, damit die Einzahlung nicht zu sehr verschoben werde, von Zeit zu Zeit bei der betreffenden Behörde über den Stand der Sache Erkundigung einzuziehen.

§. 52.

Werden die gestundeten Gebühren eingezahlt, so sind sie unter der laufenden Nummer in die betreffenden Spalten des Hebe-Registers und des Registers für die Rolle-Gebühr mit Bezugnahme auf die Nummer des Stundungs-Manuals einzutragen und zwar in rother Schrift.

Demnächst werden im Manual die Spalten 12 und 13 der Ueberschrift gemäß ausgefüllt.

§. 53.

Die in den §§. 50 bis 52 ertheilten Vorschriften gelten auch für Prozesse, in welchen die Königliche Universität zu Bonn auftritt, insofern von ihren Vertretern die gebührenpflichtigen Akte erwirkt werden.

3. Gebühren-Antheile der Gerichtsschreibereien.

§. 54.

Den Gerichtsschreibereien steht von den erhobenen Gebühren ein Antheil zu, welcher beträgt:

1) Ein Zehntel der Gebühr für das Auftragen auf die Rolle und der Abfassungs- (Redaktions-) Gebühren;
2) Dreißig Centimes (2 Sgr. 5 Pf.) von jeder Rolle der Ausfertigungen, mit Ausnahme derjenigen, welche Staatsbehörden als solche entnehmen. Für diese Ausfertigungen ist der Gerichtsschreiberei nur eine Tantieme von zwanzig Centimes (1 Sgr. 7 Pf.) für die Rolle zugebilligt.

Von Ausfertigungen, welche für die Universität zu Bonn erwirkt werden, steht der Gerichtsschreiberei jedoch eine Tantieme von 30 Cent. für die Rolle zu. (Art. 19 und 20 des Gesetzes vom 21. Ventôse VII., Art. 152 und 155 des Dekrets vom 17. Dezember 1811.)

§. 55.

Zu Anfang eines jeden Monats hat die Hebestelle kontradiktorisch mit der Gerichtsschreiberei die Gebühren-Antheile, nach Maaßgabe der Hebe-Register für die Rolle, und andere Gebühren, sowie in Ansehung der in Fiskalsachen gestundeten Gebühren nach der betreffenden Abtheilung des Stundungs-Manuals und zwar nach den Spalten für die Anschreibung festzustellen. Dabei kommen in den beiden Hebe-Registern nur die mit schwarzer Dinte eingetragenen Zahlen in Betracht, weil hinsichtlich der in rother Schrift eingetragenen Gebühren der Antheil bereits gezahlt worden ist. (§. 52.)

Nachdem der Präsident des betreffenden Gerichts die Feststellung, welche nach dem beiliegenden Muster Lit. E. anzufertigen ist, für vollziehbar erklärt hat, zahlt die Steuer-Hebestelle die Tantiemen aus und läßt sich darüber auf der Abrechnung selbst vom Gerichtsschreiber Quittung ertheilen.

§. 56.

Vierteljährlich und zwar spätestens bis zum 8. des ersten auf das Quartal folgenden Monats, sind die Abrechnungen mit den Gerichtsschreibereien dem Provinzial-Steuer-Direktor unter Beischluß einer Liquidation, in welcher die in den einzelnen Monaten des Quartals erhobenen Gebühren, sowie die Beträge der Antheile, welche die Gerichtsschreibereien bezogen haben, getrennt werden müssen, einzureichen.

Der Kassenkurator hat unter dieser Liquidation zu bescheinigen, daß das vorgetragene Einnahme-Ergebniß mit dem Hebe-Register und dem Register über die Gebühr für das Auftragen auf die Audienz-Rolle übereinstimmt.

Das beiliegende Formular Lit. F. ist bei Aufstellung dieser Liquidationen anzuwenden.

4. Ablieferung der Gebühren, Aufstellung der Verwaltungs-Extrakte und Kontrole.

§. 57.

Werden die Gebühren unmittelbar von einem Hauptamte oder von einem Unteramte erhoben, so sind sie, nach Maaßgabe der betreffenden Hebe-Register, täglich in einer Summe in das Depositen-Manual einzutragen. Das Hauptamt bucht die monatlich an die Gerichtsschreibereien gezahlten Gebühren-Antheile als Vorschuß.

Findet die Gebühren-Erhebung bei einem Unteramte statt, so liefert dasselbe, nach Auszahlung der Tantieme die Gebühren monatlich an das betreffende Hauptamt theils baar, theils in Belägen durch Uebersendung der Abrechnungen (§. 55) ab. Das Hauptamt hat demnächst den ganzen Betrag in seinem Depositen-Register in Einnahme zu stellen und die gezahlten Gebühren-Antheile bei den Vorschüssen zu buchen.

Auf Grund der vierteljährlich an den Provinzial-Steuer-Direktor einzureichenden Liquidationen (§. 56) wird das Hauptamt angewiesen, die als Vorschuß gebuchten Gebührenantheile in der Extraordinarien-Rechnung in Ausgabe zu stellen.

Die Einnahme an Gebühren ist von den Hauptämtern vierteljährig mit besonderen Lieferzetteln, welchen eine, nach dem Formular G. aufzustellende Einnahme-Deklaration beizufügen ist, vollständig an die betreffende Regierungs-Hauptkasse abzuliefern.

§. 58.

Bis zum 8. des auf das Quartal folgenden Monats haben die Hauptämter dem Provinzial-Steuer-Direktor einen nach dem beiliegenden Formular Lit. H. aufzustellenden Verwaltungs-Abschluß und bis zum 8. Januar über die Einnahme an Gebühren im Vorjahre einen Final-Verwaltungs-Extrakt unter Benutzung des beiliegenden Formulars Lit. J. einzureichen.

§. 59.

Am Jahresschlusse hat der Hauptamts-Dirigent die Einnahme in den beiden Hebe-Registern festzustellen und ein Attest auszustellen, aus welchem sich die Gebühren-Einnahme des Jahres ergiebt.

Zugleich hat er, unter Zurhandnahme des Stundungs-Manuals und des Stundungs-Registers der Gerichtsschreiberei, zu prüfen:

a) ob die in dem letzteren eingetragenen Konten mit denen des Stundungs-Manuals übereinstimmen,
b) ob sich die Steuer-Hebestelle im abgelaufenen Jahre die Einziehung der gestundeten Gebühren hat angelegen sein lassen,
c) ob die aus dem Stundungs-Manual als eingegangen ersichtlichen Gebührenposten gehörig in die Hebe-Register aufgenommen sind und ob die Niederschlagung der dazu geeigneten Gebührenbeträge nachgesucht worden ist.

Ueber diese Prüfung hat der Hauptamts-Dirigent eine Verhandlung aufzunehmen und bis zum 15. Januar nebst dem Atteste über die Jahres-Einnahme dem Provinzial-Steuer-Direktor einzureichen.

Auch im Laufe des Jahres haben sich der Hauptamts-Dirigent und die Kassenkuratoren von der Thätigkeit der Steuer-Hebestellen in Beziehung auf die gestundeten Gebühren Ueberzeugung zu verschaffen und etwaige Unregelmäßigkeiten oder Verschleppungen abzustellen.

Berlin, den 22. August 1859.

Der Justiz-Minister. Simons.

Der Finanz-Minister. Frhr. v. Patow.

Formulare.

Formular A.

Register

des Königlichen .... Amtes zu .... über die Gebühren für das Auftragen auf die Rolle.

Jahr, Monat und Tag der Eintragung.	Sachen eingetragen auf der Rolle												Summa		
	des Appellationsgerichtshofes			des Landgerichts						des Handelsgerichts					
	zu 1 Thlr. 10 Sgr			zu 24 Sgr.			zu 12 Sgr.			zu 12 Sgr.					
	Anzahl der Positionen.	Betrag.		Anzahl der Positionen.	Betrag.		Anzahl der Positionen.	Betrag.		Anzahl der Positionen.	Betrag.		der Positionen.	der Gebühren.	
		Thlr.	Sgr.		Thlr.	Sgr.		Thlr.	Sgr.		Thlr.	Sgr.		Thlr.	Sgr.

Dieses Register ist mit der Feder anzulegen.

Formular B.

Hebe-Register

für die beim Königlichen .... aufkommenden Gerichtsschreiberei-Gebühren.

Dasselbe enthält ....: paraphirte Blätter und umfaßt den Zeitraum vom .... bis zum ....

Jahr, Monat und Tag der Eintragung.	Laufende Nummer.	Bezeichnung. Akte.	Der Kläger.		Der Verklagten.		Datum der Akte.	Betrag der Abfassungs-Gebühr			Ausfertigungs Gebühren.							Bemerkungen.
											Zahl der Rollen				Geldbetrag.			
											in Worten.	in Ziffern						
			Namen.	Wohnort.	Namen.	Wohnort.						zu 8 Sgr.	zu 10 Sgr.	zu 16 Sgr.				
								Rthl.	Sgr.	Pf.					Rthl.	Sgr.	Pf.	

Dieses Register wird gedruckt geliefert.

Formular C.

Manual

des Königlichen .... Amts zu .... für die beim Königlichen .... Gericht zu .... gestundeten Gerichtsschreiberei-Gebühren.

Laufende Nummer.	Nummer des Stundungs-Registers der Gerichtsschreiberei.	Anschreibung.								Die Anschreibung ist erledigt									
		Der Parteien.		Datum der Stundung.	Bezeichnung der Akte, von denen die Gebühr gestundet ist.	Betrag				Angabe der zum Einziehen geschehenen Schritte.	durch erfolgte Zahlung.							durch Uneinziehbarkeit.	
		Name, Gewerbe und Wohnort mit Angabe der Armenpartei und derjenigen, welchen die Kosten zur Last gelegt sind.				der Gerichtsschreiberei-Gebühren.	des Ausfertigungs-Stempels.	des Papiergeldes.	Summa.		Datum der Einzahlung	Der Heberegister, in welchen die Gebühren gebucht sind.				Nummer des Stempelgeld-Einnahme-Journals.	Quittung des Gerichtsschreibers über die Papiergelder.	Datum der Abschreibung.	Kurze Angabe der Belagstücke für die Uneinziehbarkeit und der Löschungs-Verfügung.
		Kläger.	Verklagte.			Rthlr. Sgr.	Rthlr. Sgr.	Rthlr. Sgr. Pf.	Rthlr. Sgr. Pf.			Jahrgang.	Band.	Seite.	Nummer.				
1	2	3	4	5	6	7	8	9	10	11	12	13				14	15	16	17

Dieses Register wird gedruckt geliefert.

Formular D.

Nachweise
uneinziehbarer gestundeter Gerichtsschreiberei-Gebühren.

Nummer.	Des Stundungs-Registers		Namen und Wohnort		Betrag der Gebühren.	Darauf sind		Die Kosten sind zur Last gelegt dem	Nummer der Beläge.	Bemerkungen und Gründe der Niederschlagung.
	Jahrgang.	Nummer.	der Kläger.	der Verklagten.	Thlr. Sgr. Pf.	eingezahlt. Thlr. Sgr. Pf.	niederzuschlagen. Thlr. Sgr. Pf.			
1	2	3	4	5	6	7	8	9	10	11

Formular E.

Abrechnung

mit der Gerichtsschreiberei des Königlichen .... Gerichts zu N. ....
über Gebühren-Antheile für den Monat ....

Nummer.	Bezeichnung der Gebühren.	Gebühren-Betrag Thlr	Sgr	Pf	Antheile der Gerichtsschreiberei. Maaßstab der Berechnung.	Betrag Thlr	Sgr	Pf
	Für							
1	Eintragung auf die Rolle ..	—	—	—				
2	Redaktionen............	—	—	—				
	Summe	—	—	—	$^1/_{10}$ der Gebühren.	—	—	—
3	Ausfertigungen							
	Rollen in Fiskalsachen							
	zu 16 Sgr. Anzahl ...	—	—	—				
	= 10 = = ...	—	—	—				
	= 8 = = ...	—	—	—				
	Summe	—	—	—	20 Ct. (1 sgr. 7 pf.) für die Rolle frcs. cent.	—	—	—
b.	Rollen in anderen Sachen							
	zu 16 Sgr. Anzahl ...	—	—	—				
	= 10 = = ...	—	—	—				
	= 8 = = ...	—	—	—				
	Summe	—	—	—	30 Ct. (2 sgr. 5 pf.) für die Rolle frcs. cent.	—	—	—
	Total-Summe	—	—	—		—	—	—

Kontradiktorisch festgestellt zwischen dem unterzeichneten und der Gerichtsschreiberei.

N. ...., den .. ten .... 18..

Das Königliche .... Amt. **Das Sekretariat.**

Formular F.

Liquidation

über Gebühren-Antheile, welche der Gerichtsschreiberei beim Königlichen .... Gerichte für das ..... Quartal 18.. zustehen.

Angabe des Jahres und Monats.	Betrag der Gebühren.									Betrag der an die Gerichtsschreiberei gezahlten Antheile.											
	für das Auftragen auf die Rolle und für Redaktionen.			für Ausfertigungen.			Ueberhaupt.			von der Rollen- und der Redaktions-Gebühr.			von der Ausfertigungsgebühr						Ueberhaupt.		
													den Antheil zu 30 Cent. (2 Sgr. 5 Pf.) pro Rolle.			den Antheil zu 20 Cent. (1 Sgr. 7 Pf.) pro Rolle.					
	Thlr	Sgr	Pf	Thlr	Sgr	Pf	Thlr	Sgr	Pf	Thlr	Sgr	Pf	Thlr	Sgr	Pf	Thlr	Sgr	Pf	Thlr	Sgr	Pf
18.. Januar																					
Februar																					
März																					
Summa																					

Formular G.

Deklaration

der Einnahme des ..... Amts zu ..... an Gerichtsschreiberei-Gebühren für das ..... Quartal 18 ..

Laufende Nummer.	Benennung der Gerichte.	Gebühren-Betrag.								
		Im abgelaufenen Quartal.			In den vorhergegangenen Quartalen.			Ueberhaupt.		
		Rthlr	Sgr	Pf	Rthlr	Sgr	Pf	Rthlr	Sgr	Pf
	Summa									

Formular H.

Verwaltungs-Extrakt

über die beim Königlichen .... Amte zu N. .... vereinnahmten, das Königliche .... Gericht zu N. .... betreffenden Gerichtsschreiberei-Gebühren für das ...... Quartal 18..

	Im abgelaufenen Quartal.			In den vorhergehenden Quartalen.			Ueberhaupt.		
	Thlr.	Sgr	Pf	Thlr.	Sgr	Pf	Thlr.	Sgr	Pf
Es wurden erhoben:									
An die Königliche Regierungs-Haupt-Kasse zu N. wurden abgeliefert									
Hiervon sind die an die Gerichtsschreiberei des Königlichen .... Gerichts zu N. gezahlten Gebühren-Antheile im Betrage von Thlr. Sgr. Pf. in Abzug zu bringen. Dieselben sind besonders liquidirt.									
	Im entsprechenden Quartal.			In den vorhergegangenen Quartalen.			Ueberhaupt.		
Im vorigen Jahre wurden vereinnahmt									
Mithin im Vergleich mit dem Vorjahre { mehr									
Mithin im Vergleich mit dem Vorjahre { weniger									

Die Richtigkeit dieses Extrakts und seine Uebereinstimmung mit den Registern bescheinigt

N. .... den ..ten .... 18..

Formular J

Schluß-Verwaltungs-Extrakt

über die beim Königlichen .... Amte zu N. .... im Jahre 18.. vereinnahmten, das Königliche .... Gericht zu N. .... betreffenden Gerichtsschreiberei-Gebühren.

	im ersten Quartal.			im zweiten Quartal.			im dritten Quartal.			im vierten Quartal.			Ueberhaupt.		
	Thlr	Sgr	Pf	Thlr	Sgr	Pf	Thlr	Sgr	Pf	Thlr	Sgr	Pf	Thlr	Sgr	Pf
Es wurden erhoben:															
An die Königliche Regierungs-Haupt-Kasse zu N. .... wurden abgeliefert															
Hiervon sind die an die Gerichtsschreiberei des Königlichen .... Gerichts gezahlten und besonders liquidirten Gebühren-Antheile im Betrage von .... abzusetzen.															

Die Richtigkeit dieses Extrakts und dessen Uebereinstimmung mit den Registern bescheinigt

N. .... den .. ten ...., 18..

66.

Verfügung vom 28. Dezember 1859, — betreffend die Anfertigung einer dritten Proberelation zur dritten juristischen Prüfung.

Verfügung vom 12. Mai 1837 (Jahrb. Bd. 49. S. 480).

Auf Ihren Bericht vom 10. d. Mts., betreffend die Anfertigung einer dritten Proberelation zur dritten Prüfung, wird Ihnen hierdurch eröffnet, daß die durch die Verfügung vom 12. Mai 1837 (Jahrb. 49. S. 480) den Präsidenten der Appellationsgerichte in den nicht rheinischen Provinzen ertheilte Befugniß, einem Kandidaten des dritten Examens nach zwei mißlungenen Proberelationen aus besonderen Gründen ein drittes Referat zu geben, von dem Justiz-Minister auf den Antrag der Immediat-Justiz-Examinations-Kommission seit dem Jahre 1852 aufgehoben und dahin abgeändert worden ist, daß, wenn dem Kandidaten die zweite Relation mißlingt, die Zutheilung eines dritten Referats ohne Weiteres nicht Statt findet, sondern unter Uebersendung der Censuren der mißlungenen Arbeiten der Immediat-Justiz-Examinations-Kommission Anzeige gemacht, und dem Ermessen derselben überlassen wird, ob Gründe vorhanden sind, ausnahmsweise die Zulassung zu einem neuen Versuche bei dem Justiz-Minister zu befürworten.

Damit bei der Beurtheilung der Frage, ob ausnahmsweise die Zulassung zu einer dritten Probearbeit zu gestatten sei, nach gleichen Grundsätzen verfahren werde, hält der Justiz-Minister es für angemessen, dies Verfahren auch auf den Bezirk des Appellationsgerichtshofes zu Cöln auszudehnen.

Ihnen, dem Herrn Ersten Präsidenten bleibt deshalb die Zutheilung der ersten und zweiten Proberelation an die Kandidaten des dritten Examens nach den bisherigen Vorschriften überlassen. Wenn aber beide mißlingen, so ist von Ihnen, dem Herrn Ersten Präsidenten und Ihnen, dem Herrn General-Prokurator über dieses Ergebniß, unter Einreichung der Vorcensuren der beiden mißlungenen Arbeiten, ohne die Proberelationen, an die Immediat-Justiz-Examinations-Kommission zur weiteren Veranlassung Bericht zu erstatten.

Berlin, den 28. Dezember 1859.

Der Justiz-Minister.
Simons.

An
den Herrn Ersten Präsidenten des Königl. Appellationsgerichtshofes und den Königl. Herrn General-Prokurator zu Cöln.

I. 4673. Rhein. Offizianten-Sachen 7. Vol. 4.

67.

Beschluß des Königlichen Staats=Ministeriums vom 31. Dezember 1859, — betreffend die Behandlung der militairpflichtigen Civilbeamten, welche in Folge der gegenwärtigen Formationsverhältnisse der Armee aus dem Reserve oder Landwehr=Verhältnisse zu den Fahnen einberufen sind oder noch einberufen werden.

Staats=Ministerial=Beschluß vom 18. Juni 1859 (S. 105 dieses Bandes).

Nach dem Antrage des Finanz=Ministers vom 5. d. Mts. erklärt das Staats=Ministerium sich damit einverstanden, daß der Staats=Ministerial=Beschluß vom 18. Juni d. J. auch auf diejenigen Civil=Beamten zu beziehen ist, welche in Folge der gegenwärtigen, einen Zustand fortdauernder Kriegsbereitschaft darstellenden Formations=Verhältnisse der Armee aus dem Reserve= oder Landwehr=Verhältnisse zu den Fahnen einberufen sind oder noch einberufen werden.

Von diesem Beschluß erhält jeder Minister eine beglaubigte Abschrift, um danach für sein Ressort das Erforderliche zu veranlassen.

Berlin, den 31. Dezember 1859.

Das Staats=Ministerium.

Fürst zu Hohenzollern=Sigmaringen. v. Auerswald. v. d. Heydt. Simons. v. Schleinitz. v. Patow. Gr. v. Pückler. v. Bethmann=Hollweg. Gr. v. Schwerin. v. Roon.

Vorstehender Beschluß des Königlichen Staats=Ministeriums wird sämmtlichen Gerichtsbehörden, sowie den Beamten der Staatsanwaltschaft zur Kenntnißnahme und Beachtung mitgetheilt.

Berlin, den 8. Februar. 1860.

Der Justiz=Minister.
Simons.

An
sämmtliche Gerichtsbehörden und an die Beamten der Staatsanwaltschaft.

I. 450. O. 136. Vol. 4.

XLVII.

1860.

Gesetze, Verordnungen, Rescripte.

68.

Allgemeine Verfügung vom 24. Januar 1860, — betreffend die Portofreiheit in Justizsachen.

Der Herr Minister für Handel, Gewerbe und öffentliche Arbeiten hat im Einverständnisse mit dem Justiz-Minister das nachstehend abgedruckte Regulativ über die Portofreiheit in Justizsachen für den Bezirk des Appellationsgerichtshofes zu Cöln mit der Bestimmung erlassen, daß dasselbe bei den betreffenden Postanstalten vom 1. Februar d. J. ab zur Anwendung gebracht werden soll.

Die Gerichte und Beamten der Staatsanwaltschaft in dem gedachten Bezirk werden angewiesen, die in diesem Regulativ enthaltenen Vorschriften sorgfältig zu beachten, namentlich aber darauf zu halten, daß

1) nur solche Sendungen unter dem Vermerk der Portofreiheit befördert werden, denen die Portofreiheit zugestanden ist; daß ferner
2) bei portofreien Sendungen die Vorschrift des §. 10 über die äußere Beschaffenheit einer portofreien Sendung genau beachtet wird, und daß endlich
3) bei eingehenden Sendungen, welche mit dem Vermerk der Portofreiheit versehen sind, geprüft wird, ob der Sendung auch die Portofreiheit zusteht, und wenn solches nicht der Fall ist, daß der Orts-Postanstalt alsdann, unter Beifügung des Kouverts oder einer mit allen Postzeichen versehenen beglaubigten Abschrift desselben, desgleichen unter Bezeichnung des Absenders und kurzer Angabe und Bescheinigung des Inhalts, sowie bei Sendungen von Behörden mit Angabe der Expeditions-Nummer, von der mißbräuchlichen Anwendung des Portofreiheits-Vermerks Nachricht gegeben wird.

Uebertretungen der in dem Regulativ zusammengestellten Vorschriften sind auch ohne Antrag der Postverwaltung im Aufsichtswege mit der erforderlichen Strenge zu rügen. Erfolgt die Rüge auf den Antrag einer Postbehörde, so ist derselben von der erlassenen Verfügung Nachricht zu geben.

Berlin, den 24. Januar 1860.

Der Justiz-Minister.
Simons.

An
die Gerichte und Beamten der Staatsanwaltschaft im Bezirk des Appellationsgerichtshofes zu Cöln.

I. 265. Rhein. Gener. 10. Vol. 3.

Anlage.

Regulativ

über die Portofreiheit in Justizsachen für den Bezirk des Appellationsgerichtshofes in Cöln.

§. 1.

Die Portofreiheit einer Sendung in Justizsachen wird nach verschiedenen Grundsätzen beurtheilt, je nachdem die Sendung in Justizdienst-Einrichtungs- und Aufsichtssachen (Verwaltungssachen) oder in einzelnen Rechtsangelegenheiten (Parteisachen) ergangen ist.

§. 2.

I. Portofreiheit in Justiz-Verwaltungs-Sachen.

In Justiz-Verwaltungssachen sind alle Sendungen zwischen den Gerichten, und zwar den Friedensgerichten, den Präsidenten oder Sekretariaten bei den übrigen Gerichten, den Untersuchungsrichtern, den Beamten der Staatsanwaltschaft, den Beamten der Polizei-Anwaltschaft, den Bürgermeistern, insoweit diese in der vorerwähnten amtlichen Eigenschaft als Organe der Staatsgewalt einzutreten haben, unter sich und mit anderen Königlichen Behörden und die dienstliche Korrespondenz der Gerichtsvollzieher, der Forst- und Feldhüter mit den vorgenannten Justizbehörden, portofrei, sofern dieselben nicht im Interesse einer Privatperson abgelassen werden; wogegen Sendungen zwischen den genannten Justizbehörden einerseits, und Privatpersonen, Privatgesellschaften und nicht Königlichen Behörden andererseits der Portozahlung unterliegen, sofern die Sendung nicht unzweifelhaft im ausschließlichen Interesse des Staats abgelassen worden ist, ein Interesse einer Privatperson u. s. w. mithin dabei nicht konkurrirt.

Es sollen jedoch ohne Rücksicht auf ein konkurrirendes Interesse einer Privatperson die zur Justiz-Offizianten-Wittwenkasse fließenden Beträge bei ihrer Versendung zwischen den Justizbehörden und der Justiz-Offizianten-Wittwenkasse in Berlin portofrei befördert werden.

Zu den Sendungen, bei denen ein Privatinteresse konkurrirt, und welche deshalb die Portofreiheit nicht genießen, gehören insbesondere:

1) Gesuche der Beamten in persönlichen Angelegenheiten, z. B. um Urlaub, Zulage, Beförderung u. s. w., und die darauf erlassenen Bescheide, sowie alle Sendungen zwischen Behörden und Privatpersonen wegen Anschaffung von Büreau-Utensilien, Büchern, Druckmaterialien zu Formularen u. s. w. für den Königlichen Dienst.
2) Sendungen, welche durch das Verschulden eines Beamten herbeigeführt werden, wohin insbesondere Strafverfügungen und alle Monitorien gerechnet werden, welche dadurch nöthig geworden sind, daß der Beamte eine schon ergangene Erinnerung unbeachtet gelassen hat.
3) Geldsendungen aus Königlichen Kassen an Beamte und Privatpersonen, oder von diesen an Königliche Kassen, soweit dabei der Grundsatz in Anwendung kommen kann, daß die zu erhebenden oder zu zahlenden Beträge bei derjenigen Kasse in Empfang genommen oder gezahlt werden müssen, auf welche die Zahlungsanweisung lautet (erste Receptur). Insbesondere dürfen Diäten, Besoldungsgelder und Gebühren an Beamte oder Kommissarien nicht portofrei abgesandt werden, vielmehr hat für dergleichen Sendungen der Empfänger das Porto zu zahlen, es sei denn, daß die Versendung durch dienstliche Anordnungen nothwendig geworden ist, welche den Empfänger verhindern, die Beträge bei der betreffenden Kasse zu erheben.
4) Versendungen der Eheverkündigungen und der im Interesse der betheiligten Privatpersonen erfolgenden Sendungen in Civilstandsangelegenheiten zwischen den Civilstandsbeamten.

§. 3.

II. Portofreiheit in Justiz-Partei-Sachen.

A. In Strafsachen.

In Strafsachen, insofern sie von Amtswegen verfolgt werden, sind sämmtliche von den im §. 2 bezeichneten Justizbehörden abgehenden Erlasse und Aktensendungen portofrei. Dies gilt auch von den an Privatpersonen gerichteten Erlassen, sofern diese nicht in besonderem Interesse des Adressaten ergehen, und deshalb das Porto diesem und nicht der Staatskasse zur Last fällt.

Die Korrespondenz der Gerichtsvollzieher ist in Strafsachen nur dann portofrei, wenn sie an Königliche Gerichtsbehörden oder Beamte der Staats- und Polizei-Anwaltschaft, die der Forst- und Feldhüter nur dann, wenn sie an die vorgesetzten Behörden gerichtet ist.

Privatpersonen müssen auch in Strafsachen ihre Eingaben an die Justizbehörden frankiren. Doch ist das Porto für dergleichen Sendungen, wenn sie unfrankirt eingehen, wieder zu löschen, resp. zu erstatten, sobald von der auf der Adresse benannten Justizbehörde bescheinigt wird, daß die Sendung im ausschließlichen Interesse des Staats erfolgt ist.

Die Portofreiheit in Strafsachen bezieht sich übrigens nur auf Korrespondenz- und Aktensendungen, doch soll auch die Versendung von Ueberführungsstücken (corpora delicti), selbst wenn sie in baarem Gelde oder in Packeten zum Gewicht von mehr als resp. 10 und 20 Pfd. (§. 8) bestehen, portofrei erfolgen.

§ 4.

B. in Angelegenheiten des Disziplinar-Raths der Advokat-Anwalte.

Die amtliche Korrespondenz und Aktensendungen des Disziplinar-Raths der Advokat-Anwalte wird portofrei befördert.

§. 5.

C. in Civil-Prozeßsachen.

In Civil-Prozeßsachen sind alle Sendungen portopflichtig, doch soll ausnahmsweise in Armen-Prozeßsachen und in Armen-Vormundschaftssachen Portofreiheit nach Maaßgabe der folgenden Vorschriften (§§. 6 und 7) eintreten.

§. 6.

D. in Armen-Prozeßsachen.

Die Portofreiheit in Armen-Prozeßsachen erstreckt sich:

I. auf die Korrespondenz- und Aktensendungen, welche in Angelegenheiten einer Armenpartei von den Gerichten, und zwar von den Friedensgerichten, den Präsidenten oder den Sekretariaten (Gerichtsschreibereien), bei den übrigen Gerichten den Untersuchungsrichtern, oder von den Beamten der Staatsanwaltschaft abgesandt werden,

und

II. auf die Korrespondenz- und Aktensendungen, welche in Armen-Prozeßsachen

a. zwischen den Armenparteien und den denselben im Armenrecht bestellten Advokat-Anwalten und Gerichtsvollziehern;

b. zwischen diesen Advokat-Anwalten und Gerichtsvollziehern untereinander;
c. zwischen den den Armenparteien im Armenrechte bestellten Advokat-Anwalten in verschiedenen Instanzen, und
d. zwischen den a. bis c. genannten Personen und den Gerichten (I.) oder den Beamten der Staatsanwaltschaft

verschickt werden.

Rücksichtlich der hiernach portofrei zu befördernden Aktensendungen gilt durchweg als Bedingung, daß dieselben einzeln das postzwangspflichtige Packetgewicht von 20 Pfund Preußisch nicht übersteigen dürfen.

Die Portofreiheit in gerichtlichen Armensachen tritt ein, wenn eine Partei wirklich gerichtlich zum Armenrechte verstattet worden ist, und beschränkt sich auf die bezeichneten Sendungen, welche in Angelegenheiten der zum Armenrechte verstatteten Partei nöthig werden. Die Korrespondenz- und Aktensendungen der Behörden in Betreff der Zulassung zum Armenrecht gehören zu den Justiz-Dienstsachen.

Die Portofreiheit in gerichtlichen Armensachen kann nur dann berücksichtigt werden, wenn die Sendung auf der Adreßseite mit dem handschriftlichen Vermerk:

„Gerichtliche Armensache"

versehen ist.

Den Sendungen, welche von den Gerichten oder den Beamten der Staatsanwaltschaft (Nr. I.) abgesandt werden, tritt der Verschluß mit dem Amtssiegel hinzu.

Bei allen Sendungen, welche nicht von den Gerichten oder den Beamten der Staatsanwaltschaft ausgehen, müssen die Briefe offen oder unter Kreuz- oder Streifband verschlossen aufgegeben werden und die Aktensendungen in der Art eingerichtet sein, daß sich der Gegenstand der Sendung als ein in der gerichtlichen Armensache verhandeltes Aktenstück erkennen läßt. Unter dem Vermerke der Portofreiheit müssen der Name und der Wohnort des Absenders angegeben sein.

Es soll jedoch auch bei diesen Sendungen der Verschluß der Briefe und Packete unter der Bedingung gestattet sein, daß der Friedensrichter oder der Beamte der Staatsanwaltschaft nach vorgängiger Prüfung der Portofreiheit die von der Armenpartei, deren Advokat-Anwalt oder Gerichtsvollzieher abzusendenden Briefe oder Akten auf der Adresse mit dem handschriftlichen Vermerk

„Gerichtliche Armensache"

versehen und mit dem Amtssiegel verschlossen hat.

§. 7.

E. in Armen-Vormundschaftssachen.

In Armen-Vormundschaftssachen sind die Korrespondenz-

und Aktensendungen zwischen den Gerichten oder Beamten der Staatsanwaltschaft unter sich oder zwischen diesen Behörden einerseits, und anderen Behörden und Privatpersonen, insbesondere den Vormündern andererseits portofrei, sofern diese Sendungen im alleinigen Interesse des Bevormundeten ergehen und unter dem Rubrum:

„Gerichtliche Armensache"

abgelassen werden.

Vormünder und andere Privatpersonen haben die Absendung dieser Korrespondenz und Akten unter portofreiem Rubrum durch Vermittelung der Gerichte oder der Beamten der Staatsanwaltschaft zu bewirken.

Diese Vermittelung ist zurückzuweisen, wenn der Inhalt der Sendung ergiebt, daß dieselbe nicht im alleinigen Interesse des Bevormundeten abgelassen wird.

Sind derartige Sendungen nicht mit dem Siegel eines Gerichts oder der Staatsanwaltschaft verschlossen, so haben die Postanstalten dieselben mit Porto zu belegen. Das Porto ist aber wieder zu löschen, wenn von dem auf der Adresse genannten Gericht oder Staatsanwalt das Unvermögen des bei der Sendung ausschließlich betheiligten Bevormundeten bescheinigt wird.

§. 8.

III. Allgemeine, die Portofreiheit beschränkende Maaßregeln.

Es ist möglichst dafür zu sorgen, daß die nach den vorhergegangenen Bestimmungen portofreien Aktensendungen in solchen Packeten zur Post gegeben werden, welche das Gewicht von 20 Pfd. nicht übersteigen. Portofreie Packetsendungen, welche nicht Schriften, Akten, dienstliche Listen, Tabellen oder Rechnungen, sondern andere Gegenstände, z. B. Proben, Muster, Modelle, Siegel, Maaße, Waagen und Gewichte, überhaupt Utensilien enthalten, dürfen das Gewicht von 10 Pfd. für jede abgehende Post nicht übersteigen.

Ueberdies sollen die Posten überhaupt nicht dazu benutzt werden:

1) um die Versendung von Akten auszuführen, welche dadurch nothwendig wird, daß Registraturen verlegt, ganz oder theilweise geräumt, oder unbrauchbar gewordene Akten verkauft werden sollen;
2) um Behörden oder Beamten Schreibmaterialien zum Dienstgebrauch zuzusenden.

Jedenfalls sind dergleichen Sendungen (1 und 2) portopflichtig.

§. 9.

Auch für portofreie Sendungen muß entrichtet werden:

1) das Bestellgeld nach Maaßgabe der allgemeinen Verfügung vom 19. Mai 1855 (Post-Amtsblatt S. 105 und 106 und Justiz-Ministerial-Blatt S. 151), die Bestellung mag am Orte der Postanstalt durch die gewöhnlichen Briefträger oder außerhalb dieses Ortes durch die Landbriefträger auszuführen sein;
2) das Packkammer- oder Lagergeld;
3) die Prokura-Gebühr für Vorschußsendungen, welche jedoch bei Vorschußsendungen in reinen Verwaltungs-Angelegenheiten außer Ansatz bleiben;
4) die Einzahlungs-Gebühr für baare Einzahlungen.

Eine Befreiung von der Entrichtung des ausländischen Portos bei Sendungen nach dem Auslande tritt bei Packet-, Geld- und sonstigen Werthsendungen überhaupt nicht, bei Korrespondenz-Sendungen aus Preußen nach anderen Städten des Deutsch-Oesterreichischen Postverein's nur ein:

1) für Korrespondenz-Sendungen bis zum Gewicht von 1 Pfd., welche in reinen Verwaltungs-Angelegenheiten ergehen, und mit dem für diese bestimmten Rubrum versehen sind;
2) für Korrespondenz-Sendungen in Parteisachen, sofern diesen nach den vorangegangenen Bestimmungen die Portofreiheit zusteht, wenn
   a) dergleichen Sendungen das Gewicht von 4 Loth nicht übersteigen, oder wenn
   b) bei einem Gewicht der Korrespondenz-Sendung von 4 bis 16 Loth die Beförderung mit der Briefpost durch einen Beisatz auf der Adresse ausdrücklich verlangt worden ist.

§. 10.

IV. Aeußere Beschaffenheit der portofreien Sendungen.

Soll eine nach den vorangegangenen Bestimmungen portofreie Sendung von den Postbeamten als solche anerkannt werden, so muß sie

1) mit einem öffentlichen Siegel verschlossen oder unter Streif- oder Kreuzband aufgegeben;
2) auf der Adreßseite mit dem handschriftlichen Portofreiheits-Vermerk versehen

und

3) dieser Vermerk vorschriftsmäßig beglaubigt sein.

Der Portofreiheits-Vermerk besteht für diejenigen Sachen, welche als Verwaltungssachen nach §. 2 Portofreiheit genießen, in den Worten:

„Königliche Dienstsache,“

wogegen die nach §. 3 portofreien Sendungen in Strafsachen mit dem Vermerke:

„Portofreie Justizsache,“

und die nach den §§. 6 und 8 portofreien Sendungen in Armen-Prozeßsachen und Armen-Vormundschaftssachen mit dem Vermerk:

„Gerichtliche Armensache“

zu versehen sind.

Die Beglaubigung des Portofreiheits-Vermerks erfolgt dadurch, daß dem Vermerk die Namens-Unterschrift eines Beamten hinzugefügt wird. Es kann solches vermittelst eines Stempels geschehen, der den Namen des beglaubigenden Beamten enthält und von diesem zur Vermeidung eines Mißbrauchs sorgfältig aufzubewahren ist.

Zur Beglaubigung des Portofreiheits-Vermerks sind außer den Vorständen der in §. 2 bezeichneten Justizbehörden, sowie außer denjenigen Beamten, welche eine dieser Behörden repräsentiren, nur diejenigen Beamten und deren Stellvertreter befugt, welche von ihren Vorgesetzten damit ein- für allemal beauftragt und der Orts-Postanstalt namhaft gemacht worden sind.

Die Gerichtsvollzieher, Forst- und Feldhüter, welche kein öffentliches Siegel führen, können zwar ihre portofreie Korrespondenz an die in den §§. 2 und 3 genannten Behörden mit einem Privatsiegel verschließen, müssen aber den Portofreiheits-Vermerk eigenhändig unterschreiben und ihrer Unterschrift die Angabe ihrer amtlichen Eigenschaft hinzufügen.

§. 11.

Entspricht die äußere Beschaffenheit der Sendung der Vorschrift des §. 10 in der einen oder anderen Beziehung nicht, so muß die Sendung von den Postanstalten als portopflichtig behandelt und austaxirt werden, auch wenn dieselbe an eine Königliche Behörde gerichtet sein sollte. Dabei ist der Grund der Austaxirung auf der Adresse kurz zu vermerken, z. B. öffentliches Siegel fehlt, Beglaubigung fehlt.

Wird in dergleichen Fällen die Portofreiheit der Sendung

a) durch Vorzeigung des Inhalts,

b) bei Sendungen an Königliche Behörden durch Namhaftmachung des Absenders, sowie durch kurze Angabe des Inhalts der Sendung und deren Bescheinigung auf dem Kouverte,

dargethan, so wird das vom Adressaten erhobene Porto demselben erstattet.

In jedem Falle kann die Erstattung des Portos nur gegen Rückgabe des Kouverts oder einer mit allen Postzeichen versehenen beglaubigten Abschrift desselben erfolgen.

§. 12.

V. Ueberwachung der Sendungen gegen mißbräuchliche Anwendung des Portofreiheits-Vermerks:

a) Seitens der Justiz-Behörden und Beamten.

Es gehört zu den dienstlichen Obliegenheiten aller Behörden und Beamten, jede Verkürzung der Porto-Einnahme durch mißbräuchliche Anwendung des Portofreiheits-Vermerks von der Staatskasse abzuwenden und insbesondere streng darüber zu wachen, daß

1) nur solche Sendungen unter dem Vermerk der Portofreiheit abgelassen werden, denen die Portofreiheit zugestanden ist, daß ferner
2) bei portofreien Sendungen die Vorschrift des §. 10 über die äußere Beschaffenheit einer portofreien Sendung genau beachtet wird, und daß endlich
3) bei eingehenden Sendungen mit dem Vermerk der Portofreiheit sorgfältig geprüft wird, ob der Sendung die Portofreiheit auch zusteht, und wenn solches nicht der Fall ist, der Orts-Postanstalt unter Beifügung des Kouverts oder einer mit allen Postzeichen versehenen beglaubigten Abschrift desselben mit Bezeichnung des Absenders und kurzer Angabe und Bescheinigung des Inhalts, sowie bei Sendungen von Behörden mit Angabe der Expeditions-Nummer von der mißbräuchlichen Anwendung des Portofreiheits-Vermerks Nachricht gegeben wird.

§. 13.

b) Seitens der Post-Behörden und Beamten.

Die Postbehörden und Postbeamten sind nicht nur befugt, sondern auch verpflichtet, die mit dem Vermerk der Portofreiheit versehenen Sendungen in Absicht auf die Anwendbarkeit dieses Vermerks zu kontroliren, und wenn begründete Zweifel gegen die Anwendbarkeit der Portofreiheit obwalten, die Sendung bis zur näheren Ausweisung über den portofreien Inhalt mit Porto zu belegen.

Bei Ausführung der Kontrole soll jedoch zur Vermeidung jeder unzeitigen Belästigung der Behörden mit Vorsicht und möglichster Schonung zu Werke gegangen werden, und es soll der vorläufige Porto-Ansatz in dergleichen Fällen nur dann eintreten, wenn wirklich begründete Zweifel gegen die Anwendbarkeit der Portofreiheit obwalten.

Liegen dergleichen Zweifel vor, so wird auf die Adresse der Vermerk gesetzt:

„bis zur näheren Ausweisung über die Portofreiheit“

und wenn der Adressat die Erstattung des von ihm erhobenen Portos verlangt, auf gleiche Weise wie in dem §. 11 bestimmten Falle (wenn die äußere Beschaffenheit der Sendung den gegebenen Vorschriften nicht entspricht) verfahren.

Ergiebt sich bei Vorzeigung des Inhalts der Sendung oder bei Sendungen an Behörden aus der Bescheinigung des Inhalts auf der Adresse, daß eine portopflichtige Sendung mit dem Vermerk der Portofreiheit versehen worden ist, so hat die distribuirende Postanstalt der Postanstalt des Aufgabe-Ortes von dem Falle unter Mittheilung der Beweisstücke Nachricht zu geben. Diese zieht von dem Absender (auch von der absendenden Gerichtsbehörde) das Porto für die Sendung und das einfache Briefporto für die Rücksendung ein, und veranlaßt das Erforderliche in Absicht auf die Einleitung der Untersuchung wegen Portokontravention gegen den Absender.

Die Einleitung der Untersuchung bleibt jedoch bei Sendungen von Behörden auf diejenigen Fälle beschränkt, in welchen sich ergiebt, daß der betreffende Beamte bei der mißbräuchlichen Anwendung des Portofreiheits-Vermerks durch ein eigenes persönliches Interesse geleitet worden ist, insbesondere seine amtliche Stellung dazu gemißbraucht hat, Privatsendungen unter dem Vermerke der Portofreiheit abzuschicken, oder portofreien dienstlichen Sendungen Privatmittheilungen beizupacken.

Aber auch in allen übrigen Fällen der unrichtigen Anwendung jenes Vermerks muß bei der absendenden Behörde die Rüge im Disziplinarwege gegen den betreffenden Beamten beantragt werden.

Zu diesem Zwecke sind die Akten der vorgesetzten Ober-Postdirektion zu übersenden, welche die Rüge gegen den betreffenden Beamten bei dessen vorgesetzter Dienstbehörde zu beantragen und sich davon Kenntniß zu verschaffen hat, daß dergleichen mißbräuchliche Anwendungen des Portofreiheits-Vermerks nicht ungerügt bleiben. Sollten sich bei einer und derselben Behörde die Fälle einer mißbräuchlichen Anwendung des Portofreiheits-Vermerks wiederholen, so ist die Abstellung solcher Mißbräuche bei der höheren Behörde zu beantragen oder nach Bewandniß der Umstände an das General-Postamt zur weiteren Veranlassung zu berichten.

§. 14.

Wird bei Sendungen, welche entweder wegen Mängel in der äußeren Beschaffenheit (§. 11) oder wegen begründeter Zweifel über die Anwendbarkeit der Portofreiheit (§. 13) austaxirt worden sind, die vorläufige Zahlung des Portos verweigert, so sind dergleichen Sendungen von den Postanstalten als unbestellbar zu behandeln und an den Abgangsort zurückzuschicken. Ist jedoch eine Sendung von einer Königlichen Behörde abgelassen worden, und wird Seitens des Adressaten deren portofreie Verabfolgung verlangt, so ist dieser kein Anstand zu geben, in solchen Fällen aber eine genaue Abschrift der Adresse mit Angabe der absendenden Behörde, welche aus dem Siegel zu ersehen oder von dem Empfänger zu erfragen ist, zur weiteren Veranlassung unter Angabe der obwaltenden Zweifel über die Anwendbarkeit der Portofreiheit der vorgesetzten Ober-Postdirektion einzureichen.

§. 15.

Meinungsverschiedenheiten über die Portofreiheit einer Sendung zwischen einer Postanstalt und einer anderen Behörde muß die Postanstalt zur Entscheidung der vorgesetzten Ober-Postdirektion vortragen, und darf sich über dergleichen Meinungsverschiedenheiten in eine Korrespondenz mit anderen Behörden nicht einlassen. Die Ober-Postdirektionen haben in den ihnen zweifelhaften Fällen die Entscheidung des General-Postamts einzuholen.

Die Vorschriften über die Portofreiheit in Justizsachen, §§. 105 bis 138 der Uebersicht der Portofreiheits-Verhältnisse, und die dazu ergangenen abändernden und ergänzenden Bestimmungen werden aufgehoben.

Berlin, den 3. Januar 1860.

Der Minister für Handel, Gewerbe und öffentliche Arbeiten.
von der Heydt.

69.

Verfügung des General-Prokurators zu Cöln vom 28. Januar 1860, — betreffend die Empfangsbescheinigung über die Aushändigung der für preußische Unterthanen oder für französische Staatsangehörige, welche sich in Preußen aufhalten, bestimmten Urkunden französischer Gerichtshöfe.

Die von den Königlichen Herren Ober-Prokuratoren an des Herrn Ministers der auswärtigen Angelegenheiten Excellenz Behufs weiterer Uebermittelung an die Kaiserlich französische Gesandtschaft eingesendeten Empfangsscheine über die richtige Zustellung der für diesseitige Unterthanen oder in Preußen sich aufhaltende französische Staatsangehörige bestimmten Urkunden französischer Gerichtshöfe sind nicht selten Gegenstand von Reklamationen der französischen Gesandtschaft, weil oft mehrere Personen auf einem und demselben Blatt und bisweilen für mehrere, oft auch von verschiedenen Gerichten, an eine und dieselbe Person gerichteten Urkunden die Empfangsbescheinigung ausstellen, und es alsdann für die genannte Gesandtschaft äußerst schwierig, zuweilen unmöglich ist, aus diesen Empfangsscheinen zu ersehen, ob jeder der Unterzeichneten auch die für ihn bestimmte Anzahl von Urkunden richtig empfangen habe, oder den betreffenden Gerichten den richtigen Empfangsschein zugehen zu lassen.

Zur Beseitigung dieses Uebelstandes werden Sie, in Gemäßheit einer Verfügung des Herrn Justiz-Ministers Excellenz vom 25. d. Mts hierdurch angewiesen:

über jede Ihnen zur weiteren Aushändigung von dem Herrn Minister der auswärtigen Angelegenheiten zugehende Urkunde französischer Gerichtshöfe einen besonderen Empfangsschein einzusenden, und zugleich in diesen eine nähere Bezeichnung der Urkunde aufzunehmen, über deren Aushändigung er ausgestellt worden ist.

Cöln, den 28. Januar 1860.

Der General-Prokurator.
Nicolovius.

An
sämmtliche Königl. Herren
Ober-Prokuratoren.

ad I. 451. Rhein. Gener. 116. Vol. 2.

70.

Beschluß des Königlichen Staats-Ministeriums vom 25. Februar 1860, — betreffend die Behandlung der bei einer Mobilmachung der Armee als Offiziere oder als Militair-Administrations-Beamte eingezogenen pensionirten oder auf Wartegeld stehenden Civilbeamten.

Staats-Ministerial-Beschluß vom 19. Juli 1850 (Rhein. Samml. Bd. 10. S. 228).

Auf den Antrag der Minister der Finanzen und des Krieges vom 6. Dezember v. J. beschließt das Staats-Ministerium, unter Vorbehalt der Einholung der Allerhöchsten Genehmigung:

die §§. 18 des Staats-Ministerial-Beschlusses vom 22. Januar 1831 und 8 der Beilage des Staats-Ministerial-Beschlusses vom 19. Juli 1850, sowie den Staats-Ministerial-Beschluß vom 23. Januar 1850 dahin abzuändern:

daß den bei einer Mobilmachung der Armee als Offiziere oder als Militair-Administrations-Beamte eingezogenen pensionirten oder auf Wartegeld stehenden Civilbeamten in den Fällen, wo ihr Militairgehalt geringer, als das vor ihrer Pensionirung oder Stellung auf Wartegeld bezogene letzte Friedensgehalt ist, ein Zuschuß zu dem ersteren bis zur Höhe des letzteren aus ihrer Pension oder ihrem Wartegelde, soweit diese Kompetenzen reichen, gewährt, und hiernach auch schon in Betreff der bei der vorjährigen Mobilmachung zum Kriegsdienste eingezogenen derartigen Beamten verfahren werden darf.

Von diesem Beschlusse erhält, sobald derselbe die Allerhöchste Genehmigung erlangt haben wird, ein jeder Minister eine beglaubigte Abschrift, um danach für seinen Bereich das Erforderliche zu veranlassen.

Berlin, den 25. Februar 1860.

Das Staats-Ministerium.
Fürst zu Hohenzollern-Sigmaringen. v. Auerswald. v. d. Heydt.
Simons. v. Schleinitz. v. Patow. Gr. v. Pückler.
v. Bethmann-Hollweg. Gr. v. Schwerin.
v. Roon.

Vorstehender Beschluß des Königlichen Staats-Ministeriums wird sämmtlichen Gerichtsbehörden, sowie den Beamten der Staatsanwaltschaft, zur Kenntnißnahme und Beachtung mitgetheilt.

Berlin, den 26. März 1860.

Der Justiz-Minister.
Simons.

An
sämmtliche Gerichtsbehörden und an die
Beamten der Staatsanwaltschaft.

I. 1115. O. 136. Vol. 4.

71.

Allerhöchster Erlaß vom 12. März 1860, — betreffend die Ergänzung resp. Abänderung der §§. 6. 9. 72. und 73. des revidirten Reglements für die Provinzial-Feuer-Sozietät der Rheinprovinz vom 1. September 1852 (Rh. Samml. Bd. 10. S. 480).

Auf den Bericht vom 3. März d. J. will Ich in Berücksichtigung der Anträge des XIII. Provinziallandtages der Rheinprovinz folgende Ergänzungen und resp. Abänderungen des Revidirten Reglements für die Provinzial-Feuersozietät der Rheinprovinz vom 1. September 1852 (Rh. Samml. Bd. 10. S. 480) genehmigen.

Zu §. 6.

Den Vorschriften dieses Paragraphen unterliegen auch alle innerhalb sechszig Fuß Entfernung von einer mit Lokomotiven befahrenen Eisenbahn belegenen Gebäude.

Zu §. 9.

Die Bestimmungen dieses Paragraphen des Reglements werden aufgehoben und treten an deren Stelle die folgenden:

Ein und dasselbe Gebäude, sowie mehrere Gebäude, welche innerhalb eines Gehöftes liegen, darf resp. dürfen im Falle das oder die Gebäude bei der Provinzial-Feuersozietät versichert worden, nur bei dieser versichert sein. Diese Bestimmung bezieht sich jedoch nicht auf diejenigen in einzelnen Landestheilen bestehenden, oder noch zu errichtenden kleineren Privatvereine, in welchen sich die Nachbarn untereinander bei einem Brandschaden durch Naturalprästation gegen Bezahlnng unterstützen. Ausnahmsweise soll eine Versicherung besonders werthvoller und feuergefährlicher Gebäude in zwei oder mehreren Sozietäten nach dem Ermessen der Direktion zulässig sein. Der Gesammtbetrag sämmtlicher Versicherungssummen eines solchen Gebäudes darf aber die nach §. 13 zulässige Höhe nicht übersteigen. Findet sich zu irgend einer Zeit, daß ohne Zustimmung der Direktion, den vorstehenden Bestimmungen entgegen, ein bei der Provinzialsozietät versichertes Gebäude noch anderswo, also doppelt versichert, oder ein Gebäude, welches mit einem anderen bei der Provinzial-Feuersozietät versicherten Gebäude innerhalb desselben Gehöftes liegt, anderswo versichert ist, so werden die bei der Provinzial-Feuersozietät versicherten Gebäude nicht allein in dem Kataster der Sozietät sofort gelöscht, sondern es ist auch der Eigenthümer im Falle eines Brandunglücks der ihm sonst aus derselben zukommenden Brandvergütung verlustig, ohne daß gleichwohl seine Verbindlichkeit zu allen Feuerkassenbeiträgen bis zum Ablaufe des Jahres, in welchem die Ausschließung erfolgt, eine Abänderung erleidet, und die Sozietät ist überdies verpflichtet, den Fall zur näheren Bestimmung darüber, ob Grund zur gerichtlichen Untersuchung vorhanden ist, der kompetenten Justizbehörde von Amtswegen mitzutheilen.

Zu §. 72.

Die Bürgermeister erhalten eine Vergütung von sechs Prozent von der Einnahme.

Zu §. 73.

Der Inspektor erhält dieselben Reisekosten und Diätensätze, welche dem Direktor zustehen. Eben diese Sätze dürfen auch den von der Direktion besonders angenommenen Technikern gewährt werden.

Dieser Mein Erlaß ist durch die Gesetz=Sammlung zu publiziren.

Berlin, den 12. März 1860.

Im Namen Sr. Majestät des Königs:
Wilhelm, Prinz von Preußen, Regent.
Gr. v. Schwerin.

An
den Minister des Innern.

I. 1473. Rhein. Gener. 85.

72.

Verfügung vom 3. April 1860, — betreffend die Portofreiheit in armen Vormundschaftssachen.

Regulativ vom 3. Januar 1860 (S. 161 dieses Bandes).

Der Justiz=Minister kann sich nicht veranlaßt sehen, aus den in Ihrem Berichte vom 12. d. Mts. näher ausgeführten Gründen eine Aenderung des Regulativs über die Portofreiheit in Justizsachen vom 3. Januar d. J. zu erwirken, und namentlich in Vormundschaftssachen die Stundung des Porto's für gewisse Fälle zu befürworten. — Die Umständlichkeit einer desfallsigen Einrichtung würde mit dem zu erzielenden Resultate in keinem Verhältniß stehen. Die hervorgehobenen Schwierigkeiten werden aber auch ihre genügende Erledigung finden, wenn von der richtigen Ansicht ausgegangen wird, daß namentlich in Vormundschaftssachen theils die nothwendige Korrespondenz, sofern sie im Interesse des Dienstes von Amtswegen geführt wird, schon als Justizverwaltungssache nach §. 2 des Regulativs Portofreiheit genießt, und anderen Theils schon die unterbliebene Regulirung eines Stundungsverfahrens zu erkennen giebt, daß in Beziehung auf Portofreiheit die Vormundschaft so lange als arm erachtet werden kann, als nicht unzweifelhaft anzunehmen ist, daß sie zu den zahlbaren gehört.

Aus dem erwähnten Gesichtspunkte ist es z. B. unbedenklich, daß die im Interesse des Vormundschaftswesens überhaupt angeordnete Verpflichtung der Geistlichen und Civilstandsbeamten zur Anzeige von betreffenden Sterbefällen und die dadurch veranlaßte Korrespondenz als Justizverwaltungssache anzusehen ist. Nach demselben Gesichtspunkte können Korrespondenzen in einzelnen Vormundschaftssachen vorkommen, die von Amtswegen im Interesse des Dienstes erfolgen müssen, ohne daß der Adressat oder ein Absender mit dem Porto belastet werden kann. Ob ein solcher Fall vorhanden ist, muß der pflichtmäßigen Beurtheilung des korrespondirenden Beamten überlassen bleiben. Es kann auch nicht mit dem Berichte als richtig anerkannt werden, daß für solche Fälle die bisher übliche und als zweckmäßig bewährte Vermittelung der Korrespondenz durch die Bürgermeister nach dem §. 7 des Regulativs unzulässig erscheine. Eine solche Vermittelung würde nach wie vor nur dann nicht stattfinden dürfen, wenn sie zur Umgehung der Portopflichtigkeit diente.

Berlin, den 3. April 1860.

Der Justiz-Minister.
Simons.

An
den Königl. Herrn General-Prokurator zu Cöln.

I. 1069. Rhein. Gener. 10. Vol. 4.

73.

Verfügung vom 13. April 1860, — betreffend die Umwandlung der von den Verwaltungsbehörden festgesetzten Geldbußen in Gefängnißstrafen.

Allerhöchster Erlaß vom 11. April 1839 (Rhein. Samml. Bd. 7. S. 42).

Auf den von Ihnen unterm 25. März d. J. erstatteten Jahresbericht wird Ihnen Folgendes eröffnet:

Die Ausführung des Ober-Prokurators zu N. über die fernere Anwendbarkeit der Allerhöchsten Ordre vom 11. April 1839, betreffend die Umwandlung der von den Verwaltungsbehörden festgesetzten Geldbußen in Gefängnißstrafe kann der Justiz-Minister nicht mit Ihnen als rechtlich begründet anerkennen. Die gedachte Ordre hat nämlich die Befugniß zu den fraglichen Umwandlungen, wenn auch mit Rücksicht auf die den Gerichten sonst zustehende Strafgerichtsbarkeit, doch ganz selbstständig regulirt, so daß eine Aenderung dieser Strafgerichtsbarkeit nicht von selbst eine Aenderung jener Befugniß zur Folge gehabt hat. Die hiernach gesetzlich begründete Praxis, nach welcher derartige Strafumwandlungen ohne Rücksicht auf die Höhe der festgesetzten Geldbuße im Bezirke des Appellationsgerichtshofes zu Cöln von den Strafrathskammern der Landgerichte ausgesprochen werden, im Wege der Gesetzgebung zu beseitigen, ist keine hinreichende Veranlassung vorhanden. Was dagegen die Frage betrifft, ob bei diesen Umwandlungen je nach der Höhe der festgesetzten Geldbuße und selbst mit Rücksicht darauf, ob das festgesetzte Strafmaaß lediglich in der den Verwaltungsbehörden allein zustehenden Befugniß zur Milderung der Strafe seinen Grund hat, die §§. 14. 17 oder die §§. 334. 335 des Strafgesetzbuchs zum Maaßstabe zu nehmen sind, so muß solche der richterlichen Entscheidung für den einzelnen Fall überlassen bleiben. Es wird aber kein Bedenken haben, daß bei der Umwandlung solcher Strafen, welche von den Polizeigerichten hätten erkannt werden können, die Umwandlung in eine polizeiliche Gefängnißstrafe nach Vorschrift des §. 335 des Strafgesetzbuchs erfolgt.

Berlin, den 13. April 1860.

Der Justiz-Minister.
Simons.

An
den Königl. Herrn General-Prokurator zu Cöln.

I. 1811. Steuersachen 26. Vol. 6.

74.

Allgemeine Verfügung vom 15. April 1860, — betreffend die Betheiligung der Justizbeamten als Mitglieder der Verwaltungsvorstände bei Aktien- und ähnlichen Gesellschaften.

Nachstehende an sämmtliche Obergerichte und Ober-Staatsanwalte erlassene Verfügung vom 12. d. Mts. wird den Gerichtsbehörden und Justizbeamten hierdurch zur Kenntniß und Nachachtung mitgetheilt.

Berlin, den 15. April 1860.

Der Justiz-Minister.
Simons.

a.

Verfügung vom 12. April 1860.

Die Betheiligung der Beamten als Mitglieder der Verwaltungsvorstände (Verwaltungsräthe, Ausschüsse ꝛc.) bei Aktien- oder ähnlichen Gesellschaften, welche ganz oder theilweise auf einen Handels- oder Gewerbebetrieb gerichtet sind, hat mehrfach zu Uebelständen geführt, welche es in einzelnen Fällen den Central-Behörden zur Nothwendigkeit gemacht haben, die betreffenden Beamten zur Niederlegung solcher Nebenbeschäftigungen zu veranlassen. Um dergleichen Unzuträglichkeiten vorzubeugen, ist es erforderlich, der Uebernahme von Nebenbeschäftigungen der genannten Art Seitens der Beamten eine sorgfältige Prüfung der Frage vorangehen zu lassen, ob den letzteren die Nebenbeschäftigung im dienstlichen Interesse gestattet werden kann.

Hinsichtlich der richterlichen Beamten bestimmt bereits der §. 19 Tit. 3 Thl. III. der Allgemeinen Gerichts-Ordnung in Verbindung mit dem §. 8 Tit. 8 daselbst, daß dieselben ohne

Erlaubniß des Chefs der Justiz keine Nebenbedienungen annehmen, viel weniger sich mit Besorgung der Privat- oder außergerichtlichen Angelegenheiten der Parteien ꝛc. oder sonst mit dergleichen zerstreuenden Nebengeschäften abgeben sollen, und es unterliegt keinem Zweifel, daß zu den hier erwähnten Nebengeschäften auch die Funktion als Mitglied eines Verwaltungsvorstandes bei den oben gedachten Gesellschaften zu zählen ist. Im Anschluß an jene gesetzliche Vorschrift und mit Bezug auf die Allerhöchste Order vom 20. November 1840 (Jahrbücher Bd. 56 S. 518) findet sich der Justiz-Minister zu der Bestimmung veranlaßt, daß die Justizbeamten aller Kategorieen, mit Ausnahme derjenigen, welche, ohne eine Besoldung aus der Staatskasse zu beziehen, durch ihren Beruf darauf hingewiesen sind, ihren Erwerb durch Dienstleistungen für das Publikum zu suchen, sich fernerhin nicht mehr als Mitglieder der Verwaltungsvorstände bei industriellen Aktien- oder ähnlichen Gesellschaften betheiligen dürfen, ohne zuvor die Genehmigung des Justiz-Ministers dazu nachgesucht und erhalten zu haben.

Berlin, den 12. April 1860.

Der Justiz-Minister.
Simons.

An
sämmtliche Gerichtsbehörden
und Justizbeamte.

I. 981. O. 161. Vol. 2.

75.

Gesetz vom 21. April 1860, — betreffend die Deklaration des §. 54. des Gesetzes über die Presse vom 12. Mai 1851.

Im Namen Sr. Majestät des Königs.

Wir Wilhelm, von Gottes Gnaden Prinz von Preußen, Regent,

verordnen, mit Zustimmung beider Häuser des Landtages der Monarchie, zur Deklaration des §. 54 des Gesetzes über die Presse vom 12. Mai 1851 (Rh. Samml. Bd. 10. S. 320), was folgt:

Die Vorschriften der §§. 71 bis 74 der Allgemeinen Gewerbe-Ordnung vom 17. Januar 1845 finden auf die im §. 1 des Gesetzes über die Presse vom 12. Mai 1851 genannten Gewerbetreibenden keine Anwendung. Gegen diese Gewerbetreibenden ist nur von dem zuständigen Richter und nur in Gemäßheit des §. 54 des letztgenannten Gesetzes auf den Verlust der Befugniß zum Gewerbebetrieb zu erkennen.

Urkundlich unter Unserer Höchsteigenhändigen Unterschrift und beigedrucktem Königlichen Insiegel.

Gegeben Berlin, den 21. April 1860.

(L. S.) Wilhelm, Prinz von Preußen, Regent.

Fürst zu Hohenzollern-Sigmaringen. v. Auerswald. v. d. Heydt. Simons. v. Schleinitz. v. Patow. Gr. v. Pückler. v. Bethmann-Hollweg. Gr. v. Schwerin. v. Roon.

I. 1755. P. 50. Vol. 5.

76.

Verfügung vom 4. Mai 1860, — betreffend die Verjährung der Untersuchungen gegen flüchtige Verbrecher nach Art. 637 der Rheinischen Strafprozeß-Ordnung *).

Rheinische Strafprozeß-Ordnung Art. 637.
Verfügung vom 19. Mai 1826 (Rh. Samml. Bd. 3. S. 28).

Auf Ihren Bericht vom 28. März d. J. erklärt sich der Justiz-Minister damit einverstanden, daß die wegen politischer Verbrechen verfügte strafrechtliche Verfolgung des N. und der mit ihm in gleicher Lage befindlichen Mitbeschuldigten als verjährt zu betrachten ist. Denn wenn auch der in der vorliegenden Untersuchungssache noch maaßgebende Art. 637 der Rheinischen Strafprozeßordnung am Schlusse für eine Unterbrechung der Verjährung auch solche Instruktions-Handlungen erklärt, welche in der betreffenden Sache nicht gegen den speziellen Mitbeschuldigten gerichtet waren, und im vorliegenden Falle innerhalb der letzten zehn Jahre noch über einzelne Komplicen abgeurtheilt ist, so spricht doch der allegirte Art. 637 nur von solchen Instruktions-Handlungen, auf welche keine Entscheidung erfolgt ist. Diese letzte Bedingung entspricht der gesetzlichen Vorschrift, daß gegen flüchtige Mitschuldige in contumaciam verfahren werden soll. Durch das Reskript vom 19. Mai 1826 (Rh. Samml. Bd. 3. S. 28) ist aber angeordnet, daß ein solches Kontumazial-Verfahren gegen Flüchtige in der Regel nicht eintreten soll und in Folge dieser Anordnung muß das fernere Verfahren gegen die verhafteten Beschuldigten als ein von der Untersuchung gegen die flüchtigen Mitbetheiligten formell getrenntes angesehen wer-

*) Bei ähnlicher Veranlassung ist eine gleiche Verfügung an den Ober-Prokurator in Düsseldorf erlassen.

den, so daß Instruktions-Handlungen, welche lediglich die Ersteren betreffen, nicht die Wirkung einer Unterbrechung der für die Letzteren laufenden Verjährung äußern.

Aus diesen Gründen werden Sie angewiesen, die Untersuchung gegen den N. und Gen. auf Grund der Verjährung als erledigt zu betrachten und hiervon die betreffende Polizeibehörde in Kenntniß zu setzen.

Berlin, den 4. Mai 1860.

Der Justiz-Minister.
Simons.

An
den Königl. Herrn Ober-Prokurator
zu Elberfeld.

I. 1880. Rhein. Crimin. 1.

77.

Allgemeine Verfügung vom 7. Mai 1860, — betreffend die Stempelverwendung in Expropriations-Prozessen bei den Gerichten im Bezirke des Appellationsgerichtshofes zu Cöln.

Allerhöchste Order vom 4. Mai 1833 (Ges.-Samml. S. 49).
Gesetz vom 3. November 1838 §. 15 (Ges.-Samml. S. 508).
Gesetz vom 25. Mai 1857 (Rh. Samml. Bd. 11. S. 345).

Der §. 15 des Gesetzes über die Eisenbahnunternehmungen vom 3. November 1838 und die hierbei maaßgebende Allerhöchste Kabinets-Order vom 4. Mai 1833, betreffend die Stempelfreiheit bei Besitzveränderungen, welche zum Zweck des allgemeinen Besten angeordnet werden, sowie die an das Kammergericht erlassene Verfügung vom 13. Juli 1845 (Rhein. Samml. Bd. 9. S. 44), nach welcher diese Stempel- und Sportelfreiheit auf Prozesse über die für den abzutretenden Grund und Boden zu bewilligende Geldentschädigung sich nicht erstrecken soll, haben bei den Gerichten im Bezirk des Appellationsgerichtshofes zu Cöln eine verschiedene Anwendung erfahren.

Zur Herstellung einer Gleichmäßigkeit der Stempelverwendung wird im Einverständniß mit dem Herrn Finanz-Minister darauf aufmerksam gemacht, daß zuvörderst das Privilegium der Stempel- und Sportelfreiheit sowohl dem Expropriationsberechtigten, als dem zu Expropriirenden bewilligt ist, daß aber dies Privilegium auf diejenigen Verhandlungen beschränkt bleiben muß, welche die Besitzveränderung betreffen und nothwendig sind, um diese Besitzveränderung, d. h. den Eigenthumserwerb für den Expropriationsberechtigten, zum völligen Abschluß zu bringen.

Im Rechtsgebiete des Allgemeinen Landrechts wird dies Resultat durch das von den Verwaltungsbehörden zu leitende Abtretungs- und Abschätzungsverfahren, sowie durch die Empfangnahme oder gerichtliche Deposition der Entschädigungsgelder, und durch die in der Hypothekenverfassung begründete Umschreibung vollständig erreicht. Die auch dort zulässige gerichtliche Klage auf Erhöhung der zugebilligten Entschädigung ist auf die Besitzveränderung ohne Einfluß, und es ist deshalb mit Recht in der Verfügung vom 13. Juli 1845 ausgesprochen, daß jenes Privilegium sich auf Prozesse über diese Entschädigung nicht erstreckt.

Im Bezirk des Appellationsgerichtshofes zu Cöln bildet dagegen nach dem System des Expropriationsgesetzes vom 8. März 1810 die gerichtliche Feststellung der Entschädigung einen integrirenden Theil der zur Besitzveränderung nothwendigen Verhandlungen, indem die nach Art. 13 dieses Gesetzes auf einseitigen Antrag erfolgende und jedenfalls stempelfreie Einweisung des Expropriationsberechtigten in den Besitz nur unter gewissen Bedingungen geschieht, zu denen namentlich die vertragsmäßig oder im Wege des Prozesses erst zu bewirkende Feststellung der Entschädigung gehört. In dem lediglich nach den Vorschriften des Gesetzes vom 8. März 1810 betriebenen Expropriationsverfahren würde daher auch diesen Verhandlungen und Urtheilen Stempelfreiheit zustehen.

Dagegen hat die Novelle zu diesem Expropriationsgesetze, nämlich das Gesetz vom 25. Mai 1857 (Rh. Samml. Bd. 11. S. 345) ein Verfahren eingeführt, nach welchem die vorläufige Feststellung der Entschädigung, ähnlich wie im Rechtsgebiete des Allgemeinen Landrechts, von den Verwaltungsbehörden bewirkt wird, und die Besitzveränderung mit dem im §. 2 der Novelle vorgeschriebenen Expropriations-Erkenntnisse und dessen Vollstreckung, sowie mit der Zahlung oder Deposition des vorläufig festgestellten Entschädigungsbetrages ihren Abschluß findet. Fernere Verhandlungen, namentlich das nach §. 7 vorbehaltene gerichtliche Verfahren über die Entschädigung haben daher auf Stempelfreiheit keinen Anspruch.

Berlin, den 7. Mai 1860.

Der Justiz-Minister.
Simons.

An
die Justizbehörden im Bezirk des Königl.
Appellationsgerichtshofes zu Cöln.

I. 961. Rhein. Gener. 62. Vol. 9.

78.

Gesetz vom 14. Mai 1860, — betreffend das städtische Einzugs-, Bürgerrechts- und Einkaufsgeld. Ges.-Samml. S. 237.

I. 2325. S. 12. Vol. 5.

79.

Allgemeine Verfügung vom 20. Mai 1860, — betreffend die Betheiligung der Mitglieder beider Häuser des Landtags an den Funktionen der Geschworenen.

Verordnung vom 3. Januar 1849 §§. 66—68 (Ges.-Samml. S. 26).
Gesetz vom 3. Mai 1852 Artikel 58 und 60 (Ges.-Samml. S. 221).
Rheinische Strafprozeß-Ordnung Artikel 387. 395.

Um zu vermeiden, daß Mitglieder des Landtags während der Dauer desselben als Geschworene einberufen werden, sind von dem Herrn Minister des Innern hinsichtlich der nach §§. 66 und 67 der Verordnung vom 3. Januar 1849 und Artikel 58 des Gesetzes vom 3. Mai 1852, beziehungsweise Artikel 387 und 395 der Rheinischen Strafprozeß-Ordnung, aufzustellenden Dienst- und Ergänzungslisten die erforderlichen Anordnungen an die betreffenden Verwaltungsbehörden erlassen worden. Da jedoch die Eigenschaft einer Person als Mitglied des Landtags erst nach Uebersendung der Listen an das Gericht, beziehungsweise an den Assisen-Präsidenten, entstanden oder bekannt geworden, oder auch die Eintragung in dieselben aus Versehen erfolgt sein kann, so ist von den Vorsitzenden der Schwurgerichte darauf zu achten, daß in die von ihnen nach §. 68 der Verordnung vom 3. Januar 1849 und Artikel 60 des Gesetzes vom 3. Mai 1852, beziehungsweise nach Artikel 387 der Rheinischen Strafprozeß-Ordnung, festzustellende Dienstliste die Mitglieder des Landtags nicht aufgenommen werden.

Berlin, den 20. Mai 1860.

Der Justiz-Minister.
Simons.

An sämmtliche Gerichte.

I. 1780. Crimin. 4. Vol. 14.

80.

Gesetz vom 21. Mai 1860, — betreffend die Abänderung mehrerer auf das Postwesen sich beziehenden Vorschriften.

Im Namen Sr. Majestät des Königs.

Wir Wilhelm, von Gottes Gnaden Prinz von Preußen, Regent,

verordnen, mit Zustimmung beider Häuser des Landtages der Monarchie, was folgt:

§. 1.

Der nach §. 5 Nr. 3. des Gesetzes über das Postwesen vom 5. Juni 1852 (Rhein. Samml. Bd. 10. S. 437) für ungemünztes Gold und Silber, Juwelen und Pretiosen, sowie der nach Nr. 4 ebendaselbst für Packete bis zu zwanzig Pfund bestehende Postzwang wird aufgehoben.

§. 2.

Unverschlossene Briefe, welche in versiegelten, zugenäheten, oder sonst verschlossenen Packeten versandt werden, sind den verschlossenen Briefen gleich zu achten und dürfen, mit Ausnahme der in den §§. 7 und 8 des Gesetzes vom 5. Juni 1852 bestimmten Fälle, nicht auf andere Weise als durch die Post versandt werden. Im Uebertretungsfalle treffen den Versender die in den §§. 35 und 36, den Beförderer aber, sofern er den verbotwidrigen Inhalt des Packets zu erkennen vermochte, die in den §§. 32 und 34 des genannten Gesetzes bestimmten Strafen; doch soll es gestattet sein, versiegelten, zugenäheten, oder sonst verschlossenen Packeten solche unverschlossene Briefe, Fakturen, Preiskurante, Rechnungen und ähnliche Schriftstücke beizufügen, welche den Inhalt des Packets betreffen.

§. 3.

Der Postzwang für Zeitungen und Anzeigeblätter (§. 5 Nr. 2 des Gesetzes vom 5. Juni 1852) wird auf Zeitungen politischen Inhalts beschränkt.

§. 4.

Es steht fortan einem Jeden die Befugniß zu, Gegenstände, welche dem Postzwange nicht unterworfen sind, gegen Bezahlung mit unterwegs gewechselten Transportmitteln oder zwischen bestimmten Orten mit regelmäßig festgesetzten Abgangs- oder Ankunftszeiten zu befördern.

§. 5.

Für die Verbindlichkeit der Eisenbahngesellschaften zum unentgeltlichen Transport von Postsendungen (§. 36 Nr. 2 des

Gesetzes vom 3. November 1838, Gesetz-Samml. S. 513) bleiben Hinsichts der seit dem Erlaß des Gesetzes vom 5. Juni 1852 bereits konzessionirten und der noch zu konzessioniren-den Eisenbahngesellschaften die Bestimmungen des Gesetzes vom 5. Juni 1852 über den Umfang des Postzwanges maaßgebend.

Für die desfallsige Verbindlichkeit der bereits vor dem Erlaß des Gesetzes vom 5. Juni 1852 konzessionirten Eisenbahngesellschaften bewendet es bei der Bestimmung des §. 9 des ebengenannten Gesetzes.

§. 6.

Gegenwärtiges Gesetz tritt mit dem 1. September 1860 in Kraft. Der Minister für Handel, Gewerbe und öffentliche Arbeiten ist mit der Ausführung desselben beauftragt.

Urkundlich unter Unserer Höchsteigenhändigen Unterschrift und beigedrucktem Königlichen Insiegel.

Gegeben Berlin, den 21. Mai 1860.

(L. S.) Wilhelm, Prinz von Preußen, Regent.

Fürst zu Hohenzollern-Sigmaringen. v. Auerswald. v. d. Heydt. Simons. v. Schleinitz. v. Patow. Gr. v. Pückler. v. Bethmann-Hollweg. Gr. v. Schwerin. v. Roon.

I. 2225. P. 20. Vol. 6.

81.

Gesetz vom 21. Mai 1860, — betreffend die anderweitige Einrichtung des Amts- und Zeitungs-Kautionswesens.

Im Namen Sr. Majestät des Königs.

Wir Wilhelm, von Gottes Gnaden Prinz von Preußen, Regent,

verordnen mit Zustimmung beider Häuser des Landtages der Monarchie, was folgt:

§. 1.

Die in Gemäßheit der Verordnung vom 11. Februar 1832 wegen Regulirung des Kautionswesens für Staatskassen- und Magazin-Beamte (Rhein. Samml. Bd. 3. S. 482) und der §§. 11 ff. des Gesetzes über die Presse vom 12. Mai 1851 (Rhein Samml. Bd. 10. S. 311) dem Staate zu bestellenden Kautionen sind in inländischen Staatspapieren nach dem Nennwerthe zu erlegen. Den Kautionsbestellern steht zwischen den verschiedenen Gattungen von Staatspapieren die Wahl frei. Der Zeitpunkt, von welchem ab diese Anordnung in Kraft zu treten hat, wird durch Königliche Verordnung bestimmt werden.

§. 2.

Die zur Kaution gegebenen Staatspapiere sind bei denjenigen Kassen, welche zur Aufbewahrung derselben von den Verwaltungschefs im Einverständnisse mit dem Finanzminister werden bestimmt werden, unterpfändlich niederzulegen. Den Kautionsbestellern werden die Zinsscheine belassen. Bei Ausreichung neuer Zinsscheine werden diese von den betreffenden Kassen eingezogen und den Kautionsbestellern ausgehändigt.

§. 3.

Ist zur Versilberung einer Kaution zu schreiten, so kann der Kautionsbesteller im Aufsichtswege angehalten werden, die noch nicht fälligen Zinsscheine herauszugeben. Den Behörden steht die Wahl frei, an welcher inländischen Börse die Veräußerung zu bewirken ist. Die Bestimmung im §. 18 des Gesetzes vom 4. Juli 1822 (Ges.-Samml. S. 178) bleibt insoweit außer Anwendung.

§. 4.

Die Kautionen (§. 1) müssen wenigstens funfzig Thaler betragen, und bei höherem Betrage durch funfzig theilbar sein.

§. 5.

Hinsichtlich der bis zur Ausführung des gegenwärtigen Gesetzes bestellten Kautionen verbleibt es bei den bestehenden Vorschriften, mit der Maaßgabe, daß aus dem bei der Hauptverwaltung der Staatsschulden angesammelten Kautionsdepositum die Rückzahlung bewirkt wird.

§. 6.

Wird die Erhöhung solcher Kautionen (§. 5) nach Ausführung des gegenwärtigen Gesetzes erforderlich, so tritt die Rückzahlung aus dem Kautionsdepositum ebenfalls ein, und es muß die neue Kaution, in ihrem ganzen Betrage, nach den Vorschriften des gegenwärtigen Gesetzes bestellt werden.

§. 7.

Der bei Ausführung des gegenwärtigen Gesetzes zur Verzinsung der in baarem Gelde bestellten Kautionen im Staatshaushalts-Etat ausgeworfene und so lange als nöthig auch in die künftigen Etats zu übernehmende Betrag ist, soweit er in Folge der Kautionsrückzahlungen (§§. 5 und 6) erspart wird, alljährlich an die Hauptverwaltung der Staatsschulden behufs der Verstärkung des Kautionsdepositums abzuführen, bis das letztere die zur Deckung der gedachten Kautionen erforderliche Summe erreicht haben wird. Nach Eintritt dieses Zeitpunktes sind alle in baarem Gelde erlegten Kautionen zurückzuzahlen und durch andere nach den Vorschriften des gegenwärtigen Gesetzes zu bestellende Kautionen zu ersetzen. Der Finanz-Minister hat den Zeitpunkt und das Nähere zur Ausführung dieser Anordnung zu bestimmen.

§. 8.

Die Verordnung vom 11. Februar 1832 (Rhein. Samml. Bd. 3. S. 482), die §§. 11 ff. des Gesetzes vom 12. Mai 1851 (Rhein. Samml. Bd. 10. S. 311) und die sonst über das Amts- und Zeitungs-Kautionswesen ergangenen Bestimmungen bleiben, soweit sie in Vorstehendem nicht aufgehoben oder abgeändert sind, in Kraft.

§. 9.

Die Ausführung dieses Gesetzes wird dem Finanzminister übertragen.

Urkundlich unter Unserer Höchsteigenhändigen Unterschrift und beigedrucktem Königlichen Insiegel.

Gegeben Berlin, den 21. Mai 1860.

(L. S.) Wilhelm, Prinz von Preußen, Regent.

Fürst zu Hohenzollern-Sigmaringen. v. Auerswald. v. d. Heydt.
Simons. v. Schleinitz. v. Patow. Gr. v. Pückler.
v. Bethmann-Hollweg. Gr. v. Schwerin.
v. Roon.

I. 2226. C. 18. Vol. 6.

82.

Verordnung vom 21. Mai 1860, — betreffend die Bestimmung des Zeitpunkts, von welchem ab das Gesetz wegen anderweitiger Einrichtung des Amts- und Zeitungs-Kautionswesens in Kraft zu treten hat.

Im Namen Sr. Majestät des Königs.

Wir Wilhelm, von Gottes Gnaden Prinz von Preußen, Regent,

verordnen, in Gemäßheit des §. 1 des Gesetzes vom heutigen Tage wegen anderweitiger Einrichtung des Amts- und Zeitungs-Kautionswesens, auf den Antrag des Staatsministeriums, was folgt:

§. 1.

Das Gesetz vom heutigen Tage wegen anderweitiger Einrichtung des Amts- und Zeitungs-Kautionswesens tritt vom 1. Juli des laufenden Jahres an in Kraft.

§. 2.

Der Finanzminister wird mit der Ausführung dieser Verordnung beauftragt.

Urkundlich unter Unserer Höchsteigenhändigen Unterschrift und beigedrucktem Königlichen Insiegel.

Gegeben Berlin, den 21. Mai 1860.

(L. S.) Wilhelm, Prinz von Preußen, Regent.

Fürst zu Hohenzollern-Sigmaringen. v. Auerswald. v. d. Heydt.
Simons. v. Schleinitz. v. Patow. Gr. v. Pückler.
v. Bethmann-Hollweg. Gr. v. Schwerin.
v. Roon.

I. 2227. C. 18. Vol. 6.

83.

Gesetz vom 1. Juni 1860, — betreffend die Aufhebung verschiedener Bestimmungen über den Verkehr mit Staats- und anderen Papieren, sowie über die Eröffnung von Aktienzeichnungen für Eisenbahn-Unternehmungen.

Im Namen Sr. Majestät des Königs.

Wir Wilhelm, von Gottes Gnaden Prinz von Preußen, Regent,

verordnen, mit Zustimmung beider Häuser des Landtages der Monarchie, was folgt:

Die Verordnung vom 19. Januar 1836, betreffend den Verkehr mit Spanischen und sonstigen auf jeden Inhaber lautenden Staats- oder Kommunal-Schuldpapieren (Ges.-Samml. S. 9—11),

die Verordnung vom 13. Mai 1840, betreffend den Verkehr mit ausländischen Papieren (Ges.-Samml. S. 123), und

die Verordnung vom 24. Mai 1844, betreffend die Eröffnung von Aktienzeichnungen für Eisenbahn-Unternehmungen und den Verkehr mit den dafür ausgegebenen Papieren (Rh. Samml. Bd. 8. S. 269),

werden aufgehoben.

Urkundlich unter Unserer Höchsteigenhändigen Unterschrift und beigedrucktem Königlichen Insiegel.

Gegeben Berlin, den 1. Juni 1860.

(L. S.) Wilhelm, Prinz von Preußen, Regent.

Fürst zu Hohenzollern-Sigmaringen. v. Auerswald. v. d. Heydt. Simons. v. Schleinitz. v. Patow. Gr. v. Pückler. v. Bethmann-Hollweg. Gr. v. Schwerin. v. Roon.

I. 2229 S. 13. Vol. 7.

84.

Gesetz vom 8. Juni 1860, — betreffend die Befugniß der Auditeure zur Aufnahme von Akten der freiwilligen Gerichtsbarkeit, die Förmlichkeiten der militairischen Testamente und die bürgerliche Gerichtsbarkeit über Preußische Garnisonen im Auslande.

Im Namen Sr. Majestät des Königs.

Wir Wilhelm, von Gottes Gnaden Prinz von Preußen, Regent,

verordnen, mit Zustimmung beider Häuser des Landtages, für den ganzen Umfang der Monarchie, was folgt:

Abschnitt I.

Von der freiwilligen Gerichtsbarkeit der Auditeure und Militair-Behörden.

§. 1.

Auditeure solcher Truppentheile, welche sich im Auslande befinden, oder nach der Mobilmachung ihre Standquartiere verlassen haben, sind befugt:

1) Handlungen der freiwilligen Gerichtsbarkeit, einschließlich letztwilliger Verordnungen der zu den gedachten Truppentheilen gehörigen Personen, welche nach §. 1 und §. 18 Nr. 1. 2. 3. Th. II. des Militair-Strafgesetzbuches vom 3. April 1845 in Kriegszeiten den Militairgerichtsstand haben, aufzunehmen und zu beglaubigen;

2) Requisitionen um Vornahme gerichtlicher Handlungen, sowie um Aufnahme gerichtlicher Verhandlungen zu erledigen.

Letztwillige Verordnungen können in dem vorausgesetzten Falle auch von einem kommandirten Kriegsgericht, aus einem Offizier und einem Auditeur bestehend, aufgenommen werden.

§. 2.

Die auf Grund des vorstehenden Paragraphen aufgenommenen Verhandlungen sind so anzusehen, als ob sie innerhalb des Rechtsgebiets des Allgemeinen Landrechts von einem Civilgericht aufgenommen wären. Erfordern die für diese Civilgerichte geltenden Vorschriften die Zuziehung eines Protokollführers, so kann dessen Stelle ein zweiter Auditeur oder ein für den speziellen Fall oder ein- für allemal vereideter Offizier oder Unteroffizier vertreten.

§. 3.

Die aufgenommenen Verhandlungen (§. 1) der freiwilligen Gerichtsbarkeit, sofern sie nicht blos die Erledigung von Requisitionen betreffen, sind von den Auditeuren, nachdem die etwa erforderlichen Ausfertigungen ertheilt worden, den Gerichten erster Instanz, in deren Bezirk der betreffende Truppentheil sein Standquartier hat, zur Aufbewahrung und weiteren gesetzlichen Veranlassung zu übersenden.

Ist das Standquartier im Bezirk des Appellationsgerichtshofes zu Cöln, so geschieht die Uebersendung an das Kreisgericht zu Wesel.

Abschnitt II.

Von den privilegirten militairischen Testamenten.

§. 4.

In Kriegszeiten oder während eines Belagerungszustandes (Gesetz vom 4. Juni 1851, Rh. Samml. Bd. 10. S. 358) können die im §. 1 Nr. 1 bezeichneten Personen unter den in dem §. 5 angegebenen Voraussetzungen letztwillige Verordnungen auch in den im §. 6 angegebenen Formen gültig errichten (privilegirte militairische Testamente). Die Vorrechte der Militairpersonen in Beziehung auf diese letztwilligen Verordnungen bestehen allein darin, daß sie nach Maaßgabe der nachstehenden Bestimmungen den für ordentliche Testamente vorgeschriebenen Förmlichkeiten nicht unterworfen sind.

§. 5.

Die Befugniß, in Kriegszeiten oder während eines Belagerungszustandes privilegirte militairische Testamente zu errichten, beginnt für die im §. 1 Nr. 1 bezeichneten Personen von der Zeit, wo sie entweder ihre Standquartiere oder im Fall ihnen solche nicht angewiesen gewesen sind, ihre bisherigen Wohnorte im Dienste verlassen oder in denselben angegriffen oder belagert werden.

Kriegsgefangene und Geißeln haben diese Befugniß, so lange sie sich in der Gewalt des Feindes befinden.

§. 6.

Privilegirte militairische Testamente sind in gültiger Form errichtet:

1) wenn sie von dem Testator eigenhändig geschrieben und unterschrieben sind;
2) wenn sie von dem Testator eigenhändig unterschrieben und von zwei Zeugen oder einem Auditeur oder Offizier mitunterzeichnet sind;
3) wenn von einem Auditeur oder Offizier, unter Zuziehung zweier Zeugen oder eines zweiten Auditeurs oder Offiziers, über die mündliche Erklärung des Testators eine schriftliche Verhandlung aufgenommen und diese dem Testator vorgelesen, sowie von dem Auditeur oder Offizier und den Zeugen unterschrieben ist.

Bei verwundeten oder kranken Militairpersonen können die unter Nr. 2 und 3 erwähnten Auditeure und Offiziere durch Militairärzte oder höhere Lazarethbeamte oder Militairgeistliche vertreten werden.

§. 7.

Die im §. 6. erwähnten Zeugen sind Beweiszeugen; sie brauchen nicht die Eigenschaft von Instrumentszeugen zu haben und es kann die Aussage eines derselben für vollständig beweisend angenommen werden.

§. 8.

Die nach Vorschrift des §. 6. Nr. 3 aufgenommene Verhandlung hat in Betreff ihres Inhalts und der in ihr angegebenen Zeit der Aufnahme die Beweiskraft einer öffentlichen Urkunde.

Ist in dem eigenhändig geschriebenen und unterschriebenen, oder in dem eigenhändig unterschriebenen Testament (§. 6. Nr. 1. 2) die Zeit der Errichtung angegeben, so streitet die Vermuthung, bis zum Beweise des Gegentheils, für die Richtigkeit dieser Angabe.

Eine gleiche Vermuthung streitet dafür, daß das Testament während des die privilegirte Form zulassenden Ausnahmezustandes errichtet ist, wenn dasselbe während dieser Zeit oder innerhalb vierzehn Tage nach deren Aufhören einer vorgesetzten Militairbehörde zur Aufbewahrung übergeben ist, oder wenn dasselbe in dem Feldnachlaß des Testators aufgefunden wird.

§. 9.

Privilegirte militairische Testamente verlieren ihre Gültigkeit mit dem Ablauf eines Jahres von dem Tage ab, an welchem der Truppentheil, zu dem der Testator gehört, demobil gemacht ist, oder der Testator aufgehört hat, zu dem mobilen Truppentheil zn gehören, oder als Kriegsgefangener oder Geißel aus der Gewalt des Feindes entlassen ist.

Der Lauf dieser Frist wird jedoch suspendirt durch anhaltende Unfähigkeit des Testators zur Errichtung einer anderweiten letztwilligen Verordnung.

Wenn der Testator innerhalb des Jahres vermißt und in einem Verfahren auf Todeserklärung, oder, in dem Bezirke des Appellationsgerichtshofes zu Cöln, auf Abwesenheitserklärung festgestellt wird, daß er seit jener Zeit verschollen ist, so tritt die Ungültigkeit des Testamentes nicht ein.

§. 10.

Das privilegirte militairische Testament verliert durch Desertion des Testators seine Gültigkeit, und diese wird durch den erhaltenen Pardon nicht wiederhergestellt.

§. 11.

Privilegirte militairische Testamente sind dem ordentlichen persönlichen Gerichte des Testators zur Aufbewahrung und weiteren gesetzlichen Veranlassung zu übersenden. Gehört dies Gericht zum Bezirke des Appellationsgerichtshofes zu Cöln, so geschieht die Uebersendung an den General-Prokurator bei demselben, der durch den betreffenden Landgerichtspräsidenten die Hinterlegung bei einem Notar, nach Maaßgabe der für olographische Testamente im Artikel 1007 des Civilgesetzbuches bestehenden Vorschriften, veranlaßt.

§. 12.

Die Bestimmungen der vorstehenden §§. 4—11 finden auf alle zur Besatzung eines in Dienst gestellten Schiffes oder Fahrzeuges gehörenden Personen der Königlichen Marine und auf alle anderen auf einem solchen Schiffe oder Fahrzeuge befindlichen Personen mit dem Augenblicke Anwendung, wo das Schiff oder Fahrzeug wirklich in Dienst gestellt ist und den Hafen verlassen hat.

Die im §. 9 bestimmte Frist von einem Jahre wird von dem Tage an gerechnet, an welchem das Schiff oder Fahrzeug außer Dienst gestellt ist, oder der Testator aufgehört hat, zu demselben zu gehören.

Abschnitt III.

Von der bürgerlichen Gerichtsbarkeit über Preußische Garnisonen im Auslande.

§. 13.

Die durch die Allerhöchste Order vom 19. Juli 1834 (Rh. Samml. Bd. 4. S. 102) und Artikel VIII. Absatz 1 des Gesetzes vom 26. April 1851 (Ges.=Samml. S. 184) wegen der Gerichtsbarkeit über die Preußischen Garnisonen der Bundesfestungen Mainz und Luxemburg getroffenen Bestimmungen können durch Königliche Verordnung auch auf andere Truppentheile, welche sich dauernd im Auslande aufhalten, für anwendbar erklärt werden, wobei dasjenige inländische Gericht erster Instanz zu bestimmen ist, welchem die Gerichtsbarkeit in dem Umfange des gedachten Gesetzes zustehen soll.

An die Stelle der Bestimmung in Nr. 3 der Allerhöchsten Order vom 19. Juli 1834, daß bei Testamentsaufnahmen im Nothfalle die §§. 194 und 200 Tit. 12 Th. I. des Allgemeinen Landrechts zur Anwendung kommen sollen, treten die Vorschriften des gegenwärtigen Gesetzes über privilegirte militairische Testamente.

Schlußbestimmungen.

§. 14.

Alle diesem Gesetze entgegenstehenden Vorschriften, namentlich die Vorschriften des gemeinen Rechtes über militairische Testamente; die §§. 177 bis 197 Th. I. Tit. 12 des Allgemeinen Landrechts und die §§. 36 bis 38. 41 des Anhanges zum Allgemeinen Landrecht; die Allerhöchste Order vom 24. April 1812 und die Bekanntmachung vom 27. August 1812 (Gesetz=Samml. von 1812 S. 129. 174); der §. 418 des Anhanges zur Allgemeinen Gerichts=Ordnung; sowie die Vorschriften des Rheinischen Civilgesetzbuches in den Artikeln 981 bis 984 und 988 bis 997, letztere jedoch nur, soweit sie die auf einem Kriegsschiffe errichteten Testamente betreffen, werden aufgehoben. Ebenso wird die Allerhöchste Order vom 2. September 1815 (Gesetz=Samml. S. 197) aufgehoben.

Wo in einem Gesetze, wie z. B. in den §§. 198. 205 Tit. 12 Th. I. des Allgemeinen Landrechts, auf die aufgehobenen Bestimmungen Bezug genommen ist, treten die Vorschriften dieses Gesetzes an deren Stelle.

Urkundlich unter Unserer Höchsteigenhändigen Unterschrift und beigedrucktem Königlichen Insiegel.

Gegeben Schloß Babelsberg, den 8. Juni 1860.

(L. S.) Wilhelm, Prinz von Preußen, Regent.

Fürst zu Hohenzollern=Sigmaringen. v. Auerswald. v. d. Heydt. Simons. v. Schleinitz. v. Patow. Gr. v. Pückler. Gr. v. Schwerin. v. Roon.

I. 2326. M. 52. Vol. 14.

85.

Gesetz für den Bezirk des Appellationsgerichtshofes zu Cöln vom 8. Juni 1860, — betreffend die Aufhebung der auf die Arbeitsbücher und auf die Quittungsbücher bezüglichen Bestimmungen 2c.

Im Namen Sr. Majestät des Königs.

Wir Wilhelm, von Gottes Gnaden Prinz von Preußen, Regent,

verordnen für den Bezirk des Appellationsgerichtshofes zu Cöln, mit Zustimmung beider Häuser des Landtages der Monarchie, was folgt:

Die auf die Arbeitsbücher der Gesellen, Gehülfen und Fabrikarbeiter, sowie auf die Quittungsbücher der Werkmeister bezüglichen Bestimmungen, welche für die linke Rheinseite das Gesetz vom 22. Germinal Jahres XI. (12. April 1803), betreffend Manufakturen, Fabriken und Werkstätten, Artikel 12 und 13, der Regierungsbeschluß vom 9. Frimaire Jahres XII. (1. Dezember 1803), betreffend die Arbeitsbücher, und das Gesetz vom 18. März 1806, betreffend die Einrichtung eines Rathes von Gewerbverständigen zu Lyon, Titel III., für die rechte Rheinseite das Dekret vom 3. November 1809, betreffend die wechselseitigen Verpflichtungen der Arbeiter und Arbeitgeber, Titel II., und das Dekret vom 17. Dezember 1811, betreffend die Errichtung von Räthen der Gewerbverständigen, Titel III. Sektion V. Artikel 55 bis 66, enthalten, sind aufgehoben.

Urkundlich unter Unserer Höchsteigenhändigen Unterschrift und beigedrucktem Königlichen Insiegel.

Gegeben Schloß Babelsberg, den 8. Juni 1860.

(L. S.) Wilhelm, Prinz von Preußen, Regent.

Fürst zu Hohenzollern-Sigmaringen. v. Auerswald. v. d. Heydt. Simons. v. Schleinitz. v. Patow. Gr. v. Pückler. v. Bethmann-Hollweg. Gr. v. Schwerin. v. Roon.

I. 2614. Rhein. Gener. 143. Vol. 2.

86.

Gesetz vom 27. Juni 1860, — betreffend die Abänderung einer Bestimmung in §. 20 des Gesetzes vom 2. März 1850 über die Errichtung von Rentenbanken (Rhein. Samml. Bd. 10. S. 166).

Im Namen Sr. Majestät des Königs.

Wir Wilhelm, von Gottes Gnaden Prinz von Preußen, Regent,

verordnen, mit Zustimmung beider Häuser des Landtages der Monarchie, was folgt:

§. 1.

Der im zweiten Satze des §. 20 in dem Gesetze über die Errichtung von Rentenbanken vom 2. März 1850 (Rh. Samml. Bd. 10. S. 166) festgestellte Betrag von fünf Silbergroschen, bis zu welchem bei Zerstückelung rentenpflichtiger Grundstücke die sofortige Ablösung der vertheilten Rentenbeträge durch Kapitalszahlung nach den Vorschriften des §. 23 l. c. verlangt werden kann, wird auf Einen Thaler erhöht.

§. 2.

Diese Bestimmung findet auch auf die den Provinzial-Rentenbanken nach §. 58 l. c. zur Mitverwaltung überwiesenen Tilgungskassenrenten und auf die nach §. 64 l. c. regulirten Domainenrenten Anwendung.

§. 3.

Dem gegenwärtigen Gesetze unterliegen alle Zerstückelungen von rentenpflichtigen Grundstücken, welche nach dessen Verkündung eintreten.

Urkundlich unter Unserer Höchsteigenhändigen Unterschrift und beigedrucktem Königlichen Insiegel.

Gegeben Baden-Baden, den 27. Juni 1860.

(L. S.) Wilhelm, Prinz von Preußen, Regent.

Fürst zu Hohenzollern-Sigmaringen. v. Auerswald. v. d. Heydt. Simons. v. Schleinitz. Gr. v. Pückler. v. Bethmann-Hollweg. Gr. v. Schwerin. v. Roon.

I. 2812. Gutsherrliche Verhältnisse 36. Vol. 2.

87.

Allgemeine Verfügung vom 30. Juni 1860, — betreffend die Anfertigung der schriftlichen Probearbeit bei der zweiten juristischen Prüfung.

Regulativ v. 10. Dezbr. 1849 (Rh. Samml. Bd. 10. S. 72).

Es sind in einzelnen Fällen Zweifel darüber entstanden, wie zu verfahren sei, wenn einem Kandidaten der zweiten juristischen Prüfung die nach dem Regulativ vom 10. Dezember 1849 II. B. anzufertigende schriftliche Probearbeit nicht gelungen ist.

Zur Beseitigung dieser Zweifel und zur Herstellung eines gleichmäßigen Verfahrens bestimmt der Justiz-Minister hierdurch, daß in einem solchen Falle dem betreffenden Auskultator zwar ein zweites Probe-Referat ohne Weiteres zugetheilt werden darf, daß jedoch, wenn auch dieser zweite Versuch mißlingen sollte, dem Kandidaten eine dritte Probearbeit nicht zuzutheilen, vielmehr zur weiteren Bestimmung an den Justiz-Minister zu berichten ist.

Berlin, den 30. Juni 1860.

Der Justiz-Minister.
Simons.

An
die Präsidien sämmtlicher Königl.
Appellationsgerichte.

I. 2018. Rhein. Offizianten-Sachen 7. Vol. 4.

88.

Allgemeine Verfügung vom 3. August 1860, — betreffend das Verfahren hinsichtlich der Amtskautionen, welche Justizbeamte zu bestellen haben.

Gesetz und Verordnung vom 21. Mai 1860 (S. 184 dieses Bandes).

I. Auf Grund des §. 2 des Gesetzes wegen anderweitiger Einrichtung des Amts- und Zeitungs-Kautionswesens vom 21. Mai 1860 wird hierdurch im Einverständnisse mit dem Herrn Finanz-Minister bestimmt:

1) daß in allen Landestheilen, mit Ausschluß des Bezirks des Appellationsgerichtshofes zu Cöln, die Amtskautionen, welche Justizbeamte zu bestellen haben, bei den Deposito-

rien der betreffenden Gerichte erster Instanz, auf deren Etat sie stehen, niederzulegen sind;

2) daß in dem Bezirk des Appellationsgerichtshofes zu Cöln die Kautionen der Gerichtsvollzieher bei der Regierungs-Hauptkasse desjenigen Bezirks, in welchem der Ort der Anstellung der Kautionsbesteller belegen ist, niedergelegt werden sollen.

II. Dabei wird den Gerichtsbehörden zur Ausführung des Gesetzes vom 21. Mai 1860 Folgendes eröffnet.

1) Die inländischen Staatspapiere, welche zur Kautionsbestellung verwendet werden dürfen, sind zur Zeit die 4½- resp. 5 prozentigen Schuldverschreibungen der Staatsanleihen der Jahre 1848, 1850, 1852, 1854, 1855, 1856, 1857 und 1859, die 4 prozentigen Schuldverschreibungen der Staatsanleihe vom Jahre 1853, die Obligationen der Staats-Prämien-Anleihe vom Jahre 1855, die 4 prozentigen Stammaktien der Niederschlesisch-Märkischen- und der Münster-Hammer-Eisenbahn, die 3½ prozentigen Staats-Schuldscheine, die 3½ prozentigen Kurmärkischen und Neumärkischen Schuldverschreibungen und die von dem Regierungs-Präsidium in Merseburg im Auftrage der Hauptverwaltung der Staatsschulden ausgefertigten Steuer-Kredit-Kassenscheine vom Jahre 1836.

2) Die zu deponirenden Kautions-Effekten sind bei der Annahme zum Depositorium außer Kours zu setzen.

3) Werden als Kaution hinterlegte Effekten zur Tilgung ausgelooſt, so sind die Kautionsbesteller darauf aufmerksam zu machen, und aufzufordern, dieselben zur Vermeidung eines Zinsenverlustes rechtzeitig durch andere Staatspapiere von gleichem Nominalbetrage zu ersetzen. Die Realisirung der gekündigten Effekten und der Ankauf der in Stelle derselben zu hinterlegenden Staatspapiere sind, wenn die Umstände im Interesse des Kautionsbestellers dies wünschenswerth machen, auf den Antrag desselben von der Gerichtsbehörde, in deren Depositorium die Kaution niedergelegt ist, resp. von der Regierungs-Hauptkasse zu bewirken.

Wird ein Antrag der Art nicht gestellt, und werden die ausgelooſten Effekten gleichwohl binnen Jahresfrist nach den Fälligkeits-Terminen nicht ausgetauscht, so sind dieselben von der Gerichtsbehörde, resp. von der Regierungs-Hauptkasse zu realisiren. Der Kautionspflichtige ist hiervon zu benachrichtigen und der eingezogene Geldbetrag so lange als Kaution zu asserviren, bis der Kautionspflichtige eine andere Kaution in Effekten bestellt.

4) Nach Hinterlegung der Kaution im gerichtlichen Depositorium ist dem Kautionsbesteller von dem betreffenden Gericht auf Grund der zu den Akten zu nehmenden Depositalquittung ein Empfangschein nach dem unter a. nachstehend abgedruckten Schema unter Unterschrift und Siegel des Gerichts zu ertheilen, in welchem der Name des Kautionsbestellers, der Grund der Kautionsbestellung und die als Kaution deponirten Effekten nach Gattung, Litera, Nummer und Betrag genau anzugeben sind.

Etwa eintretende Veränderungen in dem Bestande einer Kaution sind auf dem Empfangscheine zu vermerken. Eventualiter ist der ertheilte Empfangschein zurückzuziehen und durch einen neuen zu ersetzen.

Im Bezirk des Appellationsgerichtshofes zu Cöln werden die Empfangscheine von den Regierungs-Hauptkassen ertheilt.

5) In den Vorschriften, denen zufolge in gewissen Fällen die allmälige Ansammlung von Kautionsbeträgen gestattet ist, hat das Gesetz vom 21. Mai d. J. nichts geändert. Die Ansammlung der zur Beschaffung der Kautions-Effekten erforderlichen Geldmittel erfolgt in Fällen dieser Art durch die dem betreffenden Beamten vorgesetzte Behörde. Die letztere hat auch den Ankauf der Kautions-Effekten aus den angesammelten Geldmitteln nach den Anträgen des Kautionspflichtigen zu bewirken, die angekauften Effekten nebst den etwa dazu gehörigen Talons aber in dem Depositorium niederzulegen.

6) Die Kautionen, welche nach dem Gehalt des Kautionspflichtigen sich bemessen, müssen nach §. 4 des Gesetzes vom 21. Mai d. J. mindestens 50 Thaler betragen und durch die Zahl 50 theilbar sein. Derjenige Theil der nach dem Diensteinkommen eines kautionspflichtigen Beamten zu berechnenden Kaution, welcher durch 50 nicht theilbar ist, wird nicht berücksichtigt, wenn er den Betrag von 25 Thalern nicht erreicht, wogegen Beträge von 25 Thalern oder darüber für volle 50 Thaler als Kaution zu berechnen sind. Wenn also beispielsweise ein Beamter eine Kaution in Höhe der Hälfte seines Gehalts zu bestellen hat, und die letztere 160 Thaler beträgt, so ist die Kaution auf 150 Thaler festzusetzen, sofern aber die Hälfte des Gehalts auf 175 Thaler sich beläuft, eine Kaution von 200 Thalern zu bestellen.

Im Uebrigen behält es bei den über das Kautionswesen in der Justiz-Verwaltung seit der Allerhöchsten Verordnung vom 11. Februar 1832 (Rhein. Samml. Bd. 3. S. 482) ergangenen Bestimmungen, in Gemäßheit des

§. 8 des Gesetzes vom 21. Mai d. J., das Bewenden. Nur in Betreff der von den gerichtlichen Unterbeamten zu bestellenden Kautionen wird, mit Ausschluß des Bezirks des Appellationsgerichtshofes zu Cöln, anderweit bestimmt:

daß künftig die kautionspflichtigen Unterbeamten, ohne Unterschied, ob sie bei einem Stadtgericht oder Kreisgericht, bei einer Gerichtsdeputation oder bei einer Gerichtskommission fungiren, bei ihrer Anstellung eine Kaution von 100 Thalern, d. i. Einhundert Thalern, in inländischen Staatspapieren zu erlegen haben.

7) Alle Kautionen, welche nicht bis zum 1. Juni d. J. durch baare Einzahlung an die Staatskasse wirklich bestellt sind, müssen nach den Vorschriften des Gesetzes vom 21. Mai d. J. festgesetzt und in inländischen Staatspapieren erlegt werden, weil die Bestellung einer Kaution erst dann als erfolgt anzusehen ist, wenn deren Einlieferung an die Staatskasse stattgefunden hat.

Ebenso findet das Gesetz vom 21. Mai d. J. auch auf diejenigen Kautionen, welche durch allmälige Ansammlung gebildet werden und bis zum 1. Juli d. J. noch nicht vollständig an die Staatskasse eingezahlt sind, dahin Anwendung, daß der bis zu diesem Termin baar erlegte Kautionsbetrag zurückzugewähren und dagegen eine neue Kaution nach den Bestimmungen jenes Gesetzes zu erlegen ist, indem nach Inhalt des letzteren die Bestellung einer Kaution theils in baarem Gelde, theils in Staatspapieren ebensowenig als die Ergänzung einer bis zum 1. Juli d. J. nicht vollständig eingezahlten Kaution durch baare Erlegung des Restbetrages derselben zulässig ist.

8) Ist nach §. 6 des Gesetzes vom 21. Mai d. J. die in baarem Gelde erlegte Kaution zurückzuzahlen und eine neue Kaution in Effekten zu bestellen, so muß der Zurückzahlung der ersteren die anderweitige Kautionsbestellung vorangehen. Die vorgesetzte Dienstbehörde hat in dergleichen Fällen zu bescheinigen, daß die anderweitige Kautionsbestellung bewirkt worden, und wer zur Empfangnahme der baaren Kaution berechtigt ist. Die Rückzahlung erfolgt sodann gegen Rückgabe des quittirten Kautions-Empfangscheins. Machen die Umstände im Interesse des Kautionspflichtigen es wünschenswerth, so kann auf dessen Antrag die anderweitige Kaution ganz oder theilweise von der Gerichtsbehörde, in deren Depositorium die Kaution niedergelegt ist, resp. von der Regierungs-Hauptkasse nach Ueberweisung der nöthigen Geldmittel, event. gegen Aushändigung des Kautions-Empfangscheins und gegen Cession

der baaren Kaution oder des erforderlichen Theils derselben beschafft werden.

9) Hinsichtlich der Bedingungen, unter welchen die Kautionsbesteller auf Rückgabe der Kaution Anspruch haben, bewendet es bei den bestehenden Bestimmungen.

Berlin, den 3. August 1860.

Der Justiz-Minister.
Simons.

An sämmtliche Gerichtsbehörden.

I. 2367. C. 18. Vol. 6.

a.

Nr. .....

Kautions-Empfangschein
über .... Thaler.

Der ....

....

hat ....

im Ganzen über ꝛc. nebst Talons als Kaution bei dem Depositorium des unterzeichneten Gerichts unterpfändlich niedergelegt. Im Fall der Ausloosung dieser Papiere, worauf der Kautionsbesteller zu achten hat, sind dieselben durch andere noch nicht gekündigte Staatspapiere von gleichem Nominalbetrage zu ersetzen.

Die Zurückgabe der hinterlegten Papiere erfolgt gegen Rücklieferung des gegenwärtigen, mit der Quittung des Kautionsbestellers oder seines legitimirten Besitz-Nachfolgers versehenen Empfangscheins, auf Bescheinigung der zuständigen Behörde, daß die Kautionspflichtigkeit des Kautionsbestellers aufgehört habe und von ihm nichts zu vertreten sei, oder nach Abzug derjenigen Summe, welche von dem Kautionsbesteller zu vertreten ist.

.... den ....

(L. S.)
(Unterschrift des Gerichts.)

89.

Allgemeine Verfügung vom 1. September 1860, — betreffend die Insinuation von Verfügungen diesseitiger Gerichtshöfe in der Schweiz.

Allgemeine Verfügung vom 16. September 1844 (Rhein. Samml. Bd. 8. S. 346).

Nach einer Mittheilung des Herrn Ministers der auswärtigen Angelegenheiten ist es in neuerer Zeit mehrfach vorgekommen, daß sowohl der Schweizer Bundesrath, als auch die

Kantonalbehörden Schwierigkeiten erheben, die Insinuation von Verfügungen diesseitiger Gerichtshöfe zu bewirken, welche der Beglaubigung des Königlichen Ministeriums der auswärtigen Angelegenheiten entbehren, oder nicht wenigstens das Siegel des betreffenden Gerichts tragen.

In Folge dessen werden sämmtliche Gerichtsbehörden, sowie die Beamten der Staatsanwaltschaft hierdurch angewiesen, alle für Personen in der Schweiz bestimmte Verfügungen künftig entweder durch Vermittelung der betreffenden Ober-Gerichte, resp. des General-Prokurators zu Cöln, und mit deren Beglaubigung zum Zweck der Legalisation versehen, an das Königliche Ministerium der auswärtigen Angelegenheiten einzureichen, oder, Falls es zur Vermittelung durch die Ober-Gerichte, resp. den General-Prokurator zu Cöln im einzelnen Falle an Zeit fehlen sollte, bei unmittelbarer Einsendung an das Königliche Ministerium der auswärtigen Angelegenheiten wenigstens mit einem Abdruck des Siegels oder Stempels der ausfertigenden Gerichtsbehörde zu versehen.

Berlin, den 1. September 1860.

Der Justiz-Minister.
Simons.

An
sämmtliche Gerichte und Beamte
der Staatsanwaltschaft.

I. 3067. Requisitionen 48. Vol. 3.

90.

Verfügung vom 4. September 1860, — betreffend die Meldung kommissarischer Friedensrichter beim Landgerichts-Präsidenten und Ober-Prokurator.

Der Justiz-Minister genehmigt hierdurch die von Ihnen getroffene Anordnung, wodurch die mit der Verwaltung der Friedensrichterstellen zu N. N. beauftragt gewesenen Kommissare in den Jahren 1857 und 1858 angewiesen worden sind, sich vor dem Antritt des Kommissoriums den Landgerichts-Präsidenten und den Ober-Prokuratoren der betreffenden Landgerichtsbezirke vorzustellen. Für künftige ähnliche Fälle kommissarischer Aufträge an Beamte, welche dem Landgerichtsbezirke, in dem sie ein Kommissorium erhalten, nicht angehören, bleibt es Ihnen überlassen, nach pflichtmäßigem Ermessen zu verfügen ob der Kommissar vor Antritt seines Kommissoriums sich bei dem Landgerichts-Präsidenten und dem Ober-Prokurator des betreffenden

Bezirks persönlich zu melden, oder ob er sich direkt an den Ort seiner Bestimmung zu begeben habe.

Berlin, den 4. September 1860.

Der Justiz-Minister.
Simons.

An
den Herrn Ersten Präsidenten des Königl. Appellationsgerichtshofes und den Königl. Herrn General-Prokurator zu Cöln.

I. 3275. Rhein. Offizianten-Sachen 14.

91.

Verfügung vom 6. September 1860, — betreffend die feierliche Sitzung der vereinigten Senate des Königlichen Appellationsgerichtshofes zu Cöln nach den Ferien.

Der Justiz-Minister hat, wie Ihnen auf den Bericht vom 29. August d. J. eröffnet wird, nichts dagegen einzuwenden, daß nach Beendigung der Ferien eine feierliche Sitzung der vereinigten Senate des Königlichen Appellationsgerichtshofes und eine dabei von dem General-Prokurator zu haltende Rede in Zukunft wieder unterbleibe.

Berlin, den 6. September 1860.

Der Justiz-Minister.
Simons.

An
den Herrn Ersten Präsidenten des Königl. Appellationsgerichtshofes und den Königl. Herrn General-Prokurator zu Cöln.

I. 3092. Rhein. Gener. 103.

92.

Verfügung vom 9. September 1860, — betreffend die Stempelrevision beim Landgericht zu Coblenz.

Verf. v. 16. Septbr. 1841 (Rhein. Samml. Bd. 7. S. 358).
Verfügungen v. 11. April 1841 und 6. August 1842 (Rhein. Samml. Bd. 8. S. 91. 94).
Verf. v. 11. März 1843 (Rhein. Samml. Bd. 8. S. 151).
Verf. v. 18. August 1855 (Rhein. Samml. Bd. 11. S. 143).
Verf. v. 7. Mai 1860 (S. 180 dieses Bandes).

Bei Uebersendung einer Abschrift der dem Justiz-Minister mitgetheilten Berichte des Königlichen Provinzial-Steuer-Direktors zu Cöln vom 28. April d. J. und der darin erwähnten Stempel-Defekten-Tabellen im Original,

die Stempel-Revision bei dem Landgericht zu Coblenz betreffend,

wird Ihnen im Einverständniß mit dem Herrn Finanz-Minister Folgendes eröffnet:

I. Zur Defekten-Tabelle für den Zeitraum vom 1. Januar 1857 bis dahin 1858 (Bericht des Königlichen Provinzial-Steuer-Direktors vom 28. April d. J.).

1) Monitum 3. Die Klage des Peter Boos wider Jakob Boos war prinzipaliter auf Zahlung von 487 Rthlr., subsidiarisch aber auf Rückgabe eines für 1500 Rthlr. verkauften Grundstücks gerichtet. Zu dem beide Anträge abweisenden Urtheile mußte ein nach dem letztgedachten höheren Betrage zu berechnender Stempel verwendet werden. Es sind nur 8 Rthlr. 5 Sgr. verwendet, also mit Recht 4 Rthlr. 10 Sgr. defektirt.

2) Monitum 6. 18. 25. Wie bereits in den diesseitigen Verfügungen vom 11. April 1841 und 6. August 1842 (Rhein. Samml. Bd. 8. S. 91. 94) und 26. April 1853 ausgeführt ist, muß in Rechnungsprozessen, wenn auch zu dem die Verpflichtung zur Rechnungslegung aussprechenden Urtheile der unbestimmte Werthstempel verwendet ist, zu den späteren Urtheilen über einzelne Streitpunkte der Prozentstempel nach Maaßgabe des hierbei streitigen Gegenstandes verwendet werden. Die Monita sind demnach begründet.

3) Monitum 7. 8. 10. 17. 19. 20 und 26. Bei Urtheilen über streitige Konferenden in Theilungsprozessen ist nicht lediglich der eventuelle Antheil der die Kollation beantragenden Partei an dem zu konferirenden Gegenstande, auch nicht der Werth dieses Gegenstandes nach Abzug des dem Konferirenden daran nach seiner Erbquote zustehenden Antheils, sondern der ganze Gegenstand, jedoch mit der Maaßgabe der Berechnung des Stempels zum Grunde zu legen, daß es sich dabei nicht von der Zahlung oder Herausgabe des in lite befangenen Objekts, sondern lediglich von dessen Konferirung zur Theilungsmasse, und nicht darüber handelt, wem das Eigenthum daran zusteht, mithin der Unschätzbarkeitsstempel von 5—20 Rthlr. genügt. Hiernach sind die Monita zu erledigen.

4) Die Klage war auf formelle Anerkennung der behaupteten Auflösung eines Kaufvertrages, event. aber auf Rückgabe des wieder in den Besitz des Verklagten gelangten Kaufobjekts gerichtet. Letzteres wurde gegen den Widerspruch des Verklagten erkannt. Hiernach ist nicht ein Gegenstand von unbestimmtem Werthe, sondern der nach dem Kaufpreise zu berechnende Werth des Kaufobjekts als Gegenstand des Prozesses anzusehen, und das Monitum für begründet zu erachten.

5) Die Klage auf Gewährung eines Darlehns von 1350 Rthlr. zu 5 Prozent für einen gewissen Zeitraum hat nicht, wie die Schuldklage, den vollen Werth der Forderung, sondern nur das Interesse an ihrem zeitweisen Gebrauch zum Gegenstande. Der verwendete Unschätzbarkeitsstempel ist daher für entsprechend zu erachten und das Monitum unbegründet.

6) Das Urtheil auf provisorische Einweisung in den Besitz einer durch vorhergegangenes Urtheil für abwesend Erklärten ist in einem Falle, wie der vorliegende, wo ein und derselbe Extrahent beide Urtheile beantragt hat, als ein nachträgliches Erkenntniß in demselben Prozeßverfahren um so mehr anzusehen, als nach feststehender Jurisprudenz beide Entscheidungen gleichzeitig beantragt und in einem Urtheil getroffen werden können. Das Monitum ist daher nicht für begründet zu erachten. Sollten die Urtheile auf den Antrag verschiedener Extrahenten besonders erlassen werden, so würden beide Urtheile als in besonderen Prozessen ergangene Haupterkenntnisse zu behandeln sein.

7) Monitum 29. 30. 31 und 32. Das Kollokationsverfahren wird mit dem definitiven Kollokationsstatus abgeschlossen und nur die bis dahin verfallenen Zinsen sind den zu vertheilenden Geldern zuzurechnen. Wird den Gläubigern zur Tilgung ihrer Forderung ein erst später fälliges zinstragendes Kapital überwiesen, so sind die später verfallenden Zinsen dieses Kapitals nicht Gegenstand der Vertheilung, sondern Accessorien der überwiesenen Forderung, deren Fortlauf nicht einmal von der Entscheidung des Richters im Kollokationsverfahren abhängt. Diese Zinsen sind daher bei der Berechnung des Stempels nicht zu berücksichtigen und sonach die Monita nicht begründet.

II. Zum Bericht des Königlichen Provinzial-Steuer-Direktors vom 28. April d. J. betreffend die Stempel-Revision bei dem Landgericht zn Coblenz vom 1. Juli 1853 bis 31. Dezember 1856. —

Nr. 4. In der Verfügung vom 11. März 1843 (Rhein. Samml. Bd. 8. S. 151) ist bereits der Grundsatz ausgesprochen, daß zu Urtheilen, welche theilweise definitive, theilweise interlokutorische sind, der Stempel sofort zu verwenden und nicht etwa bis zur definitiven Erledigung des interlokutorischen Theils vorzubehalten sei. Ist der definitiv erledigte Theil des Prozesses einer Schätzung nach Gelde nicht fähig und deshalb ein Stempel von 5—20 Rthlr. zu verwenden, so kann zwar der Umstand, daß die verschiedenen unschätzbaren Streitgegenstände möglicherweise durch ein und dasselbe Urtheil hätten entschieden werden können, auf die Bestimmung der Höhe des Stempels innerhalb der Grenze von 5 und 20 Rthlr. von Einfluß sein, nicht aber dahin führen, für jenes Urtheil nur einen aliquoten Theil jenes Stempels, z. B. wie geschehen, die Hälfte von 5 Rthlr. zu verwenden, indem dadurch der für unschätzbare Gegenstände im Minimum durch das Gesetz auf 5 Rthlr. bestimmte Satz in unzulässiger Weise herabgesetzt würde. Das Monitum erscheint hiernach begründet.

Nr. 11. Monitum 68 und 76. Wegen eines nach Rheinischem Rechte nicht vom Richter, sondern von den Parteien angelegten Arrestes muß in bestimmten Formen und Fristen der Richter angegangen werden, um über die Gültigkeit oder Ungültigkeit des Arrestes zu erkennen, widrigenfalls der Arrest von selbst seine Gültigkeit verliert. Hält der Richter dafür, daß die Entscheidung über die Gültigkeit des Arrestes von dem Ausgange eines anderweitigen Prozesses abhängig zu machen sei, so kann er den Arrestprozeß nur vertagen, und die vorläufige Aufrechthaltung des angelegten Arrestes, bis über die Hauptforderung anderweit entschieden sei, ist nur als ein, die nothwendige Entscheidung über die Gültigkeit des Arrestes vorbereitendes Erkenntniß anzusehen; die Verfügung vom 16. September 1841 sub Nr. 9 (Rhein. Samml. Bd. 7. S. 358) spricht nicht von solchen vorläufigen, sondern nur von definitiven Entscheidungen über die Gültigkeit oder Ungültigkeit eines angelegten Arrestes. Die Monita sind hiernach nicht begründet.

Die Positionen 51. 72 und 75 der Defekten-Tabelle betreffen sämmtlich gerichtliche Verhandlungen in einem Expropriationsverfahren zwischen der Bonn-Cölner Eisenbahn und N. Sämmtliche Verhandlungen gehen dem Gesetz vom 25. Juni 1857, betreffend die Abänderung des Expropriationsgesetzes vom 8. März 1810 (Rhein. Samml. Bd. 11. S. 345), voraus, sind also nach letzterem zu beurtheilen. Wie die Anlagen zu dem Bericht des Provinzial-Steuer-Direktors ergeben, wurde schon in dem ersten Stadium des Verfahrens für die Eisenbahngesellschaft die provisorische Vollstreckbarkeit der Einweisung in den Besitz vor definitiver Feststellung der Entschädigung beantragt. N. intervenirte und beantragte, die Einweisung in den Besitz nicht vor definitiver Feststellung der Entschädigung auszusprechen.

Durch Urtheil vom 11. Juli 1855 wurde die Einweisung der Gesellschaft in den Besitz provisorisch vollstreckbar erklärt, jedoch unter der Verpflichtung, die provisorisch festgesetzte Entschädigung von 23,835 Rthlr. zu zahlen, oder vielmehr so lange die Hypothekenfreiheit nicht nachgewiesen sei, zu hinterlegen. — Das Landgericht hatte dies Urtheil als stempelfrei behandelt, hat es aber auf das Monitum des Stempelfiskals insofern für stempelpflichtig erachtet, als darin wegen der Belastung mit Hypotheken die Hinterlegung statt der Zahlung verordnet worden.

Es ist deshalb ein unbestimmter Werthstempel von 10 Rthlr. festgesetzt, womit sich der Provinzial-Steuer-Direktor einverstanden erklärt hat. Die provisorisch festgesetzte Entschädigungssumme wurde deponirt, und N., um in deren Besitz zu kommen, tilgte die Hypotheken und klagte nun, unter Vorbehalt der definitiven Feststellung der Entschädigung, auf Uebertragung der über die Hinterlegung ausgestellten Bank-Obligation oder Zahlung der vorläufig festgestellten Entschädigungssumme. Die verklagte Gesellschaft bestritt die Kompetenz des Landgerichts und beantragte eventuell das Urtheil nur gegen eine Kaution von 15,000 Rthlr. für vollstreckbar zu erklären. Das Landgericht erkannte durch Urtheil vom 5. November 1856 auf Herausgabe der Bank-Obligation resp. Auszahlung des Depositi, und verwendete zu dem Urtheile nur einen Stempel von 15 Sgr., weil es als Nebenerkenntniß zu dem ersteren anzusehen sei, und es sich nur von vorläufig festgestellter Entschädigung handele. Der Provinzial-Steuer-Direktor verlangt den Prozentstempel nach Maaßgabe der deponirten Summe mit 110 Rthlr. 10 Sgr. (Monitum 72).

Endlich klagt N. auf Löschung einer von der Gesellschaft auf Grund der vorerwähnten Urtheile auf seine Grundstücke genommenen Hypotheken-Inskription zum Betrage von 15,000 Rthlr. — Zu dem der Klage entsprechenden Urtheil vom 28. Juli 1856 wird ein unbestimmter Werthstempel von 5 Rthlr. verwendet. Der Provinzial-Steuer-Direktor verlangt einen Prozentstempel von 80 Rthlr. (Monitum 75).

In einer, durch das Justiz-Ministerialblatt Nr. 24 publizirten Verfügung vom 7. Mai d. J. sind die in Betreff der Stempelfreiheit beim Rheinischen Expropriationsverfahren zu befolgenden Grundsätze näher festgestellt. Danach ist angenommen, daß bei dem vor der Novelle vom 27. Mai 1857 (Rh. Samml. Bd. 11. S. 345) auf Grund des Gesetzes vom 8. März 1810 stattgefundenen gerichtlichen Verfahren die, auch die definitive Festsetzung der Entschädigung betreffenden gerichtlichen Verhandlungen stempelfrei sind. Es würde daher zu dem Urtheil vom 11. Juli 1855 kein Stempel zu verwenden gewesen sein. Das Urtheil vom 5. Mai 1856 (Monitum 72) betrifft dagegen einen mit der Besitzveränderung und Feststellung der Entschädigung in keinem nothwendigen Zusammenhange stehenden Prozeß, der seinen besonderen Grund in der Weigerung der Eisenbahngesellschaft hatte, die Bank-Obligation über die deponirten Gelder auszuhändigen, nachdem die Bedingung, unter welcher die Deposition statt der Zahlung gestattet war, ihre Erledigung gefunden hatte. Diese selbstständige Klage war auf Aushändigung der Bank-Obligation über eine bestimmte Summe oder deren Zahlung gerichtet. Es mußte daher ein Werthstempel nach Maaßgabe dieser Summe verwendet werden. Das Monitum ist hiernach begründet. Dagegen betrifft das Urtheil vom 28. Juli 1856 nicht, wie das bezogene Reskript vom 18. August 1855 Nr. 5 (Rhein. Samml. Bd. 11. S. 143), die Löschung einer für eine bestimmte Schuld genommenen Hypothek, sondern nur die Löschung einer vorläufig arbitrair auf 15,000 Rthlr. normirten Kaution zur Sicherheit einer möglichen Rückforderung. Das Interesse an dieser Löschung ist von unbestimmbarem Werthe und danach mit Recht der Stempel festgesetzt. Das Monitum 75 ist daher nicht begründet.

ad B. Aus der Defekten-Tabelle über die bei der II. Civilkammer des Landgerichts zu Coblenz abgehaltene Revision pro 1. Juli 1853 bis Ende 1856.

Nr. 15 des Berichts des Provinzial-Steuer-Direktors, Monitum 109. 116. Wenn der Gläubiger eines Miterben, indem er auf Grund des Art. 1166 des bürgerlichen Gesetzbuchs die Rechte seines Schuldners ausübt, auf Theilung der Erbschaft klagt, so gehört der Nachweis seiner Eigenschaft als Gläubiger zur legitimatio ad causam; aber die Entscheidung über die von dem Schuldner bestrittene Existenz und Höhe der Forderung gehört nicht in den gegen die Miterben beantragten Theilungsprozeß. Wird die Legitimation und die Pflicht zur Theilung nicht bestritten, so kann nur derjenige Stempel zu dem die Theilung verordnenden Urtheile verwendet werden, der für den Fall zu bestimmen war, daß der Schuldner selbst die Theilung beantragte. Die Monita sind hiernach nicht begründet.

Nr. 20. Monitum 122. Hier handelt es sich von der Löschung einer für die Forderung des Verklagten ad 1000 Rthlr. bestehenden Hypotheken-Inskription. Wie die Verfügung vom 18. August 1855 Nr. 5 (Rhein. Samml. Bd. 11. S. 143) bereits in einem ähnlichen Falle entschieden hat, muß ein Prozeßstempel nach Maaßgabe der Summe, für welche die zu löschende Inskription genommen wird, verwendet werden. Das Monitum erscheint hiernach begründet.

Nr. 22. Monitum 125. Die in dem Verfahren über Gütertrennung zwischen geschiedenen Eheleuten getroffene Incidententscheidung über die der Frau provisorisch aus der Masse zu gewährenden Alimente ist als ein vorbereitendes oder Neben-Erkenntniß anzusehen, zu welchem ein besonderer Stempel nicht verwendet wird. Das Monitum ist daher nicht begründet.

Nr. 23. Monitum 108. Ein Urtheil, durch welches zwischen den Gläubigern des Erblassers und den Benefizial-Erben die von diesen zum Zweck der Vertheilung unter jene Gläubiger zu repräsentirende Masse festgesetzt wird, ist als ein definitives anzusehen, zu welchem der Werthstempel nach Maaßgabe der festgesetzten Summe zu bestimmen, und dessen Verwendung nicht dem eventuellen Distributionsverfahren vorzubehalten ist. Es versteht sich von selbst, daß bei diesem Distributionsverfahren der Werthstempel nicht nochmals zu verwenden sein würde. Mit dieser Maaßgabe wird das Monitum 108 für begründet erklärt.

Berlin, den 9. September 1860.

Der Justiz-Minister.
Simons.

An
den Königl. Herrn Landgerichts-Präsidenten
und den Königl. Herrn Ober-Prokurator
zu Coblenz.

I. 3103. Rhein. Gener. 62. Vol. 9.

93.

Gesetz vom 21. September 1860, — betreffend die Abänderung des §. 83 der Steuerordnung vom 8. Februar 1819 und der Deklaration vom 6. Oktober 1821. Ges.-Samml. S. 433.

I. 3621. Steuersachen 13. Vol. 8.

94.

Verordnung vom 1. Oktober 1860, — betreffend die Gerichtsbarkeit über die Preußische Garnison der Bundesfestung Rastatt.

Im Namen Sr. Majestät des Königs.

Wir Wilhelm, von Gottes Gnaden Prinz von Preußen, Regent,

verordnen, auf Grund des §. 13 des Gesetzes vom 8. Juni 1860 (S. 188 dieses Bandes) was folgt:

§. 1.

Die durch die Order vom 19. Juli 1834 (Rhein. Samml. Bd. 4. S. 102) und den Artikel VIII. Absatz 1 des Gesetzes vom 26. April 1851 (Ges.-Samml. S. 184) wegen der Gerichtsbarkeit über die Preußischen Garnisonen der Bundesfestungen Mainz und Luxemburg getroffenen Bestimmungen werden hierdurch auch auf die in der Bundesfestung Rastatt stehende Preußische Garnison für anwendbar erklärt.

§. 2.

Die Gerichtsbarkeit über die zu dieser Garnison gehörigen Militairpersonen und Beamten, sowie über deren Angehörige in dem Umfange des gedachten Gesetzes soll dem Kreisgerichte zu Wesel zustehen.

Urkundlich unter Unserer Höchsteigenhändigen Unterschrift und beigedrucktem Königlichen Insiegel.

Gegeben Baden-Baden, den 1. Oktober 1860.

(L. S.) Wilhelm, Prinz von Preußen, Regent.

Simons. In Vertretung des Kriegsministers: Hering.

I. 3455. M. 100. Vol. 3.

95.

Allgemeine Verfügung vom 8. Oktober 1860, — betreffend die Mittheilungen in Untersuchungssachen gegen militairpflichtige Personen.

Nach den bestehenden Vorschriften sind die Beamten der Staatsanwaltschaft verpflichtet, von der Einleitung einer jeden Untersuchung wegen Verbrechen und Vergehen und demnächst von dem Tenor des rechtskräftigen Erkenntnisses dem betreffenden Landrathe und in denjenigen Städten, welche einem landräthlichen Kreise nicht angehören, der Behörde, durch welche die Aushebung der Militairpflichtigen bewirkt wird, Nachricht zu geben, falls der Beschuldigte das militairpflichtige Alter erreicht hat, aber zum Militairdienste noch nicht herangezogen ist.

Nach einer Mittheilung des Herrn Kriegs-Ministers haben diese Bestimmungen nicht genügt, um die Einstellung militairpflichtiger Personen, welche vor dem Eintritt in den Dienststand Verbrechen oder Vergehen verübt hatten, und deshalb auf Grund des §. 9 Th. II. des Militair-Strafgesetzbuches demnächst wieder aus dem Dienste entlassen werden mußten, zu vermeiden.

In Folge dessen wird hierdurch angeordnet, daß die vorgeschriebene Nachricht von der Einleitung einer Untersuchung wegen Verbrechen oder Vergehen auch in allen denjenigen Fällen erfolge, in denen der Beschuldigte zwar noch nicht das militairpflichtige Alter selbst erreicht hat, in denen aber vorauszusehen ist, daß er es im Laufe der Untersuchung erreichen werde.

Auch ist fortan, falls gegen Personen der genannten Art die Einleitung einer Voruntersuchung beschlossen wird, Seitens der Staatsanwaltschaft nicht erst von dem Eintritt der eigentlichen Untersuchung, sondern statt dessen schon von dem auf die Voruntersuchung gerichteten Antrage und der später etwa erfolgenden Einstellung des weiteren Verfahrens Mittheilung zu machen.

Schließlich aber werden die Polizeianwalte darauf aufmerksam gemacht, daß ihnen hinsichts derjenigen Vergehen, welche nach dem Gesetze vom 14. April 1856 (Rhein. Samml. Bd. 11. S. 177) zur Kompetenz des Einzelrichters gehören, eine gleiche Verpflichtung zu den Mittheilungen an die Verwaltungsbehörden obliegt, wie den übrigen Beamten der Staatsanwaltschaft, deren Funktionen sie nach Art. I. des Gesetzes vom 14. April 1856 und §. 28 der Verordnung vom 3. Januar 1849 (Ges.-Samml. S. 14) in den bezeichneten Sachen zu verrichten haben.

Berlin, den 8. Oktober 1860.

Der Justiz-Minister.
Simons.

An
sämmtliche Beamten der Staatsanwaltschaft.

I. 3394. S. 24. Vol. 9.

96.

Verfügung vom 8. Oktober 1860, — betreffend die Verjährung der Stempel.

Gesetz vom 31. März 1838 (Ges.-Samml. S. 249).
Gesetz vom 6. Juli 1845 (Rhein. Samml. Bd. 9. S. 41).

Nach den Gesetzen wegen Einführung kürzerer Verjährungsfristen vom 31. März 1838 §. 2 Nr. 8 in den Landestheilen, in welchen das Allgemeine Landrecht Kraft hat, und vom 6. Juli 1845 für die Landestheile, in welchen gemeines Recht gilt, sollen Forderungen auf Nachzahlung der von den Gerichten rc. gar nicht oder zu wenig eingeforderter Stempel mit gewissen Ausnahmen, in vier Jahren verjähren. Diese Verjährung soll mit dem Ende des Jahres zu laufen beginnen, in welchem der Prozeß durch ein rechtskräftiges Erkenntniß beendet oder überhaupt die Forderung entstanden ist. — Zwar gelten die bezogenen Gesetze nicht im Bezirk des Appellationsgerichtshofes zu Cöln, aber es ist bald nach Erlaß des Gesetzes vom 31. März 1838 von den Ministerien der Justiz und der Finanzen anerkannt, daß in dieser Beziehung die Bewohner der Rheinprovinz wie diejenigen der anderen Provinzen behandelt werden müssen. In einer Verfügung des Herrn Finanz-Ministers an den Königlichen Provinzial-Steuer-Direktor zu Cöln vom 5. Juni 1842 wurde daher vorgeschrieben, daß Stempelrückstände, welche nach dem Gesetz vom 31. März 1838 als verjährt anzusehen seien, nicht gerügt werden sollten.

Bei der im Jahre 1857 vorgenommenen Revision der stempelpflichtigen Akten eines Landgerichts, die sich bis auf das Jahr

1853 zurückerstreckte, wurden in mehreren Fällen Monita gezogen, die das Landgericht nicht als richtig anerkannte, und die erst nach längeren Verhandlungen zwischen dem letzteren und der Steuerbehörde zur Entscheidung des Justiz-Ministers gelangten. Während dieser Verhandlungen war die Verjährungsfrist abgelaufen, und da jene Verhandlungen zwischen den Behörden nicht als eine Unterbrechung der Verjährung den Schuldnern gegenüber anzusehen waren, so mußten die fraglichen Stempeldefekte niedergeschlagen werden.

Um Aehnliches für die Zukunft zu vermeiden, ist von dem Herrn Finanz-Minister in einer Verfügung an den Königlichen Provinzial-Steuer-Direktor zu Cöln vorgeschrieben worden, daß in Fällen, in welchen der Eintritt einer solchen Verjährung nach Inhalt der aufgestellten Defekten-Tabellen zu besorgen ist, die revidirten Behörden hierauf mit dem Ersuchen aufmerksam zu machen seien, die Erledigung der bezüglichen Revisions-Erinnerungen besonders zu beschleunigen.

Die betreffenden Justiz-Behörden haben sich auch ihrerseits in solchen Fällen die schleunige Erledigung derartiger Monita angelegen sein zu lassen, und insbesondere auf das desfallsige Ersuchen der Stempelbehörde die gehörige Rücksicht zu nehmen. Sie werden daher angewiesen, hiernach nicht nur sich selbst zu achten, sondern auch an die Landgerichts-Präsidenten und Ober-Prokuratoren das Erforderliche zu verfügen.

Berlin, den 8. Oktober 1860.

Der Justiz-Minister.
Simons.

An
den Herrn Ersten Präsidenten des Königl. Appellationsgerichtshofes und den Königl. Herrn General-Prokurator zu Cöln.

I. 3425. Rhein. Gener. 62. Vol. 9.

97.

Verfügung vom 22. Oktober 1860, — betreffend die Anfertigung einer wiederholten schriftlichen Probearbeit bei der zweiten juristischen Prüfung.

Allgemeine Verfügung vom 30. Juni 1860 (S. 195 dieses Bandes).

Die allgemeine Verfügung vom 30. Juni 1860 (S. 195 dieses Bandes), nach welcher den Kandidaten der zweiten juristischen Prüfung, welchen zweimal ein Probereferat zugetheilt wurde, ohne daß es ihnen gelungen wäre, eine für probemäßig erachtete

Arbeit zu liefern, eine dritte schriftliche Probearbeit nicht ohne Genehmigung des Justiz-Ministers zugetheilt werden soll, ist auch im Bezirk des Appellationsgerichtshofes zu Cöln in Anwendung zu bringen. In einem solchen Falle ist von dem Landgerichts-Präsidenten und dem Ober-Prokurator jedesmal an Sie, den Herrn Ersten Präsidenten und den Herrn General-Prokurator, zu berichten und dieser Bericht von Ihnen mit Ihrer gutachtlichen Aeußerung, dem Justiz-Minister einzureichen. Sie haben hiernach die Landgerichts-Präsidenten und Ober-Prokuratoren mit Anweisung zu versehen.

Berlin, den 22. Oktober 1860.

Der Justiz-Minister.
Simons.

An
den Herrn Ersten Präsidenten des Königl. Appellationsgerichtshofes und den Königl. Herrn General-Prokurator zu Cöln.

I. 3713. Rhein. Offizianten-Sachen 7. Vol. 4.

98.

Allgemeine Verfügung vom 31. Oktober 1860, — betreffend die auf die Preußischen Besatzungen der Bundesfestungen Mainz, Luxemburg und Rastatt bezüglichen Requisitionen in Civil-Justizsachen.

Die Requisitionen der Gerichtsbehörden in Civil-Justizsachen um Aufnahme von Verhandlungen, betreffend die Vernehmung von Militairpersonen der Preußischen Garnisonen zu Mainz, Luxemburg und Rastatt, um Auszahlung von Geldern an dieselben, Vorlegung von Vormundschafts-Akten Behufs der Decharge-Ertheilung ꝛc. werden häufig, statt an die zuständigen Königlich Preußischen Kreisgerichts-Kommissionen zu Mainz, Luxemburg und Rastatt, an andere, zuweilen an ausländische Behörden oder an Militairbehörden adressirt.

Da hierdurch Verzögerungen und Weiterungen entstehen, so werden die Justizbehörden darauf aufmerksam gemacht, daß die Requisitionen in dergleichen Angelegenheiten an die in den Bundesfestungen Mainz, Luxemburg und Rastatt bestehenden Königlich Preußischen, zum Kreisgericht Wesel gehörigen Kreisgerichts-Kommissionen zu richten sind.

Berlin, den 31. Oktober 1860.

Der Justiz-Minister.
Simons.

An
sämmtliche Gerichtsbehörden.

I. 3617. M. 100. Vol. 3.

99.

Allerhöchster Erlaß vom 12. November 1860, — betreffend die Anciennetäts-Verhältnisse und die Gehaltsstufen der richterlichen Beamten.

Auf Ihren Bericht vom 31. Oktober d. J. bestimme Ich in Ergänzung des Erlasses vom 19. März 1850, betreffend die Anciennetätsverhältnisse, die Gehaltsstufen und den Rang der richterlichen Beamten, sowie der Beamten der Staatsanwaltschaft (Ges.-Samml. S. 274), was folgt:

1) Die Verleihung der zulässigen Gehaltszulagen an die richterlichen Beamten in den etatsmäßig feststehenden Gehaltsklassen ihrer Kategorie erfolgt nach Maaßgabe der Anciennetät. Dies hindert jedoch nicht, einzelne Richter von einem Gerichte an das andere, in den Grenzen, wie dies gesetzlich zulässig ist, mit einem ihrem Dienstalter entsprechenden Gehalte zu versetzen. Auch muß es bei den bisherigen Verwaltungsgrundsätzen hinsichtlich der den Einzelrichtern zu bewilligenden Zulagen so lange sein Bewenden behalten, als nicht hierzu ein besonderer Fonds ausgesetzt werden kann.
2) Wenn gegen einen Richter die Einleitung einer gerichtlichen oder Disziplinar-Untersuchung beschlossen worden, so ist bis nach Beendigung des Verfahrens das Einrücken desselben in höhere Gehaltsstufen auszusetzen. Eine Nachzahlung der solchergestalt zurückbehaltenen Gehaltszulagen findet nicht statt, wenn das Endurtheil auf Dienstentlassung oder auf Versetzung mit Verminderung des Diensteinkommens lautet, wogegen in allen übrigen Fällen eine Nachzahlung unter Zurückbeziehung der Verleihung auf denjenigen Zeitpunkt zu bewilligen ist, von welchem ab die Gehaltsverbesserung bei nicht stattgehabtem Untersuchungsverfahren zur Anweisung gelangt sein würde.
3) Ist gegen einen Richter im Disziplinarverfahren auf Versetzung mit Verminderung des Diensteinkommens erkannt, so ist die ausgesprochene Verminderung immer nur auf dasjenige Diensteinkommen zu beziehen, in dessen Genusse der Richter sich bei Einleitung der Untersuchung befunden hat.

Berlin, den 12. November 1860.

Im Namen Seiner Majestät des Königs:
Wilhelm, Prinz von Preußen, Regent.
Simons.

An den Justiz-Minister.
I. 4348. Justizfonds 41. Vol. 6.

100.

Allgemeine Verfügung vom 26. November 1860, — betreffend die Ausführung des Vertrages mit den Vereinigten Staaten von Nordamerika wegen Auslieferung flüchtiger Verbrecher.

Vertrag vom 16. Juni und 16. November 1852 (Rhein. Samml. Bd. 11. S. 522).

Nach Artikel I. des zwischen Preußen und anderen Staaten des Deutschen Bundes einerseits, und den Vereinigten Staaten von Nord-Amerika andererseits, wegen der in gewissen Fällen zu gewährenden Auslieferung der vor der Justiz flüchtigen Verbrecher abgeschlossenen Vertrages vom 16. Juni und 16. November 1852 ist den Richtern und anderen Behörden die Befugniß ertheilt, das beschuldigte Individuum, dessen Auslieferung beantragt wird, vor die Richter oder anderen Behörden zu stellen, damit der Beweis für die Strafbarkeit gehört und in Erwägung gezogen werde, und wenn bei dieser Vernehmung der Beweis für ausreichend zur Aufrechthaltung der Beschuldigung erkannt wird, soll es die Pflicht des prüfenden Richters oder der Behörde sein, selbigen für die betreffende exekutive Behörde festzustellen, damit ein Befehl zur Auslieferung eines solchen Flüchtlings erlassen werden könne.

In Betreff der Beweiskraft der den Nord-Amerikanischen Behörden in Auslieferungsfällen bei dergleichen zur Prüfung der Strafbarkeit des Flüchtlings stattfindenden Vernehmungen vorgelegten Verhandlungen und Dokumente hatten sich bei jenen Behörden Zweifel ergeben, welche Veranlassung zu Weiterungen geworden, ja der Ausführung der Auslieferung entgegengetreten sind.

Zur Beseitigung dieser Schwierigkeiten ist nunmehr von der Regierung der Vereinigten Staaten von Nord-Amerika durch Gesetz vom 22. Juni d. J. bestimmt worden:

daß die zur Begründung eines vertragsmäßigen Auslieferungs-Antrages beizubringenden Dokumente und Verhandlungen künftig als formell gültige Beweisstücke in Nord-Amerika anerkannt werden sollen, sobald ihnen

1) von den kompetenten Behörden des die Auslieferung nachsuchenden Staates die Beglaubigung beigefügt ist, daß sie nach den gesetzlichen Erfordernissen des letzteren Staates gültige Beweisstücke sind, und wenn außerdem

2) diese Beglaubigung von dem, in dem betreffenden Staate residirenden diplomatischen oder konsularischen Hauptvertreter der Vereinigten Staaten legalisirt ist.

Den Gerichtsbehörden wird dies mit der Anweisung bekannt gemacht, in den Fällen, in welchen die Auslieferung eines nach den Vereinigten Staaten von Nord-Amerika entflohenen Verbrechers auf Grund des Eingangs gedachten Vertrages vom 16. Juni und 16. November 1852 beantragt wird, die zur Begründung des Antrages erforderlichen Dokumente und Verhandlungen neben der vorschriftsmäßigen Legalisation mit der zu 1 gedachten Beglaubigung zu versehen, dahin:

daß die Schriftstücke hinsichtlich der Form nach den in Preußen bestehenden gesetzlichen Bestimmungen gültige Beweisstücke sind.

Diese Beglaubigung ist von den Justiz-Behörden erster Instanz den Urkunden und Verhandlungen, sowie den beglaubigten Abschriften beizufügen und von den vorgesetzten Behörden in den Legalisations-Vermerken zu bestätigen.

Demnächst sind die in dieser Weise beglaubigten Schriften mit den, die Auslieferung beantragenden Berichten dem Justiz-Minister, in besonders eiligen Fällen aber unmittelbar dem Ministerium der auswärtigen Angelegenheiten zur weiteren Veranlassung einzureichen.

Berlin, den 26. November 1860.

Der Justiz-Minister.
Simons.

An
sämmtliche Gerichtsbehörden.

I. 3658. Conventionen 26.

101.

Allgemeine Verfügung vom 27. November 1860, — betreffend die Mittheilungen in Untersuchungssachen gegen Angestellte der Eisenbahnverwaltungen.

Allgemeine Verfügungen vom 12. Juli und 18. August 1852 (Rhein. Samml. Bd. 10. S. 454 und 478).

In Erweiterung der allgemeinen Verfügungen vom 12. Juli und 18. August 1852, betreffend die Mittheilungen in Untersuchungssachen gegen Eisenbahn-Polizeibeamte werden in Folge eines Antrags des Herrn Ministers für Handel, Gewerbe und öffentliche Arbeiten die Beamten der Staatsanwaltschaft hierdurch angewiesen, von der Einleitung einer Untersuchung wegen

Verbrechens oder Vergehens gegen Angestellte der Eisenbahnverwaltungen aller Kategorien, sowie von deren Verhaftung, dem betreffenden Königlichen Eisenbahn-Kommissariat beziehungsweise der Königlichen Eisenbahn-Direktion unverzüglich Nachricht zu geben und ihnen demnächst auch den Tenor der ergangenen Entscheidungen mitzutheilen.

Berlin, den 27. November 1860.

Der Justiz-Minister.
Simons.

An
sämmtliche Beamte der Staatsanwaltschaft.

I. 4078. S. 24. Vol. 9.

102.

Allgemeine Verfügung vom 28. November 1860, — betreffend die Vollstreckung der Straferkenntnisse hinsichtlich der Konfiskate in Untersuchungen wegen unberechtigten Jagens.

§. 277 des Strafgesetzbuches.
Allgemeine Verfügung vom 6. Juli 1854 (Rhein. Samml. Bd. 11. S. 41).

Der §. 277 des Strafgesetzbuchs bestimmt:

Das Gewehr, das Jagdgeräth und die Hunde, welche der Thäter bei dem unberechtigten Jagen bei sich geführt hat, ingleichen die im §. 275 erwähnten Schlingen, Netze, Fallen oder anderen Vorrichtungen sind dem Fiskus im Strafurtheile zuzusprechen, ohne Unterschied, ob sie dem Angeschuldigten gehören oder nicht.

Es haben sich Zweifel darüber erhoben, wie bei der Vollstreckung der Straferkenntnisse, welche dieser Bestimmung gemäß die Gewehre, Jagdgeräthe u. s. w. dem Fiskus zusprechen, zu verfahren sei, insbesondere, in welchem Umfange die Gerichte und die Beamten der Staatsanwaltschaft resp. die Polizeianwalte die Herbeischaffung der Konfiskate zu bewirken verpflichtet sind.

Im Einverständniß mit den Herren Ministern für die landwirthschaftlichen Angelegenheiten und des Innern wird den Gerichten und den Beamten der Staatsanwaltschaft in dieser Beziehung Folgendes eröffnet:

I. Die Gerichte haben dergleichen Erkenntnisse von Amtswegen zu vollstrecken, mithin auch für die Herbeischaffung der konfiszirten Jagdgeräthschaften, welche demnächst in Gemäßheit der allgemeinen Verfügung vom 6. Juli 1854 nach Bewandniß des Falles entweder dem betreffenden Revier-Oberförster oder dem betreffenden Landrath zu übersenden sind, zu sorgen.

II. Die von dem Inhalte des §. 19 des Strafgesetzbuchs abweichende Vorschrift des §. 277 daselbst, daß die Jagdgeräthschaften dem Fiskus zuzusprechen sind, ohne Unterschied, ob sie dem Angeschuldigten gehören oder nicht, ist eine exzeptionelle und hat zur Folge, daß das Eigenthum und der Besitz der Geräthschaften durch das Erkenntniß (vergl. §. 60 Tit. 7 Thl. I. Allg. Landrechts) dem Fiskus übertragen wird, auch wenn ein Dritter bisher rechtmäßiger Eigenthümer des Geräthes gewesen ist. Soll die gedachte Vorschrift nicht ihre Wirksamkeit und den beabsichtigten Zweck verfehlen, so muß daher der Dritte das Geräth, in dessen Besitz er gefunden wird, herausgeben, ohne daß es eines besonderen Civil-Erkenntnisses gegen ihn bedarf, nnd ohne daß er sich auf die gesetzlichen Vorschriften des Civilrechts §§. 26 ff. Tit. 15 Thl. I. des Allg. Landrechts berufen könnte. (Vergl. §. 69 Tit. 14 Thl. II. ebend.) Es bleibt ihm vielmehr im geeigneten Falle nur der Entschädigungs-Anspruch an den Kontravenienten vorbehalten.

Anders verhält es sich aber, wenn das einem Dritten gehörige konfiszirte Geräth bei diesem nicht vorgefunden, oder wenn von ihm der Besitz bestritten, oder wenn die Identität des vorgefundenen mit dem beim unberechtigten Jagen gebrauchten Geräthe zweifelhaft ist. In diesen Fällen läßt sich aus dem Straferkenntnisse eine Befugniß zur Exekution gegen den Dritten nicht herleiten, weil bei Letzterem die Vollstreckung des Erkenntnisses, welches gegen seine Person nicht gerichtet ist, sich auf die Wegnahme des Konfiskats zu beschränken hat.

Der Dritte, bei der Kontravention nicht Betheiligte kann daher in den gedachten Fällen, wenn die konfiszirten Gegenstände bei ihm nicht vorgefunden werden, oder wenn die Identität der vorgefundenen zweifelhaft ist, auch nicht ohne Weiteres zur Ableistung des Manifestations-Eides angehalten, vielmehr muß, wenn er sich der Leistung dieses Eides weigert, in Gemäßheit §. 30 Tit. 22 Thl. I. der Allgemeinen Gerichts-Ordnung Klage gegen ihn angestellt, und über die Verbindlichkeit zur Ableistung des Eides ordentlich erkannt werden. Die Bestimmung des §. 56 Tit. 24 Thl. I. der Allgemeinen Gerichts-Ordnung ist auf dergleichen Fälle nicht anwendbar, sie setzt ein im Civilprozesse ergangenes Erkenntniß voraus, welches den Verklagten zur Herausgabe einer bestimmten Sache verurtheilt.

In Betreff des Kontravenienten, gegen welchen das Straferkenntniß ergangen ist, findet es dagegen, wenn die Konfiskate bei ihm nicht vorgefunden werden, und er die Angabe, wo sie sich befinden, verweigert, kein Bedenken, ihn ohne Weiteres und ohne vorangegangenen Civilprozeß zur Leistung des Manifestationseides anzuhalten, indem dies aus der Analogie der Bestimmungen §. 29 Nr. 5 und §. 31 Tit. 22 Thl. I. der Allgemeinen Gerichts-Ordnung gerechtfertigt erscheint.

III. In die Untersuchung wegen unberechtigten Jagens kann ein Dritter, welcher muthmaßlich das dabei gebrauchte Jagdgeräth besitzt, blos des Besitzes halber, sofern er nicht der Theilnahme an der Kontravention verdächtig und demzufolge Anklage gegen ihn zu erheben ist, nicht hineingezogen werden.

Wohl aber liegt es in den Befugnissen und Pflichten der Staatsanwaltschaft resp. Polizei-Anwaltschaft, während der Untersuchung die geeigneten Ermittelungen darüber zu veranlassen, wo sich das nicht sofort bei der That in Beschlag genommene Jagdgeräth befindet, damit es vorläufig mit Beschlag belegt werden könne. Behufs dieser Ermittelung ist auch die Vernehmung dritter Personen, die nicht angeschuldigt sind, unbedenklich statthaft.

Zur Mitwirkung für die Vollstreckung des Erkenntnisses ist die Staatsanwaltschaft aber nicht berufen.

Berlin, den 28. November 1860.

Der Justiz-Minister.
Simons.

An
sämmtliche Gerichte und Beamte
der Staatsanwaltschaft.

I. 4094. F. 49. Vol. 4.

103.

Allgemeine Verfügung vom 3. Dezember 1860, — betreffend die Befugniß zur Erhebung des Konflikts nach Maaßgabe des Gesetzes vom 13. Februar 1854 (Gesetz-Samml. S. 86).

Da von der Befugniß zur Erhebung des Konflikts, welche durch das Gesetz vom 13. Februar 1854 der vorgesetzten Provinzial- oder Central-Behörde des gerichtlich verfolgten Beamten beigelegt worden, nicht immer ein dem Sinne des Gesetzes entsprechender Gebrauch gemacht worden ist, so hat das Königliche

Staats-Ministerium beschlossen, die betheiligten Behörden auf folgende Gesichtspunkte aufmerksam machen zu lassen:

1) Nach der Rechtsprechung des Gerichtshofes zur Entscheidung der Kompetenz-Konflikte findet die Erhebung des Konflikts nur dann statt, wenn die vorgesetzte Provinzial- oder Central-Behörde des Beamten der Ansicht ist, daß derselbe innerhalb der Grenzen seiner Amtsbefugnisse gehandelt, oder eine ihm obliegende Amtshandlung nicht unterlassen habe. Wenn daher die Behörde anerkennt, daß der Beamte die Grenzen seiner Amtsbefugnisse überschritten, oder daß er eine ihm obliegende Amtshandlung unterlassen habe, und wenn sie gleichwohl glaubt, daß der Fall zu einer gerichtlichen Verfolgung nicht geeignet sei, so ist doch von der Erhebung des Konflikts abzusehen, und die Entscheidung darüber, ob unter den besonderen Umständen des Falles dem Beamten ein solches Verschulden, welches eine strafrechtliche oder civilrechtliche Verantwortlichkeit begründe, nicht zur Last falle, den Gerichten zu überlassen.

2) Aber auch in denjenigen Fällen, in welchen nach Ansicht der Behörde der Beamte seine Amtsbefugnisse nicht überschritten oder eine ihm obliegende Amtshandlung nicht unterlassen hat, ist zu erwägen, daß das Gesetz die Erhebung des Konflikts nur als Befugniß gestattet. Von dieser Befugniß ist nur dann Gebrauch zu machen, wenn es ganz unzweifelhaft erscheint, daß eine Amtsüberschreitung nicht stattgefunden habe.

3) Da endlich die Ermittelung der erheblichen Thatsachen unter allen Umständen nothwendig ist, und zwar sowohl für die Prüfung der Behörde, ob der Konflikt zu erheben, als für die Beurtheilung des Gerichtshofes zur Entscheidung der Kompetenz-Konflikte, ob derselbe begründet sei, so ist der Erhebung des Konflikts bis zur stattgefundenen Ausmittelung jener Thatsachen Anstand zu geben und nöthigenfalls erst in der zweiten Instanz der Konflikt zu erheben.

Sämmtlichen Gerichten und Beamten der Staatsanwaltschaft wird dies zur Kenntnißnahme resp. zur Beachtung mitgetheilt.

Berlin, den 3. Dezember 1860.

Der Justiz-Minister.
Simons.

An
sämmtliche Gerichte und Beamte
der Staatsanwaltschaft.

I. 4199. O. 37. Vol. 2.

104.

Allgemeine Verfügung vom 11. Dezember 1860, — betreffend das Verfahren bei der Untersuchung und Feststellung des Gemüthszustandes Russischer Unterthanen.

Von der Kaiserlich Russischen Regierung ist durch einen Ukas vom 13. (28.) März d. J. die Anordnung getroffen:

daß die Untersuchung und Feststellung des Gemüthszustandes Russischer Unterthanen, die im Auslande von einer Geisteskrankheit befallen worden sind, nach den Gesetzen des Landes, in welchem sie sich befinden, aber jederzeit unter Mitwirkung eines Abgeordneten oder Bevollmächtigten der Russischen Gesandtschaften oder Russischen Konsulate, die in dem betreffenden Lande angestellt sind, erfolgen solle, und daß nur die in solcher Weise aufgenommenen Akte in Rußland rechtliche Gültigkeit haben.

Die Gerichtsbehörden werden hiervon mit der Anweisung in Kenntniß gesetzt, im vorkommenden Falle, insoweit es sich als nöthig erweist, dem Königlichen Ministerium der auswärtigen Angelegenheiten behufs der weiteren Veranlassung in Betreff der von der Russischen Gesandtschaft oder dem Russischen Konsulate abzuordnenden Bevollmächtigten, von der bevorstehenden Untersuchung des Gemüthszustandes Anzeige zu erstatten, und bei den Verhandlungen selbst, deren Direktion übrigens dem Preußischen Richter verbleibt, die Bevollmächtigten zuzulassen.

Berlin, den 11. Dezember 1860.

Der Justiz-Minister.
Simons.

An
sämmtliche Gerichtsbehörden.

I. 3873. W. 7. Vol. 4.

105.

Verfügung vom 11. Dezember 1860, — betreffend die Stempelrevision beim Landgericht zu Aachen.

Allerhöchster Erlaß vom 16. Mai 1828 (Ges.Samml. S. 71).
Verf. vom 18. August 1855 (Rh. Samml. Bd. 11. S. 143).

Diejenigen Monita, welche von der Steuerbehörde bei der für den Zeitraum vom 1. Januar 1856 bis Ende Dezember 1858 beim dortigen Landgerichte vorgenommenen Stempelrevision erhoben sind, sollen im Einverständnisse mit dem Herrn Finanz-Minister, in nachstehender Weise erledigt werden.

A. Stempeldefekten-Tabelle, betreffend die I. Civilkammer des Landgerichts Aachen.

1) ad mon. 2. Das Urtheil auf die von einer Ehefrau gegen ihren Ehemann nicht etwa bei einer speziellen Prozedur, sondern ganz allgemein dahin gerichtete Klage, daß sie zum Erscheinen vor Gericht und zum Abschluß von Verträgen ermächtigt werde, ist kein Nebenerkenntniß, sondern muß als Haupterkenntniß über einen Gegenstand von unschätzbarem Werthe mit einem Stempel von 5—20 Rthlr. versehen werden.

2) ad mon. 29. Der Klage auf Theilung eines Nachlasses wurde principaliter der Antrag auf Abweisung entgegengesetzt, weil schon getheilt sei. Das Landgericht verordnete die Theilung, indem es nach den Erwägungsgründen die behauptete frühere Theilung nicht für erwiesen erachtete. Durch das Erkenntniß wurde ein wesentlicher Streitgegenstand entschieden und von der Steuerbehörde mit Recht der Unschätzbarkeitsstempel gefordert. Daß des Streitgegenstandes nicht in dem tenor sententiae, sondern nur in den Erwägungsgründen gedacht worden, ist nach Lage der Sache unerheblich.

3) ad mon. 35. 44. 52. Erkenntnisse, durch welche nach Vorschrift des Art. 816 der Bürgerlichen Prozeß-Ordnung Realanerbieten für gültig oder für ungültig erklärt werden, sind als Haupterkenntnisse im Sinne des Stempelgesetzes zu behandeln und es kann dabei nicht in Betracht kommen, ob etwa nach den Vorschriften des altländischen Prozeßrechts es keiner Entscheidung durch Erkenntniß, sondern nur einer Regulirung durch Dekrete bedürfen würde. Das Verfahren bezweckt die Befreiung von einer Schuld, deren Betrag oder deren Zahlungsweise streitig ist; der Gegenstand über welchen gestritten wird, ist daher derselbe, wie bei Klagen auf Zahlung, nur daß die Rollen der Parteien gewechselt sind. Es ist sonach der Prozentstempel zu verwenden, ohne daß es darauf ankommen kann, daß in den Fällen ad monita 44 und 52 zugleich die Löschung der für die hinterlegten Forderungen eingetragenen Hypothek verordnet ist, indem diese Löschung in dem vorliegenden Falle nur als eine Folge der gültig erklärten Hinterlegung und nicht als ein selbstständiger Streitgegenstand anzusehen ist. Die Monita sind hiernach begründet.

4) und 5) Monitum 63. Der Klage auf Theilung wurde der Einwand der Voreiligkeit entgegengesetzt, weil der fragliche Nachlaß vertragsmäßig fünf Jahre ungetheilt bleiben solle. Das Gericht erkannte unter Beseitigung jenes Einwandes dem Klageantrage gemäß. Es war daher, wie sub No. 2 ad mon. 29, der Unschätzbarkeitsstempel zu verwenden.

B. Stempeldefekten-Tabelle, betreffend die II. Civilkammer.

6) Monitum 5 betrifft den Fall der Gültigerklärung eines Realanerbietens und ist nach dem sub 3 ad mon. 35. 44 und 52 Gesagten zu erledigen.

7) Monita 10. 14. 36. In allen 3 Fällen handelt es sich um Klagen auf Alimente, jedoch nicht unter geschiedenen Ehegatten, sondern unter anderen Personen, namentlich um Alimentenforderungen von Enkeln gegen ihre Großeltern. Der Stempelfiskal berechnete den Stempel nach Vorschrift des Stempelgesetzes §. 4 lit. c. von dem $12\frac{1}{2}$ fachen Betrage der zuerkannten jährlichen Alimente und defektirte die hiernach zu wenig angesetzten Stempelbeträge. Das Landgericht hält die bezogene Vorschrift des Stempelgesetzes schon um deswillen nicht für maßgebend, weil solche Alimentationen mit Nutzungsrechten und Leibrenten in keiner Analogie ständen, da letztere nur mit dem Leben des Berechtigten, erstere aber auch schon mit dem Absterben des Verpflichteten, ja selbst schon durch eine Veränderung in den Vermögensverhältnissen des Einen und des Anderen erlöschen könnten. Insbesondere aber wird ausgeführt, daß nach der Allerhöchsten Ordre vom 3. März 1828 die fraglichen Erkenntnisse stempelfrei seien. Diese Allerhöchste Ordre habe zwar den Fall einer Alimentenforderung geschiedener Eheleute betroffen; der für die Befreiung von dem Erkenntnißstempel ausgesprochene Grund:

> daß die im Hause empfangenen Alimente nicht besteuert seien und daher auch die erkannte nach der Scheidung außer dem Hause in Gelde zu prästirende Unterhaltung des geschiedenen Ehegatten nicht besteuert werden dürfe, da sie nur die vor der Trauung in natura zu prästirenden Alimente vertrete

passe aber auch auf die hier fraglichen Alimente zwischen Verwandten in auf- und absteigender Linie.

Abgesehen davon, daß die für Alimentenforderungen geschiedener Eheleute bewilligte Stempelfreiheit als Ausnahme von der Regel nicht auf andere Fälle ausgedehnt werden kann, enthielt die Allerhöchste Ordre vom 3. März 1828 Anordnungen für einen speziellen Fall und erst durch die Allerhöchste Ordre vom 16. Mai 1828 (Ges.-Samml. S. 71) wurde die Ausnahme für alle geschiedenen Eheleute, ohne Anführung jenes Grundes, vorgeschrieben. Hiernach kann keine Stempelfreiheit für die fraglichen Erkenntnisse in Anspruch genommen werden. Der Stempel ist aber nach Vorschrift des §. 4 c des Stempelgesetzes zu berechnen, da es sich von Prästationen auf unbestimmte Zeit handelt, die einer Leibrente gleichzuachten sind, welche nach dem ALR. Thl. I. Tit. 11. §. 606 zwar in der Regel für die Lebenszeit eines Menschen zu zahlen ist, deren Fortzahlung aber durch eine auflösende Bedingung auch früher aufhören kann. (§. 631 ibid.) Die gezogenen Monita sind daher begründet.

8) Monitum 11. Das Erkenntniß verordnete die Theilung, ungeachtet der Verklagte aus dem Grunde widersprochen hatte, weil nichts zu theilen sei. Das Monitum ist aus den oben sub No. 2 ad. mon. 29 angeführten Gründen für begründet zu erachten.

9) Monitum 7. Bei Klagen auf Auflösung eines Uebertragsvertrages und Ausantwortung der übertragenen Gegenstände ist, wie bereits mehrfach entschieden wurde, der Prozentstempel nach Maaßgabe des Werths der übertragenen Gegenstände zu verwenden. Das Monitum ist hiernach begründet.

10) Monitum 20. Die Klage war auf Verurtheilung zur Zahlung einer bestimmten Summe und Gültigerklärung eines dafür angelegten Arrestes angestellt. Das Gericht erklärte sich zur Entscheidung über die Hauptforderung inkompetent, hob aber den Arrest auf, weil den Erfordernissen des Art. 553 der Bürgerlichen Prozeß-Ordnung nicht entsprochen sei. Mit Recht fordert der Stempelfiskal den nach der eingeklagten Hauptforderung zu berechnenden Prozentstempel. Die Einwendung des Landgerichts, daß es sich nur theilweise inkompetent erklärt und die Klage nicht wegen Inkompetenz abgewiesen habe, sind nicht geeignet, eine Ausnahme von den mehrfach ausgesprochenen Grundsätzen über die Berechnung des Stempels bei Inkompetenzerklärungen zu rechtfertigen.

11) Monitum 26. Daß zu einem Erkenntniß auf Löschung einer Hypothekarinskription der zu verwendende Stempel nach der Summe zu berechnen ist, für welche Inskription besteht, ist bereits in der Verfügung vom 18. August 1855 Nr. 5 (Rhein. Samml. Bd. 11. S. 143 näher ausgeführt. Danach ist das Monitum begründet, und es bedarf keiner näheren Ausführung, daß die nach dem Tarif zum Stempelgesetz für stempelfrei erklärte Löschungsverfügung an den Hypothekenbuchführer nicht, wie das Landgericht aufstellt, mit dem die verweigerte Löschungsbewilligung des Schuldners vertretenden Erkenntniß auf Löschung der Inskription gleichgestellt werden kann.

12) Monitum 27. Der Richter erklärt sich inkompetent, weil die Sache ans Friedensgericht gehörte. Mit Recht fordert der Stempelfiskal den Prozentstempel, wie in dem Falle sub No. 10.

13) Monitum 53. Von 57 Einwohnern von G. wurde gegen die Gemeinde G. klagend beantragt zu erkennen, daß der Verklagten das Eigenthum an den 158 resp. 140 Morgen Weide nicht zustehe, daß dieses vielmehr, oder doch ein Miteigenthum den Klägern zustehe, oder schlimmstenfalls, daß dieselben an der fraglichen Grundfläche zum Schweidgange berechtigt seien, dem-

gemäß die von der Verklagten vorgenommenen Verfügungen für nichtig zu erklären und dieselbe zum Ersatze der bezogenen Nutzungen, sowie eines auf Status zu liquidirenden Schadensersatzes zu verurtheilen.

Mit Recht verlangt der Stempelfiskal, daß der Werthstempel nach dem Werthe der streitigen Grundfläche berechnet werde, denn nach dem angeführten Antrage der Kläger war von ihnen nicht, wie das Landgericht behauptet, lediglich der Schweidgang, sondern das Eigenthum der Grundfläche in Anspruch genommen. Es ist jedoch nachgegeben, daß die 57 Kläger nur eine Anzahl der Einsassen von G. sind, welche mit anderen Einsassen, deren Zahl unbekannt ist, ihr ratirliches Miteigenthum an jener Grundfläche geltend machten. Daß der Antheil der Kläger bei dem die Klage abweisenden Urtheile nicht bekannt war, kann es nicht rechtfertigen, den Unschätzbarkeitsstempel zu verwenden, vielmehr ist es der Steuerbehörde zu überlassen, den ratirlichen Antheil der Kläger an der streitigen Grundfläche näher zu ermitteln und nach dessen Werthe den Stempel zu liquidiren.

Berlin, den 11. Dezember 1860.

Der Justiz-Minister.
Simons.

An
den Königl. Herrn Landgerichts-Präsidenten
und den Königl. Herrn Ober-Prokurator
zu Aachen.

I. 4214. Rhein. Gener. 62. Vol. 9.

106.

Verfügung vom 12. Dezember 1860, — betreffend die Anstellung der Advokaten und deren Einmischung in die Funktionen der Anwälte.

Verfügung v. 17. November 1855 (Rhein. Samml. Bd. 11. S. 159).

Seit der Verfügung vom 17. November 1855 (Rh. Samml. Bd. 11. S. 159), nach welcher Advokaten im Bezirk des Appellationsgerichtshofes zu Cöln nur nach Maaßgabe des Bedürfnisses bei den einzelnen Gerichten ernannt werden sollen, hat sich die Zahl der unbesoldeten Assessoren in einer Weise gehäuft, daß dieselben weder hinreichend beschäftigt werden können, noch ihnen die ermuthigende Hoffnung auf eine in angemessener Zeit zu erlangende etatsmäßige Anstellung gewährt werden kann. Diesem für die Ausbildung und würdige Haltung der angehenden Justizbeamten und somit für das Ansehen der Gerichte bedenklichen

Umstande wird dadurch einige Abhülfe zu Theil werden, wenn dem Wunsche vieler jüngeren Justizbeamten, sie zu Advokaten zu ernennen, Statt gegeben wird. Da nun auch die Disziplinarräthe der Advokaten und Anwalte über die Zweckmäßigkeit der Aufrechterhaltung der Verfügung vom 17. November 1855 getheilter Meinung sind, so wird dieselbe hiermit vorläufig außer Wirkung gesetzt.

Sie werden veranlaßt, die Landgerichts-Präsidenten und Ober-Prokuratoren, sowie die Disziplinarräthe der Advokat-Anwalte von dieser Verfügung mit dem Bemerken in Kenntniß zu setzen, daß danach hinsichtlich der Ernennung zu Advokaten dasjenige Verfahren wieder eintrete, welches bis zu der Verfügung vom 17. November 1855 bestand, und daß auch diejenigen, welche vor oder nach bestandener dritter Prüfung ihre Ernennung zu Advokaten beantragt hätten, falls dies noch jetzt ihrem Wunsche entspreche, diesen Antrag wiederholen müßten. Sodann sind die genannten Behörden anzuweisen, darauf zu wachen, daß die Einmischung der Advokaten in die Funktionen der Anwalte verhindert und nicht geduldet werde, daß Anwalte zu den von Advokaten geführten Prozessen lediglich ihren Namen hergeben. Eine angemessene Handhabung der gegen das unerlaubte Postuliren bestehenden Gesetze wird genügen, dem in dieser Hinsicht hervorgetretenen Uebelstande abzuhelfen.

Berlin, den 12. Dezember 1860.

Der Justiz-Minister.
Simons.

An
den Herrn Ersten Präsidenten des Königl. Appellationsgerichtshofes und den Königl. Herrn General-Prokurator zu Cöln.

I. 305. Rhein. Offizianten-Sachen 33. Vol. 6.

XLVIII.

1861.

Gesetze, Verordnungen, Rescripte.

107.

Verfügung vom 14. Januar 1861, — betreffend die Abschaffung der für den Bibliotheksfond erhobenen Introduktionsgebühren.

Allgemeine Verfügung vom 2. Januar 1861 (Justiz-Minist.-Blatt S. 2).

Die nach den Justiz-Ministerial-Verfügungen vom 9. Januar 1824 und 6. Juli 1840 zur Bildung eines Fonds für die Bibliotheken des Appellationsgerichtshofes und der Landgerichte bisher erhobenen Gebühren für die Introduktion und Verpflichtung der Justizbeamten, sollen im Bezirk des Appellationsgerichtshofes zu Cöln, wie dies für die übrigen Landestheile durch die im Justiz-Ministerial-Blatt vom 4. Januar d. J. Nr. 1 publizirte Verfügung vom 2. Januar d. J. angeordnet ist, vom 1. Januar d. J. ab nicht mehr eingezogen werden. Sollten solche für eine im Laufe d. J. stattgefundene Einführung und Verpflichtung erhoben sein, so sind sie den Zahlenden zurückzuerstatten.

Die nothwendigen Anschaffungen für die Bibliotheken sind aus den Bureaukostenfonds zu bestreiten.

Berlin, den 14. Januar 1861.

Der Justiz-Minister.
v. Bernuth.

An
den Herrn Ersten Präsidenten des Königl. Appellationsgerichtshofes und den Königl. Herrn General-Prokurator zu Cöln.

I. 628. Justizfonds 61. Vol. 3.

108.

Allgemeine Verfügung vom 29. Januar 1861, — betreffend die Taxirung der Fahrpostsendungen im Bereich des Deutschen Postvereins.

Regulativ vom 3. Januar 1858 (Justiz-Minist.-Blatt S. 51).
Regulativ v. 3. Januar 1860 (Rh. Samml. Bd. 12. S. 161).
Postvereins-Vertrag vom 18. August 1860 (Ges.-Samml. von 1861 S. 25).

Nach einer Mittheilung des Herrn Ministers für Handel, Gewerbe und öffentliche Arbeiten ist auf der im vergangenen Jahre zu Frankfurt a. M. stattgehabten vierten Deutschen Postkonferenz das Prinzip angenommen worden, die bisher bestandene streckenweise Portofreiheit im Vereinsverkehr zu beseitigen, und diejenigen Vereins-Fahrpostsendungen, welche derselben theilhaftig waren, entweder im ganzen Vereinsgebiet für portofrei, oder im ganzen Vereinsgebiet für portopflichtig zu erklären.

Demzufolge ist im Art. 68 des unterm 18. August 1860 abgeschlossenen neuen Postvereins-Vertrages den gewöhnlichen Schriften- und Aktensendungen in reinen Staatsdienst-Angelegenheiten von Staats- und anderen öffentlichen Behörden des einen Postgebiets mit solchen Behörden eines anderen auch bei der Beförderung mit der Fahrpost die Portofreiheit im ganzen Bereiche des Deutschen Postvereins zugestanden worden, wenn sie in der Weise, wie es in dem Postbezirk der Aufgabe für die Berechtigung zur Portofreiheit vorgeschrieben ist, als Staatsdienstsache bezeichnet und mit dem Dienstsiegel verschlossen sind, auch auf der Adresse die absendende Behörde angegeben ist. Den Behörden sind diejenigen alleinstehenden Beamten, welche eine Behörde repräsentiren, gleichgestellt.

Alle anderen Fahrpostsendungen sind nach dem erwähnten Art. 68 im Postvereins-Verkehr vom Abgangs- bis zum Bestimmungsorte portopflichtig. Dahin gehören namentlich die Geldsendungen, Sendungen mit Postvorschüssen, mit baaren Einzahlungen und mit Gegenständen, die nicht in Schriften oder Akten bestehen, zwischen den Behörden, sowie alle Sendungen, die nicht in reinen Staatsdienst-Angelegenheiten oder nicht zwischen Behörden gewechselt werden.

Während demnach bei diesen Sendungen, welche bisher bis zur Preußischen Grenze frei waren, eine Beschränkung der Portofreiheit vom 1. Januar 1861 ab eintritt, findet in Betreff der Schriften- und Aktensendungen in reinen Staatsdienst-Angelegenheiten zwischen Behörden eine Erweiterung der Portofreiheit über das ganze Postvereinsgebiet statt.

In Folge der vorgedachten Bestimmungen des Art. 68 des Postvereins-Vertrages vom 18. August 1860, welcher mit dem 1. Januar d. J. in Kraft getreten ist, tritt an die Stelle des zweiten Absatzes im §. 9 der Regulative vom 3. Januar 1858 und vom 3. Januar 1860 über die Portofreiheit in Justizdienstsachen die folgende Bestimmung:

„In Betreff der Sendungen nach dem **Auslande** sind zu unterscheiden:

I. Sendungen nach solchen fremden Staaten, welche zum **Deutschen Postverein** gehören:

1) **Korrespondenz-Sendüngen** (Briefschaften).

Dergleichen Sendungen, welche in reinen **Verwaltungs-Angelegenheiten** ergehen, und mit dem für diese bestimmten Rubrum versehen sind, werden bis zum Gewicht von 1 Pfund einschließlich auch auf den fremdherrlichen Gebietsstrecken im ganzen Postverein bis zum Bestimmungsorte portofrei befördert.

Ebenso findet bei Korrespondenz-Sendungen in Parteisachen, sofern diesen nach den vorangegangenen Bestimmungen der gedachten Regulative überhaupt die Portofreiheit zusteht, die freie Beförderung im ganzen Postvereinsgebiete statt, falls

a) dergleichen Sendungen das Gewicht von 4 Loth nicht erreichen oder übersteigen,

b) bei einem Gewicht von 4 Loth an bis ½ Pfund einschließlich die Beförderung mit der Briefpost durch einen Beisatz auf der Adresse ausdrücklich verlangt worden ist.

2) **Fahrpostsendungen** (Packete und Gelder, Briefe mit deklarirtem Werthe, mit baaren Einzahlungen und mit Postvorschüssen).

Im ganzen Gebiet des Postvereins werden **gewöhnliche Packete mit Schriften und Akten in reinen Staatsdienst-Angelegenheiten von Staats- und anderen öffentlichen Behörden** des einen Postgebiets mit solchen **Behörden** eines anderen, vom Abgangs- bis zum Bestimmungsorte portofrei befördert, wenn sie in der Weise, wie es in dem Postbezirk der Aufgabe für die Berechtigung zur Portofreiheit vorgeschrieben ist, als Staatsdienstsache bezeichnet und mit dem Dienstsiegel verschlossen sind, auch auf der Adresse die absendende Behörde angegeben ist.

Alle Fahrpostsendungen **anderer** Art sind im Postvereins-Verkehr **vom Abgangs- bis zum Bestimmungsorte portopflichtig.**

II. Sendungen nach solchen fremden Staaten, welche nicht zum Deutschen Postverein gehören.

Dergleichen Korrespondenz- und Fahrpostsendungen werden, sofern denselben nach den vorangegangenen Bestimmungen im Inlande die Portofreiheit zusteht, von dem Preußischen Porto frei gelassen, eine Befreiung von der Entrichtung des ausländischen Portos tritt dagegen nicht ein, es sei denn, daß besondere Verträge für gewisse Sendungen die Portofreiheit auch auf den ausländischen Strecken zusichern.

Die vorstehenden Bestimmungen werden hierdurch den Gerichtsbehörden und Beamten der Staatsanwaltschaft zur Nachachtung mit dem Eröffnen bekannt gemacht, daß es Seitens des Herrn Ministers für Handel, Gewerbe und öffentliche Arbeiten znr Vermeidung von Irrungen bei den Postanstalten für wünschenswerth erachtet wird, daß bei den seither bis zur Grenze portofrei gewesenen, künftig vom Abgangsorte an portopflichtig werdenden Sendungen Seitens der absendenden Stelle ein portofreies Rubrum nicht mehr angewendet werde.

Dic eintretenden Aenderungen beziehen sich übrigens durchweg nur auf Vereins-Fahrpostsendungen. In Betreff der Briefpostsendungen bleiben die bisherigen Festsetzungen in Kraft. Dasselbe gilt von den Briefpost- und Fahrpostsendungen, welche nach solchen fremden Staaten bestimmt sind, die nicht zum Deutschen Postverein gehören.

Berlin, den 29. Januar 1861.

Der Justiz-Minister.
v. Bernuth.

An
sämmtliche Gerichte und Beamte
der Staatsanwaltschaft.

I. 286. P. 2. Vol. 12.

109.

Verfügung vom 29. Januar 1861, — betreffend die Stellung der Advokaten in der Prozeßpraxis zu den Anwalten.

Was die künftige Stellung der Advokaten in der Prozeßpraxis und insbesondere zu den Anwalten betrifft, so war schon in dem von Ihnen beziehungsweise Ihrem Amtsvorgänger, unterm 14. Dezember 1852 erstatteten Berichte näher ausgeführt, daß der Uebelstand einer Einmischung der Advokaten in die Anwaltschaft bei mehreren Landgerichten durch die in dieser Beziehung stattgehabte Vereinigung der Anwalte merklich gemindert und durch strenge Handhabung der desfalls bestehenden Gesetze zu beseitigen sei. Es kann auch nicht als richtig anerkannt werden, daß in der bisherigen Praxis die Bedeutung einer Trennung zwischen Advokatur und Anwaltschaft überhaupt weggeräumt und der Begriff des unbefugten Postulirens völlig erloschen sei. Denn abgesehen davon, daß bei keinem Rheinischen Gerichte die Unterschrift eines Advokaten für genügend erachtet wurde, wo das Gesetz diejenige eines Anwalts erforderte, ergaben schon die in dem Berichte vom 12. Dezember 1854 erwähnten, bei verschiedenen Landgerichten getroffenen Vereinbarungen der Anwalte, daß man sich jenes Unterschiedes wohl bewußt war. Jedenfalls ist es ein nicht zu duldender Mißbrauch gewesen, wenn bei einzelnen Gerichten die Praxis eingerissen war, daß der gesetzlich allein verantwortliche Anwalt seine Unterschrift lediglich als eine Formalität, ohne Prüfung des Inhalts der Akten abgab. Diesem Mißbrauche entgegenzutreten, war die Absicht der am Schlusse der Verfügung vom 12. Dezember v. J. (S. 223 dieses Bandes) ertheilten Anweisung, bei der es event. dem erkennenden Richter überlassen bleiben muß, zu prüfen, ob und in wieweit die speziellen Vorschriften und Strafbestimmungen des Dekrets vom 19. Juli 1810 oder sonstige Disziplinar-Maaßregeln anwendbar sind. Es scheint jedoch, daß hin und wieder die Verfügung vom 12. Dezember v. J. zu Maaßregeln Veranlassung gegeben hat, die über ihren Zweck hinaus eine unbedingte Ausschließung der Advokaten von der Praxis bei den Landgerichten bewirken sollen. Soweit überhaupt eine Verpflichtung des Anwaltes zu Uebernahme von Mandaten gesetzlich besteht, ist dieselbe durch seine jetzt gleichzeitige Qualifikation als Advokat nicht aufgehoben. Er wird auch jetzt sich nicht weigern dürfen, in einer Sache blos als Anwalt zu fungiren und es ist zu erwarten, daß die Praxis den geeigneten Weg finden wird, um einerseits den bisherigen Mißbrauch der Anwaltschaft zu einem leeren Formalismus, andererseits aber auch die gleichzeitige Qualität der Anwalte als Advokaten nicht zu einer Vexation der Parteien und Advokaten zu mißbrauchen.

Berlin, den 29. Januar 1861.

Der Justiz-Minister.
v. Bernuth.

An
den Herrn Ersten Präsidenten des Königl. Appellationsgerichtshofes und den Königl. Herrn General-Prokurator zu Cöln.

I. 961. Rhein. Offizianten-Sachen 33. Vol. 6.

110.

Allgemeine Verfügung vom 30. Januar 1861, — betreffend die Diäten und Reisekosten der Forstschutzbeamten bei Wahrnehmung der Forstgerichtstage wegen Diebstahls an Holz und anderen Waldprodukten.

Nach §. 30 des Gesetzes vom 2. Juni 1852, betreffend den Diebstahl an Holz und anderen Waldprodukten (Rhein. Samml. Bd. 10. S. 429), sollen die Forstbeamten, welche die betreffenden Diebstähle entdeckt haben, durch ihre Dienstbehörde veranlaßt werden, an dem zur Verhandlung und Entscheidung bestimmten Tage in der Gerichtssitzung zu erscheinen. Die Wahrnehmung der Forstgerichtstage gehört hiernach zu den Dienstobliegenheiten der Forstschutzbeamten, und die Letzteren haben demgemäß für die zu diesem Zwecke zu unternehmenden Reisen keinen Anspruch auf eine Vergütigung von Reisekosten und Tagegeldern (Verfügung vom 18. März 1853 — Amtliche Ausgabe der Gerichtskostengesetze von 1854 S. 119). An diesen Bestimmungen ist für gewöhnliche Fälle auch ferner festzuhalten.

Wenn dagegen der Forstschutzbeamte inzwischen in einen anderen Forstgerichtsbezirk versetzt worden ist und deshalb als Belastungszeuge von dem Gericht förmlich vorgeladen werden muß, so können ihm die den Zeugen zustehenden Reisekosten und Tagegelder nicht versagt werden, dieselben sind vielmehr auf die gerichtlichen Fonds anzuweisen. Es muß jedoch in solchen Fällen jedesmal sorgfältig erwogen werden, ob nach Lage der betreffenden Sachen die Vorladung und der dadurch entstehende Kostenaufwand nicht vermieden werden kann.

Auf den Bezirk des Appellationsgerichtshofes zu Cöln findet zwar das Reskript vom 18. März 1853 keine Anwendung, vielmehr stehen dort den Forstbeamten in dem Falle, daß sie weiter als 1 Myriameter reisen müssen, nach Art. 3 des Dekrets vom 9. April 1813 dieselben Reisekosten, wie sonstigen Zeugen zu (Reskript v. 9. September 1840, Rhein. Samml. Bd. 7 S. 204), und es sind diese Reisekosten ohne Unterschied, ob die Forstbeamten nach Vorschrift des Gesetzes vom 2. Juni 1852 von der Forstbehörde angewiesen sind, zu erscheinen, oder ob die Justizbehörde sie vorgeladen hat, aus dem Kriminal-Fond zu gewähren. Zur Vermeidung der bei weiteren Entfernungen entstehenden erheblichen Auslagen muß jedoch in den angegebenen Fällen ebenfalls eine genaue Prüfung darüber stattfinden, ob das Erscheinen des Beamten auf dem Forstgerichtstage nach Lage der Sache wirklich geboten erscheint.

Die Gerichte und Beamten der Staatsanwaltschaft werden angewiesen, hiernach zu verfahren.

Berlin, den 30. Januar 1861.

Der Justiz-Minister.
v. Bernuth.

An
sämmtliche Gerichte und Beamte
der Staatsanwaltschaft.

I. 4552. Sportelsachen 48. Vol. 7.

111.

Verfügung vom 16. Februar 1861, — betreffend die Verminderung der beschlußfähigen Mitgliederzahl beim Gewerbegericht zu Solingen.

Verordnung v. 7. August 1846 (Rh. Samml. Bd. 9. S. 102).

In Erwiderung auf den Bericht vom 25. Januar d. J. wollen wir, dem Antrage des Gewerbegerichts zu Solingen vom 14. April 1859 entsprechend, die zur Beschlußfähigkeit des gedachten Gerichts erforderliche Mitgliederzahl, kraft der durch die Allerhöchste Verordnung vom 7. August 1846 §. 2 uns ertheilten Ermächtigung hierdurch auf fünf festsetzen. Ew. Hochwohlgeboren ersuchen wir, die betheiligten Behörden hiervon in Kenntniß zu setzen.

Berlin, den 16. Februar 1861.

Der Minister für Handel rc.
v. d. Heydt.

Der Justiz-Minister.
v. Bernuth.

An
den Königl. Herrn Ober-Präsidenten
zu Coblenz.

I. 755. Rhein. Gener.. 52. Vol. 6.

112.

Gesetz vom 26. Februar 1861, — wegen Ermäßigung der Rheinzölle.

Wir Wilhelm, von Gottes Gnaden, König von Preußen rc.

Nachdem die Regierungen der Deutschen Rheinufer-Staaten übereingekommen sind, von denjenigen Gegenständen, welche der durch den Supplementar-Artikel XVI. zur Rheinschifffahrts-Akte vom 31. März 1831 (Gesetz-Samml. für 1845 S. 587) festgesetzten ganzen oder der Viertels-Rheinzollgebühr unterworfen sind, mit Ausnahme von Bau- und Nutzholz nur die in dem anliegenden Tarif verzeichneten Gebühren erheben zu lassen, so verordnen Wir, mit Zustimmung beider Häuser des Landtages der Monarchie, was folgt:

§. 1.

Die im Eingange erwähnten Rheinzoll-Ermäßigungen treten bei Unseren Rheinzoll-Aemtern vom 1. März 1861 ab in Wirksamkeit.

Für Bau- und Nutzholz verbleibt es bei den durch die Verordnung vom 21. Juli 1851 (Gesetz-Samml. für 1851 S. 520) bestimmten Erhebungssätzen.

§. 2.

Der Finanzminister wird ermächtigt, für den Fall, daß die Regierungen der Deutschen Rheinufer-Staaten sich künftig über weitere Rheinzoll-Ermäßigungen oder Befreiungen für einzelne Artikel verständigen, die beschlossenen Ermäßigungen beziehungsweise Befreiungen auf Grund der getroffenen Vereinbarung zur Ausführung zu bringen.

§. 3.

Unser Finanzminister wird mit der Ausführung dieses Gesetzes beauftragt.

Urkundlich unter Unserer Höchsteigenhändigen Unterschrift und beigedrucktem Königlichen Insiegel.

Gegeben Berlin, den 26. Februar 1861.

(L. S.) Wilhelm.

Fürst zu Hohenzollern-Sigmaringen. v. Auerswald. v. d. Heydt. v. Schleinitz. v. Patow. Gr. v. Pückler. v. Bethmann-Hollweg. Gr. v. Schwerin. v. Roon. v. Bernuth.

I. 1030. Rhein. Gener. 89. Vol. 9.

Besonderer Tarif

zur Erhebung der Rheinzölle auf der Rheinstrecke von der Lauter bis Emmerich.

Ordnungs-Nummer.	Für die Rheinstrecke		Bei der Fahrt		Erhebungssatz.	
	von	bis	abwärts an der Zollstelle zu	aufwärts an der Zollstelle zu	Cent.	Mill.
	A. Von allen Gütern, welche der ganzen und der Viertels-Gebühr unterliegen.					
1.	der Lauter	Neuburg	Neuburg	Neuburg	--	07
2.	Neuburg	Mannheim	Neuburg	Mannheim	3	54
3.	Mannheim	Mainz	Mannheim	Mainz	4	25
4.	Mainz	Caub	Mainz	Caub	2	33
5.	Caub	Coblenz	Caub	Coblenz	1	84
6.	Coblenz	Andernach	Coblenz	Andernach	—	67
7.	Andernach	Linz	Andernach	Linz	—	53
8.	Linz	Cöln	Linz	Cöln	1	81
9.	Cöln	Düsseldorf	Cöln	Düsseldorf	1	75
10.	Düsseldorf	Ruhrort	Düsseldorf	Ruhrort	1	13
11.	Ruhrort	Wesel	Ruhrort	Wesel	1	06
12.	Wesel	zur Niederländ. Preuß. Gränze bei Schenkenschanz"	Wesel	Emmerich	1	61
	B. Von den Gütern zur ganzen und Viertels-Gebühr, welche den Rhein verlassen und in die Lahn einlaufen.					
13.	Caub	zur Lahn	Caub	—	1	62
14.	der Lahn	Coblenz	—	Coblenz	—	21

Berlin, den 26. Februar 1861.

Fürst zu Hohenzollern-Sigmaringen. v. Auerswald. v. d. Heydt. v. Schleinitz. v. Patow. Gr. v. Pückler. v. Bethmann-Hollweg. Gr. v. Schwerin. v. Roon. v. Bernuth.

113.

Allgemeine Verfügung vom 26. Februar 1861, — betreffend die von Ausländern zur Eingehung einer Ehe in den Königlich Preußischen Staaten beizubringenden Ehekonsense.

Gesetz vom 13. März 1854 (Rhein. Samml. Bd. 11. S. 13).

Nach dem Gesetze vom 13. März 1854 haben Ausländer, welche in den Königlich Preußischen Staaten mit einer Inländerin oder Ausländerin eine Ehe schließen wollen, die Verpflichtung, durch ein Attest der Ortsobrigkeit ihrer Heimath nachzuweisen, daß sie nach dortigen Gesetzen, unbeschadet ihrer Staatsangehörigkeit, zur Eingehung einer Ehe im Auslande befugt sind, oder die nach diesen Gesetzen etwa erforderliche Erlaubniß zu der beabsichtigten Ehe erhalten haben.

Mit Bezug hierauf wird die nachstehende Zusammenstellung derjenigen Behörden, welche in den durch den Gothaer Vertrag wegen Uebernahme der Auszuweisenden vom 15. Juli 1851 (Ges.-Samml. S. 711) vereinigten Deutschen Bundesstaaten zur Ertheilung derartiger Ehekonsense befugt sind, den Gerichtsbehörden mit dem Bemerken zur Nachachtung bekannt gemacht, daß dieselbe auch durch die Regierungs-Amtsblätter zur Kenntniß der betreffenden Verwaltungs-Behörden und der Geistlichen gebracht werden wird.

Berlin, den 26. Februar 1861.

Der Justiz-Minister.
v. Bernuth.

An
sämmtliche Gerichtsbehörden.

I. 849. E. 32. Vol. 2.

a.

Zusammenstellung

derjenigen Behörden, welche in den durch den Vertrag wegen Uebernahme von Auszuweisenden d. d. Gotha, den 15. Juli 1851 (Ges.-Samml. S. 711) vereinigten Deutschen Bundesstaaten zur Ertheilung der Ehekonsense befugt sind, welche von den Angehörigen dieser Staaten, um in Preußen die Ehe schließen zu können, nach dem Gesetze vom 13. März 1854 (Rhein. Samml. Bd. 11. S. 13) beigebracht werden müssen.

In Preußen ist die Befugniß der Inländer zur Eingehung einer Ehe von der Zustimmung einer Verwaltungs-Behörde nicht abhängig gemacht.

Dagegen sind kompetent zur Ausstellung der Ehekonsense oder Trauscheine

1) im Königreich Bayern:

die Distrikts-Polizeibehörden, nämlich:

a) in den rechtsrheinischen Regierungsbezirken die Königliche Polizei-Direktion zu München, sowie die einer Kreis-Regierung unmittelbar untergeordneten Stadt-Magisträte zu Ingolstadt, München, Landshut, Passau, Straubing, Amberg, Regensburg, Bayreuth, Bamberg, Hof, Ansbach, Dinkelsbühl, Eichstädt, Erlangen, Fürth, Nürnberg, Rothenburg, Schwabach, Aschaffenburg, Schweinfurth, Würzburg, Augsburg, Donauwerth, Kaufbeuren, Kempten, Lindau, Memmingen, Neuburg und Nördlingen,

ingleichen die Königlichen Landgerichte

b) in dem Regierungs-Bezirke der Pfalz die Königlichen Land-Kommissariate;

2) im Königreich Sachsen:

die sämmtlichen Königlichen Gerichtsämter, sowie die Stadträthe. Die Bescheinigung derselben, daß der Verehelichung eines Sachsen im Auslande ein Hinderniß nicht entgegenstehe, bedürfen behufs ihrer Gültigkeit der Legalisation Seitens der betreffenden Königlichen Kreisdirektion;

3) im Königreich Hannover:

die Obrigkeiten (unteren Verwaltungs-Behörden). Diese Obrigkeiten sind in den Stadtgemeinden, auf welche die revidirte Städte-Ordnung vom 24. Juni 1858 Anwendung findet, den sogenannten selbstständigen Städten, die Magisträte, in den Landgemeinden, einschließlich derjenigen Städte und Flecken, auf welche das vorbezeichnete Gesetz keine Anwendung findet, die Königlichen Aemter.

An die Stelle der Letzteren treten im Bezirke des Herzogthums Aremberg die Standesherrlichen Herzoglich Arembergschen Aemter, im Bezirke des Landes Hadeln die Kirchspielsgerichte.

Die selbstständigen Städte des Königreichs sind gegenwärtig folgende, nämlich im Bezirke

1) der Landdrostei zu Hannover: Hannover, Hameln, Eldagsen, Münden, Pattensen, Bodenwerder, Neustadt am Rübenberge, Wunstorf und Nimburg;
2) der Landdrostei zu Hildesheim: Hildesheim, Goslar, Peine, Göttingen, Maringen, Münden, Northeim, Einbeck, Osterode und Duderstadt;
3) der Landdrostei zu Lüneburg: Lüneburg, Celle, Harburg, Uelzen, Winsen an der Luhe, Burgdorf, Gifhorn, Lüchow und Dannenberg;

4) der Landdrostei zu Stade: Stade, Verden, Buxtehude, Otterndorf und Bremervörde;
5) der Landdrostei zu Osnabrück: Osnabrück, Quackenbrück, Melle und Lingen;
6) der Landdrostei zu Aurich: Aurich, Emden, Leer, Norden und Esens;
7) der Berghauptmannschaft zu Clausthal: Clausthal;

4) im Königreich Württemberg:

die Königlichen Oberämter, sowie die Königliche Stadt-Direktion zu Stuttgart;

5) im Kurfürstenthum Hessen:

die Regierungs-Kommissionen, die Polizei-Direktionen und die Landrathsämter;

6) im Großherzogthum Baden:

die Bezirks-Verwaltungsbehörden (Stadt-, Ober- und Bezirks-Aemter);

7) im Großherzogthum Hessen:

die Großherzoglichen Kreisämter. Da übrigens nach der für die Provinz Rheinhessen bestehenden Gesetzgebung bei Verehelichungen kein Heirathskonsens erforderlich ist, während dies in den beiden anderen Großherzoglichen Provinzen der Fall ist, so werden eigentliche Heirathskonsense durch die Großherzoglichen Kreisämter der Provinz Rheinhessen nicht ausgestellt, sondern nur Bescheinigungen, daß es nach dortiger Gesetzgebung zur Abschließung einer Ehe der obrigkeitlichen Genehmigung nicht bedürfe, und daß daher insoweit der Verehelichung des Extrahenten ein Bedenken nicht entgegenstehe;

8) im Großherzogthum Oldenburg:

1) im Großherzogthum Oldenburg: die Großherzoglichen Aemter und die Magisträte der Städte Oldenburg, Jever und Varel;
2) im Fürstenthum Lübeck: die Großherzoglichen Aemter und der Magistrat der Stadt Eutin;
3) im Fürstenthum Birkenfeld: die Großherzogliche Regierung;

9) im Großherzogthum Sachsen-Weimar:

die Gemeindevorstände;

10) im Großherzogthum Mecklenburg-Schwerin:

a) in den Städten und deren Kämmereigütern: die Magisträte;
b) im Flecken Ludwigslust: das dortige Gericht;
c) in den Dominial-Ortschaften mit Einschluß der Domanial-Flecken: die Großherzoglichen Aemter;

d) in den ritterschaftlichen Gütern und Flecken: die Gutsbesitzer, beziehungsweise deren Mandatare;
e) in den Gütern der drei Landesklöster Dobertin, Malchow und Ribnitz: die Klosterämter;

11) im Großherzogthum Mecklenburg-Strelitz:
a) in den Städten und für deren Kämmereigüter: die Stadt-Magisträte;
b) in den Domanial-Ortschaften, sowie in den Flecken Mirow und Feldberg: die Großherzoglichen Aemter;
c) in den Großherzoglichen Kabinetsgütern: das Großherzogliche Kabinets-Amt zu Neu-Strelitz;
d) in den ritterschaftlichen Gütern: die Gutsherrschaften resp. deren Mandatare;
e) in den Kirchen-Oekonomiegütern zu Neu-Brandenburg und Friedland: die dortigen Kirchen-Oekonomieen;
f) im Fürstenthum Ratzeburg: die Großherzogliche Landvoigtei zu Schönberg;

12) im Großherzogthum Luxemburg:
sind die Bescheinigungen, zufolge welcher Luxemburgische Unterthanen zu ihrer gültigen Verheirathung im Auslande einer Erlaubniß ihrer Heimathsbehörde nicht bedürfen, von den Bürgermeistern der Gemeinden zu ertheilen;

13) im Herzogthum Braunschweig:
die Stadt-Magisträte und die Herzoglichen Kreis-Direktionen;

14) im Herzogthum Nassau:
die Herzoglichen Aemter;

15) im Herzogthum Sachsen-Altenburg:
sämmtliche zur Ausstellung von Heimathsscheinen berufene Heimathsbehörden (Gerichtsämter, delegirte Aktuariate, Stadträthe), deren Trauscheine jedoch wie die Heimathsscheine zu ihrer Gültigkeit noch der Beglaubigung der Herzoglichen Landesregierung bedürfen;

16) im Herzogthum Sachsen-Coburg-Gotha:
1) im Herzogthum Gotha: die Gemeindevorstände;
2) im Herzogthum Coburg: das Landrathsamt zu Coburg, das Justizamt zu Königsberg, die Magisträte zu Coburg, Neustadt und Rodach, sowie der Stadtrath in Königsberg;

17) im Herzogthuw Sachsen-Meiningen:
die Herzoglichen Verwaltungsämter, die Magisträte der Städte Meiningen, Salzungen, Hildburghausen, Eisfeld, Sonneberg, Saalfeld, Pösneck und die Bürgermeister-Aemter Wasungen, Römhild, Themar, Heldburg, Unnerstadt, Schalkau, Gräfenthal, Lehesten, Camburg und der Stadtrath zu Crannichfeld;

18) im Herzogthum Anhalt-Bernburg:
die Herzoglichen Kreisämter zu Bernburg, Ballenstedt und Coswig;

19) im Fürstenthum Schwarzburg-Rudolstadt:
die Gemeindebehörden sowohl in den Städten, wie in den ländlichen Gemeinden;

20) im Fürstenthum Schwarzburg-Sondershausen:
die Fürstlichen Landräthe;

21) im Fürstenthum Reuß älterer Linie:
für die Städte die Stadträthe; für das platte Land die betreffenden Gerichtsbehörden; in Ansehung der Fürstlichen Beamten: die Fürstliche Landesregierung, und der Geistlichen und Lehrer: das Fürstliche Konsistorium;

22) im Fürstenthum Reuß jüngerer Linie:
die Fürstliche Regierung zu Gera;

23) im Fürstenthum Waldeck:
die Fürstlichen Kreisräthe;

24) im Fürstenthum Schaumburg-Lippe:
die Fürstliche Regierung;

25) im Fürstenthum Lippe:
1) in den Städten, sowie in dem Flecken Schwalenberg: die Magisträte;
2) auf dem Lande die Aemter;

26) im Landgrafthum Hessen-Homburg:
die Bürgermeister der fünf Bürgermeistereien als Civilstandsbeamte;

27) in der Freien Stadt Lübeck:
1) für die Stadt Lübeck und deren Vorstädte: die Kanzlei der freien Hansestadt Lübeck (Staatskanzlei);
2) für das Städtchen Travemünde und die zum Amtsbezirke gehörigen Dorfschaften: das Amt Travemünde;
3) für die übrigen Landbezirke: das Landamt;
4) für das den freien Städten Lübeck und Hamburg gemeinschaftliche Amt Bergedorf: das dortige Amt;

28) in der Freien Stadt Frankfurt:
für die Stadt die Stadt-Kanzlei, für die Landgemeinden das Land-Verwaltungsamt;

29) in der Freien Stadt Bremen:
der Polizei-Direktor der Stadt Bremen, die Landherren des Gebiets am rechten und am linken Weserufer und die Aemter Vegesack und Bremerhafen;

30) in der Freien Stadt Hamburg:
die Weddebehörde für die Stadt, die Patronate der beiden Vorstädte St. Pauli und St. Georg; die beiden Landherrenschaften der Gebiete der Marsch- und der Geestlande und das Amt Ritzebüttel.

114.

Verfügung vom 18. März 1861, — betreffend die Stempelpflichtigkeit der auf Grund des Art. 571 der bürgerlichen Prozeß-Ordnung abgegebenen Erklärungen der Dritt-Arrestaten.

Mit Bezug auf Ihren Bericht vom 31. Dezember v. J. erhalten Sie, Herr General-Prokurator, hierbei Abschrift eines Schreibens des Herrn Finanz-Ministers vom 7. d. Mts.

> betreffend die Stempelpflichtigkeit der auf Grund des Art. 571 der Bürgerlichen Prozeß-Ordnung abgegebenen Erklärungen der Dritt-Arrestaten

und des demselben voraufgegangenen Schreibens des Justiz-Ministers vom 11. Januar d. J. zur Kenntnißnahme.

Berlin, den 18. März 1861.

Der Justiz-Minister.
In dessen Vertretung:
Müller.

An
den Königl. Herrn General-Prokurator zu Cöln.

I. 1222. Rhein. Gener. 62. Vol. 9.

Beilage.

a.

Euer Excellenz beehre ich mich auf das gefällige Schreiben vom 31. Oktober v. J. ganz ergebenst zu erwidern, daß ich über die darin zur Sprache gebrachte Frage:

> ob die nach Vorschrift des Art. 571 der Rheinischen Civil-Prozeßordnung in dem Arrest-Verfahren von dem Drittarrestaten auf der Gerichtsschreiberei abzugebende und zu affirmirende Erklärung über seine Schuld an den Arrestaten als ein besonders stempelpflichtiger Akt zu behandeln und namentlich mit dem Protokollstempel von 15 Sgr. zu belegen sei?

zuvörderst von dem General-Prokurator zu Cöln Bericht erfordert habe. Nach diesem Berichte vom 31. Dezember v. J. wird die Frage verneint und angezeigt, daß sie von der überwiegenden Mehrzahl der Landgerichte bisher in diesem Sinne behandelt sei. Ich kann mich dieser Ansicht nur anschließen.

Bei der Prozeßprocedur nach Rheinischem Recht ist die fragliche Erklärung nicht immer erst nach dem Urtheil über die Gültigkeit des Arrestes abzugeben, sie kann vielmehr nach Art. 568 l. c. in allen Fällen, in welchen Arrest auf Grund eines authentischen Titels angelegt ist, schon vor diesem Urtheil und gleich nach der im Art. 564 vorgeschriebenen Mittheilung der auf Gültigkeit des Arrestes gegen den Schuldner angestellten Klage von dem Drittarrestaten gefordert werden. In diesem Falle bildet jedenfalls die fragliche Erklärung eine im Laufe der Arrest-Procedur vorkommende Verhandlung. Aber auch in dem Falle, wenn die Erklärung nicht vor dem Urtheil über die Gültigkeit des Arrestes gefordert ist, oder, weil der Arrest nicht auf Grund eines authentischen Aktes angelegt wurde, nicht vorher gefordert werden konnte, erhält dieselbe keinen prozessualisch verschiedenen Charakter, sie ist nicht als eine Verhandlung, „welche nach erfolgtem Erkenntnisse in Folge des Prozesses stattfindet," namentlich nicht „als eine an sich stempelpflichtige Verhandlung wegen Vollziehung des Erkenntnisses," sondern vielmehr als eine Ergänzung des letzteren und der die ganze Procedur einleitenden Arrestanlage anzusehen. Ueberdies würde der Stempel für „Protokolle" nicht einmal in allen Fällen Platz greifen, da nach Art. 569 l. c. öffentliche Kassen, bei denen Arrest angelegt ist, nur ein Certifikat über die Schuld ausstellen und ein Affirmations-Protokoll gar nicht stattfindet. Daraus, daß die fragliche Erklärung im Falle ihrer Kontestation zu einem neuen Prozesse Anlaß geben kann, worauf von dem Provinzial-Steuer-Direktor zu Cöln am Schlusse seines Berichtes vom 18. Oktober 1860 Gewicht gelegt wird, folgt noch nicht, daß in diesem Falle die Erklärung und nicht vielmehr der Kontestations-Akt den Beginn der neuen Procedur bilde und noch weniger, daß sie deshalb, auch wenn sie nicht kontestirt worden, keinen integrirenden Theil der ersten Procedur bilden könne. Der Art. 576 l. c. sagt ausdrücklich, daß eine nicht kontestirte Erklärung zu keinen weiteren Procedur-Akten Anlaß geben dürfe, es kann daher in diesem Falle von einem nicht zu verwendenden Werthstempel keine Rede sein.

Euer Excellenz ersuche ich hiernach ganz ergebenst von dem Monitum Abstand zu nehmen und mich von dem Verfügten zu benachrichtigen.

Berlin, den 11. Januar 1861.

An v. Bernuth.

den Königl. Staats- und Finanz-Minister
Herrn Freiherrn v. Patow Excellenz.

I. 54.

b.

Euer Excellenz beehre ich mich den mir mittelst gefälligen Schreibens vom 11. Januar d. J. mitgetheilten Bericht des General-Prokurators zu Cöln vom 31. Dezember v. J., die Stempelpflichtigkeit der auf Grund des Art. 571 der Bürgerlichen Prozeß-Ordnung abgegebenen Erklärungen der Dritt-

Arrestaten betreffend, mit dem Bemerken ganz ergebenst zurückzusenden, wie ich der Annahme, daß kein besonderer Stempel zu den protokollarischen Erklärungen der Dritt-Arrestaten im Rheinischen Arrest-Verfahren (Art. 568 ff. der Rheinischen Civil-Prozeß-Ordnung) zu verwenden sei, nicht weiter entgegentreten will. Der Provinzial-Steuer-Direktor zu Cöln ist demnach angewiesen worden, die bei der Revision der Akten des Landgerichts zu N. vom Stempelfiskal gezogene diesfällige Erinnerung auf sich beruhen zu lassen.

Berlin, den 7. März 1861.

Im Auftrage des Herrn Finanz-Ministers:
v. Pommer-Esche.

An
den Königl. Staats- und Justiz-Minister,
Herrn v. Bernuth Excellenz.

115.

Allgemeine Verfügung vom 19. März 1861, — betreffend den Besuch Oesterreichischer Universitäten.

Allerhöchste Order vom 13. Oktober 1838 (Rhein. Samml. Bd. 6. S. 607).

Allerhöchste Order vom 30. Juni 1841 (Rhein. Samml. Bd. 7. S. 305).

Da hinsichtlich der Anrechnung der Studienzeit, welche Inländer auf Oesterreichischen Universitäten zugebracht haben, bei Zulassung der Rechtskandidaten zur ersten juristischen Prüfung nicht überall gleichmäßig verfahren worden ist, so findet sich der Justiz-Minister im Einverständnisse mit dem Herrn Minister der geistlichen, Unterrichts- und Medizinal-Angelegenheiten veranlaßt, die betreffenden Gerichtsbehörden darauf aufmerksam zu machen, daß die über den Besuch ausländischer Universitäten bestehenden Vorschriften auch auf diejenigen Oesterreichischen Hochschulen in den zum Deutschen Bunde gehörigen Landestheilen Anwendung finden, welche mit den, den Deutschen Hochschulen eigenthümlichen Fakultäten ausgestattet sind, und bei welchen den ausländischen Studirenden der Besuch sämmtlicher Vorlesungen, insbesondere auch bei einer anderen Fakultät, als bei welcher sie inskribirt sind, freisteht, und hinsichtlich der Auswahl der Docenten die Studirenden keinerlei Zwang unterliegen.

Die eingezogenen amtlichen Nachrichten haben ergeben, daß die Universitäten zu Wien und Prag vollständig, diejenigen zu Graz und Innsbruck mit der Maaßgabe, daß eine medizinische Fakulät daselbst nicht besteht, eben so wie die übrigen Deutschen Universitäten organisirt sind.

Demzufolge wird hierdurch bestimmt, daß unter Aufrechthaltung der Allerhöchsten Order vom 30. Juni 1841, nach welcher Studirende, die dereinst eine Anstellung im Staatsdienste erhalten wollen, in der Regel mindestens drei Semester auf Preußischen Universitäten studirt haben müssen, die auf den genannten vier Oesterreichischen Universitäten zugebrachte Studienzeit auf das vorschriftsmäßige Triennium anzurechnen ist.

Berlin, den 19. März 1861.

Der Justiz-Minister.
v. Bernuth.

An sämmtliche Gerichtsbehörden.

I. 1161. U. 23. Vol. 2.

116.

Verfügung vom 26. April 1861, — betreffend die Ausstellung von Kautionsverschreibungen bei den im Bezirke des Appellationsgerichtshofes zu Cöln erfolgenden Kautionsbestellungen.

Verordn. vom 15. April 1837 (Rh. Samml. Bd. 6. S. 167).
Gesetz vom 21. Mai 1860 (Rh. Samml. Bd. 12. S. 184).

Mit Bezug auf Ihren Bericht vom 14. Januar d. J. betreffend die Ausstellung von Kautionsverschreibungen bei den im Bezirke des Appellationsgerichtshofes zu Cöln erfolgenden Kautionsbestellungen wird Ihnen, Herr General-Prokurator, anbei Abschrift der über diesen Gegenstand von dem Herrn Finanz-Minister an die Rheinischen Regierungen erlassenen Verfügung vom 8. d. Mts. zur Kenntnißnahme zugefertigt.

Berlin, den 26. April 1861.

Der Justiz-Minister.
In Vertretung:
Müller.

An
den Königl. Herrn General-Prokurator zu Cöln.

I. 1748. Rhein. Offizianten-Sachen 35. Vol. 2.

Anlage.

Nach §. 2 des Gesetzes vom 21. Mai v. J. wegen anderweitiger Einrichtung des Amts- und Zeitungs-Kautionswesens (Rhein. Samml. Bd. 12. S. 184) sind die dem Staate in Effekten zu bestellenden Kautionen bei denjenigen Kassen, welche zur Aufbewahrung derselben von den Verwaltungs-Chefs im

Einverständniß mit dem Finanz-Minister bestimmt werden, unterpfändlich niederzulegen. Die Niederlegung der zur Kaution gegebenen Staatspapiere ist demzufolge in der für die Bestellung von Faustpfändern vorgeschriebenen Form zu bewirken, und es ist mithin nach Art. 2074 des bürgerlichen Gesetzbuchs im Bezirke des Appellationsgerichtshofes zu Cöln die Ausstellung von Kautions-Verschreibungen erforderlich, welche von dem Kautionsbesteller und den Beamten derjenigen Kasse, bei welcher die Kaution zu hinterlegen ist, zu vollziehen und in welchen die in der Allerhöchsten Kabinets-Ordre vom 15. April 1837 (Rh. Samml. Bd. 6. S. 167) erwähnten eventuellen Ansprüche gegen den Beamten, zu deren Sicherung die Kaution dienen soll, anzugeben und die zur Kaution gegebenen Papiere zu bezeichnen sind.

Die Königliche Regierung wird veranlaßt, demgemäß bei den Kautions-Bestellungen in Ihrem Geschäftsbereiche verfahren zu lassen.

Berlin, den 8. April 1861.

Der Finanz-Minister.
Im Auftrage:
Horn.

An
die Königl. Regierungen zu Aachen, Coblenz, Cöln, Düsseldorf und Trier.

117.

Allgemeine Verfügung vom 1. Mai 1861, — betreffend das Verfahren der Gerichte bei Beschlagnahme falscher Münzen.

Allgemeine Verfügung vom 2. Januar 1826 (Rh. Samml. Bd. 3. S. 4).
Allgemeine Verfügung vom 11. September 1826 (Jahrbücher Bd. 28. S. 120).
Allgemeine Verfügung vom 21. Februar 1844 (Rh. Samml. Bd. 8. S. 240).
Allgemeine Verfügung vom 25. November 1846 (Rh. Samml. Bd. 9. S. 126).
Allgemeine Verfügung vom 22. September 1855 (Rh. Samml. Bd. 11. S. 147).

Nach einer Mittheilung des Herrn Finanz-Ministers sind von einzelnen Gerichtsbehörden die bestehenden Vorschriften, nach welchen alle in Beschlag genommenen falschen Münzen und zu deren Fabrikation benutzten Gegenstände nach geschlossener oder auch bei unterbliebener Untersuchung an die Königlichen Regierungen zur weiteren Beförderung an die Münzverwaltung behufs der Vernichtung abzuliefern sind, nicht befolgt worden, indem der letzteren viele, schon vor Jahren ihr zur Begutachtung vorgelegene falsche Münzen zur Vernichtung nicht wieder zugekommen sind.

Sämmtliche Gerichtsbehörden werden daher angewiesen, die bei ihnen verhandelten, noch vorhandenen Akten in Untersuchungssachen wegen Münzverbrechen und Münzvergehen zu dem Zwecke einer Prüfung zu unterwerfen, um zu ermitteln, ob und in wieweit entbehrlich gewordene falsche Münzen und Münzapparate bisher zurückbehalten worden sind, und diese zurückbehaltenen Münzen und Apparate nachträglich an die betreffenden Regierungen zur Weiterbeförderung an die Königliche Münz-Direktion abzuliefern.

Zugleich wird den Gerichtsbehörden empfohlen, bei diesen und allen künftigen Ablieferungen gleichen Zweckes, nicht allein die Untersuchungssache, in welcher die falschen Münzen und die zu deren Anfertigung benutzten Gegenstände vorgelegen haben, anzugeben, sondern auch auf das betreffende Gutachten der Königlichen Münz-Direktion Bezug zu nehmen.

Berlin, den 1. Mai 1861.

Der Justiz-Minister.
v. Bernuth.

An
sämmtliche Gerichtsbehörden.

I. 1840. Criminalia 122. Vol. 3.

118.

Allgemeine Verfügung vom 21. Mai 1861, — betreffend die Zulassung jüdischer Rechtskandidaten zur Auskultator-Prüfung.

Allgemeine Verfügung vom 10. Juli 1857 (Rhein. Samml. Bd. 11. S. 355).

Unter Zurücknahme der allgemeinen Verfügung vom 10. Juli 1857 (Rhein. Samml. Bd. 11. S. 355), welche den Eintritt jüdischer Rechtskandidaten in den Justizdienst bis auf Weiteres nicht mehr gestattete, werden sämmtliche Obergerichte angewiesen, Rechtskandidaten jüdischer Religion zur Prüfung für die Auskultatur und zur demnächstigen Beschäftigung bei den Gerichten wieder zuzulassen.

Berlin, den 21. Mai 1861.

Der Justiz-Minister.
v. Bernuth.

An
sämmtliche Obergerichte

I. 2355. J. 19. Vol. 3.

119.

Gesetz vom 24. Mai 1861, — betreffend die Erweiterung des Rechtsweges.

Wir Wilhelm, von Gottes Gnaden, König von Preußen ꝛc., verordnen, mit Zustimmung der beiden Häuser des Landtages der Monarchie, was folgt:

Erster Abschnitt.

In Beziehung auf die Ansprüche der Staatsbeamten wegen ihrer Diensteinkünfte.

§. 1.

Ueber vermögensrechtliche Ansprüche der Staatsbeamten aus ihrem Dienstverhältniß, insbesondere über Ansprüche auf Besoldung, Pension oder Wartegeld, findet mit folgenden Maaßgaben der Rechtsweg statt.

§. 2.

Die Entscheidung des Verwaltungschefs muß mit Ausnahme des Falles, wo ein Beamter durch eine von der Ober-Rechnungskammer getroffene Festsetzung verkürzt zu sein glaubt, der Klage vorhergehen, und letztere sodann bei Verlust des Klagerechts innerhalb sechs Monaten, nachdem dem Beamten die Entscheidung des Verwaltungschefs oder die Festsetzung der Ober-Rechnungskammer bekannt gemacht worden, angebracht werden.

§. 3.

Die Klage ist gegen diejenige Provinzialbehörde des betreffenden Verwaltungsressorts und in Ermangelung einer solchen, sowie Seitens der Justizbeamten im Bezirke des Appellationsgerichtshofes zu Cöln, gegen diejenige Bezirksregierung zu richten, in deren Amtsbezirk der Beamte zu der Zeit, wo der streitige Anspruch entstanden ist, vermöge seines dienstlichen Wohnsitzes seinen persönlichen Gerichtsstand gehabt hat. Der Stadtbezirk von Berlin wird in dieser Beziehung zum Bezirk der Regierung zu Potsdam gerechnet.

Für Prozesse von Beamten in den Hohenzollernschen Landen ist die Regierung in Sigmaringen zur Vertretung des Fiskus befugt.

§. 4.

Das Rechtsmittel der Appellation und der Nichtigkeitsbeschwerde, beziehungsweise der Kassationsrekurs, steht beiden Theilen auch dann zu, wenn der Betrag der streitigen Forderung die für jene Rechtsmittel sonst vorgeschriebene Summe nicht erreicht.

§. 5.

Die Entscheidungen der Disziplinar- und Verwaltungsbehörden darüber, ob und von welchem Zeitpunkt ab ein Beamter aus seinem Amte zu entfernen, einstweilen oder definitiv in den Ruhestand zu versetzen oder zu suspendiren sei, über die Verhängung von Ordnungsstrafen, sowie darüber, ob und wie weit eine geforderte Vergütigung in Ermangelung eines vorher bestimmten Betrages oder Maaßstabes derselben mit der betreffenden Leistung im Verhältniß stehe, sind für die Beurtheilung der vor den Gerichten geltend gemachten vermögensrechtlichen Ansprüche maaßgebend.

§. 6.

Ingleichen sind bei der richterlichen Beurtheilung nächst den, dem Beamten besonders ertheilten Zusicherungen und den Bestimmungen der allgemeinen Landesgesetze, die zur Zeit der Entstehung des streitigen Anspruchs in Kraft gewesenen Königlichen Anordnungen, sowie die Seitens der Centralbehörden ergangenen, den Provinzialbehörden mitgetheilten und die mit Genehmigung der Centralbehörden von den Provinzialbehörden erlassenen allgemeinen Verfügungen, soweit solche nicht den Gesetzen oder Königlichen Anordnungen zuwiderlaufen, zum Grunde zu legen.

§. 7.

Soweit über vermögensrechtliche Ansprüche der Staatsbeamten bereits vor dem Eintritt der Gesetzeskraft des §. 1 von dem Könige oder dem Staatsministerium entschieden worden ist, können dieselben bei den Gerichten nicht weiter verfolgt werden.

§. 8.

Alle den §§. 1 bis 7 entgegenstehenden Bestimmungen sind aufgehoben.

Zweiter Abschnitt.

In Beziehung auf öffentliche Abgaben im Allgemeinen.

§. 9.

Wegen allgemeiner Anlagen und Abgaben (§§. 36. 41 der Verordnung vom 26. Dezember 1808, Ges.-Samml. von 1817 S. 283, §§. 78. 79 Theil II. Titel 14 Allgemeinen Landrechts) kann auf Grund der Behauptung, daß die einzelne Forderung bereits früher getilgt oder verjährt sei, die Klage auf Erstattung des Gezahlten angestellt werden, jedoch bei Verlust des Klagerechts nur binnen spätestens sechs Monaten nach erfolgter Beitreibung oder geleisteter Zahlung.

§. 10.

Der Rechtsweg findet ferner statt, wenn der Herangezogene behauptet, daß die geforderte Abgabe keine öffentliche Abgabe sei, sondern auf einem aufgehobenen privatrechtlichen Fundamente, insbesondere einem früheren gutsherrlichen, schutzherrlichen oder grundherrlichen Verhältnisse beruhe.

Dritter Abschnitt.

In Beziehung auf die Stempelsteuer.

§. 11.

Wer zur Entrichtung eines Werthstempels oder eines nicht nach dem Betrage des Gegenstandes zu bemessenden Vertragsstempels gar nicht oder nicht in dem geforderten Betrage verpflichtet zu sein vermeint, ist befugt, dies gerichtlich geltend zu machen.

§. 12.

Die Klage ist bei Verlust des Klagerechts binnen sechs Monaten nach erfolgter Beitreibung oder mit Vorbehalt geleisteter Zahlung des Stempel-Betrages anzubringen. Hinsichtlich der Stempel, welche zu Gerichtskassen eingezogen werden, ist die Klage gegen die betreffende Salarienkassen-Verwaltung, in allen übrigen Fällen gegen die zur Verwaltung der indirekten Steuern bestimmte Provinzialbehörde zu richten.

§. 13.

Das Rechtsmittel der Appellation und der Nichtigkeitsbeschwerde, beziehungsweise der Kassationsrekurs, steht beiden Theilen auch dann zu, wenn der Betrag der streitigen Abgabe die für jene Rechtsmittel sonst vorgeschriebene Summe nicht erreicht.

§. 14.

Wenn gegen den Herangezogenen wegen Defraudation einer der im §. 11 gedachten Stempelabgaben ein gerichtliches Strafverfahren anhängig wird und derselbe sich darauf beruft, daß er zur Zahlung der geforderten Steuer nicht verpflichtet sei, so hat der Strafrichter das Erkenntniß auszusetzen und dem Angeschuldigten eine, nach den Umständen abzumessende, höchstens zweimonatliche Frist zu bestimmen, binnen welcher derselbe von der im §. 11 ertheilten Befugniß, den Rechtsweg zu beschreiten, Gebrauch machen und, daß dies geschehen, nachweisen muß. Hält er diese Frist nicht inne, oder steht er ausdrücklich oder stillschweigend von der Klage ab, in welchem Fall deren Wiederaufnahme oder wiederholte Anstellung nicht gestattet ist, so hat das Strafverfahren seinen Fortgang. Andernfalls ist das im Civilprozeß ergangene End-Urtheil für die Untersuchung maaßgebend.

Vierter Abschnitt.

In Beziehung auf Kirchen-, Pfarr- und Schul-abgaben.

§. 15.

Das rechtliche Gehör ist in Beziehung auf die in Nummer 1 der Allerhöchsten Order vom 19. Juni 1836 (Gesetz-Samml. S. 198) aufgeführten Abgaben und Leistungen, welche für Kirchen und öffentliche Schulen oder für deren Beamte auf Grund einer notorischen Orts- oder Bezirksverfassung erhoben werden, desgleichen in Beziehung auf Forderungen öffentlicher Schul- und Erziehungsanstalten an Schul- und Pensionsgeld fortan unbedingt gestattet. In Beziehung auf solche Abgaben und Leistungen, welche auf einer allgemeinen gesetzlichen Verbindlichkeit, bezüglich auf einer, von der aufsichtführenden Regierung in Gemäßheit gesetzlicher Bestimmung angeordneten oder exekutorisch erklärten Umlage beruhen, findet der Rechtsweg aber nur insoweit statt, als dies bei öffentlichen Abgaben der Fall ist.

§. 16.

Die Bestimmung in der Nummer 3 der Allerhöchsten Order vom 19. Juni 1836 wird aufgehoben.

Urkundlich unter Unserer Höchsteigenhändigen Unterschrift und beigedrucktem Königlichen Insiegel.

Gegeben Berlin, den 24. Mai 1861.

(L. S.) Wilhelm.

Fürst zu Hohenzollern-Sigmaringen. v. Auerswald. v. d. Heydt. v. Schleinitz. v. Patow. Gr. v. Pückler. v. Bethmann-Hollweg. Gr. v. Schwerin. v. Roon. v. Bernuth.

I. 2609. R. 27. Vol. 3.

120.

Verfügung vom 6. Juni 1861, — betreffend die Kontrole der Stempel-Erhebung bei den Friedensgerichten in der Rheinprovinz.

Aus Veranlassung der bei einzelnen Friedensgerichten im Bezirk des Appellationsgerichtshofes zu Cöln vorgekommenen Stempeldefekte werden sämmtliche Friedensrichter hiermit angewiesen, eine Kontrole der ihren Gerichtsschreibern obliegenden Erhebung der gerichtlichen Stempel in der Weise auszuüben, daß sie sich vierteljährlich davon überzeugen, ob die im Repertorium ausgeworfenen Stempel wirklich kassirt oder den Steuerbehörden vorschriftsmäßig überwiesen worden sind.

Berlin, den 6. Juni 1861.

Der Justiz-Minister.
v. Bernuth.

An
sämmtliche Friedensrichter im Bezirk des Königl. Appellationsgerichtshofes zu Cöln.

I. 2455. Rhein. Gener. 62. Vol. 9.

121.

Gesetz vom 24. Juni 1861, — betreffend die Errichtung einer Depositenkasse für den Bezirk des Appellationsgerichtshofes zu Cöln.

Wir Wilhelm, von Gottes Gnaden, König von Preußen 2c.

verordnen, mit Zustimmung beider Häuser des Landtages der Monarchie, für den Bezirk des Appellationsgerichtshofes zu Cöln, was folgt:

§. 1.

Für die Hinterlegung von baarem Gelde, welche entweder von einem Schuldner, um sich von seiner Verbindlichkeit zu befreien (Artikel 1257 des Rheinischen Civilgesetzbuchs), oder nach richterlicher Anordnung, oder überhaupt nach Vorschrift der Gesetze geschehen muß, wird eine Depositenkasse errichtet, die ihren Sitz zu Cöln hat und dem Finanzminister untergeordnet ist.

§. 2.

Die Direktion der Depositenkasse wird einer kollegialischen, aus einem Direktor und zwei Mitgliedern bestehenden Behörde übertragen, welche ihre Beschlüsse nach Stimmenmehrheit faßt. Dem Direktor gebührt die obere Leitung und Beaufsichtigung des Geschäftsganges, mit der Befugniß, die Ausführung eines Beschlusses bis zur Entscheidung des Finanzministers zu suspendiren. Das zweite Mitglied versieht zugleich die Funktion eines Justitiarius. Dem dritten Mitgliede, welches den Amtstitel „Rendant der Depositenkasse" erhält, liegt die Buch- und Kassenführung ob, zu welchem Zweck ihm ein Kontroleur zur Seite gestellt wird.

Die Stelle des Direktors kann nur einem Beamten, welcher zum höheren Verwaltungsdienst, und die Stelle des zweiten Mitgliedes einem Beamten, welcher znm höheren Justizdienst im Gebiete des Rheinischen Rechts befähigt ist, übertragen werden. Beide Stellen sind in der Regel nur als Nebenämter nach

Maaßgabe der Kabinetsorder vom 13. Juli 1839 (Ges.-Samml. S. 235) zu verleihen.

Die Ernennung des Direktors und der beiden Mitglieder, sowie die Anstellung des erforderlichen Hülfspersonals erfolgt durch den Finanzminister. Ihre Vertretung während vorübergehender Verhinderung kann durch das Präsidium der Regierung zu Cöln angeordnet werden.

§. 3.

Die Depositenkasse verwaltet die bei ihr hinterlegten Gelder für Rechnung des Fiskus. Die Staatskasse haftet den zum Empfange der Gelder Berechtigten für Kapital und Zinsen nach Maaßgabe der allgemeinen und der in diesem Gesetze enthaltenen besonderen Vorschriften.

§. 4.

Die bei der Depositenkasse eingehenden Gelder, für welche keine anderweitige Verwendung angemessen befunden wird, sind bei der Preußischen Bank zu belegen, welche in Gemäßheit des Vorbehalts im §. 26 der Bank-Ordnung vom 5. Oktober 1846 (Gesetz-Samml. S. 442) zur Annahme und Verzinsung dieser Gelder nach den Vorschriften der Allerhöchsten Kabinetsorder vom 11. April 1839 sub Lit. B. (Gesetz-Samml. S. 161) für verpflichtet erklärt wird.

§. 5.

Die Hinterlegung kann nur in solchen Zahlmitteln geschehen, zu deren Annahme Unsere Kassen nach den allgemeinen Bestimmungen verpflichtet sind. War jedoch bei einer freiwilligen Hinterlegung (§. 1) der Schuldner verpflichtet, in anderem Metallgelde oder Papiergelde zu zahlen, oder ist solches von einem Gerichtsvollzieher gepfändet und nach Vorschrift des Artikels 590 der bürgerlichen Prozeß-Ordnung zu hinterlegen, so muß die Kasse zwar diese Geldsorten annehmen, hat sie aber nach dem derzeitigen Kurse in Preußisches Kurant umzusetzen, und ist nur für den sich hiernach ergebenden Betrag verhaftet.

§. 6.

Die Bestimmung des Prozentsatzes, zu welchem die Depositenkasse die bei ihr eingehenden Gelder verzinst, bleibt Königlicher Verordnung vorbehalten, durch welche auch der einmal bestimmte Prozentsatz für die Folgezeit erhöht oder herabgesetzt werden kann.

Beträge unter zehn Thaler werden nicht verzinst und höhere Beträge nur insoweit, als sie mit zehn theilbar sind.

Der Lauf der Zinsen beginnt mit dem ein und dreißigsten Tage nach der Hinterlegung und hört hinsichtlich des auszuzahlenden Betrages mit dem Tage auf, unter welchem die Aufforderung zur Empfangnahme der Zahlung an den Berechtigten erlassen wird (§. 9).

§. 7.

Hinterlegungen können bei der Kasse in Cöln nur an bestimmten Tagen und Stunden stattfinden, welche der Finanzminister festzusetzen und durch die Amtsblätter der Rheinischen Regierungen bekannt zu machen hat. In dringenden Fällen können Hinterlegungen auch zu anderen Zeiten durch besondere Verfügung des Präsidiums der Regierung zu Cöln zugelassen werden. Außerhalb Cöln kann die Hinterlegung mittelst portofreier Einsendung des Geldes an die Depositenkasse durch die Post geschehen. In diesem Falle ist zwar die Hinterlegung erst mit dem Eingange des Geldes bei der Depositenkasse für vollendet zu erachten, aber die Vorschriften des Artikels 1259 des bürgerlichen Gesetzbuchs hinsichtlich der Anzeige des Tages, der Stunde und des Ortes der Hinterlegung, sowie hinsichtlich des Zeitpunktes, bis zu welchem die Zinsen berechnet werden müssen, und hinsichtlich des aufzunehmenden Protokolls gelten für die Aufgabe des Geldes auf die Post. Ist der die Annahme weigernde Gläubiger bei der Aufgabe des Geldes auf die Post nicht erschienen, so ist die nach Nr. 4 des Artikels 1259 a. a. O. vorgeschriebene Zustellung des Protokolls gleichzeitig mit einer Abschrift der von der Depositenkasse ertheilten Empfangsbescheinigung zu bewirken; ist er erschienen, so ist letztere besonders zuzustellen.

§. 8.

Der Hinterlegende hat bei der Hinterlegung eine schriftliche Erklärung in zwei Exemplaren vorzulegen, beziehungsweise gleichzeitig mit dem Gelde einzusenden. Dieselbe muß enthalten: Namen, Stand und Wohnort des Hinterlegenden und seines etwaigen Auftraggebers, den Betrag der hinterlegten Summe, oder, wenn kein kassenmäßiges Zahlmittel hinterlegt wird, die Angabe der Geldsorten, ferner die Veranlassung zur Hinterlegung und, soweit dies dem Hinterlegenden möglich oder nach der Veranlassung zur Hinterlegung thunlich ist, Namen, Stand und Wohnort derjenigen, an welche die hinterlegte Summe ausgezahlt werden soll.

Das eine Exemplar dieser Erklärung behält die Kasse, auf dem andern wird die Bescheinigung über die erfolgte Hinterlegung ertheilt. Dieselbe muß von dem Rendanten und dem Kontroleur unter Mitvollziehung des Direktors unterzeichnet sein; sie muß den Betrag des hinterlegten Geldes und, bei der Hinterlegung nicht kassenmäßiger Zahlmittel, den Betrag, der sich aus deren Umsatz ergeben hat, in Buchstaben ausdrücken. — Werden kassenmäßige Zahlmittel bei der Kasse selbst hinterlegt, so ist diese Bescheinigung sofort zu ertheilen, in allen übrigen Fällen dem Hinterlegenden spätestens am nächsten Hinterlegungstage zuzusenden.

Bei Hinterlegungen durch Gerichtsvollzieher (Artikel 1259 des bürgerlichen Gesetzbuchs) vertritt die von denselben aufzunehmende Verhandlung in der erforderlichen Anzahl von Abschriften die vorstehende Erklärung.

§. 9.

Die Anträge auf Auszahlungen sind bei der Depositenkasse schriftlich einzureichen. Denselben ist der erforderliche Nachweis der Empfangsberechtigung beizufügen. Die Depositenkasse hat den Berechtigten oder dessen Vertreter binnen zehn Tagen aufzufordern, den ihm zukommenden Betrag in Empfang zu nehmen oder ihm zu eröffnen, welche Bedenken und Hindernisse der Auszahlung an ihn entgegenstehen.

Die Auszahlung erfolgt in der Regel bei einer dem Wohnorte des Berechtigten nahe gelegenen Steuerkasse, welche in der Aufforderung zu bezeichnen ist.

§. 10.

Die der Depositenkasse zugestellten Arreste und Einsprüche müssen unter den dabei betheiligten Parteien durch richterliche Entscheidung oder Einverständniß beseitigt sein, bevor die Auszahlung von Summen, auf welche sie Bezug haben, verlangt werden kann.

§. 11.

Die Auszahlung der hinterlegten Gelder und der dafür zu gewährenden Zinsen erfolgt gültig:

1) bei freiwilligen Hinterlegungen (Artikel 1257 des bürgerlichen Gesetzbuchs) an den Hinterlegenden, sofern nicht der Depositenkasse eine Annahme-Erklärung desjenigen, dem die hinterlegte Summe ausgezahlt werden soll (§. 8), oder ein Urtheil, welches die Hinterlegung für gültig erklärt, oder ein Arrest oder sonstiger Einspruch gegen die Zahlung zugestellt ist;
2) bei Hinterlegungen in Fallitsachen an die Syndiken mit Genehmigung des Fallimentskommissars (Artikel 497 des Rheinischen Handelsgesetzbuchs);
3) in allen übrigen Fällen an diejenigen, welche durch rechtskräftige richterliche Entscheidungen oder Anweisungen, oder durch Vereinbarung sämmtlicher Betheiligten zur Empfangnahme des Geldes für berechtigt erklärt werden.

§. 12.

Eine Aenderung in der Empfangsberechtigung, z. B. durch Heirath oder Cession, braucht die Depositenkasse nicht zu berücksichtigen, so lange sie ihr nicht schriftlich angezeigt ist.

§. 13.

Arreste und sonstige Einsprüche braucht die Depositenkasse nur zu berücksichtigen, wenn sie ihr durch Gerichtsvollzieher-Akt zugestellt sind.

Dieselben behalten ihre Wirkung gegen die Depositenkasse nur fünf Jahre, vom Tage ihrer Zustellung, es sei denn, daß sie innerhalb dieser Frist bei der Depositenkasse erneuert werden. In diesem Falle behalten sie ihre Wirkung weitere fünf Jahre, vom Tage ihrer jedesmaligen Erneuerung.

§. 14.

Werden der Depositenkasse Arreste oder Einsprüche erst nach Abgang des an eine andere Kasse ertheilten Auftrages zur Auszahlung (§. 9), aber vor der wirklichen Auszahlung zugestellt, so bleibt die erfolgte Zahlung für die Kasse gültig.

Die Depositenkasse hat jedoch den ertheilten Auftrag, für den Fall, daß derselbe noch nicht vollzogen sein sollte, zurückzunehmen.

§. 15.

Die Erbberechtigung auf hinterlegte Gelder, welche sich auf gesetzliche Erbfolge gründet, kann zum Zweck einer von der Depositenkasse gültig zu leistenden Zahlung, in Ermangelung anderer Beweise, durch einen Offenkundigkeitsakt dargethan werden. Zur Erlangung eines solchen hat der angebliche Erbe dem Friedensrichter des letzten Wohnortes des Erblassers die Thatsachen, welche das behauptete Erbrecht begründen, anzugeben, und die zum Beweise dieser Thatsachen nach allgemeinen gesetzlichen Vorschriften erforderlichen Civilstands-Urkunden oder die Bescheinigung der betreffenden Civilstands-Beamten, daß solche nicht vorhanden seien, vorzulegen. Er muß außerdem an Eidesstatt versichern, daß ihm keine nähere oder gleich nahe Erben oder andere Personen, welche ihn von dem Anspruch an die Gelder ausschließen, bekannt seien, und vier mit den Familienverhältnissen bekannte Zeugen gestellen, welche auf Grund eigener Wissenschaft oder der Offenkundigkeit an Eidesstatt die zur Begründung des Erbrechts angeführten Thatsachen bestätigen und bekunden, daß danach der Anspruch auf die fraglichen Gelder für berechtigt angesehen werde. Der Friedensrichter hat schließlich zu bescheinigen, daß ihm nichts bekannt sei, was mit den gemachten Angaben in Widerspruch stehe.

Der Offenkundigkeitsakt ist den ihn Nachsuchenden in Urschrift zu behändigen.

§. 16.

Sind nach Maaßgabe der vorstehenden Bestimmungen hinterlegte Gelder ausgezahlt, so kann die Depositenkasse von denjenigen, welche ein besseres Recht auf diese Gelder behaupten sollten, nicht weiter in Anspruch genommen werden.

§. 17.

Es ist dem Ermessen der Depositenkasse überlassen, ob sie notarielle Quittung fordern, oder sich mit einer Quittung unter Privatunterschrift begnügen will.

Bei Zahlungen an kollozirte Gläubiger muß die Quittung und die Einwilligung in die Löschung der Hypothekar-Eintragung notariell ertheilt werden (Artikel 772 der bürgerlichen Prozeß-Ordnung).

§. 18.

Nach dem Schlusse eines Kollokations- oder Distributionsverfahrens über hinterlegte Gelder und bevor Ausfertigungen von Zahlungsmandaten ertheilt werden, muß das Sekretariat des betreffenden Landgerichts der Depositenkasse einen Auszug aus dem Vertheilungsstatus mittheilen, welcher die Bezeichnung der zu vertheilenden Gelder, die Namen der angewiesenen Gläubiger und die den Einzelnen angewiesenen Beträge enthält.

Die Kosten dieses Auszuges und seiner Versendung gehören zu den privilegirten Gerichtskosten des Vertheilungsverfahrens.

§. 19.

Alle in diesem Gesetz verordneten Zustellungen sind für die Depositenkasse verbindlich, wenn sie an den Rendanten derselben erfolgen.

Erklärungen Namens der Kasse erfordern zu ihrer Gültigkeit die Unterschrift des Direktors derselben oder seines Stellvertreters (§. 2) und des Rendanten, die im §. 8 gedachten Empfangsbescheinigungen aber zugleich die des Kontroleurs. Andere Quittungen werden von dem Rendanten unter Mitunterschrift des Kontroleurs gültig vollzogen.

§. 20.

Alle diesem Gesetze entgegenstehenden Vorschriften sind aufgehoben. Wo in den Gesetzen eine andere Kasse für Hinterlegungen der hier fraglichen Art bestimmt ist, tritt die Depositenkasse an deren Stelle.

Die bisher bei der Preußischen Bank hinterlegten Gelder können von derselben an die Depositenkasse abgegeben werden. Insoweit dies geschieht, finden von dem Augenblicke der Abgabe dieser Gelder die Vorschriften des gegenwärtigen Gesetzes auf dieselben Anwendung.

§. 21.

Mit der Ausführung dieses Gesetzes werden der Finanzminister und der Justizminister beauftragt.

Urkundlich unter Unserer Höchsteigenhändigen Unterschrift und beigedrucktem Königlichen Insiegel.

Gegeben Schloß Babelsberg, den 24. Juni 1861.

(L. S.) Wilhelm.

v. Auerswald. v. d. Heydt. v. Schleinitz. v. Patow.
Gr. v. Pückler. v. Bethmann-Hollweg. Gr. v. Schwerin.
v. Roon. v. Bernuth.

I. 204. Rhein. Gener. 45. Vol. 3.

122.

Allgemeine Verfügung vom 6. Juli 1861, — betreffend das Verfahren bei Requisitionen an Niederländische Behörden.

Allgemeine Verfügung vom 16. September 1844 (Rhein. Samml. Bd. 8. Samml. 346).

Das Königlich Niederländische Ministerium hat die diesseitige Gesandtschaft in Haag darauf aufmerksam gemacht, daß die Erledigung von Requisitionsschreiben, welche Preußische Gerichte an Niederländische Behörden richten, dadurch erschwert werde, daß dieselben nur in den seltensten Fällen von einer Französischen oder Holländischen Uebersetzung begleitet und außerdem fast immer mit Deutschen, oft schwer zu entziffernden Buchstaben geschrieben seien.

Um Schwierigkeiten bei Erledigung von dergleichen Requisitionen zu vermeiden, werden sämmtliche Justizbehörden nach dem Antrage der gedachten Gesandtschaft angewiesen, in den Fällen, in welchen eine Uebersetzung dem betreffenden Requisitionsschreiben nicht beigefügt ist, letztere nicht mit Deutschen, sondern mit Lateinischen, für die Niederländischen Behörden leichter lesbaren Buchstaben zu schreiben.

Berlin, den 6. Juli 1861.

Der Justiz-Minister.
v. Bernuth.

An
sämmtliche Justizbehörden.

I. 3049. Requisitionen 48. Vol. 4.

123.

Verfügung vom 12. Juli 1861, — betreffend die Beglaubigung der Portofreiheits-Vermerke auf Dienstbriefen.

Regulativ vom 3. Januar 1860 (S. 162 dieses Bandes).

Auf den Bericht vom 25. Juni d. J. wird Ihnen eröffnet, daß es nicht für zulässig erachtet werden kann, die Kastellane mit der Beglaubigung der Portofreiheitsvermerke auf den Dienstbriefen zu beauftragen. Das fiskalische Interesse erfordert es, daß diejenigen Beamten, durch welche die in Rede stehenden

Vermerke beglaubigt werden, für die richtige Anwendung der dieserhalb bestehenden Vorschriften verantwortlich bleiben. Diese Verantwortlichkeit bedingt aber die selbstständige Beurtheilung der Portofreiheit insbesondere in denjenigen Fällen, in denen in Bezug hierauf von den Decernenten in concreto eine Bestimmung nicht getroffen ist, unter Umständen sich auch ohne Weiteres nicht treffen ließ.

Da diese Beurtheilungsfähigkeit im Allgemeinen bei den Unterbeamten nicht vorausgesetzt werden kann, so ist es für überflüssig erachtet, die Unzulässigkeit der Uebertragung jener Befugniß auf die Kastellane in dem Regulativ vom 3. Januar 1860 (S. 162 dieses Bandes) besonders hervorzuheben.

Im Uebrigen läßt sich von der bloßen Beifügung des Stempels zu den Vermerken eine Beeinträchtigung der übrigen Dienstgeschäfte der Sekretaire nicht erwarten, eine Störung des Geschäftsganges aber dadurch leicht vermeiden, daß die abzusendenden Sachen gesammelt und täglich zu einer bestimmten Zeit mit dem Abdruck des den Namen des beglaubigenden Sekretairs enthaltenden Stempels versehen werden.

Berlin, den 12. Juli 1861.

Der Justiz-Minister.
In dessen Vertretung:
Müller.

An
den Königl. Herrn Landgerichts-Präsidenten
und den Königl. Herrn Ober-Prokurator
zu Trier.

I. 3510. Rhein. Gener. 10. Vol. 3.

124.

Verfügung vom 17. Juli 1861, — betreffend die Ausstellung von Kautions-Verschreibungen bei den im Bezirke des Appellationsgerichtshofes zu Cöln erfolgenden Kautionsbestellungen.

Verfügung vom 26. April 1861 (S. 244 dieses Bandes).

Im Anschluß an die Verfügung vom 26. April d. J.
betreffend die Ausstellung von Kautions-Verschreibungen bei den im Bezirke des Appellationsgerichtshofes zu Cöln erfolgenden Kautions-Bestellungen

wird Ihnen, Herr General-Prokurator, anliegend Abschrift der von dem Herrn Finanz-Minister unterm 5. d. Mts. an die Regierung zu Coblenz erlassenen und den übrigen Rheinischen

Regierungen zur Nachachtung mitgetheilten Verfügung zur Kenntnißnahme zugefertigt.

Berlin, den 17. Juli 1861.

Der Justiz-Minister.
In dessen Vertretung:
Müller.

An
den Königl. Herrn General-Prokurator zu Cöln.

I. 3259. Rhein. Offizianten-Sachen 35. Vol. 2.

Anlage.

Nach dem Bericht der Königlichen Regierung vom 24. Mai c. würde die Durchführung der Vorschrift meines Erlasses vom 8. April d. J.,

> daß in dem Bezirk des Appellationsgerichtshofes zu Cöln die auszustellenden Verschreibungen über die in Staatspapieren niederzulegenden Amtskautionen von dem Kautionsbesteller und den Beamten derjenigen Kasse, bei welcher die Kaution zu hinterlegen ist, vollzogen werden sollen,

in denjenigen Fällen mit Schwierigkeiten verbunden sein, in welchen sich der Kautionsbesteller an einem andern Ort aufhält, als wo die Kasse sich befindet, indem dann entweder der Kautionsbesteller oder der Beamte der Kasse zum Zweck der Ausstellung des Kautionsdokuments eine Reise zu machen genöthigt sein würde. Mit Bezug hierauf eröffne ich der Königlichen Regierung, daß die gleichzeitige Vollziehung der Kautions-Verschreibungen durch die Kassenbeamten und den Kautionsbesteller in der Verfügung vom 8. April d. J. aus dem Grunde vorgeschrieben worden ist, weil der Art. 2074 des B. G.-B. einen öffentlichen oder einen einregistrirten Privatakt erfordert, eine von dem Kautionsbesteller und den Kassenbeamten vollzogene Verpfändungs-Urkunde aber, da die Kassenbeamten nach der Natur des Verhältnisses mit der Beurkundung des Geschäfts gesetzlich betraut sind, unzweifelhaft als eine öffentliche Urkunde gelten muß, und demnach durch die bezeichnete Art der Vollziehung die mit Kosten für den Kautionsbesteller verknüpfte Einregistrirung vermieden werden kann. Da nun nach Art. 2074 a. a. O. die Pfandbestellung ebensowohl mittelst einer gehörig einregistrirten Privaturkunde erfolgen kann, und es ferner kein Bedenken leidet, daß auf Verpfändungs-Urkunden die Bestimmung des Art. 1325 ebendaselbst wegen der Ausstellung mehrerer Originale keine Anwendung findet, die Kosten einer Reise aber in allen Fällen zu dem geringen Betrage der Einregistrirungs-Gebühren außer Verhältniß stehen würden, so wird die Königliche Regierung ermächtigt, von der Vollziehung der Kautions-Verschreibungen durch die Kassenbeamten, wo dadurch Weiterungen und Kosten entstehen könnten, abzusehen, und statt der solchergestalt vollzogenen Verschreibungen Kautions- und Verpfändungs-Urkunden unter Privat-Unterschrift, welche durch einen Friedensrichter einregistrirt sind, anzunehmen. Mit Rücksicht darauf jedoch, daß jede Kautions-Verschreibung ein bedingtes Zahlungsversprechen enthält, wird nach Art. 1326 des B. G.-B. darauf zu halten sein, daß dergleichen Urkunden unter Privat-Unterschrtft von den Kautionsbestellern ihrem ganzen Inhalt nach eigenhändig geschrieben werden.

Berlin, den 5. Juli 1861.

An die Königl. Regierung zu Coblenz.

Abschrift hiervon erhält die Königliche Regierung zur Nachachtung.

Berlin, den 5. Juli 1861.

Der Finanz-Minister.
v. Patow.

An
die Königl. Regierungen zu Düsseldorf,
Cöln, Trier und Aachen.

125.

Verfügung vom 20. Juli 1861, — betreffend das Heften und Foliiren der Akten bei deren Einsendung an den Gerichtshof zur Entscheidung der Kompetenz-Konflikte.

Verfügung vom 2. April 1856 (Justiz-Minist.-Blatt S. 86).

Der Gerichtshof zur Entscheidung der Kompetenz-Konflikte hat den Wunsch zu erkennen gegeben, daß die an denselben einzusendenden Akten vorher ordnungsmäßig geheftet und foliirt, und daß in dem Einsendungsbericht jedesmal die Folien angeführt werden, aus denen die Beobachtung der vorgeschriebenen Formalien sich ergiebt.

Eine Anordnung der Art ist für die nicht rheinischen Gerichtsbehörden bereits durch die Verfügung vom 2. April 1856 (Justiz-Minist.-Blatt S. 86) erlassen. Sie werden hierdurch veranlaßt, diese Vorschriften bei den von Ihnen einzureichenden Akten in Kompetenz-Konflikts-Sachen ebenfalls zu beachten.

Berlin, den 20. Juli 1861.

Der Justiz-Minister.
In dessen Vertretung:
Müller.

An
sämmtliche Königl. Herren Ober-Prokuratoren
und Abschrift an den Königl. Herrn General-
Prokurator zu Cöln.

I. 3431. K. 35. Vol. 5.

126.

Verfügung vom 29. Juli 1861, — betreffend die Vertretung der Friedensrichter in der Rheinprovinz.

Allg. Verfügung v. 4. April 1861 (Just.-Min.-Bl. S. 72).

Auf den Bericht vom 18. d. Mts. erklärt der Justiz-Minister sich damit einverstanden, daß diejenigen Friedensrichter des dortigen Departements, denen aus Gesundheitsrücksichten Urlaub zu bewilligen ist, auf die Dauer des ihnen ertheilten Urlaubs ihr Diensteinkommen an Gehalt und Emolumenten, mit Ausschluß der Reisekosten, welche der Stellvertreter der Staatskasse oder den Parteien gegenüber zu liquidiren berechtigt ist, unverkürzt fortbeziehen.

Wird die Stellvertretung eines aus Gesundheitsrücksichten beurlaubten Friedensrichters einem benachbarten Friedensrichter übertragen, so erhält der Letztere,

a) wenn er die Reise auf Eisenbahnen oder Dampfschiffen zurücklegt, die durch den Allerh. Erlaß vom 10. Juni 1848 (Rh. Samml. Bd. 9. S. 301) festgesetzte Fuhrkosten-Entschädigung,
b) bei Reisen auf Landwegen dagegen 15 Sgr. für die Meile, und
c) an Diäten täglich 2 Thaler.

Wenn dagegen die Stellvertretung durch einen am Orte des beurlaubten Friedensrichters wohnenden anderen Friedensrichter wahrzunehmen ist, so können diesem selbstverständlich weder Reisekosten noch Diäten angewiesen werden; es ist aber auch unstatthaft, ihm für diesen Fall eine dem deservirten Emolumentenbetrage entsprechende Vergütung aus Staatsfonds zu gewähren, vielmehr müssen solche Friedensrichter die größere Mühwaltung ohne weitere Entschädigung übernehmen und können nur darin ein Aequivalent erblicken, daß sie bei gegenseitiger Aushülfe künftig, wenn auch ihnen aus Gesundheitsrücksichten Urlaub zu gewähren ist, in gleicher Weise auf eine unverkürzte Belassung ihres ganzen etatsmäßigen Einkommens zu rechnen haben.

Uebrigens muß der Justiz-Minister bei der wesentlichen Erleichterung, welche durch obige Maaßregel den Friedensrichtern zu Theil wird, die Erwartung aussprechen, daß die Urlaubsgesuche jederzeit einer durchaus strengen und gewissenhaften Prüfung werden unterworfen werden.

Carlsbad, den 29. Juli 1861.

Der Justiz-Minister.
v. Bernuth.

An
den Herrn Ersten Präsidenten des Königl. Appellationsgerichtshofes und den Königl. Herrn General-Prokurator zu Cöln.

I. 3446. Rhein. Offizianten-Sachen 37.

127.

Allgemeine Verfügung vom 17. August 1861, — betreffend die Bescheinigungen, welche bei dem Ableben eines der Königlichen Allgemeinen Wittwen-Verpflegungs-Anstalt beigetretenen Justizbeamten oder dessen Ehefrau der General-Direktion dieser Anstalt einzusenden sind.

Allgem. Verf. v. 2. Novbr. 1857 (Justiz-Minist.-Bl. S. 402).

In den §§. 37 und 38 des Reglements vom 28. Dezember 1775 ist bestimmt, daß sowohl beim Ableben eines der Allgemeinen Wittwenverpflegungs-Anstalt beigetretenen Beamten, als auch seiner Ehefrau, falls solche vor ihm mit Tode abgehen sollte, ohne Verzug ein förmlicher Todtenschein einzureichen ist.

Da nach einer Mittheilung der General-Direktion der Allgemeinen Wittwenverpflegungs-Anstalt diese Vorschrift in einzelnen Fällen unbeachtet geblieben ist, und mannigfache Weiterungen dadurch entstanden sind, so wird die gedachte Bestimmung den Gerichtsbehörden, beziehungsweise den Justizbeamten, hierdurch mit dem Bemerken in Erinnerung gebracht, daß derartige Todtenscheine keines Stempels bedürfen, und daß auch eine Beglaubigung derselben nicht weiter erforderlich ist, wenn den Unterschriften der Aussteller die Dienstsiegel deutlich beigedrückt sind.

Die Todtenscheine über das Ableben der Ehemänner müssen die genaue Angabe der Todesart enthalten. Im Bezirk des Appellationsgerichtshofes zu Cöln, wo nach den dort geltenden Bestimmungen das Ableben durch einen Auszug aus dem Civilstands-Register konstatirt wird, ist die Todesart durch eine beizufügende ärztliche Bescheinigung, welche von einer Behörde beglaubigt sein muß, darzuthun.

Ist die Frau mit Tode abgegangen, so ist der Todtenschein gemäß der in der Verfügung vom 2. November 1857 (Justiz-Minist.-Bl. S. 402) unter Nr. 1 ertheilten Anweisung den halbjährlichen Listen der Wittwenkassen-Beiträge beizufügen.

In beiden Fällen muß außerdem der betreffende Rezeptionsschein an die Direktion der Allgemeinen Wittwenverpflegungs-Anstalt eingesandt werden.

Die Gerichte und Justizbeamten werden hierdurch aufgefordert, zur Vermeidung von Weiterungen diese Bestimmungen in vorkommenden Fällen zu beachten.

Berlin, den 17. August 1861.

Der Justiz-Minister.
v. Bernuth.

An
sämmtliche Gerichtsbehörden und Justizbeamte.

I. 3411. O. 137. Vol. 6.

128.

Verfügung vom 20. August 1861, — betreffend die Ertheilung des Heiraths-Konsenses für die Justizbeamten im Bezirk des Appellationsgerichtshofes zu Cöln.

Die Verfügung vom 29. Oktober 1836 (Rhein. Samml. Bd. 5. S. 484), betreffend die Ertheilung des Heirathskonsenses für die Justizbeamten im Bezirk des Appellationsgerichtshofes zu Cöln, wird dahin abgeändert, daß künftig nur für den Ersten Präsidenten des Appellationsgerichtshofes und für den General-Prokurator ein solcher Konsens beim Justiz-Minister nachzusuchen ist, derselbe aber für sämmtliche richterliche Beamte von Ihnen, dem Herrn Ersten Präsidenten, und für sämmtliche Beamte der Staatsanwaltschaft, sowie für alle Gerichtsschreiber von Ihnen, dem Herrn General-Prokurator, ertheilt wird.

Berlin, den 20. August 1861.

Der Justiz-Minister.
v. Bernuth.

An
den Herrn Ersten Präsidenten und den Herrn General-Prokurator beim Königl. Appellationsgerichtshofe zu Cöln.

I. 3870. Rhein. Offizianten-Sachen 51.

129.

Verfügung vom 19. September 1861, — betreffend die Berichte über die Versetzung von Auskultatoren und Referendarien an andere Gerichte oder deren gewünschte Entlassung aus dem Justizdienste.

Ew. Hochwohlgeboren werden hierdurch in Kenntniß gesetzt, daß es einer Anzeige an den Justiz-Minister über die von Auskultatoren und Referendarien gewünschte Versetzung an ein anderes Gericht und über die von ihnen beantragte Entlassung aus dem Justizdienste ferner nicht bedarf.

Berlin, den 19. September 1861.

Der Justiz-Minister.
v. Bernuth.

An
den Herrn Ersten Präsidenten des Königl. Appellationsgerichtshofes und den Königl. Herrn General-Prokurator zu Cöln.

I. 4153. Rhein. Offizianten-Sachen 14.

130.

Allerhöchster Erlaß vom 28. Oktober 1861, — betreffend Abänderungen resp. Ergänzungen der §§. 6 und 35 des Revidirten Reglements für die Provinzial-Feuer-Sozietät der Rheinprovinz vom 1. September 1852.

Auf den Bericht vom 18. September d. J. will Ich in Berücksichtigung der Anträge des XIV. Provinziallandtages der Rheinprovinz und unter Bezugnahme auf Meinen Erlaß vom 12. März 1860 (S. 173 dieses Bandes) folgende Abänderungen des Revidirten Reglements für die Provinzial-Feuersozietät der Rheinprovinz vom 1. September 1852 (Rhein. Samml. Bd. 10. S. 480 ff.) genehmigen.

Zu §. 6.

Die Bestimmungen dieses Paragraphen des Reglements und des durch den Erlaß vom 12. März 1860 genehmigten Zusatzes werden aufgehoben und es treten an deren Stelle die folgenden:

Folgende Gebäude jedoch, als: Pulvermühlen und Pulvermagazine, Glas- und Schmelzhütten, Eisen- und Kupferhämmer, Stückgießereien und Münzgebäude, Zuckersiedereien, Cichorienfabriken und Schwefelraffinerien, Terpentin-Firniß- und Holzsäure-Fabriken, Anstalten zur Fabrikation von Aether, Gas, Phosphor, Knallsilber, Knallgold und Erdöl, Spiegelgießereien, Spinnereien in Schaaf- und Baumwolle und in Flachs, alle Gebäude, worin Dampfkessel befindlich sind, Theeröfen, Ziegel- und Pottaschbrennereien, Vitriol- und Salmiak-Fabriken, Theater, öffentliche Arbeitsanstalten, Brauereien, Brennereien, Malzdarren, Destillirgebäude, Laboratorien, Loh-, Wind- und Oelmühlen, Gebäude, in welchen Trocknungsanstalten sich befinden, ferner alle innerhalb 60 Fuß Entfernung von einer mit Lokomotiven befahrenen Eisenbahn belegenen Gebäude, und überhaupt solche Gebäude, welche nach dem Ermessen der Provinzial-Feuersozietäts-Direktion eine den vorstehend aufgeführten ähnliche Feuersgefahr darbieten, können nur gegen einen Beitragssatz aufgenommen werden, worüber die Direktion außer den sonstigen üblichen Klassensätzen mit ihren Besitzern übereinkommt, und immer nur mit dem Vorbehalte, daß der Direktion von Jahr zu Jahr freistehe, ein solches Vertragsverhältniß drei Monate vor Ablauf des Jahres aufzukündigen.

Zu §. 35.

Die Bestimmungen dieses Paragraphen des Reglements werden aufgehoben und es treten an deren Stelle die folgenden:

Es soll aus den Ueberschüssen an ordentlichen Beiträgen ein eiserner Bestand angesammelt werden, welcher zunächst als Reservefonds zur Deckung künftiger Ausfälle dienen soll. Wenn dieser eiserne Bestand bis zur Höhe des anderthalbmaligen Betrages der Jahreseinnahme an Beitragssätzen angewachsen ist, soll eine Herabsetzung der Beitragssätze stattfinden können, und eine solche alsdann dem der Zustimmung des Oberpräsidenten unterliegenden Beschlusse des Provinziallandtags, beziehungsweise, wenn der Provinziallandtag nicht in nächster Zeit zusammentritt, des Verwaltungsausschusses anheimgestellt sein.

Dieser Mein Erlaß ist durch die Gesetz-Sammlung zu publiziren.

Berlin, den 28. Oktober 1861.

Wilhelm.
Gr. v. Schwerin.

An
den Minister des Innern.

I. 5251. Rhein. Gener. 85.

131.

Verordnung vom 28. Oktober 1861, — wegen des von der Depositenkasse für den Bezirk des Appellationsgerichtshofes zu Cöln zu gewährenden Zinssatzes für die bei derselben zu hinterlegenden Gelder.

Wir Wilhelm, von Gottes Gnaden, König von Preußen ꝛc.

verordnen auf Grund des §. 6 des Gesetzes über die Errichtung einer Depositenkasse für den Bezirk des Appellationsgerichtshofes zu Cöln vom 24. Juni d. J. (S. 251 dieses Bandes) was folgt:

Der Zinssatz, welchen die Depositenkasse für die bei ihr eingehenden Gelder zu gewähren hat, wird bis auf weitere von Uns darüber zu treffende Bestimmung auf zwei und ein halbes Prozent jährlich hierdurch festgesetzt.

Urkundlich unter Unserer Höchsteigenhändigen Unterschrift und beigedrucktem Königlichen Insiegel.

Gegeben Berlin, den 28. Oktober 1861.

(L. S.) Wilhelm.
v. Patow. v. Bernuth.

I. 204. Rhein. Gener. 45. Vol. 3.

132.

Beschluß des Königlichen Staats-Ministeriums vom 28. November 1861, — betreffend die unentgeltliche Lieferung der für die Königlichen Staatsbehörden erforderlichen Exemplare der Gesetzsammlung.

Allerh. Verordn. vom 27. Oktober 1810 (Ges.-Samml. S. 1).

Das Staats-Ministerium beschließt aus Anlaß eines Antrages der Königlichen Ober-Rechnungskammer, daß den Königlichen Staatsbehörden und denjenigen einzeln stehenden, eine Behörde repräsentirenden Beamten, welche jetzt die Bezahlung der Gesetz-Sammlung für die Amts-Bibliothek aus Staatsfonds zu leisten haben (Allerhöchste Verordnung vom 27. Oktober 1810 §. 5 a), vom Jahre 1862 ab die pro inventario erforderlichen Exemplare der Gesetz-Sammlung unentgeltlich geliefert werden sollen.

Es wird hierbei aber ausdrücklich festgesetzt, daß von den Staatsbehörden, resp den betreffenden, eine Behörde repräsentirenden Beamten nur so viele Exemplare pro inventario unentgeltlich bezogen werden dürfen, als bisher von denselben gegen Bezahlung entnommen worden sind.

Beglaubigte Abschrift dieses Beschlusses ist sämmtlichen Königlichen Ministerien, der Ober-Rechnungskammer, sowie den sonstigen Centralbehörden zur weiteren Veranlassung mitzutheilen.

Berlin, den 28. November 1861.

Königliches Staats-Ministerium.

v. Auerswald. v. d. Heydt. v. Patow. Gr. v. Pückler.
v. Bethmann-Hollweg. Gr. v. Schwerin. v. Roon.
v. Bernuth. Gr. v. Bernstorff.

Vorstehender Beschluß des Königlichen Staats-Ministeriums wird sämmtlichen Gerichten zur Kenntnißnahme und Beachtung mitgetheilt.

Berlin, den 12. Dezember 1861.

Der Justiz-Minister.
v. Bernuth.

An
sämmtliche Gerichte.

I. 5269. G. 4. Vol. 4.

133.

Bekanntmachung der Ministerial-Erklärung vom 7. Dezember 1861, — betreffend die Uebereinkunft zwischen Preußen und dem Großherzogthum Hessen wegen Verhütung der Forst-, wie der Feld-, Jagd-, Fischerei- und der an Weiden- und sonstigen Baumpflanzungen, an Staatsstraßen, Eisenbahnen und Vicinalwegen und an Wasserbau-Anlagen vorkommenden Frevel und Polizei-Uebertretungen, welche in den gegenseitigen Staatsgebieten begangen werden.

Nachdem die Königlich Preußische Regierung mit der Großherzoglich Hessischen Regierung verabredet hat, unter Aufhebung der zwischen ihnen im Jahre 1822 getroffenen Uebereinkunft wegen Verhütung und Bestrafung der Forstfrevel, sowohl hinsichtlich der Forst-, wie der Feld-, Jagd-, Fischerei- und der an Weiden- und sonstigen Baumpflanzungen, an Staatsstraßen, Eisenbahnen und Vicinalwegen und an Wasserbau-Anlagen vorkommenden Frevel und Polizei-Uebertretungen, welche in den gegenseitigen Staatsgebieten begangen werden, eine anderweite Uebereinkunft abzuschließen, so erklären beide Regierungen zu diesem Ende Folgendes:

Artikel 1.

Beide kontrahirenden Regierungen verpflichten sich, eine jede diejenigen Forst-, Feld-, Jagd- und Fischerei-Frevel und Polizei-Uebertretungen, ingleichen diejenigen Frevel und Polizei-Uebertretungen an Baumpflanzungen, Wasserbau-Anlagen, Eisenbahnen, Staatsstraßen und Vicinalwegen, welche von ihren Staats-Angehörigen im Staatsgebiete der anderen Regierung verübt sind, ebenso zu untersuchen und zu bestrafen, als wenn sie im eigenen Staatsgebiete verübt worden wären.

Bei ihren Befugnissen, nach ihrem Gesetze die auf ihrem Gebiete betroffenen und arretirten ausländischen Frevler bestrafen zu lassen, bewendet es auch fernerhin.

Artikel 2.

Für die Konstatirung eines der in Artikel 1 bezeichneten Frevel, welcher von einem Angehörigen des einen Staates in dem Gebiete des anderen begangen worden, soll den Protokollen, Aussagen und Abschätzungen, welche von den kompetenten Forst-, Polizei- und sonstigen zuständigen Beamten des Orts, resp. Bezirks des begangenen Frevels aufgenommen worden, derselbe Glaube von der zur Aburtheilung zuständigen Behörde beigemessen werden, welchen die Gesetze den Protokollen und Abschätzungen der inländischen Beamten beilegen.

Artikel 3.

Von den beiderseitigen Behörden soll zur Entdeckung der Frevler alle mögliche Hülfe geleistet werden.

Namentlich sollen die beiderseitigen Forst- und Polizei-Beamten befugt sein, die Spur der Frevler in das fremde Gebiet zu verfolgen und letztere auf dem fremden Gebiete zu verhaften; jedoch mit der Verbindlichkeit, die Arretirten unverzüglich an die nächste Polizei- oder Justiz-Behörde desselben Gebiets abzuliefern, damit daselbst ihr Name und Wohnort ausgemittelt werden kann.

Im Falle hierbei im Gebiete des anderen Staates eine Haussuchung nothwendig wird, hat der verfolgende Beamte sich zu dem Ende an die Orts-Polizeibehörde der betreffenden Gemeinde zu wenden und dieselbe zur Vornahme der Visitation aufzufordern. Die bei der Haussuchung aufgefundenen, als Objekte des begangenen Frevels bezeichneten Gegenstände sind in Verwahrung zu bringen. Der Vollzug der Requisition erfolgt kostenfrei für den Requirirenden.

Artikel 4.

Ueber die Haussuchung ist sofort ein Protokoll aufzunehmen. Eine Ausfertigung desselben ist dem requirirenden Beamten einzuhändigen, eine zweite der vorgesetzten Behörde des requirirten Beamten einzusenden.

Artikel 5.

Den untersuchenden und bestrafenden Behörden in den beiderseitigen Staaten wird es zur Pflicht gemacht, die Untersuchung und Bestrafung der vorliegenden Frevel so schleunig vorzunehmen, als es nach den hierüber bestehenden Vorschriften des Landes nur immer thunlich ist, auch insbesondere bei ausgezeichneten oder sehr bedeutenden Freveln die Untersuchung in jedem einzelnen Falle sogleich eintreten zu lassen.

Die Anzeigen über verübte Frevel sollen der requirirten Behörde in zweifacher Ausfertigung zugesendet, der requirirenden Behörde soll das Ergebniß der Untersuchung mitgetheilt und von dem Strafvollzug jedesmal Kenntniß gegeben werden.

Artikel 6.

Die Vollziehung der Straferkenntnisse, sowie die Beitreibung der den Flur-, Wald-, Jagd- und Fischerei-Eigenthümern zuerkannten Entschädigungsgelder geschieht nach den Landesgesetzen, und soll mit der thunlichsten Beschleunigung bewirkt werden.

Die erkannte Geld- oder Arbeitsstrafe wird zum Vortheile desjenigen Staates vollzogen, dessen Behörde die Strafe erkannt hat. Wird von einem Frevler die Zahlung des Betrages der gegen ihn erkannten Geldstrafe, des Werth- oder Schaden-Ersatzes, der Kosten und Pfandgebühren nicht vollständig, sondern nur zum Theil geleistet, so werden von dem eingezogenen Gelde zuerst die Denunziantengebühren, wo solche gesetzlich bestehen, sodann die Kosten, dann der Ersatz des Schadens und Werthes und zuletzt die Strafe, soweit es zureicht, bezahlt.

Artikel 7.

Die Dauer der gegenwärtigen Uebereinkunft wird auf fünf Jahre festgesetzt. Erfolgt sechs Monate vor dem Ablaufe keine Aufkündigung von einer oder der anderen Seite, so gilt die Uebereinkunft ihrem ganzen Inhalte nach für einen ferneren Zeitraum von fünf Jahren.

Artikel 8.

Gegenwärtige, im Namen Seiner Majestät des Königs von Preußen ausgefertigte Erklärung soll, nachdem sie gegen eine übereinstimmende, im Namen Seiner Königlichen Hoheit des Großherzogs von Hessen ausgefertigte Erklärung des Großherzoglich Hessischen Ministeriums des Großherzoglichen Hauses und des Aeußern ausgewechselt sein wird, Kraft und Wirksamkeit in den beiderseitigen Landen haben und öffentlich bekannt gemacht werden.

So geschehen Berlin, den 7. Dezember 1861.

Der Königlich Preußische Minister der auswärtigen Angelegenheiten.
(L. S.) Gr. v. Bernstorff.

Vorstehende Ministerial-Erklärung wird, nachdem sie gegen eine übereinstimmende Erklärung des Großherzoglich Hessischen Ministeriums des Großherzoglichen Hauses und des Aeußern vom 8. Oktober d. J. ausgewechselt worden, hierdurch zur öffentlichen Kenntniß gebracht.

Berlin, den 7. Dezember 1861.

Der Minister der auswärtigen Angelegenheiten.
Gr. v. Bernstorff.

I. 5785. F. 48. Vol. 7.

134.

Allgemeine Verfügung und Instruktion vom 12. Dezember 1861, — betreffend die Ausführung des Gesetzes vom 24. Juni 1861 über die Einführung des Allgemeinen Deutschen Handelsgesetzbuches.

a.

Verfügung vom 12. Dezember 1861.

Unter Bezugnahme auf die Bestimmungen des Artikels 4, Artikels 53 §. 11 und Artikels 72 des Einführungsgesetzes zum

Allgemeinen Deutschen Handelsgesetzbuch vom 24. Juni 1861 (Ges.-Samml. S. 449) wird den Gerichten in Betreff der Führung des Handelsregisters und des Schiffsregisters die in der Anlage abgedruckte Instruktion zur Kenntnißnahme und Befolgung mitgetheilt.

Um für die Pergamentformulare, welche nach §. 17 Th. II. der Instruktion für die Register-Certifikate der Seeschiffe zu verwenden sind, die möglichste Uebereinstimmung zu erreichen, ist die Königliche Staatsdruckerei mit der Anfertigung derselben beauftragt. Die Gerichte haben den Bedarf an solchen Formularen von der Königlichen Staatsdruckerei gegen Erstattung der für ein Exemplar ungefähr zwei Thaler betragenden Anfertigungskosten unmittelbar zu beziehen, die Zahlung aus den Fonds zu baaren Auslagen in Parteisachen zu leisten und bei Verwendung eines Exemplars dessen Anfertigungskosten als baare Auslagen von dem Betheiligten einzuziehen und als Gerichtsgebühren zu vereinnahmen.

In Bezug auf die Beeidigung der Handelsmäkler, sowie die Beglaubigung und Aufbewahrung der Tagebücher derselben (Art. 66, 71 und 75 des Handelsgesetzbuchs, Art. 9 §. 4 und Art. 73 des Einführungsgesetzes) haben die Gerichte nach dem dritten Theile der Instruktion sich zu richten.

Berlin, den 12. Dezember 1861.

Der Justiz-Minister.
v. Bernuth.

An
sämmtliche Gerichtsbehörden.

I. 4637. H. 10.

b.

Instruktion

des Justiz-Ministers vom 12. Dezember 1861, betreffend die Führung des Handelsregisters und des Schiffsregisters und die Beeidigung der Handelsmäkler, sowie die Beglaubigung und Aufbewahrung der Tagebücher derselben.

Erster Theil.

Das Handelsregister.

Das Handelsregister hat zum Zweck, diejenigen Rechtsverhältnisse des Handelsstandes, welche für den kaufmännischen Verkehr von erheblichem Interesse sind, in möglichster Vollständigkeit und in zuverlässiger Weise zur öffentlichen Kenntniß zu bringen.

Obschon die Anschauungen, von welchen bei den auf das Handelsregister sich beziehenden Vorschriften ausgegangen ist, bereits manchen Bestimmungen des bisherigen Rechts zum Grunde liegen, so ist dasselbe doch im Allgemeinen für Preußen als ein neues Rechtsinstitut anzusehen. Die hervorragende Wichtigkeit, welche diesem neuen Rechtsinstitut um deshalb beiwohnt, weil ihm in manchen materiellen Beziehungen eine ähnliche Bedeutung wie in der Preußischen Gesetzgebung dem Hypothekenbuche beigelegt ist, und weil eine große Zahl materieller Rechtssätze des Handelsgesetzbuchs mit dem Handelsregister dergestalt in Verbindung stehen, daß dieselben ohne das letztere völlig unanwendbar sein würden macht es unerläßlich, nicht allein der Führung des Handelsregisters die sorgsamste Beachtung zuzuwenden, sondern auch dasselbe sofort mit dem Eintritt der Geltung des neuen Gesetzbuchs an allen Orten ins Leben zu rufen.

Die das Handelsregister betreffenden Vorschriften des Handelsgesetzbuchs und des Einführungsgesetzes, die materiellen nicht weniger, als diejenigen, welche das Formelle zum Gegenstande haben, finden sich in verschiedenen Stellen dieser Gesetze zerstreut. Soweit dieselben für die Anlegung und Führung des Handelsregisters und das Verfahren der dazu berufenen Behörden von Erheblichkeit sind, treten als leitende Grundsätze folgende hervor:

I. Das Handelsregister ist bestimmt:
   1) zur Eintragung der Handelsfirmen (Art. 19, 20, 21, 25, 26 des Handelsgesetzbuchs);
   2) zur Eintragung der Prokuren (Art. 45, 46 a. a. O.);
   3) zur Eintragung der Rechtsverhältnisse aller Handelsgesellschaften, nämlich:
      a) der offenen Handelsgesellschaften (Art. 86—89, 110, 115, 129 und 135 a. a. O., Art. 13 des Einführungsgesetzes),
      b) der Kommanditgesellschaften (Art. 151—156, 163, 171, 172 des Handelsgesetzbuchs, Art. 13 des Einführungsgesetzes),
      c) der Kommanditgesellschaften auf Aktien (Art. 173 bis 179, 198, 201--203, 205 des Handelsgesetzbuchs, Art. 13 des Einführungsgesetzes),
      d) der Aktiengesellschaften (Art. 207—212, 214, 228, 233, 243, 244, 247 des Handelsgesetzbuchs, Art. 13 des Einführungsgesetzes);
   4) zur Eintragung der Ausschließung oder Aufhebung der ehelichen Gütergemeinschaft an Stelle der im §. 423 Th. II. Tit. 1 des Allgem. Landrechts vorgeschriebenen Bekanntmachung (Art. 20 des Einführungsgesetzes).

II. Für Höker, Trödler, Hausirer und dergleichen Handelsleute von geringerem Gewerbebetriebe, ferner für Wirthe, gewöhnliche Fuhrleute, gewöhnliche Schiffer und für Personen, deren Gewerbe nicht über den Umfang des Handwerksbetriebes hinausgeht, wird das Handelsregister nicht geführt; es findet in das letztere für jene Personen keinerlei Eintragung statt, namentlich nicht die Eintragung einer Firma, einer Prokura oder eines Gesellschaftsverhältnisses (Art. 10 des Handelsgesetzbuchs, Art. 20 des Einführungsgesetzes). Obschon die erwähnten Klassen durch das Gesetz nicht näher festgestellt sind, so wird doch für Preußen das Gesetz, betreffend einige Abänderungen des Gesetzes wegen Entrichtung der Gewerbesteuer vom 19. Juli 1861 (Ges.-Samml. S. 697), wenigstens insoweit einen Anhalt gewähren, als diejenigen Personen, welche zur Steuerklasse B. veranlagt sind, in der Regel von dem Handelsregister werden auszuschließen sein.

Die Verwaltungsbehörden werden in einzelnen Fällen auf Ersuchen Auskunft darüber geben, ob eine Person zur Steuerklasse A. oder zur Steuerklasse B. veranlagt ist. Bei der Benutzung der Gewerbesteuer-Rollen ist übrigens nicht zu übersehen, daß einige Personen, welche als Kaufleute im Sinne des Handelsgesetzbuchs anzusehen sind, der Steuer vom Handel nicht unterliegen (z. B. Eisenbahngesellschaften, vergl. Handelsgesetzbuch Art. 4 und Art. 272 Ziffer 3), und daß umgekehrt Personen, welche zu den Kaufleuten im Sinne des Handelsgesetzbuchs nicht gehören, jene Steuer zu entrichten haben (z. B. Besitzer von Leihanstalten).

III. Das Handelsregister ist öffentlich, die Oeffentlichkeit wird in doppelter Weise zur Geltung gebracht; einmal ist die Einsicht des Handelsregisters während der gewöhnlichen Dienststunden einem Jeden gestattet, auch kann von den Eintragungen eine auf Verlangen zu beglaubigende Abschrift begehrt werden; sodann ist regelmäßig jede Eintragung durch eine oder mehrere Anzeigen in öffentlichen Blättern bekannt zu machen (Art. 12—14 des Handelsgesetzbuchs).

IV. Das Handelsregister wird in dem Bezirk des Appellationsgerichtshofes zu Cöln von den Handelsgerichten, in den übrigen Theilen der Monarchie bis zum Erlaß eines allgemeinen Gesetzes über die Errichtung und Organisation der Handelsgerichte von den Kreisgerichten oder Stadtgerichten, in Königsberg und Danzig jedoch von den dortigen Kommerz- und Admiralitäts-Kollegien, in Stettin, Memel und Elbing von den für Handelssachen bestehenden Abtheilungen der dortigen Kreisgerichte geführt (Art. 12 des Handelsgesetzbuchs, Art. 73 des Einführungsgesetzes).

V. Die in dem Handelsgesetzbuch vorgeschriebenen Eintragungen in das Handelsregister sollen zwar nur auf Anmeldungen der Betheiligten erfolgen; es haben jedoch die

Gerichte, welchen die Führung des Handelsregisters obliegt, die Betheiligten von Amtswegen durch Ordnungsstrafen anzuhalten, daß die erforderlichen Anmeldungen und die damit in einzelnen Fällen zu verbindenden Zeichnungen der Firmen und Unterschriften geschehen, daß ferner sich Niemand einer ihm nach den Vorschriften des Handelsgesetzbuchs nicht zustehenden Firma bedient; das in dieser Beziehung eintretende besondere Verfahren ist durch die Artikel 5—7 des Einführungsgesetzes geregelt. Für die nicht im Handelsgesetzbuch, sondern nur im Einführungsgesetze vorgeschriebenen Eintragungen (Art. 13 und 20) gelten jedoch andere Grundsätze.

VI. Die zur Eintragung in das Handelsregister bestimmten Anmeldungen müssen von den Betheiligten entweder persönlich vor dem zuständigen Gericht erklärt oder in gerichtlicher oder notarieller Form bei demselben eingereicht werden; dieselben, im Artikel 4 des Einführungsgesetzes näher erläuterten Formvorschriften gelten für die Zeichnung oder Einreichung der Zeichnung einer Firma oder Unterschrift (Art. 4 des Einführungsgesetzes).

VII. Die Vorschriften über die Anmeldung und Eintragung der Handelsfirmen, sowie der Rechtsverhältnisse der Handelsgesellschaften und über die Zeichnung der Firmen und Unterschriften finden auch auf diejenigen Kaufleute, welche vor Eintritt der Geltung des Handelsgesetzbuchs ihren Geschäftsbetrieb bereits begonnen haben, und auf die vor diesem Zeitpunkte bereits errichteten Handelsgesellschaften mit wenigen Abweichungen Anwendung (Art. 62—67 des Einführungsgesetzes).

VIII. Eine vor dem Eintritt der Geltung des Handelsgesetzbuchs ertheilte und später nicht bestätigte oder erneuerte Prokura wird als eine Prokura im Sinne des Handelsgesetzbuchs und als geeignet zur Eintragung in das Handelsregister nicht angesehen (Art. 69 des Einführungsgesetzes).

IX. Im Geltungsbereiche des Allgemeinen Landrechts soll das Handelsregister rücksichtlich der Grundstücke, Gerechtigkeiten, dinglichen Rechte und Hypothekenforderungen, welche zu dem Vermögen einer Handelsgesellschaft gehören, für die Führung des Hypothekenbuchs in einigen erheblichen Beziehungen zur Grundlage dienen (Art. 23 des Einführungsgesetzes).

Erster Abschnitt.

Allgemeine Bestimmungen.

§. 1.

Das Handelsregister wird von den im Artikel 73 des Einführungsgesetzes bezeichneten Gerichtsbehörden geführt (vergl. Einleitung unter IV.).

Bei den Kreis- und Stadtgerichten gehört die Führung desselben vor die erste Abtheilung und, wenn diese aus verschiedenen Abtheilungen besteht, vor diejenige, welche die Civilprozeßsachen bearbeitet.

Ist im Bezirk eines Kreisgerichts eine ständige Deputation errichtet, so hat die letztere für ihren Sprengel das Handelsregister zu führen.

Die Kreisgerichts-Kommissionen bleiben von der Führung des Handelsregisters ausgeschlossen *).

Die zur Eintragung in das Handelsregister bestimmten Anmeldungen und die Zeichnungen der Firmen und Unterschriften können jedoch auch vor den Gerichtskommissarien erfolgen, welche die darüber aufzunehmenden Protokolle (§. 3) an die Hauptgerichte zur weiteren Veranlassung einzusenden haben.

In Bezug auf das Beschwerdeverfahren kommen die Vorschriften des §. 35 der Verordnung vom 2. Januar 1849 (Ges.-Samml. S. 1) zur Anwendung. Die Beschwerden gehören bei den Appellationsgerichten vor das Plenum derselben (§. 17 Ziffer 6 des Geschäfts-Regulativs für die Appellationsgerichte vom 17. September 1850, Justiz-Minist.-Bl. S. 323).

§. 2.

Die auf die Führung des Handelsregisters sich beziehenden Geschäfte werden von einem dazu bestellten Richter unter Mitwirkung eines Sekretairs bearbeitet. Die Ernennung derselben erfolgt vor Beginn des neuen Geschäftsjahres für dessen Dauer; sie wird zugleich mit der im Artikel 14 Absatz 1 des Handelsgesetzbuchs vorgeschriebenen Veröffentlichung bekannt gemacht. Wenn im Laufe des Geschäftsjahres ein Wechsel nöthig wird, so ist dieser durch eine einmalige Einrückung in die zur Veröffentlichung der Eintragungen in das Handelsregister bestimmten Blätter (Art. 14 a. a. O.) zur öffentlichen Kenntniß zu bringen.

§. 3.

Dem mit der Bearbeitung der auf die Führung des Handelsregisters sich beziehenden Geschäfte beauftragten Richter liegt insbesondere ob:

1) die Aufnahme der zur Eintragung in das Handelsregister bestimmten Anmeldungen, wenn dieselben persönlich vor dem Gericht erklärt werden, sowie die Aufnahme der Verhandlungen über die vor Gericht erfolgenden Zeichnungen

---

*) Die Führung des Handelsregisters läßt sich von dem in den Artikeln 5 und 6 des Einführungsgesetzes bezeichneten Verfahren nicht trennen, welches letztere kollegialische Verhandlung und Entscheidung erheischt.

der Firmen und Unterschriften (Art. 4 des Einführungsgesetzes); er kann sich hierbei der Hülfe des Sekretairs bedienen. Damit er dem Publikum in genügendem Maaße zugänglich sei, sind nach Anleitung der Bestimmungen im zweiten Absatze des §. 19 des Geschäfts-Regulativs für die Gerichte erster Instanz vom 18. Juli 1850 (Justiz-Minist.-Bl. S. 232) die erforderlichen Einrichtungen zu treffen;

2) die Verfügung auf die zum Protokoll genommenen oder schriftlich eingehenden Anmeldungen, insbesondere die Anordnung der zulässigen Eintragungen und der vorgeschriebenen Veröffentlichung derselben (Art. 13 des Handelsgesetzbuchs);

3) die Ueberwachung der genauen und vollständigen Erledigung der angeordneten Eintragungen und Veröffentlichungen;

4) die Verfügung auf sonstige Gesuche und Anträge, welche die Führung des Handelsregisters betreffen, insbesondere auf die Gesuche um Ertheilung von Abschriften und Attesten;

5) die Verfügung rücksichtlich des in den Artikeln 5 und 6 des Einführungsgesetzes vorgeschriebenen Verfahrens und auf die zufolge Artikel 7 a. a. O. eingehenden Denunziationen; wird jedoch zur Verhandlung und Entscheidung über die Festsetzung einer angedrohten Strafe ein Audienztermin anberaumt (Art. 5 §. 3 und Art. 6 a. a. O.), so bestimmt der Gerichtsvorstand (Vorsitzender der Abtheilung) den Richter, welcher als Referent zu fungiren hat;

6) die Bearbeitung der Generalien, namentlich in Beziehung auf die, die öffentlichen Bekanntmachungen betreffenden Vorschriften des Art. 14 des Handelsgesetzbuchs.

§. 4.

Rücksichtlich der Nothwendigkeit des Vortrags der Verfügungen im Kollegium, der Revision und Zeichnung der Verfügungen, sowie der Vollziehung der Reinschriften bewendet es bei den in den §§. 10 und 11 des Geschäfts-Regulativs für die Gerichte erster Instanz vom 18. Juli 1850 (Justiz-Minist.-Bl. S. 232) enthaltenen Anordnungen. Als Kommissarius mit selbstständiger Wirksamkeit ist der die Angelegenheiten des Handelsregisters bearbeitende Richter nicht anzusehen.

§. 5.

Der Sekretair hat:

1) die Eintragungen in das Handelsregister, den ergangenen Verfügungen gemäß, zu bewirken;

2) für die geschäftsordnungsmäßige Erledigung aller richterlichen Verfügungen zu sorgen;

3) die vorgeschriebenen Verzeichnisse zu führen (§§. 35, 48, 82 und 87);

4) das Handelsregister, sowie die Zeichnungen der Firmen und Unterschriften nach Maaßgabe des Artikels 12 des Handelsgesetzbuchs während der gewöhnlichen Dienststunden einem Jeden auf Ansuchen zur Einsicht vorzulegen.

§. 6.

Das Handelsregister besteht aus drei Abtheilungen.

In die erste Abtheilung werden eingetragen die Handelsfirmen, mit Ausschluß der Firmen der Handelsgesellschaften (Firmenregister), in die zweite Abtheilung die Prokuren (Prokurenregister), in die dritte Abtheilung die Rechtsverhältnisse der Handelsgesellschaften (Gesellschaftsregister). Für jede Abtheilung wird ein besonderes Register geführt. Im Geltungsbereiche des Allgemeinen Landrechts haben die Gerichte als vierte Abtheilung des Handelsregisters noch ein besonderes Register für die im Artikel 20 des Einführungsgesetzes vorgeschriebene Eintragung der Ausschließung oder Aufhebung der ehelichen Gütergemeinschaft zu führen.

§. 7.

Zu einem jeden Register ist starkes dauerhaftes Papier zu benutzen; es ist mit einem haltbaren Einbande zu versehen und zu foliiren.

Der Sekretair hat die Zahl der Folien auf dem ersten Blatt unter seiner Unterschrift zu vermerken.

§. 8.

Zu einem jeden Register werden besondere Akten gehalten. Zu diesen Akten gelangen nach der Zeitfolge alle zur Eintragung bestimmten Anmeldungen nebst den dazu gehörigen Urkunden, insbesondere diejenigen, welche die Zeichnungen der Firmen und Unterschriften enthalten, die auf die Eintragungsgesuche erlassenen Verfügungen und die Nachweisungen über die erfolgten Bekanntmachungen. In Ansehung des Gesellschaftsregisters ist es gestattet, für einzelne Gesellschaften, namentlich für Kommanditgesellschaften auf Aktien und Aktiengesellschaften, bei welchen umfangreiche und wiederholte Eintragungen u. s. w. in Aussicht stehen, besondere Akten anzulegen.

Die Verfügungen und Verhandlungen, welche sich darauf beziehen, daß das Gericht eingeschritten ist, damit eine Anmeldung oder die Zeichnung einer Firma und Unterschrift erfolge oder die Führung einer Firma unterbleibe (Art. 5—7 des Einführungsgesetzes), sind zu besonderen Akten zu nehmen.

Sind dieselben in einzelnen Fällen umfangreich, oder wird die Anberaumung eines Audienztermins nöthig, so sind Spezialakten zu bilden.

§. 9.

Bei jeder Eintragung in das Handelsregister ist anzugeben:

1) das Datum der richterlichen Verfügung, wodurch die Eintragung verordnet ist;
2) das Datum der Eintragung;
3) die Stelle der betreffenden Akten, wo die richterliche Verfügung sich befindet.

Jeder Eintragungsvermerk ist von dem Sekretair unter Hinzufügung seines Amtskarakters zu unterschreiben. Nach erfolgter Eintragung muß er in den Akten neben der richterlichen Verfügung die Erledigung derselben und den Tag, an welchem die Erledigung bewirkt ist, unter seiner Unterschrift vermerken.

§. 10.

Wenn zu einer Eintragung in das Handelsregister außer der nach Artikel 4 des Einführungsgesetzes vor dem Gericht persönlich zu erklärenden oder in gerichtlicher oder notarieller Form einzureichenden Anmeldung und der in gleicher Form zu bewirkenden Zeichnung oder Einreichung der Zeichnung einer Firma und Unterschrift noch der Nachweis einer anderweiten Thatsache oder eines besonderen Rechtsverhältnisses erforderlich ist, so muß dieser Nachweis, in der Regel ähnlich wie bei der Führung des Hypothekenbuchs, durch Beibringung öffentlicher Urkunden geliefert werden. Falls diese Urkunden zurückverlangt werden, so ist von denselben, insoweit sie zur Begründung der Anmeldung und Eintragung erforderlich sind, eine beglaubigte Abschrift zurückzubehalten.

Geschieht eine Anmeldung durch einen Bevollmächtigten, so hat dieser eine gerichtliche oder notarielle Vollmacht beizubringen (Art. 4 des Einführungsgesetzes).

§. 11.

Da nach Art. 13 des Handelsgesetzbuchs (vergl. Art. 20 des Einführungsgesetzes) jede Eintragung in das Handelsregister ihrem ganzen Inhalte nach bekannt gemacht werden soll, sofern nicht in einzelnen Fällen ausdrücklich ein Anderes bestimmt ist, so ist darauf zu halten, daß thunlichst der vollständige Inhalt einer jeden Eintragung, welche der Regel unterliegt, nebst dem Datum der Eintragung zur öffentlichen Kenntniß gebracht wird.

Die Fälle, in welchen die Regel eine Ausnahme erleidet, sind:

1) Nach Artikel 151 des Handelsgesetzbuchs unterbleibt nach der Eintragung einer Kommanditgesellschaft die Bekanntmachung der Namen, des Standes und des Wohnorts der Kommanditisten, sowie die Angabe des Betrags ihrer Vermögenseinlagen.
2) Nach Artikel 156 a. a. O. gilt dasselbe, wenn der Eintritt eines neuen Kommanditisten in eine bestehende Kommanditgesellschaft eingetragen ist.

3) Nach Artikel 171 a. a. O. unterbleibt nach der Eintragung des Ausscheidens eines Kommanditisten aus einer Kommanditgesellschaft, ohne Unterschied, ob derselbe mit der ganzen oder nur mit einem Theile der Einlage ausgeschieden ist, bei der Bekanntmachung die Bezeichnung des Kommanditisten und die Angabe des Betrags der Einlage.

4) Nach Artikel 176 a. a. O. wird nach der Eintragung einer Kommanditgesellschaft auf Aktien nicht der ganze Gesellschaftsvertrag, sondern nur ein dort näher bezeichneter Auszug desselben bekannt gemacht, und nach Artikel 198 a. a. O. tritt dasselbe ein, wenn später ein den Gesellschaftsvertrag abändernder Vertrag eingetragen ist.

5) Nach Artikel 210 und 214 a. a. O. ist in der vorstehend unter Ziffer 4 angegebenen Weise auch bei Aktiengesellschaften zu verfahren.

Endlich unterbleibt die öffentliche Bekanntmachung, wenn in Gemäßheit des Artikels 13 des Einführungsgesetzes die Eröffnung des Konkurses über das Vermögen einer Handelsgesellschaft in das Handelsregister eingetragen ist.

§. 12.

Die öffentliche Bekanntmachung einer Eintragung muß ohne Verzug, sobald dieselbe geschehen ist, und ohne daß eine andere Eintragung abgewartet werden darf, veranlaßt werden.

§. 13.

Derjenige, welcher eine Eintragung nachgesucht hat, ist von derselben noch besonders in Kenntniß zu setzen.

Im Falle der Ablehnung einer Eintragung sind die Gründe derselben den Betheiligten mitzutheilen.

§. 14.

Die in dem ersten Absatze des Artikels 14 des Handelsgesetzbuchs vorgeschriebene Veröffentlichung erfolgt durch den Anzeiger des Regierungs-Amtsblatts und durch diejenigen Blätter, welche für die Veröffentlichungen des vorhergehenden Jahres bestimmt waren.

Für das Jahr 1862 ist jene Veröffentlichung gleich nach dem 1. März 1862 durch den Anzeiger des Regierungs-Amtsblatts zu bewirken.

§. 15.

Außer den nach dem zweiten Absatze des Artikels 12 des Handelsgesetzbuchs auf Erfordern zu ertheilenden einfachen Abschriften oder beglaubigten Abschriften (Attesten, Auszügen) hat das Gericht über eine jede in das Handelsregister geschehene Eintragung auf Verlangen ein Attest zu ertheilen, welches sowohl die Eintragung und ihren Inhalt unmittelbar bezeugt, als auch zugleich sich darauf erstreckt, ob und inwiefern eine die Wirksamkeit der Eintragung berührende Thatsache oder Veränderung eingetragen sei; findet sich eine solche Thatsache oder Veränderung eingetragen, so ist auch der vollständige Inhalt der betreffenden Eintragung in das Attest aufzunehmen.

In gleicher Form hat das Gericht auf Verlangen ein Attest darüber zu ertheilen, daß eine bestimmte Eintragung in das Handelsregister nicht geschehen, oder daß seit der Ertheilung eines Attestes eine auf dessen Inhalt sich beziehende Thatsache oder Aenderung nicht eingetragen sei (vergl. Art. 23 §. 3 des Einführungsgesetzes).

§. 16.

Ist das Erlöschen einer Firma in das Firmenregister eingetragen oder das Erlöschen einer Prokura in das Prokurenregister oder die Eröffnung des Konkurses über eine Handelsgesellschaft oder das Erlöschen der Vollmacht der Liquidatoren einer aufgelösten Handelsgesellschaft wegen Beendigung der Liquidation in das Gesellschaftsregister, oder der Tod eines Ehemannes in das Register zur Eintragung der Ausschließung oder Aufhebung der ehelichen Gütergemeinschaft, so sind alle auf die erloschene Firma oder Prokura oder die aufgelöste Handelsgesellschaft oder die ehelichen Güterverhältnisse des verstorbenen Ehemannes sich beziehenden Vermerke in dem Register roth zu unterstreichen. Ist dies in Betreff des größeren Theils der Eintragungen des einen oder anderen Registers geschehen, so kann dasselbe behufs Anlegung eines neuen Registers in der Art geschlossen werden, daß darin auf der ersten und letzten Seite der Vermerk eingetragen wird:

„Dieses Register ist behufs Anlegung eines neuen Registers geschlossen."

In das neue Register sind alsdann alle nicht roth unterstrichenen Eintragungen aus dem alten Register zu übernehmen; diese Uebernahme ist bei jeder einzelnen Eintragung unter Hinweis auf die betreffende Nummer des früheren Registers durch den Zusatz zu erwähnen:

„übertragen aus dem früheren Register Nr. . . ."

§. 17.

Die Anmeldungen zur Eintragung in das Handelsregister gehören zu den schleunigen Sachen, welche auch während der Gerichtsferien stattfinden und zu erledigen sind.

§. 18.

Das Handelsregister ist zur Kassation nicht geeignet.

Die zu demselben gehörigen Akten unterliegen der Kassation nach Ablauf von 30 Jahren von der Zeit an gerechnet, wo alle Eintragungsvermerke, worauf die Akten sich beziehen, im Handelsregister roth unterstrichen sind.

Zweiter Abschnitt.

Von dem Firmenregister.

(Art. 19, 20, 21, 25, 26 des Handelsgesetzbuchs.)

§. 19.

Das Firmenregister wird nach dem als Anlage A. beigedruckten Formular geführt.

§. 20.

In das Firmenregister ist nach der Zeitfolge der Anmeldungen ein jeder Kaufmann, welcher im Bezirk des Gerichts seine Handelsniederlassung (Art. 19 des Handelsgesetzbuchs) oder eine Zweigniederlassung hat (Art. 21 a. a. O.), unter genauer Bezeichnung seines Namens, Vornamens, Standes und Wohnorts, des Orts der Niederlassung, sowie der Firma, welcher er sich bedient (Art. 15 a. a. O.), einzutragen.

Die Eintragung eines Kaufmanns in das Firmenregister erfolgt auf Grund einer Anmeldung desselben, welche Alles enthalten muß, was in das Register einzutragen ist; eines weiteren Nachweises zur Begründung der Anmeldung bedarf es nicht, sofern nicht in den folgenden Paragraphen für einzelne Fälle ein Anderes bestimmt ist.

§. 21.

In das Firmenregister sind nicht einzutragen:

1) die in das Gesellschaftsregister (§§. 49 und folg.) einzutragenden Handelsgesellschaften und deren Firmen;
2) die Mitglieder solcher Handelsgesellschaften, sofern sie nicht sonst noch ein Handelsgewerbe für ihre besondere Rechnung betreiben;
3) Personen, welche an dem Handelsgewerbe eines Dritten, ohne daß eine Handelsgesellschaft vorliegt, als stille Gesellschafter und dergl. betheiligt sind, sofern sie nicht außerdem selbst gewerbemäßig Handelsgeschäfte schließen.

§. 22.

Bei der Anmeldung einer Firma ist zu prüfen, ob derjenige, welcher sie angemeldet hat, nach den im 3. Titel des ersten Buchs des Handelsgesetzbuchs enthaltenen Vorschriften, dieselbe zu führen befugt sei. Ergiebt sich das Gegentheil, so ist die Anmeldung zurückzuweisen, und wenn die Firma demnächst gleichwohl geführt oder fortgeführt wird, nach Maaßgabe des Artikels 26 des Handelsgesetzbuchs und Artikels 6 des Einführungsgesetzes einzuschreiten.

§. 23.

Die Aenderung einer Firma (Art. 25 des Handelsgesetzbuchs) wird in die sechste Kolonne des Firmenregisters („Bemerkungen") eingetragen; zugleich aber muß der Firma-Inhaber mit der veränderten Firma unter einer besonderen Nummer des Registers von neuem eingetragen, in dem ersten Eintragungsvermerk auf die neue Nummer, in dem zweiten auf die frühere Nummer verwiesen und diese in allen Kolonnen roth unterstrichen werden (vergl. Anlage A. Nr. 1 und 20) *).

§. 24.

Die Eintragung der Aenderung der Firma erfolgt auf Grund einer Anmeldung des Firma-Inhabers, auf welche die §§. 20 und 22 Anwendung finden.

§. 25.

Nach den Bestimmungen der §§. 23 und 24 ist auch dann zu verfahren, wenn ein bestehendes Handelsgeschäft durch Vertrag oder Erbgang auf einen Anderen übergeht, welcher dasselbe unter der bisherigen Firma mit oder ohne einen, das Nachfolgeverhältniß andeutenden Zusatz fortführen will (Art. 22, 23 des Handelsgesetzbuchs). In diesem Falle hat der mit der alten Firma unter einer besonderen Nummer des Registers einzutragende neue Inhaber die Anmeldung zu bewirken und damit den Nachweis (§. 11) des Erwerbes des Geschäfts und der Einwilligung des bisherigen Geschäftsinhabers oder dessen Erben oder der etwaigen Miterben in die Fortführung der Firma zu verbinden (vergl. Anlage A. Nr. 3 und 31).

Ist die Firma auf eine Handelsgesellschaft übergegangen, wohin auch gehört, wenn Jemand einen Anderen als Handelsgesellschafter in sein Handelsgeschäft aufnimmt (Art. 24, 25 des Handelsgesetzbuchs), so unterbleibt die neue Eintragung unter einer besonderen Nummer des Firmenregisters; dagegen wird in dem Vermerk über die eingetretene Veränderung unter der bisherigen Nummer auf die Nummer des Gesellschaftsregisters verwiesen, unter welcher die Handelsgesellschaft in das letztere eingetragen ist (vergl. Anlage A. Nr. 4); es ist daher die Eintragung der Veränderung in das Firmenregister von der Eintragung der Handelsgesellschaft in das Gesellschaftsregister abhängig.

Geht die Firma einer aufgelösten Handelsgesellschaft auf einen einzelnen Kaufmann über (Art. 24 des Handelsgesetzbuchs), so ist dieselbe auf Grund seiner Anmeldung (§. 24), womit er den Nachweis des Uebergangs der Firma zu verbinden hat, in das Firmenregister einzutragen, nachdem die Auflösung der Gesellschaft im Gesellschaftsregister vermerkt worden ist.

§. 26.

Das Erlöschen einer Firma wird gleichfalls in die sechste

---

*) Die Eintragung des Firma-Inhabers unter einer neuen Nummer ist nöthig, damit die Uebersicht nicht verloren gehe, und eine die Fortführung des Registers erschwerende Häufung der Vermerke in der letzten Kolonne verhindert werde.

Kolonne des Firmenregisters eingetragen. Die Eintragung erfolgt auf Grund einer Anmeldung des bisherigen Firma-Inhabers, oder, wenn derselbe gestorben ist, seiner Erben, und wenn er zur selbstständigen Vermögensverwaltung rechtlich unfähig geworden ist, seiner Vertreter.

Die Erben und Vertreter haben ihre Legitimation, in sofern diese einem Bedenken unterliegt, nachzuweisen; ein weiterer Nachweis ist nicht erforderlich.

§. 27.

Wird der Ort der Niederlassung geändert, so ist die Aenderung nach Maaßgabe der §§. 23 und 24 in das Firmenregister einzutragen. Wenn jedoch die Niederlassung nach einem Orte außerhalb des Bezirks des das Handelsregister führenden Gerichts verlegt wird, so wird nur diese Thatsache in der sechsten Kolonne des Registers vermerkt und in Bezug auf die weitere Führung des letzteren die Firma als erloschen angesehen.

§. 28.

Vor der Eintragung einer Firma oder einer Veränderung derselben oder einer Veränderung des Inhabers hat der Inhaber, und zwar im letzteren Falle der neue Inhaber, die Firma oder die veränderte Firma nebst seiner persönlichen Unterschrift vor dem Gericht zu zeichnen oder die Zeichnung in beglaubigter Form einzureichen (Art. 20 und 25 des Handelsgesetzbuchs).

§. 29.

Wenn eine Ehefrau als Handelsfrau (Art. 6 des Handelsgesetzbuchs) zur Eintragung in das Firmenregister sich anmeldet, so muß sie vor der Eintragung die nach Artikel 7 a. a. O. erforderliche Einwilligung ihres Ehemannes in der Form des Artikels 4 des Einführungsgesetzes beibringen.

Andere Personen, welche durch Handelsgeschäfte sich nicht verpflichten können, dürfen in das Firmenregister nur dann eingetragen werden, wenn ihnen nach den Gesetzen der Handelsbetrieb durch Vertreter gestattet ist, die Erfüllung der hierzu vorgeschriebenen Erfordernisse nachgewiesen, und die Anmeldung zur Eintragung von denjenigen bewirkt wird, welche zu ihrer Vertretung berufen sind (vergl. Allgem. Landrecht Th. II. Tit. 18 §§. 605 ff.). Die Bestimmung des §. 28 findet in diesem Falle keine Anwendung.

Inwiefern demnächst auf Grund einer bloßen Anmeldung der Vertreter eine Aenderung oder das Erlöschen der Firma eingetragen werden könne, bestimmt sich nach den Vorschriften über den Umfang der Rechte der Vertreter.

§. 30.

Wenn ein Kaufmann im Bezirk des Gerichts mehrere Niederlassungen (Handelsetablissements) hat, für welche er verschiedene Firmen führt, so ist er in Bezug auf jede Niederlassung, für welche eine besondere Firma geführt wird, unter einer besonderen Nummer des Registers einzutragen *).

§. 31.

Hat ein Kaufmann außer seiner Hauptniederlassung an einem anderen Orte oder in einer anderen Gemeinde des Gerichts eine Zweigniederlassung, so ist bei seiner Eintragung in das Firmenregister in der dritten Kolonne desselben sowohl der Ort der Hauptniederlassung, als der Ort der Zweigniederlassung anzugeben (vergl. Anlage A. Nr. 32). In der Anmeldung (§. 20) ist der Zweigniederlassung und des Orts derselben Erwähnung zu thun.

Besteht an dem Orte oder in der Gemeinde der Zweigniederlassung bereits eine gleiche Firma, so muß der Firma für die Zweigniederlassung ein Zusatz beigefügt werden, wodurch sie von jener bereits vorhandenen Firma sich deutlich unterscheidet; die mit einem Zusatz versehene Firma ist alsdann nach Anleitung des §. 30 unter einer besonderen Nummer des Registers einzutragen (vergl. Art. 20 und 21 des Handelsgesetzbuchs).

§. 32.

Wird von einem Kaufmann nach seiner Eintragung in das Firmenregister eine in dasselbe eingetragene Zweigniederlassung aufgehoben oder an einem anderen Orte oder in einer anderen Gemeinde des Gerichts eine Zweigniederlassung errichtet (§. 31), so ist dies in die letzte Kolonne des Registers einzutragen (vergl. Anlage A. Nr. 32).

Eine solche Eintragung erfolgt auf Grund einer die betreffende Thatsache enthaltenden Anmeldung des Kaufmanns.

§. 33.

Im Falle der Aenderung der Firma (§. 23), welche für die Hauptniederlassung und eine Zweigniederlassung geführt wird (§. 31), kommen rücksichtlich der Nothwendigkeit, für die Zweigniederlassung der Firma einen Zusatz beizufügen und diese Firma unter einer besonderen Nummer einzutragen, die Bestimmungen des letzten Absatzes des §. 31 zur Anwendung.

§. 34.

Wenn ein Kaufmann in dem Bezirk eines anderen Gerichts eine Zweigniederlassung hat, so ist zu seiner Eintragung in das Firmenregister des Gerichts der Zweigniederlassung (§. 20) der durch ein Attest des Gerichts der Hauptniederlassung zu liefernde Nachweis nöthig, daß die Eintragung in das Firmenregister des letzteren Gerichts bereits erfolgt ist (Art. 21 des Handelsgesetzbuchs). Besteht an dem Orte oder in der Gemeinde der Zweig-

*) Nach dem Handelsgesetzbuch ist ein Kaufmann für befugt zu erachten, für mehrere Handelsetablissements, welche er besitzt, auch verschiedene Firmen zu führen. Vergl. Nürnberger Berathungsprotokolle S. 920.

niederlassung bereits eine gleiche Firma, so gelten in Bezug auf die Nothwendigkeit, der Firma einen Zusatz beizufügen, die Bestimmungen der §§. 31 und 33.

Im Uebrigen gelten für die Führung des Firmenregisters in Betreff einer solchen Zweigniederlassung die allgemeinen Bestimmungen; insbesondere muß die Firma nebst der persönlichen Unterschrift des Firmainhabers auch bei dem Gericht der Zweigniederlassung gezeichnet oder die Zeichnung derselben in beglaubigter Form eingereicht werden.

§. 35.

Der Sekretair hat zu dem Firmenregister ein alphabetisches Verzeichniß der darin eingetragenen Firmen und der als Firmen-Inhaber eingetragenen Kaufleute unter Hinweisung auf die Nummern des Registers zu führen.

Dritter Abschnitt.

Von dem Prokurenregister.

(Art. 41--56 des Handelsgesetzbuchs und Art. 21 des Einführungsgesetzes).

§. 36.

Das Prokurenregister wird nach dem als Anlage B. beigedruckten Formular geführt.

§. 37.

In das Prokurenregister ist nach der Zeitfolge der Anmeldungen eine jede Prokura einzutragen, welche von einem Kaufmann (Art. 4 und 5 des Handelsgesetzbuchs) für seine in dem Bezirk des Gerichts befindliche Handelsniederlassung ertheilt ist (Art. 45, 19 und 21 des Handelsgesetzbuchs).

Auch die von einer Handelsgesellschaft ertheilte Prokura wird nicht in das Gesellschaftsregister, sondern in das Prokurenregister eingetragen.

§. 38.

Bei der Eintragung einer Prokura in das Prokurenregister ist:

1) der Name, Vorname und Wohnort des Prinzipals, und wenn der Prinzipal eine Handelsgesellschaft ist, die Firma und der Sitz der Gesellschaft, ferner die Firma, welche der Prokurist zu zeichnen bestellt ist, nebst den Orten der Niederlassungen, für welche die Firma geführt wird, unter Hinweisung auf die Nummer des Firmenregisters oder Geschäftsregisters, unter welcher der Prinzipal eingetragen ist;
2) der Name, Vorname und Wohnort des Prokuristen

anzugeben.

§. 39.

Die Eintragung erfolgt auf Grund einer Anmeldung des Prinzipals, welche Alles enthalten muß, was nach dem vorstehenden Paragraphen in das Register einzutragen ist. Die Beibringung einer besonderen Urkunde über die Ertheilung der Prokura oder die Ertheilung der Ermächtigung, per procura die Firma zu zeichnen, oder ein sonstiger Nachweis ist nicht erforderlich (Art. 41 des Handelsgesetzbuchs).

§. 40.

Zur Eintragung genügt:

1) wenn der Prinzipal eine offene Gesellschaft ist, die Anmeldung eines Gesellschafters, welcher von der Geschäftsführung nicht ausgeschlossen ist (Art. 118, 104 des Handelsgesetzbuchs);
2) wenn der Prinzipal eine Kommanditgesellschaft oder eine Kommanditgesellschaft auf Aktien ist, die Anmeldung eines persönlich haftenden Gesellschafters, welcher von der Geschäftsführung nicht ausgeschlossen ist (Art. 157, 158, 196 a. a. O.);
3) wenn der Prinzipal eine Aktiengesellschaft ist, die Anmeldung des Vorstandes derselben (Art. 230, 231 a. a. O. und Art. 12 §. 6 des Einführungsgesetzes);
4) wenn der Prinzipal eine Person ist, welche durch Handelsgeschäfte sich nicht verpflichten kann, die Anmeldung des legitimirten Vertreters derselben, verbunden mit dem Nachweis, daß den Erfordernissen genügt ist, von welchen nach den Gesetzen die gültige Ertheilung der Prokura abhängt (§. 29; Allg. Landrecht Thl. II. Tit. 18 §§. 624 ff., 774 ff.; Art. 21 des Einführungsgesetzes).

§. 41.

Wenn der Prinzipal im Bezirk des Gerichts mehrere Niederlassungen hat, für welche er verschiedene Firmen führt, so ist bei der Anmeldung einer von ihm ertheilten Prokura ausdrücklich anzugeben, welche Firma oder welche Firmen der Prokurist zu zeichnen befugt sein soll *).

§. 42.

Die Eintragung einer Prokura in das Prokurenregister darf erst geschehen, nachdem:

---

*) Nach dem Handelsgesetzbuch muß es für zulässig erachtet werden, daß ein Kaufmann, welcher mehrere Handelsetablissements unter verschiedenen Firmen hat, einen Prokuristen nur die eine oder andere Firma zu führen mit der Wirkung ermächtigt, daß der Prokurist keine andere Firma zu zeichnen befugt ist. Vergl. Nürnberger Berathungsprotokolle S. 952. Daß ein Kaufmann, welcher außerhalb des Bezirks des Gerichts der Hauptniederlassung eine Zweigniederlassung hat, für die er dieselbe Firma führt, eine von ihm ertheilte Prokura auch bei dem Gericht der Zweigniederlassung anzumelden habe (vergl. § 37), ergiebt sich sowohl aus dem Artikel 45, als aus den Artikeln 21, 86, 152, 179, 198, 212, 214 des Handelsgesetzbuchs.

1) der Prinzipal in das Firmen- oder Gesellschaftsregister eingetragen ist;
2) der Prokurist die Firma (Art. 41 des Handelsgesetzbuchs) nebst seiner Namensunterschrift persönlich vor dem Gericht gezeichnet oder die Zeichnung in beglaubigter Form eingereicht hat (Art. 45 des Handelsgesetzbuchs).

§. 43.

Eine Beschränkung des gesetzlichen Umfangs der Prokura kann weder von Amtswegen, noch auf Antrag des Prinzipals in das Prokurenregister eingetragen werden (Art. 43 des Handelsgesetzbuchs).

§. 44.

Ist eine Kollektivprokura ertheilt (Art. 41 des Handelsgesetzbuchs), so erfolgt die Eintragung der Prokuristen unter derselben Nummer mit der Erwähnung, daß eine Kollektivprokura ertheilt ist (vergl. Anlage B. Nr. 2).

§. 45.

Das Erlöschen einer Prokura wird in die achte Kolonne des Prokurenregisters („Bemerkungen") eingetragen. Die Eintragung erfolgt auf Grund einer Anmeldung des Prinzipals; zu der Anmeldung genügt die Anzeige, daß die Prokura erloschen sei (Art. 45 und 54 des Handelsgesetzbuchs). Wenn der Prinzipal eine Handelsgesellschaft oder eine Person ist, welche durch Handelsgeschäfte sich nicht verpflichten kann, so ist die Anmeldung derjenigen genügend, welche nach §. 40 für den Prinzipal eine Prokura anzumelden befugt sind (Art. 118, 104, 157, 158, 196, 230, 231 des Handelsgesetzbuchs).

Ist der Prinzipal gestorben oder zur selbstständigen Vermögensverwaltung rechtlich unfähig geworden, so tritt an Stelle seiner Anmeldung die seiner Erben oder Vertreter. Dieselben haben ihre Legitimation nachzuweisen, sofern diese einem Bedenken unterliegt.

§. 46.

Auf die Anmeldung des Prinzipals ist auch die Veränderung des Orts einer Niederlassung, für welche die Prokura ertheilt ist, in der vierten und achten Kolonne des Registers einzutragen.

Ist die Niederlassung oder sind sämmtliche Niederlassungen nach einem Orte außerhalb des Bezirks des Gerichts verlegt, und ist dies im Prokurenregister vermerkt, so wird in Bezug auf die weitere Führung des letzteren die Prokura als erloschen angesehen (vergl. §. 27).

§. 47.

Generalvollmachten zum Betriebe eines Handelsgewerbes, welche ohne Ertheilung der Prokura oder der Ermächtigung, per procura die Firma zu zeichnen, verliehen worden (Art. 47

des Handelsgesetzbuchs und Art. 21 des Einführungsgesetzes), sind zur Eintragung in das Prokurenregister nicht geeignet.

§. 48.

Der Sekretair hat zu dem Prokurenregister ein alphabetisches Verzeichniß der darin eingetragenen Prokuristen und der Firmen, für welche die Prokuren ertheilt sind, unter Bezugnahme auf die Nummern des Registers zu führen.

Vierter Abschnitt.

Von dem Gesellschaftsregister.

(Art. 86—89, 110, 115, 129, 135, 151—156, 163, 171, 172, 176—179, 198, 201, 203, 205, 210, 212, 214, 228, 233, 243, 244, 247 des Handelsgesetzbuchs und Art. 11, 13, 23 des Einführungsgesetzes.)

§. 49.

Das Gesellschaftsregister wird nach dem als Anlage C. beigedruckten Formular geführt.

Zu diesem Register ist, sobald eine im Bezirk des Gerichts ihren Sitz habende Kommanditgesellschaft auf Aktien oder eine Aktiengesellschaft eingetragen werden soll, behufs Aufnahme der diese Gesellschaften betreffenden Gesellschaftsverträge und der die letzteren abändernden Verträge und Beschlüsse ein besonderer, als Theil des Registers anzusehender Beilageband anzulegen. Die Anlegung eines solchen Beilagebandes hat der Sekretair auf dem ersten Blatte des Hauptregisters unter seiner Unterschrift zu vermerken (§. 7).

§. 50.

In das Gesellschaftsregister sind nach der Zeitfolge der Anmeldungen alle Handelsgesellschaften einzutragen, welche im Bezirk des Gerichts ihren Sitz oder eine Zweigniederlassung haben (Art. 86, 151, 152, 176, 179, 210, 212 des Handelsgesetzbuchs). Stille Gesellschaften (Art. 250 a. a. O.) und Vereinigungen zu einzelnen Handelsgeschäften für gemeinschaftliche Rechnung (Art. 266 a. a. O.) sind als Handelsgesellschaften im Sinne des Handelsgesetzbuchs, des Einführungsgesetzes und dieser Instruktion nicht anzusehen.

§. 51.

Jede Handelsgesellschaft wird auf einer besonderen Seite des Registers eingetragen. Insoweit eine Seite zu der ersten Eintragung nicht hinreicht, sind die folgenden Seiten in ununterbrochener Reihenfolge zu derselben zu verwenden; auch ist, wenn nachträgliche Eintragungen, welche erheblichen Raum in Anspruch nehmen, vorauszusehen sind, hiefür eine genügende Anzahl Blätter freizulassen.

§. 52.

Eine offene Handelsgesellschaft (Art. 85 des Handelsgesetzbuchs) wird in das Gesellschaftsregister auf Grund einer Anmeldung sämmtlicher Gesellschafter eingetragen.

Die Anmeldung muß enthalten (Art. 86 des Handelsgesetzbuchs):

1) den Namen, Vornamen, Stand und Wohnort jedes Gesellschafters;
2) die Firma der Gesellschaft und den Ort, wo sie ihren Sitz hat;
3) den Zeitpunkt, mit welchem die Gesellschaft begonnen hat;
4) im Falle vereinbart ist, daß nur einer oder einige der Gesellschafter die Gesellschaft vertreten sollen, die Angabe, welcher oder welche dazu bestimmt sind, imgleichen, ob das Recht nur in Gemeinschaft ausgeübt werden soll.

Die Beibringung des Gesellschaftsvertrages oder einer anderen Urkunde oder eine nähere Darlegung des Sach- und Rechtsverhältnisses ist nicht erforderlich.

§. 53.

Die Eintragung der Gesellschaft in das Gesellschaftsregister erfolgt durch vollständige Aufnahme des Inhalts der Anmeldung, soweit derselbe nach §. 52 zur Vollständigkeit der letzteren erforderlich ist (Art. 88 a. a. O.). Die Firma der Gesellschaft wird in die zweite Kolonne, der Sitz derselben in die dritte Kolonne, der übrige Inhalt der Anmeldung in die vierte Kolonne des Registers eingetragen (vergl. Anlage C. Nr. 1). *)

§. 54.

Die Eintragung der Gesellschaft darf erst geschehen, nachdem die Gesellschafter, welche die Gesellschaft vertreten sollen, die Firma der Gesellschaft nebst ihrer Namensunterschrift persönlich vor dem Gericht gezeichnet oder die Zeichnung derselben in beglaubigter Form eingereicht haben (Art. 88 a. a. O.).

§. 55.

Eine Beschränkung des Umfangs der Befugniß eines Gesellschafters, die Gesellschaft zu vertreten, ist weder von Amtswegen, noch auf Antrag in das Register einzutragen (Art. 116 des Handelsgesetzbuchs).

§. 56.

Eine Aenderung der Firma der Gesellschaft wird in die zweite Kolonne, eine Aenderung des Sitzes derselben in die dritte

---

*) Daß die Gesellschaft eine offene sei, braucht weder in der Anmeldung, noch bei der Eintragung besonders hervorgehoben zu werden. Das Gesetz beruht auf dem Grundsatz, daß eine Handelsgesellschaft als eine offene zu gelten hat, sofern nicht das Gegentheil bestimmt beziehungsweise angemeldet und eingetragen ist.

Kolonne, der Eintritt eines neuen Gesellschafters, die einem Gesellschafter nachträglich ertheilte Befugniß, die Gesellschaft zu vertreten, und die Aufhebung einer solchen Befugniß werden in die vierte Kolonne des Registers mittelst kurzer Bezeichnung der eingetretenen Veränderung eingetragen.

Die Eintragungen erfolgen auf Grund von Anmeldungen sämmtlicher Gesellschafter (Art. 87 und 88 des Handelsgesetzbuchs). Auf die Anmeldungen findet die Schlußbestimmung des §. 52 Anwendung.

§. 57.

In die vierte Kolonne des Registers sind ferner einzutragen:

1) das Ausscheiden oder die Ausschließung eines Gesellschafters (Art. 127—130 des Handelsgesetzbuchs);
2) die Auflösung der Gesellschaft, und wenn dieselbe in Folge der Eröffnung des Konkurses über die Gesellschaft eingetreten ist, die Eröffnung des Konkurses (Art. 123—125, 129 a. a. O. und Art. 13 des Einführungsgesetzes); die Eintragung der Auflösung muß selbst dann geschehen, wenn die Gesellschaft durch Ablauf der Zeit, für welche sie eingegangen war, beendigt wird (Art. 129 des Handelsgesetzbuchs);
3) die nach der Auflösung der Gesellschaft kraft des Gesetzes eintretenden oder besonders bestellten Liquidatoren, das Austreten eines Liquidators oder das Erlöschen der Vollmacht eines solchen (Art. 133 und 135 des Handelsgesetzbuchs); vor der Eintragung eines Liquidators hat derselbe seine Unterschrift persönlich vor dem Gericht zu zeichnen oder die Zeichnung in beglaubigter Form einzureichen (Art. 135 des Handelsgesetzbuchs); eine Beschränkung des Umfangs der Geschäftsbefugnisse eines Liquidators ist weder von Amtswegen, noch auf Antrag einzutragen (Art. 138 des Handelsgesetzbuchs) *).

§. 58.

Die im §. 57 unter Ziffer 1, 2, 3 bemerkten Eintragungen erfolgen mittelst kurzer Bezeichnung der betreffenden Thatsachen auf Grund von Anmeldungen aller eingetragenen Gesellschafter. Auf die Anmeldungen findet die Schlußbestimmung des §. 52 An-

---

*) Im Art. 133 des Handelsgesetzbuchs ist vorgeschrieben, daß im Falle der Auflösung einer offenen Gesellschaft alle Gesellschafter als Liquidatoren eintreten, sofern nicht ein Anderes bestimmt ist. Fehlt es an einer solchen Bestimmung, so sind nach Art. 135 a. a. O. die bisherigen Gesellschafter als nunmehrige Liquidatoren in das Gesellschaftsregister einzutragen. (Vergl. Nürnberger Berathungs-Protokolle S. 1013 und 1050.)

wendung. Die Eintragungen können auch auf Grund von Anmeldungen einzelner Gesellschafter geschehen, insofern der Nachweis der betreffenden Thatsachen durch öffentliche Urkunden dergestalt geführt wird, daß ein rechtlich begründeter Widerspruch der übrigen Gesellschafter ausgeschlossen erscheint *).

Die im §. 57 unter Ziffer 2 erwähnte Eintragung der Konkurseröffnung geschieht von Amtswegen, sobald die Konkurseröffnung zur Anzeige gelangt (Art. 13 des Einführungsgesetzes). Ist der Konkurs von dem Gericht selbst eröffnet, so muß hiervon zu den Akten über das Gesellschaftsregister unverzüglich Mittheilung gemacht werden.

§. 59.

Ist ein Gesellschafter gestorben oder zur selbstständigen Vermögensverwaltung rechtlich unfähig geworden, so tritt in den Fällen der §§. 56—58 an Stelle seiner Anmeldung die seiner Erben oder Vertreter, welche ihre Legitimation nachzuweisen haben, wenn diese einem Bedenken unterliegt **).

§. 60.

Hat die Gesellschaft an einem anderen Orte oder in einer anderen Gemeinde des Gerichts eine Zweigniederlassung, so kommt der §. 31 mit der Maaßgabe zur Anwendung, daß bei der Eintragung der Gesellschaft in das Gesellschaftsregister in der dritten Kolonne neben dem Sitze der Gesellschaft auch der Ort der Zweigniederlassung anzugeben ist. Wird nach der Eintragung der Gesellschaft eine solche Zweigniederlassung errichtet oder aufgehoben, so ist dies auf Grund einer Anmeldung sämmtlicher Gesellschafter in die dritte Kolonne des Gesellschaftsregisters ein-

---

*) Das Handelsgesetzbuch spricht sich nicht darüber aus, von welchen Personen die Anmeldungen ausgehen müssen. Eine von allen Gesellschaftern ausgehende Anmeldung muß offenbar für genügend erachtet werden. Diese vorzuschreiben hat man aber bedenklich gefunden, ohne Zweifel, um für besondere Fälle den einzelnen Gesellschaftern das Recht zu wahren, die Eintragung auszuwirken. Wenn diese nicht von allen Gesellschaftern nachgesucht wird, so muß immer mit besonderer Vorsicht geprüft werden, ob aus den beigebrachten Urkunden auch mit Zuverlässigkeit erhelle, daß ein rechtlich begründeter Widerspruch der übrigen Gesellschafter sich nicht annehmen lasse. (Vergl. Nürnberger Berathungs-Protokolle S. 238—243.)

**) Der Tod oder die Unfähigkeit zur Vermögensverwaltung wird in der Regel die Auflösung der Gesellschaft nach sich ziehen (Art. 123); es kann aber auch in Gemäßheit der Bestimmungen des Gesellschaftsvertrags das Gegentheil stattfinden, so daß der §. 59 auf den Fall der Auflösung der Gesellschaft nicht zu beschränken war. Sind die Erben des verstorbenen Gesellschafters zufolge des Gesellschaftsvertrags an Stelle ihres Erblassers getreten, so liegt der Fall des Eintritts neuer Gesellschafter vor.

zutragen (vergl. §. 32); für den Fall der Aenderung der Firma gilt auch die Bestimmung des §. 33. Wegen einer im Bezirk des Gerichts befindlichen Zweigniederlassung wird jedoch die Gesellschaft in keinem Falle unter einer besonderen Nummer des Gesellschaftsregisters eingetragen.

Wenn die Gesellschaft in dem Bezirk eines anderen Gerichts eine Zweigniederlassung hat, so kommt der §. 34 mit der Maaßgabe zur Anwendung, daß für das Gesellschaftsregister gilt, was im §. 34 rücksichtlich des Firmenregisters bestimmt ist, und daß bei der Eintragung der Gesellschaft in das Gesellschaftsregister des Gerichts der Zweigniederlassung neben dem Sitze der Gesellschaft auch der Ort der Zweigniederlassung anzugeben ist (vergl. Anlage C. Nr. 2).

§. 61.

Für die Kommanditgesellschaften (Art. 150 des Handelsgesetzbuchs) gelten die §§. 52—60 mit folgenden Modifikationen (Art. 151—156, 163, 171, 172 des Handelsgesetzbuchs und Art. 13 des Einführungsgesetzes:

1) Die im §. 52 bezeichnete Anmeldung muß enthalten (Art. 151 und 86 des Handelsgesetzbuchs):
   a) den Namen, Vornamen, Stand und Wohnort jedes persönlich haftenden Gesellschafters;
   b) den Namen, Vornamen, Stand und Wohnort jedes Kommanditisten mit der Bezeichnung desselben als solchen;
   c) die Firma der Gesellschaft und den Ort, wo sie ihren Sitz hat;
   d) den Betrag der Vermögenseinlage jedes Kommanditisten;
   e) die Bezeichnung der Gesellschaft als einer Kommanditgesellschaft;
   f) im Falle vereinbart ist, daß nur einer oder einige der persönlich haftenden Gesellschafter die Gesellschaft vertreten sollen, die Angabe, welcher oder welche dazu bestimmt sind, ingleichen ob das Recht nur in Gemeinschaft ausgeübt werden soll.
2) Die nach §. 54 erforderliche Zeichnung der Firma nebst Unterschrift erfolgt von einem jeden persönlich haftenden Gesellschafter, welcher die Gesellschaft vertreten soll (Art. 153 des Handelsgesetzbuchs).
3) Wenn ein neuer Kommanditist in die Gesellschaft eintritt (§. 56), so ist derselbe bei der Eintragung als Kommanditist unter Angabe des Betrags seiner Vermögenseinlage ausdrücklich zu bezeichnen (Art. 156 des Handelsgesetzbuchs).
4) Wenn ein Kommanditist auch nur mit einem Theil seiner Einlage ausscheidet, so ist dies, gleich dem vollständigen

Ausscheiden, nach Anleitung des §. 57 im Register zu vermerken (Art. 171 des Handelsgesetzbuchs).

5) Insoweit in den §§. 52—58 von sämmtlichen Gesellschaftern oder von einem einzelnen Gesellschafter die Rede ist (§§. 52, 56, 58), sind darunter bei einer Kommanditgesellschaft auch die Kommanditisten zu verstehen; es genügt jedoch an Stelle der Anmeldung sämmtlicher Gesellschafter die Anmeldung der persönlich haftenden Gesellschafter, wenn dieselbe zum Zweck der Eintragung in das Gesellschaftsregister des Gerichts einer Zweigniederlassung (§. 60) geschieht (Art. 152 des Handelsgesetzbuchs).

§. 62.

Eine Kommanditgesellschaft auf Aktien (Art. 173 des Handelsgesetzbuchs) wird in das Gesellschaftsregister des Gerichts, in dessen Bezirk sie ihren Sitz hat, auf Grund einer Anmeldung sämmtlicher persönlich haftender Gesellschafter eingetragen (Art. 177 a. a. O.).

§. 63.

Zur Vollständigkeit der Anmeldung gehört:

1) die Beibringung des gerichtlich oder notariell abgeschlossenen Gesellschaftsvertrags (Art. 174 a. a. O.);
2) die Bescheinigung, daß der gesammte Betrag des Kapitals der Kommanditisten durch Unterschriften gedeckt ist;
3) die Bescheinigung, daß mindestens ein Viertel des von jedem Kommanditisten gezeichneten Betrags von ihm eingezahlt ist;
4) der Nachweis, daß der Aufsichtsrath nach Inhalt des Vertrags in einer Generalversammlung der Kommanditisten gewählt ist (Art. 177 a. a. O.).

§. 64.

Der Nachweis der staatlichen Genehmigung zur Errichtung der Gesellschaft (Art. 174) ist nicht zu verlangen (Art. 10 des Einführungsgesetzes).

Die Anmeldung ist zurückzuweisen, wenn die vorzunehmende Prüfung (Art. 206 des Handelsgesetzbuchs) ergiebt:

1) daß der Gesellschaftsvertrag nicht die im Artikel 175 des Handelsgesetzbuchs verzeichneten Bestimmungen vollständig enthält;
2) daß die Aktien oder Aktienantheile nicht sämmtlich auf Namen lauten oder nicht auf einen Betrag von mindestens 200 Thalern gestellt werden sollen (Art. 173 a. a. O.).

§. 65.

Die Eintragung der Kommanditgesellschaft auf Aktien in das Gesellschaftsregister erfolgt mittelst Aufnahme des Gesellschaftsvertrags.

Bei der Aufnahme des Gesellschaftsvertrags in das Gesellschaftsregister ist in der Art zu verfahren, daß in das Hauptregister nur ein Auszug, wie er bei der Eintragung der Gesellschaft in das Gesellschaftsregister des Gerichts einer Zweigniederlassung genügend ist (§. 71), eingetragen, dagegen eine vollständige Abschrift oder ein vollständiger Abdruck des Vertrags, welche von dem Sekretair zu beglaubigen sind, zu dem im zweiten Absatze des §. 49 bezeichneten Beilageband genommen wird. In dem Hauptregister ist die Stelle des Beilagebandes zu bezeichnen, wo die Abschrift oder der Abdruck des Vertrags sich findet.

Die Firma der Gesellschaft wird in die zweite Kolonne, der Sitz derselben in die dritte Kolonne, der übrige Inhalt des Auszugs und die Hinweisung auf den Beilageband in die vierte Kolonne des Hauptregisters eingetragen.

§. 66.

Die Eintragung der Gesellschaft darf erst geschehen, nachdem die persönlich haftenden Gesellschafter, welche die Gesellschaft vertreten sollen, die Firma der Gesellschaft nebst ihrer Namensunterschrift persönlich vor dem Gericht gezeichnet oder die Zeichnung in beglaubigter Form eingereicht haben (Art. 177 des Handelsgesetzbuchs).

§. 67.

Eine Abänderung des Gesellschaftsvertrages wird in die vierte Kolonne des Registers eingetragen.

Die Eintragung geschieht auf Grund einer Anmeldung sämmtlicher persönlich haftender Gesellschafter.

Zur Vollständigkeit der Anmeldung gehört die Beibringung des gerichtlich oder notariell abgeschlossenen abändernden Vertrags; dieser ist nach Maaßgabe des §. 65 in das Hauptregister im Auszuge, in den Beilageband vollständig aufzunehmen; der Nachweis der staatlichen Genehmigung desselben ist nicht zu verlangen (Art. 198 und 206 des Handelsgesetzbuchs und Art. 10 des Einführungsgesetzes). Ist durch den Vertrag die Firma oder der Sitz der Gesellschaft geändert, so wird die Aenderung in der zweiten, beziehungsweise dritten Kolonne des Registers vermerkt.

Als eine Aenderung des Gesellschaftsvertrags ist es insbesondere anzusehen, wenn eine theilweise Zurückzahlung des Kapitals der Kommanditisten erfolgen soll (Art. 203 des Handelsgesetzbuchs).

§. 68.

In die vierte Kolonne des Registers sind ferner einzutragen:

1) die Auflösung der Kommanditgesellschaft (Art. 201 a. a. O.), und wenn dieselbe eine Folge der Eröffnung des Konkurses über die Gesellschaft ist, die Eröffnung des Konkurses (Art. 13 des Einführungsgesetzes); die Eintragung der Auflösung muß selbst dann geschehen, wenn die Gesell-

schaft durch Ablauf der Zeit, für welche sie eingegangen war, beendigt wird (Art. 201 des Handelsgesetzbuchs);

2) die nach der Auflösung der Gesellschaft kraft des Gesetzes eintretenden und die von der Generalversammlung der Kommanditisten gewählten Liquidatoren (Art. 205 a. a. O.), das Austreten eines Liquidators oder das Erlöschen der Vollmacht eines solchen; vor der Eintragung eines Liquidators hat derselbe seine Unterschrift persönlich vor dem Gericht zu zeichnen oder die Zeichnung in beglaubigter Form einzureichen; eine Beschränkung des Umfangs der Geschäftsbefugnisse eines Liquidators wird weder von Amtswegen, noch auf Antrag eingetragen (vergl. oben §. 57 unter Ziffer 3).

§. 69.

Die im §. 68 unter Ziffer 1 und 2 bezeichneten Eintragungen erfolgen in der im §. 58 angegebenen Weise auf Grund von Anmeldungen der persönlich haftenden Gesellschafter oder deren Erben oder Vertreter. Die Anmeldung kann jedoch nur für genügend erachtet werden, wenn zugleich der Nachweis der betreffenden Thatsachen durch öffentliche Urkunden dergestalt geführt wird, daß ein rechtlich begründeter Widerspruch der Kommanditisten ausgeschlossen erscheint *).

Statt der Anmeldung der persönlich haftenden Gesellschafter genügt die Anmeldung des Aufsichtsraths der Gesellschaft oder eines einzelnen persönlich haftenden Gesellschafters oder dessen Erben oder Vertreter, wenn sowohl der vorerwähnte Nachweis, als rücksichtlich aller oder der übrigen persönlich haftenden Gesellschafter der im §. 58 bezeichnete Nachweis geführt wird.

Auf die im §. 68 unter Ziffer 1 erwähnte Eintragung der Konkurseröffnung findet die Bestimmung des letzten Absatzes des §. 58 Anwendung.

§. 70.

In Betreff der an einem anderen Orte oder in einer anderen Gemeinde des Gerichts befindlichen Zweigniederlassungen gelten die Bestimmungen des ersten Absatzes des §. 60 mit der Maaßgabe, daß an Stelle der Anmeldung aller Gesellschafter die der persönlich haftenden Gesellschafter tritt.

§. 71.

Für die Eintragung einer Kommanditgesellschaft auf Aktien

---

*) Daß der Nachweis geführt werden müsse, ist zwar im Gesetze nicht ausdrücklich bestimmt, indeß im Artikel 201, welcher sich über die Anmeldung nicht näher erklärt, stillschweigend vorausgesetzt, und auch, wenn sämmtliche persönlich haftende Gesellschafter die Anmeldung bewirken, für nöthig zu erachten, um die Rechte der Kommanditisten zu schützen.

in das Gesellschaftsregister des Gerichts, in dessen Bezirk dieselbe nicht ihren Sitz, sondern nur eine Zweigniederlassung hat, gelten folgende Bestimmungen:

1) Die Eintragung in das Gesellschaftsregister des Gerichts der Zweigniederlassung findet erst statt, nachdem durch ein Attest des Gerichts des Sitzes der Gesellschaft nachgewiesen ist, daß die Eintragung in das Gesellschaftsregister des letzteren Gerichts geschehen ist (vergl. Art. 21 des Handelsgesetzbuchs); rücksichtlich der Nothwendigkeit, der Firma einen Zusatz beizufügen, gilt die Bestimmung des §. 34.

2) Die Eintragung der Gesellschaft in das Gesellschaftsregister des Gerichts der Zweigniederlassung erfolgt auf Grund einer bloßen Anmeldung sämmtlicher persönlich haftender Gesellschafter, nachdem diejenigen derselben, welche die Gesellschaft vertreten sollen, die Firma nebst ihrer Namensunterschrift persönlich vor dem Gericht gezeichnet oder die Zeichnung in beglaubigter Form eingereicht haben. Die Anmeldung muß enthalten (Art. 179, 176, 151, 152, 85 des Handelsgesetzbuchs):

a) das Datum des Gesellschaftsvertrags,
b) den Namen, Vornamen, Stand und Wohnort jedes persönlich haftenden Gesellschafters,
c) die Firma der Gesellschaft und den Ort, wo sie ihren Sitz hat, sowie den Ort, wo die Zweigniederlassung sich befindet,
d) die Bezeichnung der Gesellschaft als einer Kommanditgesellschaft auf Aktien,
e) die Zahl und den Betrag der Aktien und Aktienantheile,
f) die Form, in welcher die von der Gesellschaft ausgehenden Bekanntmachungen erfolgen, so wie die öffentlichen Blätter, in welche dieselben aufzunehmen sind,
g) im Falle vereinbart ist, daß nur einer oder einige der persönlich haftenden Gesellschafter die Gesellschaft vertreten sollen, die Angabe, welcher oder welche dazu bestimmt sind, ingleichen ob das Recht gemeinschaftlich ausgeführt werden soll.

Der Beibringung des Gesellschaftsvertrages und der im §. 63 erwähnten Bescheinigungen und Nachweisungen bedarf es nicht. Die Eintragung der Gesellschaft wird mittelst vollständiger Aufnahme des Inhalts der Anmeldung bewirkt. Die Firma der Gesellschaft wird in die zweite Kolonne, der Sitz derselben und der Ort der Zweigniederlassung in die dritte Kolonne, der übrige Inhalt der Anmeldung in die vierte Kolonne des Registers eingetragen.

3) Eine Abänderung des Gesellschaftsvertrages wird in derselben Weise auf Grund einer, den abändernden Vertrag nur im Auszug enthaltenden Anmeldung der persönlich haftenden Gesellschafter in der zweiten beziehungsweise dritten oder vierten Kolonne des Registers vermerkt (Art. 198 des Handelsgesetzbuchs).
4) Die übrigen Eintragungen erfolgen nach Maaßgabe der §§. 68 und 69.

§. 72.

Eine Aktiengesellschaft (Art. 207 des Handelsgesetzbuchs) wird in das Gesellschaftsregister des Orts, in dessen Bezirk sie ihren Sitz hat, auf Grund einer Anmeldung des Vorstandes der Gesellschaft eingetragen.

§. 73.

Zur Vollständigkeit der Anmeldung gehört:
1) die Beibringung des gerichtlich oder notariell abgeschlossenen Gesellschaftsvertrages (Art. 208 a. a. O.);
2) die Beibringung der Urkunde über die landesherrliche Genehmigung (Art. 208 a. a. O. und Art. 12 §. 1 des Einführungsgesetzes).

§. 74.

Die Eintragung der Gesellschaft in das Gesellschaftsregister wird mittelst Aufnahme des Gesellschaftsvertrags und der landesherrlichen Genehmigungsurkunde bewirkt.

Bei der Aufnahme des Gesellschaftsvertrags und der Genehmigungsurkunde ist in der Art zu verfahren, daß in das Hauptregister nur ein Auszug, wie er bei der Eintragung der Gesellschaft in das Gesellschaftsregister des Gerichts einer Zweigniederlassung genügend ist (§. 79), eingetragen, dagegen eine vollständige Abschrift oder ein vollständiger Abdruck des Vertrags und der Genehmigungsurkunde, welche von dem Sekretair zu beglaubigen sind, zu dem im zweiten Absatze des §. 49 bezeichneten Beilagebande genommen wird. In dem Hauptregister ist die Stelle des Beilagebandes zu bezeichnen, wo die Abschrift oder der Abdruck des Vertrags und der Genehmigungsurkunde sich findet. Die Firma der Gesellschaft wird in die zweite Kolonne, der Sitz derselben in die dritte Kolonne, der übrige Inhalt des Auszugs und die Hinweisung auf den Beilageband in die vierte Kolonne des Hauptregisters eingetragen.

§. 75.

Die Eintragung eines Beschlusses der Generalversammlung der Aktionaire, welcher die Fortsetzung der Gesellschaft oder eine Abänderung der Bestimmungen des Gesellschaftsvertrages zum Gegenstande hat, erfolgt auf Grund einer Anmeldung des Vorstandes der Gesellschaft und nach Beibringung der gerichtlichen oder notariellen Beurkundung des Beschlusses, sowie der Urkunde über die landesherrliche Genehmigung.

Der Beschluß und die Genehmigungsurkunde sind nach Maaßgabe des §. 74 in das Hauptregister im Auszuge, in den Beilageband vollständig aufzunehmen. Ist durch den Beschluß die Firma oder der Sitz der Gesellschaft geändert, so wird die Aenderung in der zweiten beziehungsweise dritten Kolonne des Registers vermerkt.

Als ein Beschluß, welcher die Abänderung des Gesellschaftsvertrags zum Gegenstande hat, gilt auch derjenige, wonach eine theilweise Zurückzahlung des Grundkapitals an die Aktionaire eintreten soll (Art. 248 des Handelsgesetzbuchs).

§. 76.

In die vierte Kolonne des Registers sind ferner mittelst kurzer Vermerke (vergl. §. 56) einzutragen:

1) die jeweiligen Mitglieder des Vorstandes der Gesellschaft; vor der Eintragung eines Mitgliedes des Vorstandes hat dasselbe seine Unterschrift vor dem Gericht zu zeichnen oder die Zeichnung derselben in beglaubigter Form einzureichen (Art. 228 des Handelsgesetzbuchs);
2) die Auflösung der Gesellschaft, und wenn dieselbe eine Folge der Eröffnung des Konkurses über die Gesellschaft ist, die Eröffnung des Konkurses (Art. 243 des Handelsgesetzbuchs und Art. 13 des Einführungsgesetzes);
3) die nach der Auflösung eintretenden Liquidatoren, das Austreten eines Liquidators oder das Erlöschen der Vollmacht eines solchen; eine Beschränkung des Umfangs der Geschäftsbefugnisse der Liquidatoren wird weder von Amtswegen, noch auf Antrag eingetragen. Ein Liquidator hat vor der Eintragung seine Unterschrift vor Gericht zu zeichnen oder die Zeichnung in beglaubigter Form einzureichen (Art. 244 des Handelsgesetzbuchs).

§. 77.

Die im §. 76 unter Ziffer 1—3 bezeichneten Eintragungen erfolgen auf Grund von Anmeldungen des Vorstandes (Art. 228, 243, 244 des Handelsgesetzbuchs); in den Fällen unter Ziffer 1 ist die Legitimation des einzutragenden Mitgliedes des Vorstandes beizubringen (Art. 228 a. a. O.), in den Fällen unter Ziffer 2 hat der Vorstand den Grund der Auflösung anzugeben. Ist die Auflösung eine Folge der Vereinigung der Gesellschaft mit einer anderen Aktiengesellschaft, so ist die landesherrliche Genehmigungsurkunde beizubringen (Art. 247 des Handelsgesetzbuchs und Art. 12 §. 1 des Einführungsgesetzes); bei der Eintragung der Auflösung wird in diesem Falle bemerkt, daß die Auflösung durch Vereinigung mit der anderen Gesellschaft eingetreten sei; bei der anderen Gesellschaft ist die Vereinigung nach Anleitung des §. 75 in das Gesellschaftsregister einzutragen.

Auf die im §. 76 unter Ziffer 2 erwähnte Eintragung der Konkurseröffnung findet die Bestimmung im letzten Absatze des §. 58 Anwendung.

§. 78.

In Betreff der an einem anderen Orte oder in einer anderen Gemeinde des Gerichts befindlichen Zweigniederlassungen gelten die Bestimmungen des ersten Absatzes des §. 60 mit der Maaßgabe, daß an Stelle der Anmeldung aller Gesellschafter die des Vorstandes tritt.

§. 79.

Für die Eintragung einer Aktiengesellschaft in das Gesellschaftsregister des Gerichts, in dessen Bezirk dieselbe nicht ihren Sitz, sondern nur eine Zweigniederlassung hat, gelten folgende Bestimmungen:

1) Die Eintragung in das Gesellschaftsregister des Gerichts der Zweigniederlassung findet nicht statt, bevor durch ein Attest des Gerichts des Sitzes der Gesellschaft nachgewiesen ist, daß die Eintragung in das Gesellschaftsregister des letzteren Gerichts geschehen ist (vergl. Art. 21 des Handelsgesetzbuchs).

2) Die Eintragung der Gesellschaft in das Gesellschaftsregister des Gerichts der Zweigniederlassung erfolgt auf Grund einer bloßen Anmeldung des Vorstandes der Gesellschaft. Die Anmeldung muß enthalten:

a. das Datum des Gesellschaftsvertrages und der Genehmigungsurkunde;

b. die Firma und den Sitz der Gesellschaft;

c. den Gegenstand und die Zeitdauer des Unternehmens;

d. die Höhe des Grundkapitals und der einzelnen Aktien oder Aktientheile;

e. die Eigenschaft derselben, ob sie auf Inhaber oder auf Namen gestellt sind;

f. die Form, in welcher die von der Gesellschaft ausgehenden Bekanntmachungen erfolgen, sowie die öffentlichen Blätter, in welche dieselben aufzunehmen sind.

Ist im Gesellschaftsvertrage eine Form bestimmt, in welcher der Vorstand seine Willenserklärungen kundgiebt und für die Gesellschaft zeichnet, so ist auch diese Bestimmung aufzunehmen. Der Beibringung des Gesellschaftsvertrags und der Genehmigungsurkunde bedarf es nicht. Die Eintragung der Gesellschaft wird mittelst vollständiger Aufnahme des Inhals der Anmeldung bewirkt; die Firma der Gesellschaft wird in die zweite Kolonne, der Sitz derselben und der Ort der Zweigniederlassung in die dritte Kolonne, der übrige Inhalt der Anmeldung in die vierte Kolonne des Registers eingetragen (Art. 212 des Handelsgesetzbuchs).

3) Der Beschluß, welcher die Fortsetzung der Gesellschaft oder eine Abänderung der Bestimmungen des Gesellschaftsvertrags zum Gegenstande hat (§. 75), wird in derselben Weise auf Grund einer den Beschluß und die Genehmigungsurkunde nur im Auszuge enthaltenden Anmeldung in der zweiten, beziehungsweise dritten oder vierten Kolonne des Registers vermerkt (Art. 214 des Handelsgesetzbuchs).

4) Die übrigen Eintragungen erfolgen nach Maaßgabe der §§. 76 und 77.

§. 80.

Vor der Eintragung der Firma einer offenen Handelsgesellschaft, einer Kommanditgesellschaft und einer Kommanditgesellschaft auf Aktien ist die Zulässigkeit der Führung der Firma nach Maaßgabe des §. 22 zu prüfen*).

Inwiefern eine Person, welche durch Handelsgeschäfte sich nicht verpflichten kann, als Mitglied einer offenen Handelsgesellschaft oder als persönlich haftendes Mitglied einer Kommanditgesellschaft oder einer Kommanditgesellschaft auf Aktien in das Gesellschaftsregister eingetragen werden könne, bestimmt sich nach dem §. 29. Als Kommanditist einer Kommanditgesellschaft kann dieselbe eingetragen werden, wenn die Erfordernisse nachgewiesen sind, von welchen nach den Gesetzen die Rechtsbeständigkeit eines für sie eingegangenen, auf Erwerb gerichteten Gesellschaftsvertrags abhängt **).

Für die Anmeldungen solcher Personen sind die Bestimmungen des §. 29 maaßgebend.

§. 81.

Ist die Verlegung des Sitzes einer Handelsgesellschaft nach einem Orte außerhalb des Bezirks des Gerichts in das Gesellschaftsregister eingetragen und besteht im Bezirk des Gerichts auch keine Zweigniederlassung fort, so ist in Bezug auf die weitere Führung des Registers die Gesellschaft als erloschen anzusehen (vergl. §. 27).

---

*) Die Nichtbeachtung der Vorschrift im zweiten Absatze des Art. 24 des Handelsgesetzbuchs kann, wenn die Gesellschaft durch den Austritt des Gesellschafters, dessen Name in der Firma enthalten ist, nicht aufgelöst wird, das Gericht nur zum Einschreiten nach Maaßgabe des Art. 26 veranlassen.

**) Ein persönlich haftender Handelsgesellschafter ist als eine Person anzusehen, welche den Handel unmittelbar betreibt; dies läßt sich von einem Kommanditisten nicht behaupten.

§. 82.

Der Sekretair hat zu dem Gesellschaftsregister ein nach den Firmen geordnetes alphabetisches Verzeichniß der darin eingetragenen Handelsgesellschaften unter Bezugnahme auf die Nummer des Registers zu führen.

Fünfter Abschnitt.

Von dem im Geltungsbereiche des Allgemeinen Landrechts zu führenden Register zur Eintragung der Ausschließung oder Aufhebung der ehelichen Gütergemeinschaft.

(Art. 20 des Einführungsgesetzes; Th. II. Tit. 1 §. 423 des Allgemeinen Landrechts.)

§. 83.

Das Register zur Eintragung der Ausschließung oder der Aufhebung der ehelichen Gütergemeinschaft wird nach dem als Anlage D. beigedruckten Formular geführt.

§. 84.

Da die Führung dieses Registers nur in dem Art. 20 des Einführungsgesetzes sich gründet, dieser Artikel aber sich darauf beschränkt, die Vorschrift des §. 423 Th. II. Tit. 1 des Allg. Landrechts, wonach „bei Kaufleuten in Handelsstädten die Ausschließung oder Aufhebung der ehelichen Gemeinschaft der Güter oder des Erwerbs außer der gewöhnlichen Bekanntmachung noch auf der Börse oder durch die Kaufmannsältesten bekannt gemacht werden soll," durch die Bestimmung zu ersetzen, „daß bei denjenigen Personen, welche nach Art. 4 des Handelsgesetzbuchs als Kaufleute anzusehen seien, jedoch mit Ausschluß der im Art. 10 des Handelsgesetzbuchs bezeichneten, die Ausschließung oder Aufhebung der ehelichen Gemeinschaft der Güter oder des Erwerbs in das Handelsregister einzutragen und nach Maaßgabe des Art. 13 des Handelsgesetzbuchs veröffentlicht werden müsse," so sind die bisherigen Gesetze über die den Gerichten obliegende Verpflichtung, die öffentliche Bekanntmachung der Ausschließung oder Aufhebung der ehelichen Gütergemeinschaft von Amtswegen oder auf Antrag zu bewirken, für die Beurtheilung maaßgebend, in welchen Fällen und unter welchen Voraussetzungen bei Kaufleuten im Sinne des Handelsgesetzbuchs mit Ausschluß der im Art. 10 bezeichneten Personen die Eintragung der Ausschließung oder Aufhebung der ehelichen Gütergemeinschaft in das Register anzuordnen sei (vergl. Allg. Landrecht Th. II. Tit. 1 §§. 422, 425, 426, Th. II. Tit. 18 §§. 780 ff.; Allg. Gerichts-Ordnung Th. II. Tit. 3 §. 19 und Gesetz vom 20. März 1837, Gesetz-Samml. S. 63).

Die Eintragungen sind nach der Zeitfolge der sie anordnenden Verfügungen zu bewirken.

§. 85.

Bei der Eintragung der Ausschließung oder Aufhebung der ehelichen Gütergemeinschaft ist in der zweiten Kolonne des Registers der Name, Vorname, Stand und Wohnort des Ehemannes, in der dritten Kolonne des Registers das rücksichtlich der Gütergemeinschaft bestehende Rechtsverhältniß, ob die Gütergemeinschaft ausgeschlossen oder aufgehoben sei u. dergl., unter Bezeichnung der Ehefrau, anzugeben.

In derselben Weise geschieht die Eintragung, wenn von den Ehegatten, für welche die Gütergemeinschaft ausgeschlossen oder aufgehoben ist, die Ehefrau zu den Kaufleuten gehört (eine Handelsfrau ist, Art. 6 des Handelsgesetzbuchs).

§. 86.

Geht der Ehemann mit Tode ab, so hat das Gericht dies in der vierten Kolonne des Registers, sobald der Todesfall ihm zuverlässig bekannt wird, von Amtswegen zu vermerken.

§. 87.

Der Sekretair hat zu dem Register ein alphabetisches Verzeichniß der darin eingetragenen Ehemänner unter Bezugnahme auf die Nummern des Registers zu führen.

Sechster Abschnitt.

Von dem Verfahren, betreffend die Verpflichtung der Gerichte, die Betheiligten zur Befolgung der gesetzlichen Anordnungen über die Anmeldung zur Eintragung in das Handelsregister und über die Zeichnung oder Einreichung der Zeichnung der Firmen und Unterschriften von Amtswegen anzuhalten.

(Art. 5 bis 7 des Einführungsgesetzes.)

§. 88.

Das Gericht, welches das Handelsregister führt, hat in der in dem Artikel 5 des Einführungsgesetzes bezeichneten Weise einzuschreiten:

1) gegen den Kaufmann, welcher im Bezirk des Gerichts seine Handelsniederlassung oder eine Zweigniederlassung hat, sofern er unterläßt, seine Firma oder die Aenderung oder das Erlöschen derselben oder die Aenderung der Inhaber anzumelden oder die Firma nebst seiner persönlichen Unterschrift vor dem Gericht zu zeichnen oder die Zeichnung derselben in beglaubigter Form einzureichen (Art. 19, 21, 25, 26 des Handelsgesetzbuchs);

2) gegen den Prinzipal, welcher für seine im Bezirk des Gerichts befindliche Handelsniederlassung einen Prokuristen bestellt hat, sofern er unterläßt, die Ertheilung der Prokura oder das Erlöschen derselben anzumelden, sowie gegen den Prokuristen, welcher unterläßt, die Firma nebst seiner Unterschrift persönlich vor dem Gericht zu zeichnen oder die Zeichnung derselben in beglaubigter Form einzureichen (Art. 45 des Handelsgesetzbuchs). Ist der Prinzipal eine Handelsgesellschaft, so findet das Einschreiten statt: bei einer offenen Handelsgesellschaft gegen sämmtliche Gesellschafter, welche von der Geschäftsführung nicht ausgeschlossen sind, bei einer Kommanditgesellschaft und bei einer Kommanditgesellschaft auf Aktien gegen sämmtliche persönlich haftende Gesellschafter, welche von der Geschäftsführung nicht ausgeschlossen sind, bei einer Aktiengesellschaft gegen die Mitglieder des Vorstandes *);

3) gegen sämmtliche Mitglieder einer offenen Handelsgesellschaft, welche im Bezirk des Gerichts ihren Sitz oder eine Zweigniederlassung hat, sofern sie unterlassen, die Errichtung der Gesellschaft, die Aenderung der Firma oder die Verlegung des Sitzes derselben, den Eintritt eines neuen Gesellschafters, die einem Gesellschafter nachträglich ertheilte oder entzogene Befugniß, die Gesellschaft zu vertreten, das Ausscheiden oder die Ausschließung eines Gesellschafters, die Auflösung der Gesellschaft, sofern sie nicht eine Folge der Konkurseröffnung ist, die nach der Auflösung eingetretenen Liquidatoren und das Austreten eines Liquidators, oder das Erlöschen der Vollmacht eines solchen anzumelden; ferner gegen die zur Vertretung der Gesellschaft berufenen Gesellschafter, sofern sie unterlassen, die Firma nebst ihrer Namensunterschrift persönlich vor dem Gericht zu zeichnen oder die Zeichnung derselben in beglaubigter Form einzureichen (Art. 86—89, 129, 135 des Handelsgesetzbuchs);

4) gegen sämmtliche persönlich haftende Mitglieder einer Kommanditgesellschaft, welche im Bezirk des Gerichts ihren Sitz oder eine Zweigniederlassung hat, insofern sie unterlassen, eine der unter der Ziffer 3 bezeichneten Anmeldungen, einschließlich der des Eintritts oder Austritts eines Kommanditisten und der des Ausscheidens eines Kommanditisten nur mit einem Theile seiner Einlage, zu bewirken; ferner gegen die zur Vertretung der Gesellschaft berufenen

---

*) Die Anmeldung einer Prokura ist ein Akt der Geschäftsführung, weshalb gegen diejenigen nicht eingeschritten werden kann, welche an der Geschäftsführung keinen Theil haben.

persönlich haftenden Gesellschafter, sofern sie unterlassen, die Firma nebst ihrer Namensunterschrift persönlich vor Gericht zu zeichnen oder die Zeichnung derselben in beglaubigter Form einzureichen (Art. 151—156, 171, 172 des Handelsgesetzbuchs);

5) gegen sämmtliche persönlich haftende Mitglieder einer Kommanditgesellschaft auf Aktien, welche im Bezirk des Gerichts eine Zweigniederlassung hat, insofern sie unterlassen, die Errichtung der Gesellschaft oder die Abänderung des Gesellschaftsvertrags anzumelden, und außerdem gegen diejenigen persönlich haftenden Gesellschafter, welche die Gesellschaft zu vertreten berufen sind, insofern sie unterlassen, die Firma nebst ihrer Namensunterschrift persönlich vor dem Gericht zu zeichnen oder die Zeichnung derselben in beglaubigter Form einzureichen; ferner gegen die persönlich haftenden Mitglieder einer Kommanditgesellschaft auf Aktien, die in dem Bezirk des Gerichts ihren Sitz oder eine Zweigniederlassung hat, insofern sie unterlassen, die Auflösung der Gesellschaft, die nicht Folge der Konkurseröffnung ist, und die nach der Auflösung eintretenden Liquidatoren, den Austritt eines Liquidators und das Erlöschen der Vollmacht eines solchen anzumelden (Art. 179, 198, 201, 203, 205 des Handelsgesetzbuchs) *);

6) gegen die Mitglieder des Vorstandes einer Aktiengesellschaft, welche im Bezirk des Gerichts ihren Sitz oder eine Zweigniederlassung hat, insofern sie unterlassen, ihre Bestellung, eine bei ihnen eingetretene Aenderung, die Auflösung der Gesellschaft, die nicht Folge der Konkurseröffnung ist, und die nach der Auflösung eingetretenen Liquidatoren, sowie das Austreten eines Liquida-

---

*) Die Errichtung einer Kommanditgesellschaft auf Aktien, sowie eine Abänderung des Gesellschaftsvertrags müssen zwar auch in das Handelsregister des Gerichts, in dessen Bezirk die Gesellschaft ihren Sitz hat, und zwar zunächst eingetragen werden (Art. 176, 198, 21 des Handelsgesetzbuchs).

Daß zu den betreffenden Anmeldungen von Amtswegen anzuhalten sei, ist aber nicht vorgeschrieben. Der Grund liegt in den Bestimmungen, wonach die Eintragung in das Handelsregister dieses Gerichts die rechtliche Wirksamkeit des Gesellschaftsvertrags oder des abändernden Vertrags bedingt (Art. 178, 198 a. a. O.). Der Grund trifft nicht zu im Fall der Auflösung der Gesellschaft. Es muß daher auch das Gericht, in dessen Bezirk die Gesellschaft ihren Sitz hat, zur Anmeldung der Auflösung anhalten können. Obschon dies im Gesetze nicht ausdrücklich bestimmt ist (Art. 201 a. a. O.), so ergiebt es sich doch aus der Natur der Sache, aus dem Art. 171 und auch aus dem Art. 243, in welchem es für die Aktiengesellschaft besonders bestimmt ist.